贵阳市非物质文化遗产保护中心 编著

守望乡土记忆
——贵阳市非物质文化遗产传承人实录（三）

主 编/张 彬　　副主编/王先凯 温淑琪 刘星言 丰兴康 王 松 吕 莉

Shouwang Xiangtu Jiyi

Guiyangshi Feiwuzhi Wenhuayichan
Chuanchengren Shilu Ⅲ

中央民族大学出版社
China Minzu University Press

图书在版编目（CIP）数据

守望乡土记忆：贵阳市非物质文化遗产传承人实录.三／贵阳市非物质文化遗产保护中心编著.--北京：中央民族大学出版社，2024.6.--ISBN 978-7-5660-2387-2

Ⅰ.K825.7

中国国家版本馆CIP数据核字第2024LG7024号

守望乡土记忆——贵阳市非物质文化遗产传承人实录（三）

编　　著	贵阳市非物质文化遗产保护中心
责任编辑	舒　松
封面设计	布拉格
出版发行	中央民族大学出版社
	北京市海淀区中关村南大街27号　邮编：100081
	电　话：(010)68472815(发行部)　传真：(010)68932751(发行部)
	(010)68932218(总编室)　　　　(010)68932447(办公室)
经 销 者	全国各地新华书店
印 刷 厂	北京鑫宇图源印刷科技有限公司
开　　本	787×1092　　1/16　　印张：24.5
字　　数	330千字
版　　次	2024年6月第1版　　2024年6月第1次印刷
书　　号	ISBN 978-7-5660-2387-2
定　　价	158.00元

版权所有　翻印必究

编委会

主　任：胡　琳
副主任：熊　列
主　编：张　彬
副主编：王先凯　温淑琪　刘星言　丰兴康　王　松　吕　莉
撰　稿：王伟杰　李美艳　韦布花　周尚书　杨　青　颜　平
　　　　孙楠楠　王　菲
编　务：刘　晶　王　栋　蒋矜梅　刘　端

出版说明

  为了充分挖掘贵阳市非物质文化遗产珍贵而丰厚的历史人文资源，贵阳市非物质文化遗产保护中心组织和策划了贵阳市非遗传承人口述史系列丛书。

  本书采用口述史的研究方法，采访了25位贵阳市非物质文化遗产代表性传承人，他们均为各个行当里的代表性人物。书中既有对事实的回顾，也有口述者心路历程的呈现。由于口语表述不同于书面表述，本书尽量保持口语资料原貌，以尊重口述者及口述历史，为口述资料使用者提供生动鲜活的读本。

序

贵阳,曾经的西南边疆地区,在华夏文明千百年历史长河发展中,逐步孕育成长为一座极具文化气息的现代化都市。她的历史文化与红色文化接续而生,远至春秋战国的古夜郎回响仍在,汉设牂牁郡的余音犹存,明置贵阳府的文脉悠远绵长;近代以来,林城文化贯穿着一条本土文化与埠外文化共生融合的主线,以"三线建设"为标志的现代工业文化和以立体农业和林下经济为主导的农耕文化交相辉映,多元共存的民族文化和以商人为骨干、以会馆为纽带的移民文化共生共荣,"此心光明,亦复何言"的阳明文化成为贵阳市的城市精神"知行合一,协力争先"的合理内核。在这片极具高原特色的喀斯特地貌土地上,多元共存的文化共融共存又展示出各自的独特风貌,酝酿出诸多珍贵的非物质文化遗产(以下简称"非遗")。她是贵州中华优秀传统文化的重要组成部分,有着浓厚的民族色彩、融合痕迹和生态意蕴:多个民族非遗赫然存列,亦是多民族交往交流交融的见证,其生存空间也为传统村落和少数民族村寨环绕。这些宝贵的文化遗产是筑城汉族和少数民族人民在长期的历史生产生活中创造出来的文化精品,凝结着中华民族的勇敢和智慧,承载着华夏文明在贵州的厚重情感和历史记忆,是铸牢中华民族共同体意识的最好见证和资源基础。

借助"六爽"理念,林城正积极打造世界级旅游名城和国家旅游枢纽城市。作为贵州省的省会城市,贵阳市近年来现代化进程逐步加快,众多非遗项目面临着失传的危险,老一辈传承人逐渐减少，年轻一代受现代文化的影响对传统文化的兴趣逐渐淡漠，贵阳市非遗项目传承有后继无人的隐忧。传承人是非遗传承的主体，既是非遗项目的创造者，也是非遗项目的守护者。为了更好地保护传承这些珍贵的非遗项目，贵阳市文化和旅游局、贵阳市非物质文化遗产保护中心积极响应国家号召，开展系统性保护，指导本书课题组对贵阳市25位非遗代表性传承人进行访谈，与传承人开展深入交流，通过录音、照片、视频等方式对传承人的口述史进行整理研究，记录下非遗代表性传承人宝贵的记忆与故事。

本书以口述史的方式呈现，通过非遗传承人的口述，将传承人的经历、见闻和感受真实地展现在读者面前。传承人通过自己的亲身经历，讲述了自己对非遗的理解和认知，以及对传统文化的热爱和坚守。其口述不仅仅是对贵阳市非遗传承的见证，更是对传统文化的珍视和传递。通过传承人的口述，描绘出这些非遗技艺的历史沿革和发展脉络，以及传承人的生活环境和背景，记录其成长经历、传承经验和对国之瑰宝的深度思考。

非遗传承是一项长期而艰巨的任务，需要政府、学界和社会各界的共同努力。希望通过本书的出版，能够引起社会对非遗保护的关注，增强人们对传统文化的认同感和自豪感，从而为非遗传承提供更加有力的支持。本书的编写是在贵阳市文化和旅游局、贵阳市非物质文化遗产保护中心的指导与支持下完成，更离不开贵阳市非遗传承人的热情参与和无私奉献。传承人的记忆和技艺，是对传统文化的珍视和传承的最好诠释。

最后，衷心希望本书能够为读者带来愉悦的阅读体验，同时也能够成为贵阳市非遗传承的一份珍贵资料，为后人了解和研究贵阳市的非遗资源提供有价值的参考。这本书的出版定能够为贵阳市非遗传承事业的发展做出重要贡献。

谨此感言，是为序。

肖远平

目录

王登银：一曲梧桐八孔心，百炼耕耘复西林 / 002

刘敏：用一针一线，绣出美好生活图景 / 016

侯俊英：跳圆 许世间团圆 / 032

罗孟雄：只希望有更多的人喜欢二胡 / 046

邓开伦：不让花鼓舞失传 / 058

李德玉：将这份爱好传承下去 / 069

刘正远：传承阳戏，坚守信仰 / 081

鲁廷明：独具特色的夫妻舞 / 101

卢贵化：精于工、匠于心的守银人 / 115

明清河：思丫花灯传唱的伶人 / 131

蒙竹林：续写地戏风采的守忆人 / 147

罗孝贤：戏如人生，百年老腔唱古风 / 163

王银书：拾起"搂查节"，守住四印苗宝贵财富 / 180

周　杰：丝丝相连恋乡愁，面皮包裹冷暖人生 ／ 196

丁文建：坚守制酸古法，成就老凯俚 ／ 212

胡宗亮：传承皮纸造纸技艺，追溯纸间美好 ／ 227

江华胜：绿水缬清波，青山绣芳质 ／ 244

张礼俊：点穴康养，服务全民健康 ／ 259

刘　立：茶艺——赵司贡茶身份的变迁 ／ 270

文桂平：陶艺——黔中土陶文化的赓续 ／ 286

徐　影：苗刀——展现中华民族的勇武气概 ／ 304

袁明俊："舞狮"——舞出"金"彩，舞出文化 ／ 319

张明玮：与京胡为伴，奏响艺术人生 ／ 332

丁丽仙：热爱中医文化，传承"丁氏妇科中医诊疗技法" ／ 352

刘柏勋：坚守木偶戏，传承匠人心 ／ 364

守望乡土记忆

贵阳市非物质文化遗产传承人实录（三）

王登银
一曲梧桐八孔心，百炼耕耘复西林

来源贵阳市非物质文化遗产保护中心

传承人：王登银

采访时间：2022 年 8 月 21 日
采访地点：贵州省贵阳市清镇市流长苗族乡十字村中山组 71 号
采访人：韦布花　石枭
文章整理、撰写：韦布花

※ 人物小传

王登银，男，苗族，贵州省清镇市流长苗族乡十字村中山组人，1953年6月5日生，初中学历，8岁开始跟随表哥康正明学习苗族木唢呐，既会吹唢呐，也会制作，15岁时，就能单独吹奏木唢呐曲，对苗家的唢呐曲牢记在心。后由于生活所迫，曾有很长一段时间放弃过吹奏木唢呐，1978年王登银开始带徒，共带徒4人，有3人出师，并成为当地吹奏木唢呐的能手。2013年7月，获清镇市第一批民间文化传承人称号；2016年5月，被授予清镇市"苗族木唢呐"传习所荣誉；2017年10月，被命名为贵阳市首届"筑城工匠"；2022年2月，被认定为第四批市级非物质文化遗产项目"苗族木唢呐"市级代表性传承人。

流长苗族乡，位于清镇市西部，1991年，由于撤区并乡建镇，将原流长乡、沙鹅乡、腰岩苗族乡合并为流长苗族乡。目前该乡下辖1个社区和26个行政村，是典型的"歪梳苗"少数民族聚居乡，少数民族文化资源底蕴丰富。我从小生活在清镇市流长苗族乡十字村，该村苗族属"白苗"支系。我一辈子生活在这个村寨中，这边以前的房子都是用石板盖的，像花溪石板镇那样，家家户户都是用石板盖房子，大约在20年前，房屋构架开始发生翻天覆地的变化，以前的石板房子现在基本上都没有了，都盖成了平板房，我家也是在十年前开始改变的。

木唢呐，属吹奏乐器，苗语称"勒呐"。明代唢呐传到清镇后，被当地民众用木料仿制、演奏，由寨子里的苗族男青年吹奏，世代沿用至今。木唢呐在苗族人民的生活中占有重要地位，每当苗乡逢年过节、婚嫁喜庆等场合，都要吹奏唢呐助兴。2015年，苗族木唢呐入选贵阳市第四批非物质文化遗产代表性项目，项目类别为传统音乐。2022年2月，我入选第四批市级非物质文化遗产项目"苗族木唢呐"代表性传承人。

（一）少年时独爱吹奏木唢呐

我是1953年六月初五出生的，在我还小的时候，喜欢三样东西，吹木唢呐、吹芦笙和唱当地的苗族歌曲。在我8岁的时候开始学吹唢呐，也学吹芦笙，但我最喜欢的还是唢呐。因为我是家传的技艺，学吹芦笙是跟父亲学的。父亲既会做芦笙，也会吹芦笙，而且芦笙吹得很好。所以在我还很小的时候，我父亲就做小芦笙给我吹，我就跟他学吹芦笙，他也传给我，但我父亲不会吹唢呐，他的兴趣点主要在吹芦笙上，对唢呐的爱好稍微弱一点。所以我的唢呐是跟我表哥康正明学的，我表哥是1940年出生，大我13岁。我表哥又主要跟我家下面一位叫黄五义的老公公学的。那时候经常听到我表哥和我外公他们在吹木唢呐，觉得特别得好听，所以我还是主攻木唢呐，就跟他们学习。

苗族木唢呐一般选用梧桐制作，它是一种适合制造乐器的落叶乔木，取20至30厘米长，将梧桐木修成上面稍细，下面稍粗的锥形，呈上小下大薄厚均匀的喇叭形状。一支完好的苗族木唢呐由哨子、哨筒（鸭气筒）、堵气盘、小管（小气）、大管（大气）、唢呐杆和碗口（喇叭口）七个部分组成，其小部件也由竹子和麦秆制作，像木唢呐的大管和小管主要由竹子制作，碗口做好后要刷上生漆加以保护。过去没有现代化的工具，完全依靠手工制作。刚做好的木唢呐，在正式吹奏之前都需要调音，木唢呐的音色、音域、调高以及指法，都有其自身的特点，这也是每一个学习吹奏木唢呐的人必须了解和掌握的基本知识。

民间有阴阳相扣之说，因此苗族木唢呐也分为一长一短，构成完整的苗族木唢呐，二者形影不离，缺一不可。吹奏时，小唢呐负责带领节奏，大唢呐紧跟在小唢呐后面。演奏形式是两人合奏，并配有小牛皮鼓、小镲伴奏，其中演技较高的民间艺人作为正手，领奏乐曲的首句，吹唢呐的高八度音（短唢呐）；另一艺人作为副手，吹唢呐的低八度音（长唢呐），高低八度互相配合，音响高低此起彼落，对比强烈，乐曲动听。

吹唢呐要求用气比较足，我经常运用的是循环换气法，这也是我在长期吹唢呐的过程中摸索出来的，这种吹奏方式可以使气息长时间不间断，以保证吹奏的乐音可以一直持续。我刚开始学吹唢呐时，是用南瓜的瓜杆练习的，瓜杆的中间是空的，把瓜杆摘回家后我就钻一个小眼子，做成哨子的款式，然后就在自己家里不断地练习换气。后来，我表哥看到我学得很好，他就做了一只小唢呐教我吹。我是一个脸皮厚、胆子也比较大的人，所以我就经常请教其他人，我的吹唢呐技艺在8岁的时候进步是最快的。那时候我记性很好，能轻易

图1　长短木唢呐
来源贵阳市非物质文化遗产保护中心

地记住很多的唢呐谱子，在我9岁时，就掌握了30多首木唢呐的谱子，再长大一些之后就不用再练习了，吹多了也就一直熟记，15岁的时候我把我表哥所掌握的谱子都学得差不多了，基本就在我家方圆20公里内表演。渐渐地我小小年纪能吹得一曲好听的唢呐这个事情也在周边村寨慢慢传开，加上我年纪小，很多人比较喜欢我，所以请我去吹唢呐的人家也特别多，他们都愿意多花一些钱请我。直到现在，每当我看到有8到9岁的孩子会吹唢呐，我都会给他们点赞。但是真正把木唢呐吹出名是在我20多岁的时候。

我是初中学历，出生在织金龙场，1958年随父母迁到清镇流长苗族乡十字村，1960年在十字村小学读书，之后去流长沙鹅中学读初中。读书期间白天我主要在学校学习，晚上回家以后才去表哥家跟着他学习吹木唢

呐，之前我家老房子离我表哥家是很近的，几乎挨在一起，走动起来也很方便。

在以前，我们出门去吹木唢呐的频次是很高的，而我有在身上揣着一个本子和一支笔的习惯，所以当听到其他人吹曲子以后，尤其是那些木唢呐老师傅吹奏，我觉得是好的谱子，就会立马拿笔记在本子上，用"哆瑞咪发梭拉西"（1234567）这个音符记录下来。我们在吹奏木唢呐时，一般一个谱要吹两遍，而我记性相对好一些，当那些师傅吹第一遍的时候我还不能完整地记录下来，但等到他们再吹第二遍的时候，我基本就能把那些谱子的调调都记在本子上了，然后看着我记的本子立马能用木唢呐一字不落地吹出来，这个习惯我保持了很久，有时候我想，我唢呐学得比别人快一些，也许和我一直保持记谱子有一点联系吧！但遗憾的是，以前我记的这些本子现在都不在了。

（二）9岁马背上吹唢呐，父子同完成一台唢呐戏

小小年纪吹得一曲好唢呐出了名之后，周边人家遇到红白喜事时都经常会邀请我去他们家吹木唢呐，我一般都会答应，但我也要视距离远近而定。因为那时候我年纪还太小，一般距离一二公里都是我自己走路过去的，但是超过20公里之后，我是走不动的，所以我就提出一个要求，要么主人家专门有人背我过去，要么牵一匹马过来让我骑过去，我才能答应去他家吹木唢呐，但是钱给多给少都是无所谓。在我还小的时候，我们这边很多人家都养马，遇到主人家邀请我去吹接亲唢呐，距离较远的时候，大家就会经常看到一个场景：有两匹马在队伍里行走，其中有一匹马是新娘骑的，另一匹马则是我骑的。

生活在流长乡的白苗，其木唢呐主要在婚丧嫁娶的场合中演奏，什么时间都可以吹，但是在不同的场合有严格的谱子之分，多为苗族民间艺人所作，具有鲜明的地方特色和民族风格，曲种分为花谱、草谱、闹谱、老草谱和细花谱五大类。红喜包括接亲嫁女、祝寿（祝生），遇到红喜时要吹草谱、

花谱。白喜主要为有人去世，遇到白喜时主要吹细花谱、老草谱、闹谱，而闹谱和老草谱总称老谱，红喜是不能吹这些的。以往相对固定的谱子相比现场创作出来的谱子，给人的感觉总是固定谱子有感觉一些，人家也会把现场创作的谱子叫"赖谱"。

如今遇到白事的时候请我们去吹木唢呐的要多一点，遇到有人结婚时请我们去吹唢呐的人要比以往少了很多。以前的规矩是一家要接一个新媳妇，最亲的亲戚，像姐夫家、妹夫家、舅爷家或者姑爹家来到主人家挂红祝贺时，就会请唢呐队来吹挂红唢呐，一般在来的路上就开始吹，间隔十分钟左右就吹一首，吹完一首需要6到7分钟的时间，直到抵达主人家后，吹奏的时间根据主人家的安排来定。通过吹唢呐，街坊邻居就会知道哪家亲戚请了唢呐，亲属自己也得了一个好的名声。亲戚请来了挂红唢呐到结婚的主人家中，办酒的主人家也会请唢呐队在家中与亲戚所请的唢呐队互相吹奏。所以以前亲戚越多，唢呐队就会越多，现场也会更热闹。

挂红的时候只需要备一匹马给我骑就行了，有时候一起过去的队伍就只有我一个人是骑马过去的。在我还小的时候自己也喜欢骑马和骑在牛背上，我还在马背上吹了很多次唢呐，但是有时候唢呐吹出来的声音很大，马又是别人家的，它还不习惯这个声音。我们突然吹唢呐，马就会受到惊吓，然后就跳起来，所以我身上有很多的疤，几乎都是小时候在马背上吹唢呐从马背上摔下来留下的。等我长到十三四岁的时候，就自己走路去主人家吹木唢呐了。

在我小的时候，邀请我去吹唢呐的那些人家，他们亲戚请的唢呐队都不低于十组人，那时候如果主人家房子面积宽敞的话，吹唢呐的队伍就能聚集在一起，大家聚在一个区域，开始轮着吹唢呐，一般就是我们吹完一首，一队接着另一队吹。大家都围绕主题吹奏，大家吹的谱子都相对一致，那些谱子我也早已烂熟于心，所以大家聚在一起吹奏，有些人吹的谱子错了我也是听得出来的，只是我不当面点他的名。但是这中间也有比较招人烦的唢呐匠，就是应变能力稍强的那种唢呐师傅，他会现场跟学你的谱子，顺着你的谱子一直吹，这过程中跟你比赛，直到你输给他为止，他就会很高兴，但一般都是自己吹自己的，比的主要是哪队吹的谱子多，哪队吹出来的声音更好听一些。但也有好处，那就是队伍多了，轮到自己吹奏的次数也就会少一些，得到休息的时间就长一些，相对比较轻松。一轮下来有些人家觉得你吹得好了，就会选一队大家也公认吹得好的唢呐队和你进行比拼，场面也十分热闹。房子面积如果相对较小，就会把唢呐队伍分散在旁边邻居家，一般三四个队伍在一起吹奏。如果没有亲戚，则就没有挂红唢呐，场面也就没有那么热闹。

　　按正常的进度吹，我们备的谱子可以吹到半夜。小的时候我表哥和我外公坐一班，我喊着我大哥和我一起吹，我们两个就坐一班，我哥哥叫王登高，但我哥哥吹得不是很好，后来他就不吹了，他一直不太会换气。所以后面我就和表哥还有外公坐班子，一个班子一般由4个人组成，两个负责吹木唢呐，一个打鼓，一个打镲子。因为我爸爸不会吹唢呐，所以平时我们出去他主要是负责打鼓，我们三人完成一台唢呐演奏，这个场景还是很多的。如果少一个人，那就不打镲子了。

　　其实我父亲跟我们一起去，主要是方便照顾我，因为那时候我还太小。一开始别人邀请我去，我就是主要负责吹唢呐，会吹唢呐之后才去学打鼓。一般人学唢呐都是先学吹大唢呐，后学小唢呐，而我一开始就学小唢呐，小唢呐是跟着谱子的节奏吹，而大唢呐则跟着小唢呐的节奏走，就像一个盲人一样，是跟着牵着他的那个人走的，所以我很早就领衔了。

　　在以前，嫁女儿的父母都要求婆家在接亲时要配有吹奏唢呐的一同来家中接亲，当地意为接亲唢呐，接亲唢呐随接亲队伍一起从新郎家前往新娘家，这一路中也是吹起唢呐走的，在抵达新娘家时更是同步吹奏唢呐和放烟花爆竹以示庆祝，之后唢呐队伍要在新娘家吹奏一晚上。有些接亲唢呐队伍会吹到第二早上再从新娘家离去，有些会随着接亲队伍沿路吹到新郎家直到新娘进家门才停止，这主要根据主家在去请唢呐队时商议而定，这也决定了主家支付给接亲唢呐人员多少的报酬，主家让我少吹一点我就少收一点钱，让我多吹一点，我就多收一些钱。像我9岁时，他们请我们去吹唢呐，就是一台唢呐得两块钱，我们每个人分得5角钱。还有就是根据路程远近定价格，如果去很远的地方又没有车子，我就需要多收一点钱，路程近了我就少收钱，但是现在几乎每个地方都能通车，远近我们都无所谓。现在我们吹一晚上，平均每个人能拿到200块钱。

但是现在结婚请接亲唢呐的这种习俗慢慢淡化了，我们这一片区现在都不兴这些老规矩了。只有周边小部分地理位置稍微偏僻的地区还保留这种习俗，也只有一些新娘家的父母还要求必须有接亲唢呐。一般只有白事的时候才规定必须请唢呐队，一是为了热闹；二是主人家争一个面子，讲究排场。我记得四年前，我们这附近有一家请了两帮唢呐队，按理只要请一队唢呐就可以了，但他们还是一帮花了1000块钱，其实目的是给自己挣一个面子。

另外，当地进新房，方言又叫烧锅底，也要请会吹唢呐的人去吹。当天除了要做满满的一锅糯米饭，一桌八碟菜，用一根棒棒来挑两瓶酒，请一个会说4句进门吉言的人外，还必须请会吹唢呐的人进行吹奏，图个热闹和喜庆，人数不能少于3个，最多不过4个，一般就是3到4个，这个也称之为红喜。

（三）为家庭生计讨生活，弄丢木唢呐30余年

制作木唢呐要求的技术比较高，到我20岁的时候才掌握了制作木唢呐的技巧，因为不熟悉的话，制作出来的唢呐就会一支大一支小。有时候做10支都还得不到两对。有时候你到制作眼子的环节，控制不好，发出来的声音就会不好听，就要重新换新的梧桐木制作，是费时费力又需要技巧的。木唢呐并不是存放的时间越久越好，随着时间的推移，时间越久木唢呐的声音就会越不好，越短它的声音才越洪亮。

在我们吹唢呐的行当里流行着一个谚语："唢呐要酒"。说的就是一般吹唢呐的人酒量都是比较大的，为什么这么说呢？因为吹唢呐需要用到声带，时间延续久了，你不喝一口酒下去，喉咙就会痛，酒喝下去之后会起到麻痹神经的作用，让你感觉不到疼痛。酒有消毒的功效，我们会经常用

酒来喷洒木唢呐，避免木唢呐产生蛀虫，所以酒在一定程度上又能起到保护木唢呐的作用。

我这辈子其实主要是靠做芦笙赚钱养家的，但是生意不好，就出去打工了。我曾经把木唢呐弄丢过30年。从8岁开始吹，吹了有20来年，在30岁时为了家庭生计不得已外出打工了，直到后来回家到现在，我又吹了有10多年的木唢呐，虽然我有很长时间没有吹，但是那些谱子都一直印在我的脑子里。

我的大儿子是1977年出生的，二儿子1981年。自从我三个儿子出生之后，我就下决心一定要把他们培养去读书之后出来找到一份相对稳定的工作。但是在以前，光靠吹芦笙和吹木唢呐是无法供给我三个儿子读书的，吹唢呐并不是每天都有人请你，这种事情还要看日子、看状况，所以我不得已把我的木唢呐送人了，送人之后还是有很多人家办事情的时候来请我去吹，但是我都只能婉拒了，但从内心深处来讲，我还是很喜欢吹木唢呐的。之后我就种烤烟，以此支撑我三个儿子读书期间产生的各种费用，但是钱还是不够，所以我就只能外出做石工，给别人修建房子，做石工期间有时帮人家带班，就为了多赚一点钱。慢慢地我的孩子都长大了，我也把他们培养出来了，大儿子找到了工作，又一起准备小儿子读书产生的费用，家庭负担不是很大的时候，我才又开始吹木唢呐的。相比要一边吹一边跳的芦笙而言，吹木唢呐没有那么累，吹木唢呐是坐着吹的，我现在年纪大了只能专心吹木唢呐。

（四）历经7次考察，终成为苗族木唢呐传承人

2013年，清镇市民族事务局和清镇市文化旅游广播电视体育局的领导计划要在当地分别找一个吹苗族木唢呐和吹芦笙最好的人参选为民间文化传承人。经他们调查和打听发现，清镇这一片区，吹木唢呐比较好的人生活在我们流长乡这个地方，他们又经过几番现场考察、询问周边不少的村民后，村民都说十字村的王登银吹木唢呐比较好，然后他们就到我家这里

来，让我的唢呐班子现场吹给他们听，但是那时候我已经没有班子了，我就只能把我以前教过的那些老徒弟叫来我家，一起吹给他们听。

清镇市非物质文化遗产保护中心和其他单位的人先后来我家考察了7次。直到2013年7月，当他们把印有"清镇市第一批民间文化传承人称号"的牌子送到我家，把牌子放在我手上的那一刻，我才知道和明白我现在是民族文化传承人了，这个牌子也摆在心里，占据最重要的位置。从此之后，文旅局这些领导人的名字和联系方式也一直存放在我的通讯录里，印在我的脑子里，和他们联系的次数也日益频繁。2016年5月，清镇市文体广电旅游局给我颁了"苗族木唢呐"传习所的牌子，2017年，贵阳市总工会也在挑选会手艺和技能的传承人，要求是既会吹奏也还会制作的传承人，我符合了他们单位的评选标准，就给我颁发了"筑城工匠"的牌子。2022年2月，我被贵阳市文化和旅游局认定为苗族木唢呐代表性传承人，每年给我2000元的补贴。对于我来说，这些牌子的背后，既是一种荣誉，是对我所喜欢的木唢呐的一种肯定和认可，给我自豪感和自信心，却也让我惶恐不安，因为背后是满满的责任，有时候担心不能很好地把这个技术活保存下去。

图 2　王登银荣誉证书　韦布花摄

（五）苗族木唢呐传承危机重重，唯恐后继无人

2018年5月，当地的文化部门跟我说要在当地的小学开展非遗进校园活动，负责去学校教学生学吹木唢呐和芦笙，于是就聘请我去流长苗族乡腰岩小学教学生吹木唢呐，这是我第一次进这个学校教学生，主要是每周四的下午进行教学，有两节课。

最开始教学生的时候我是先要求他们学会换气，然后让他们学会摸木唢呐上的眼孔，熟悉眼子所在的位置，我教他们用的是小唢呐，之后才用大唢呐，我还把谱子写在黑板上，教他们一遍又一遍地念。跟着一起学习的学生是很多的，他们都是5至6年级的学生。

我去小学教吹木唢呐，一节课给我的费用是100块钱，上完一个学期之后就立马给我结清费用。学校离我家还是有一段距离的，14公里左右，半个小时的路程。那时候从我家这里打车的过去都要25块钱，但学校都是给我报销路费的，也给我一些补贴。因为我也会做木唢呐，学校就跟我买了30对，也就是60支木唢呐，还有30把口弦。那时候一对木唢呐给了1500块钱，口弦是200块钱一把，主要是用于平时教学校的学生吹木唢呐。现在家中存放的木唢呐数量也不多了，以前我都是上山找材料来制作，但是现在制作新的木唢呐材料可以从网上购买，就是要订购的人比较多的时候才行得通，起码一次要20对以上，像制作木唢呐的铜薄片，需要的量太少的话商家不好发货，但是现在跟我订购木唢呐的数量每次都不超过10对。

没有人主动来找我学习苗族木唢内是我目前很困惑的事情，我很多的徒弟年纪都是相对比较大的，或者小我几岁的人。学唢呐最好是在一个人还小的时候就开始学起，因为吹唢呐讲求手风，年纪越大，他的手指灵活度就会受到影响、就会不软和，使得手风就不好，吹出来的声音就不好听。学唢呐的最佳年龄是在12岁到20岁这个阶段，到20岁的时候都算学得晚了，一般手风都不太好。以前也有很多人快20岁的时候才

来跟我学,但是现在这个最佳学习唢呐的阶段很少有人来跟我学了。

我现在有一个新的徒弟,他叫黄兴科,已经快40岁,之前他两个哥哥,大哥黄兴高、二哥黄兴刚也是来跟我学的,他家离我家有10里路。他之前是没有打算学吹木唢呐的,现在是主动来学的。以前我们去别人家演奏,他也是跟着我们一路过去看,但是由于他学得太晚了,吹出来还是有一些瑕疵,原来还有一个叫张兴光的徒弟,他比我大,但是现在已经去世了。

(六)不断参加活动,让苗族木唢呐走出去

其实现在我们也慢慢地通过参加活动,把苗族木唢呐传承下去,并不局限在以前只有婚丧嫁娶的场合中吹。大概在17年前,荷兰国家给我们流长乡野鸡坡出资用于扶持当地喂牛养殖,他们来检查牛的喂养情况,我们流长乡当地政府就请我们会唢呐的人去吹奏唢呐,迎接客人的到来,我和我的徒弟黄兴刚和黄兴高一起去的。

2017年9月28日,"中华龙庙会"贵阳专场项目在多彩贵州文化城举办,这是一个以文化的方式把贵阳的城市形象营销出去的活动,是本地的一个庙会活动。我也被受邀参加,他们专车送我往返,那天早上我在现场给嘉宾们表演了木唢呐,我是用小唢呐吹《草谱》的曲目,吹了5分多钟。当天活动现场,也见到了平时很多熟悉的传承人,但是上台表演的只有3个人。以往我们贵阳片区的传承人一年都会聚至少3次,一起学习。这两年受到疫情的影响,我们聚在一起的机会就少了很多。

2020年6月4日,"文化和自然遗产日"到来之际,贵阳市文化和旅游局也借此机会对全市非遗代表性项目分区市县进行系列线上展示,苗族木唢呐也在宣传名单之中。同时当地的文旅局也督促我们要抓紧培养传承人,把贵阳优秀的非遗资源传承下去。

我还是很喜欢人来跟我学吹木唢呐的,我从8岁开始跟随表哥学习苗族木唢呐演奏,这一声声唢呐已经陪伴我走过大半辈子的光景。像到

了我这个年纪，每天大多时间都独自一个人在家，有人来我家我是很高兴、开心的，也感觉很新鲜，有时候还会让我忘记很多的烦恼，觉得他们关注了我喜爱的木唢呐项目。4年前，长期都有人来我家跟我了解木唢呐的发展情况，用各种形式宣传苗族木唢呐。包括记者采访、剧情表演等等。我记得有一次贵州省民宗委的人来我家采访了三天，采访的主要内容是有关木唢呐的制作，中央电视台7频道也来采访过2—3天，还使用了无人机把我们这一片区的风景记录下来，派人跟我一起学习，为我平时枯燥无味的生活增添了许多的乐趣，这些都让我很开心。

图3　王登银在家和徒弟们吹奏曲谱　来源贵阳市非物质文化遗产保护中心

传承谱系

第一代：黄爱青，男，苗族，1895年生，家住十字村，从小跟父亲黄明义学习吹奏木唢呐，18岁就是寨子里吹奏班的领奏，已故。

第二代：康正明，男，苗族，小学学历，1940年生，家住十字村，10岁开始跟爷爷黄爱青学习吹奏木唢呐，20岁时是当地有名的吹奏手，已故。

第三代：王登银，男，苗族，初中学历，1953年生，家住十字村，8岁跟表哥康正明学习吹奏木唢呐，由于他对音乐的热爱和悟性，15岁时，就能单独吹奏木唢呐曲，对苗家吹奏的唢呐曲牢记在心。

第四代：张兴光、黄兴高、黄兴刚、王陇春。

其中，张兴光，男，苗族，文盲，1949年生，家住水淹村田坝二组，20岁时跟王登银学习吹奏，但由于起步晚，现在几乎不再吹奏了。

黄兴高，男，苗族，小学学历，1961年生，家住黄家坝组，10多岁开始跟王登银学习吹奏，20岁就能熟练地吹奏各种曲谱。

黄兴刚，男，苗族，清镇师范毕业，1966年生，家住王院村，毕业后在腰岩小学代课，后回家务农，从小就喜爱木唢呐吹奏，8岁就开始接触木唢呐，11岁时正式跟王登银学习吹奏，由于悟性高，加上自己的刻苦，16岁时就能熟练地吹奏各种曲谱。

王陇春，男，苗族，初中学历，1971年生，家住十字村，30岁跟王登银学习吹奏木唢呐，由于起步晚，至今只能吹奏曲谱里花谱和草谱。

刘 敏
用一针一线，绣出美好生活图景

来源贵阳市非物质文化遗产保护中心

传承人：刘敏

采访时间：2022 年 8 月 27 日
采访地点：贵州省息烽县青山苗族乡青山村大凹村
采访人：韦布花　牟兰
文章整理、撰写：韦布花

※ 人物小传

刘敏，苗族，1965年8月12日生，贵州省息烽县青山苗族乡青山村大凹村人，初中学历，中共党员。因在家中排行老三，经常被人们称为"刘三姐"，14岁开始跟母亲王龙仙学习刺绣，17岁初中毕业后在修文县扎佐镇风光厂学习刺绣一年，是青山苗族乡大凹苗寨刺绣能手，至今从事刺绣已有40余年。2008年，当选为贵州省第十一届人民代表大会代表，曾受聘为息烽县青山新华希望小学刺绣传习专职教师；2009年起，她基于青山苗族的传统服饰，结合本地民族、民俗活动特色，发挥自己的聪明才智，开始编研青苗新式服装，受到当地苗族群众的喜爱。2017年10月11日至17日，参加在马耳他圣詹姆斯国家艺术中心举办的2017马耳他多彩贵州文化艺术节暨贵州非物质文化遗产展，向国外友人展示苗族服饰和绣法。

2014年12月，被认定为贵阳市非物质文化遗产项目苗族服饰代表性传承人；

2015年9月，荣获2015中国（贵州）第一届国家民族民间工艺品文化产品博览会贵阳赛区设计作品比赛三等奖；

2016年3月25日，被任命为青山苗族乡青山村妇代会主任；

2016年3月30日，当选为青山苗族乡妇女联合会第一届常委委员会委员；

2016年7月，荣获2016年贵阳市妇女特色手工技能大赛；

2017年6月13日，受聘为息烽县乡村（城市）学校少年宫校外辅导员；

2017年10月，被贵阳市总工会命名为贵阳市首届"筑城工匠"；

2019年8月21日，荣获贵阳市第四届技能之星暨首届甲秀工匠竞技大赛息烽手工刺绣选拔赛三等奖；

2020年12月，被贵州省文化和旅游厅认定为贵州省第五批省级非物质文化遗产项目苗族服饰代表性传承人。

息烽县为多民族杂居县，全县有29个少数民族。地处息烽县南部的青山苗族乡，东与西山乡相邻，东南、南与永靖镇接壤，西南、西与石硐乡为邻，西北与九庄镇相连，北与西山乡的胜利村、猪场村相接。截至2020年6月，青山苗族乡辖有5个行政村，分别是青山村、大林村、马路岩村、冗坝村和绿化村。息烽县青山苗族乡苗族系青苗支系，也叫穿青苗，主要有青苗、花苗等。早在宋朝时期，青苗族、花苗族等少数民族就居住在青山，留下了丰富的少数民族文化。有芦笙舞、板凳舞、苗族刺绣等地方特色民间艺术，保留有跳场节、三月三、四月八、六月六等民族传统节日。

息烽苗族服饰主要分布在息烽县青山苗族乡青山村、冗坝村、绿化村和大林村4个行政村，一套完整的青苗传统盛装由环衣、袖子、格棒、围腰、飘带、腰带、百褶裙和绑腿8个部件组成，其中青苗的服饰以青色为主。青苗上装为形制宽大前短后长的贯首衣，衣料多为自织自染的青色土布，绘有蜡染图案，衣后摆及衣背用白、蓝、红等色绣线挑绣成若干组图案装饰。下着青黑色百褶裙，朴素无装饰。女性的贯首衣通常是多件叠穿，用挑花背牌和围腰系扎完成立体着装造型。息烽苗族服饰的图案多取自环境、地理、神话传说，以及大自然中的花、鸟、鱼、兽等，体现了苗族人民对大自然的热爱和对美好生活的向往，其构图多采用高度图案化，讲究对称之美，多通过刺绣进行服饰组合，风格质朴率真、针法别具特色。刘敏是土生土长的青山苗族人，从小在青山村的黑桃坝长大，后嫁入大凹村，擅长苗族服饰和苗族刺绣技艺，在当地具有很大的影响力。2015年1月15日，苗族服饰（息烽）被列入省级非物质文化遗产代表性项目扩展名录，项目类别为民俗。

（一）绣花40余年，人称外号"刘三姐"

我是1965年8月出生的，自小在青山村黑桃坝生活长大，由于家里的老一辈从小就给我定娃娃亲，到了20岁，就从黑桃坝嫁到大凹村这里，二者都归属于青山村,之前曾经是很抗拒这种行为的,但世俗是姑娘一辈子只能出嫁一次,不能嫁多次。不过结婚到现在,我和我丈夫一直也过得幸福美满。青山苗族乡总共有12组,有10个组都有苗族分布,苗族人口占比达30%以上,但周边的汉族和苗族都有相互往来,很多时候汉族的民众也会穿当地的苗族服饰一起参与活动,两个民族只是在婚礼习俗方面保留各自民族的文化特色。

其实自幼我就看到周边的姐姐和孃孃们在绣花,加上我从小喜欢绣花,一绣就到了现在,已经绣了40多年。开始学习绣花时,由于家庭经济条件相对较差,家中的兄弟姊妹又比较多,家中共有六兄妹,分别是一个哥哥、三个弟弟和一个妹妹,其实在我还有一个姐姐,只是姐姐很小的时候就去世了,算下来我在家中是排行老三,所以很多人也一直叫我"刘三姐"。虽然家里比较困难,但是我们都能从初中毕业。

我在1979年时,也就是长到十四五岁的时候开始正式学会刺绣的。绣花是个精细活,我们这边的刺绣,最难的环节和步骤在于数线,一般只要会数纱线、会走线,跟着纱线走,就学得很快,就能刺绣,但如果一根线数错了,之后就连不到一起,就会导致接下来的步骤全是错的。我们青山苗族衣服绣法最大的特色是黑底套白线,而其他地区是黑底和其他颜色的线相结合。由于以前条件有限,又没通电,光线很暗,只能点着煤油灯,在煤油灯下绣花,所以为了便于区分,不走错线,如果是晚上绣的话,就主要做白色的飘带,白天才做黑色的飘带,充分地利用好白天夜晚的时间。

以前我们这边家中老老少少,都是自己绣自己的衣服穿。

我的母亲叫王龙珍,那时候她就拿一些家里废旧的粗麻布教我们做,并且跟我们说以后自己的嫁妆要靠自己来制作,我们这边约定俗成的观念是,姑娘出嫁都要有绣品,要是姑娘出嫁时没有绣品作为陪嫁,是会被别人家取笑的。

就这样我们做废了又继续做,反反复复练习了很久,直到现在我们几姊妹刺绣的手艺都还是在的。等到我们正式学会刺绣之后,我的母亲就开始购买布料让我们几姊妹制作自己的嫁妆,等我们很熟练地学会之后,她还要求我们一个月内要绣完两件衣服上环衣那一部分的花纹。但是那时候的布很细,我们是做不完的。一件半米见方的围腰,一个技艺娴熟的人往往都要花大半年功夫才能绣出来。而做工精巧的一套苗族服饰,花的时间则更长。以前的布料都是靠自己家织,也没有那么大一块布料,直接做不成一套完整衣服的。所以我们这边的苗族服饰都是分开一块一块绣的,各绣各的,等各个部位的绣片都全部绣好之后,才进行组装构成一件完整的苗族衣服,但是现在的布料面积直接是够的。

  苗族服饰上的花纹大多靠手艺人自己想象,构思之后把自己想要绣的纹样绣上去,像我以前绣的狮子图案,我是在我外婆绣的作品中看到的。后面我主要结合日常生活中见到的动植物,模仿它们的形状绣成,我也根据它们的形状,取名为"瓜儿花""海椒花""绣球花""狮子"等,现在我家客厅里悬挂的一幅作品,它也是我人生第一个成型的绣品,大约绣了一个月,绣品中有八个绣球、八只凤凰、八头狮子。一开始什么都不知道,也不知道那些纹样代表什么内涵,只知道绣起来其他人都夸好看,慢慢地我根据绣品中的元素,还有为了便于记住,将那副作品取名为《狮子

图4 刘敏作品《狮子滚绣球·凤凰喊加油》 牟兰摄

滚绣球·凤凰喊加油》。我们苗族这边谈恋爱的时候要绣一些帕子送给喜欢的人,起初这幅作品是想作为谈恋爱时的定情信物,但是一直没有送出去,我出嫁时它就跟随我的嫁妆一起过来夫家了,保留到了现在,很多人都看上的,但是我没有卖,因为这是我做小姑娘时候做出来的,一卖就没有了,而且是细布做的,绣出来也很漂亮。

(二)偶进绣花厂,学艺制嫁妆

我是初中学历,在我17岁的时候是考上高中的,但由于家里负担大,奶奶反对我继续读书,我的娃娃亲也是她定下来的,她以为我一直去读书是为了逃避联姻,但是后来我家中一下子发生重大变故,亲人不幸接连离世,我也寒心了,为了不让我家人和奶奶太伤心,我就没有再去读书。

因为没有再继续读书,有一天恰巧到当地集市赶场,我突然就走到一个绣花厂门口,步子就不自觉地往绣花厂里面走去,等我走进去时看到很多人正在里面绣花,那时候老板就正巧看到我,然后就问我,小姑娘你在看哪样子?我就说我来赶场,看到你们在绣花,我就进来了。老板便说起了他们是外省来本地开绣花厂的,还问我愿不愿意来这里学绣花,我说我愿意,接着老板就喊我进去看她们正在绣的东西,给我找了一个地方让我坐下来,并递给我一小块布,让我开始学。因为我以前就学过刺绣,我做了一个星期之后,我的进度是最快的,老板还在其他人面前夸赞我,说这个小姑娘绣得好好呀。从那以后,有一年多的时间,我就在那个绣花厂里绣花,每天除了绣花也不用我们做其他事情。

那个绣花厂是两个女老板开设的,在我的记忆中,当时有五六十人在厂里绣花。在厂里,会划有固定的区域,主要划分了三个区域,初学者区、正品区和设计区,不同的区域工作职责是不一样的,对学艺者的水平也有要求,刚来的初学者主要在初学者区,是利用废弃的布料进行学习,等刺绣手艺熟练一些之后,才能到制作绣品的正品区进行绣制,而且我们所有人在里面所绣的作品,绣品图案样式都是由厂里的老板提供的,他们有专门的绣品图案设计室,我们是进不去那个设计室的。那时候我们也只负责专心地绣好作品,一张她给我们十几块钱,也没有留个心眼,比如向她们多请教一下刺绣的知识,或者留几张自己绣的绣品做一下纪念。我一直记得当时我们绣出来的绣品都不在本地销售,都是销售到外省去的。

到了19岁的时候,因为要准备结婚了,就需要绣自己的嫁妆,所以不得已我离开了绣花厂。我在绣花厂期间一直在学制作衣服,我就用我在绣花厂学到的绣花技巧制作了我们三套苗族服饰盛装作为自己的嫁妆。等我出嫁后,过了好几年,当我再去寻找这个绣花厂时,发现厂子已经搬走了,已经找不到那个厂子了。

(三) 身着民族服装,载歌载舞欢度节日

我们这边的民族节日主要有农历二月十五的跳场节、四月八和六月六等民族节日。每逢民族节日时,我们当地的苗族儿女都会身着自己的传统服饰参加。农历二月十五举办的跳场节,主要举行传统的祭祖仪式、山歌对唱、打糍粑等活动,跳舞时我们会在中间树立一根木杆,身着苗族服饰的群众就会围着花杆跳起芦笙舞、竹竿舞。大家一起穿着民族的盛装,场面是很壮观和热闹的,出嫁的媳妇们也会穿着自己的民族盛装来跳,如果这时候人家全穿盛装,没有穿的人是觉得很尴尬的,所以一般老人都会给她们的孩子准备。我也给我家的孩子准备了好几套,平时我都是放在柜子里的,每次我一从柜子里面拿出来,她们就穿上了,特别地喜欢穿,尤其一到过节的时候她们更是想穿。

我们还举行祭杆仪式,在这个仪式的绕杆环节,还需要选取6名男孩和6名女孩身穿民族的盛装围着杆子绕12圈,都必须是童男童女,男孩子还要吹着芦笙,等他们绕杆结束出圈之后,才到像我们这种结过婚的妇女们绕圈。

我的爱人是祭杆仪式的祭司,他主要掌管祭杆活动。仪式当天,他会

穿着我们这边苗族特有的民族服饰，衣服是传统常规的长衫衣型，平时放在自己家中保存起来。因为衣服很长，之后我给他重新做了一件稍微短一点的，在 2019 年时我也对他的衣服进行了改良，在一些部分加入了花纹，他日常穿的民族服饰我也给他做了好几件，想让他平时穿起来舒服一点，也显得年轻一些。其他周边的人看到了，受到影响，他们也慢慢地开始学起来，原先只有黑色的衣服，现在也有蓝色的衣服。因为我会做衣服，有些人没有民族服饰，来问到我的时候我也送给其他人衣服。

（四）国家重视民族文化发展，集聚民众共传手艺

嫁人的那些年，因为要忙家里的事情，我除了给自己的孩子准备嫁妆，给家人做一些衣服以外，专心刺绣的时间还是太少了。但是这些年，从国家到地方层面都对民族文化非常地重视，各个单位都在重视民族文化的保护和传承工作，关注苗族服饰的发展，我才意识到我们民族的这门手艺不能失传。

很长一段时间，当地文旅局的老师们也一直在跟我们搜集关于我们地区苗族服饰以前传统的图案纹样，说贵州省博物馆需要收藏起来，好几次就找到我，2006 年，我把我出嫁时最好的那套苗族盛装卖给他们了，卖了一万多块钱。那是我最珍贵的一件衣服，我绣了整整一年的时间，已经陪我有 26 年的光景。

有时候回想起来我都后悔当初把它卖出去，但知道我的衣服是被省博物馆收藏起来的，我又想通过这样的方式，也是把我们民族文化宣传出去的一种方式，会让外面更多的人看到我们民族的东西。

我一共有两个女儿一个儿子，两个女儿分别嫁去了安徽和遵义习水。女儿们虽然从小也学刺绣，也会刺绣，以往学会的技艺是没有被丢掉的，但嫁出去之后，平时忙于工作，从事刺绣的时间也相对较少，加上组建新的家庭后，新环境中都没有人穿我们家这边的民族服饰，所以她们只有回到娘家这里时，才会穿起家里的民族衣服，讲家乡的语言。

我也在忧心,如果我们的苗族服饰不传承下去,以后失传了该怎么办?我就开始意识到需要把我周边的绣娘、媳妇和姑娘们集中起来,大家一起把刺绣技艺传承下去,让我们苗族的衣服保留下来。

我就一直跟姐妹们说,这个是我们民族的宝贝,你们现在都不做了,哪天我们老了做不动了,失传了该怎么办哦!

现在,我主要在家里帮忙带三个孙孙,所以我就鼓励村里的媳妇、姑娘们来我家跟我学绣花,平时我也提供一些布料给她们学习和制作,有人来我家找我教她们刺绣的时候我也很乐意教她们。我的儿媳妇现在有25岁,也是我们青山村这边的人,她也是会刺绣、挑花、织布,之前还特意去学过的,现在也一直跟我在家绣花。来我家跟我学的人主要有嫁来这边的媳妇、寨子里面未出嫁和没有出去打工的姑娘们,她们农闲时候有空就经常来我家这里跟我学,然后大家一起集中绣,或者平时在自己的家里绣花,有时候晚上过来我家这里,一起绣到10点钟左右,然后再各自回自己家去,她们有些学会刺绣了以后,一绣就绣到很晚才回家。我们也会加入一些娱乐项目。因为以前我读过书,识得一些字,加上平时在家看新闻内容,就能学到一些国家的政策知识,所以我就把我学到的国家有关的政策内容编成我们当地民众能理解的山歌语言、编成顺口溜,就和姊妹们一边绣花一边唱山歌解闷。在以前,我也把读书期间学到的一些文字绣在绣品上。

现在,我们一般都做小块小块的刺绣拿来售卖,卖到几百块或者上千块钱的都有,一年下来还是卖了几万块钱的。不仅能让寨子里的姐妹们在家里照顾孩子,还带来一定的收入,补贴家用,更重要的是还把民族的绣花技艺传承下去。

(五)改良苗族服饰,让其得到更好传承

以前大家都很重视衣服上的花衣,但现在大家都慢慢地改变了,不过姑娘们出嫁时依然还保留陪嫁苗族传统服饰和绣品的习俗,还是要有几套

传统的民族服饰，在过民族节日时也依然穿着传统的苗族服饰。不过现在很多姑娘的嫁妆都是她们自己的妈妈早早帮她们准备好的，自己做的已经很少，像我的两个姑娘，都嫁出去了，那时候我也是给她们做的传统款式的衣服。但是现在很多人平时在家已经很少穿我们民族的服装了，有些人会在遇到节日时穿上，平时都放在自己家里保存好，珍藏起来。很多姑娘们都说这是她们妈妈给她们做的，但是她们现在不会做了，所以舍不得穿，怕穿坏了，要保留好收藏起来作为纪念。

我记得很清楚，在2008年1月16日，我有幸当选为贵州省第十一届人民代表大会代表，他们跟我说到时候要穿自己的民族盛装参加会议。开会10天下来，我每天都要提早起床来穿我家的民族服装，还有梳头才能赶得上和别人一起出门，因为穿传统的环衣、梳头和戴银饰差不多就要花费两个小时的时间。要穿得最正式的那种款式，还要请一个人帮忙拉抻出型，这就要耽误别人的宝贵时间。

自那次开完会回家以后，我就一直在琢磨，要对我们的民族衣服进行改良，传统的也继续做，但是要做一些符合现代人要求、方便现代人穿出去的衣服。后来我结合我们家衣服的特色，设计改良了一套简化的苗族盛装，图案那些依然保持传统纹样不变。衣衫换了一个颜色，把过去自己手染的青黑色布改为机织的宝蓝色布。衣服上的绣花除了用白丝线外，有的地方也用了细腈纶线，但依旧是手工刺绣。只是将刺绣花样放大了，比传统的绣花粗放，但制作便捷，视觉效果也显得更加醒目。

在我任职人大代表时，我提出了有关修路、解决群众饮水问题等提案，后期也有了落实，但我唯一遗憾的事就是在任职人大代表的时候，自己没有将自己民族的文化及服饰带出去，吸引外界更多人的关注。

之后，我就经常穿着自己改良设计制作的青苗盛装出席各种会议，让人眼睛一亮。现在，这种服装已经在我们青苗地区普遍流行了。

随着时代的发展和人们的审美不断变化，我们制作的衣服在款式选择、绣法和颜色上也逐渐变得多元化，由于时代变迁和人们观念的改变，加上传统的布料不易清洗、容易褪色，还要靠自己在家慢慢地织布、染布才能拿来做衣服，所以现在慢慢地我们苗族的衣服所选用的布料也不再是以往传统的，而大多都是市面上生产的布，这些布已经改良过了，不仅便于清洗，还不容易褪色，而且有些布料更清爽，穿起来也没有那么笨重，更容易卖给外面的人。

现在我也逐渐在衣服款式上进行一些创新，比如短袖服饰的制作，还有做一些短的百褶裙，我努力在一步步地改变和尝试。我也希望以后我们这边的衣服能根据现在人的需求有所改良和创新，更加符合现代人的审美需求，服饰的版型也更加多元化，更好地被他人接受，从而在更多的地方得到推广。

但我们却遇到了一个问题：虽然制作出来的衣服在清洗和穿着上更加舒适了，但是以往那种细布在市场上却再也找不到了，绣出来的绣品也没有以前细腻和好看。传统的花纹图案也被改变了很多，做出来一大朵一大朵的，现在我们去参加比赛，专家评委他们还是参照以前那种细腻的老花纹来评选的，用了现在的粗布做出来的绣品很粗糙，比赛的时候在专家评选是拿不到名次的，还是要用以前那种布才能做成很细的绣品出来，但现在那种布市场上是少之又少了。

（六）将苗族刺绣引入小学课堂，共同传承民族技艺

平时除了在村里教绣娘们绣花以外，我也到青山新华希望小学教授学生们苗绣和苗语。2014年，学校的校长来我家邀请我去学校给学生上有关刺绣技艺的课程，也跟我讲了一些细则。一节课时长是一个小时，给我50块钱的授课补贴，一周有四节课。由于我们苗族没有文字，苗族刺绣就成了把我们这个民族文化传承的重要方式。我也希望通过在学校授课，让更多的孩子们从小就培养对刺绣的热爱，锻炼她们的手艺。

那时候我们一个班有30多个学生，上课的时间是周二和周四下午的课外活动，刚开始是给一到二年级的学生授课，教课的内容基本都是和刺绣理论相关的，先口头告诉她们怎么去刺绣，等她们熟悉理论之后，再将实

践带入课堂中，但是孩子因为年龄太小，不太愿意去学习这个技能，所以之后我们便把开课对象换成四到五年级的学生，六年级的学生因为临近小升初考试，所以没有开设此课程。主要是教四年级学生学习苗语，教五年级学生绣八角花、梅花等，但到后面就只有五年级开设这个刺绣技艺学习班。在学习技艺的过程中，学生并不是得心应手的，在我教刺绣的那些年，除了2016年学生有男孩以外，来学习的都是女孩子。

上过刺绣班的女孩子之后都能够绣一些小的手工，比如包包，同时她们还运用到了日常生活中，像缝补衣服，绣一些自己喜欢的花纹在自己的衣服或书包上进行装饰，也会带着自己制作的背包，也有一些学生在制作过程中向我询问："老师，您看我做得怎么样？"有相当一部分的学生后期还主动地去学习这门民族技艺，在这个班学习的女孩子还有人制作出成品，做成衣服送给家人、朋友。在过六一儿童节时，学校还进行刺绣成品的评比，给她们颁发荣誉证书，鼓励和支持她们，对她们的作品表示认可。还吸引了当地政府及相关人员来进行参观，对她们的成果进行表扬。到现在，我差不多在那所小学培训过400多人刺绣，2021年取消了苗语班的开设，但刺绣班逐渐地成为学校的苗族刺绣特色班。

2014年年底，我们青山苗族乡新华希望小学得到中央彩票公益金支持，建成了乡村学校少年宫并投入使用，共有绘画室和民乐室等14个功能室。通过在学校教学的良好表现，在2017年6月，学校就聘请我为息烽县乡村（城市）学校少年宫校外辅导员。

现在青山苗族乡在打造民族团结进步示范创建基地，扎实推进民族团结进步教育宣传阵地建设，不断铸牢中华民族共同体意识。我们当地有丰富的民族文化资源，他们就依托这些资源，花了很多年的时间进村入户整理搜集苗族的相关资料。2017年5月，我们成立青山苗族乡大凹刺绣合作社，和绣娘们一起开发了一些兼具实用性和艺术性的文创产品，并与贵州省非物质文化遗产博览馆、五彩黔艺博物馆签订合作协议，将合作社生产的刺绣作品交由展馆进行销售，产生了很好的经济效益。

我们当地政府又着手建立青山苗族乡苗族文化传习所，传习所在 2020 年 8 月正式开馆，有苗乡文化、苗族服饰文化、技艺传承、苗乡足迹和文创体验五大展区，里面现在有 50 多件百年的珍贵实物展品，我也有作品作为展品在里面进行展览。此外他们还聘请我为民族文化传承室的老师，主要教授传统刺绣工艺。

（七）首次出国马耳他，宣传展示民族文化

2017 年 11 月 10 日到 17 日，是我记忆很深的日子，虽然只有一个星期的时间，但是那些画面一直到现在依然在我的脑海里，现在回想起来还非常的开心。那年是中马建交 45 周年，贵州省要选刺绣、蜡染、银饰制作技艺三个非遗项目的代表性传承人带着传统技艺代表作品和交流互动作品前往马耳他参加展示活动，参加由马耳他中国文化中心与贵州省文化厅部省合作的"2017 年马耳他——多彩贵州文化艺术节暨贵州非物质文化遗产展"。在贵州省非物质文化遗产保护中心副主任（主持工作）龙佑铭的推荐下，由龙主任和贵州五彩黔艺博物馆馆长陈月巧带队，我有幸和丹寨县苗族蜡染技艺传承人杨芳，还有黄平县的苗族银饰锻制技艺传承人杨正贵一起去马耳他，向国外的友人展示我们民族的衣服和刺绣，分享我们民族的故事。那次活动，我有两场苗族刺绣工坊交流互动的安排。第一次是马耳他当地时间 11 月 11 日（星期六）上午 10：00—11：30，第二次是当天下午 16：45—18：15。

这是我第一次出国，第一次穿着自己的民族服饰去国外。虽然在此过程中因为语言不通，存在很大的沟通障碍，但在这个过程中，主办方也安排我们去看马耳他当地老师们的刺绣作品，还有参观他们当地的博物馆，通过看其他国家老师们的刺绣针法，我在与其他人的交流中，学会了很多东西，还开拓了我的眼界，让我长了见识。当时去马耳他的时候现场就有很多人询问想要购买的，但是也因为带去的都是展品，所以并未进行售卖。

图5 刘敏参加活动现场　来源贵州省非物质文化遗产保护中心

（八）有缘参与活动，结识更多手艺人

这些年，通过参加各种会议活动，也让我结识了很多厉害的手艺人，让我不断看到差距。2010年5月，我也有幸参加了在上海举办的世博会，我穿着本民族的传统服饰去参加，去参观学习其他民族的文化，那也是我第一次去大城市进行为期5天的学习。每天我都穿着自己的民族服饰进行参观，也吸引了很多人的目光，有很多人都来问我问题，夸我的衣服漂亮。

2013年，我到省城开会，随身带去的几件刺绣作品被新加坡客人看中了，后来他们跟我大批量地订货，通过参加各种活动，我也得到了很多的订单。

这些年我参加了很多活动,尤其是刺绣相关的培训课,但主要都在省内培训,以贵阳周边为主,有时在花溪区,有时在乌当区,有一年也去过毕节那边进行培训。在培训过程中还是结交了很多的朋友,自己也得到提升。如果以后再有这样的培训,我还是会愿意积极报名参加培训,以此不断提升自己。

这些年,我还参加了很多活动和比赛,得了很多证书,获得"筑城工匠"称号、中国(贵州)第一届国际民族民间工艺品文化产品博览会贵阳赛区设计作品比赛三等奖、贵阳市妇女特色手工技能大赛优秀奖等多个奖项。但是给我印象最为深刻的是"省级传承人"的证书。我每年都在贵阳进行非遗传承人的培训,时长为两天。也通过培训的机会,让我认识了很多业界优秀的传承人、手艺人。

图6　刘敏部分荣誉证书　牟兰摄

因为从事苗族服饰手艺,加上评上省级非遗代表性传承人,我的工作内容明显比以前多了很多,外出更加频繁了,开会的次数也比较多。但是欣慰的是,我的家人一直都很支持我的工作,尤其我的爱人。每当我四处去开会,无法顾及家里事情的时候,他们都帮我把家里照顾好,一句怨言也没有，让我没有后顾之忧，让我有更多的时间专心做我喜欢的事情。

如果在未来能与相关的合作机构进行合作，把我们民族的服饰带到更多的场所中，使这门刺绣技艺得以更好地传承和受到保护，也算了了我一桩心事。

传承谱系

第一代：刘登秀，苗族，具体出生日期未详，生于民国时期，青山花老山人，解放后病逝，享年68岁。

第二代：王龙珍，苗族，1937年生，青山大凹人，从小跟妈妈学习刺绣绣法，技艺精湛。

第三代：刘敏，苗族，1965年生，青山大凹人，初中学历，在苗族服饰制作上广泛应用飞针、跳针、梭花、堆花、背针、蜡染、数纱织花、插花等工艺；其制作的青苗族服饰取材广泛、用料考究、构图精巧、造型典雅、色彩艳丽，以纯朴自然、技艺精湛著称。

第四代：唐菊，苗族，1997年生，青山大凹人，初中学历，从小在家跟奶奶学习刺绣，还擅长织布，平时在家空闲时就刺绣，2022年5月当地政府派其外出进行专业的刺绣学习，技艺有很大提升。

侯俊英

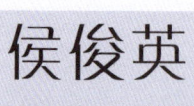

跳圆　许世间团圆

传承人：侯俊英

韦布花 摄

采访时间：2023 年 4 月 18 日
采访地点：贵州省开阳县高寨苗族布依族乡平寨村光中组
采访人：韦布花　牟兰　石枭
文章整理、撰写：韦布花

※ 人物小传

侯俊英,苗族,贵州省开阳县高寨苗族布依族乡平寨村光中组人,1963年10月17日生,初中学历。她多才多艺,既会蜡画、织布,唱山歌,也会跳圆,1992年至1994年就职于高寨乡平寨小学,任女子班音乐(舞蹈)教师。2019年11月4日,被列为贵阳市非物质文化遗产代表性项目"跳圆"市级代表性传承人。2022年5月9日,在"喜迎二十大 建功新时代"最美基层奋斗者表彰会,她被表彰为"最美乡村文化人"。

2015年4月,团队获2015年贵阳原生态民族歌舞展演最佳表演奖;

2018年2月,团队获高寨乡2018年苗族文化节原生态舞蹈赛二等奖;

2019年7月,参加德新镇第七届花苗会亲节荣获银芦笙奖;

2022年4月,荣获2022年度"最美乡村文化人"称号。

跳圆,也叫跳月、跳厂、跳场、跳花、跳硐等,开始见于明代史籍,明嘉靖《炎徼纪闻·蛮夷》:"苗人……仲春,刻木为马。祭以牛酒,老人并马箕踞,未婚男女吹芦笙以和歌,淫词谑浪,谓之跳月。"万历《贵州通志》就有贵州宣慰司(今开阳县一带)苗族踏月的记载,清代乾隆时,"花苗……孟春合男女于野,谓之跳月。择平壤为月场,以冬春树一木植于地上,缀以野花,名曰花树,男女皆艳服,吹芦笙踏歌跳舞,绕树三匝,名曰跳月。"明末清初跳圆已大肆盛行于西南地区的苗族,清水江花苗已有相对固定的跳圆场所,并且形成在今天清水江沿岸开阳、贵定、龙里和福泉市。民国《开阳县志稿》记载,清末民初时,平寨花苗把跳圆活动和苗族斗牛活动有机结合起来。2009年8月20日,贵阳市人民政府将开阳县清水江花苗跳圆列入贵阳市第二批市级非物质文化遗产代表性项目录,归属在传统舞蹈类。

每年农历正月间,清水江花苗有依次轮番跳圆的习俗,即正月跳圆从初二开始,至二十八结束,并有固定场次。一般为正月初五、十五、二十五,不过最热闹的是正月十五和正月二十五。在此期间,苗族兄弟姐妹们都会举行以斗牛、斗鸟、跳圆、唱歌等为主的民俗文化活动,欢快地跳起跳圆舞,在狂欢中庆丰收、祈新年。跳圆主要由两名青年芦笙手和数名男青年围圈吹奏,一群姑娘围绕着芦笙手在乐曲中翩跹起舞。大多数圆场参加人数都是500~2000人。脚踩芦笙悠悠节奏,围圈而舞,因而得名跳圆舞。如今,苗族的跳圆活动还吸引大量的布依族、汉族等各族群众共同参与,逐渐形成各族人民大团结的盛会。

高寨苗族布依族乡位于贵阳东部,开阳县南部。东南与黔南布依族苗族自治州的福泉、贵定、龙里等县(市)隔江相望,西北与开阳县龙岗镇、毛云乡毗邻。这里的苗族分支俗称小花苗。区域内民族文化底蕴丰厚,有"斗牛节""杀鱼节""六月六""芦笙节""苗年"等传统节日;有"苗族传统刺绣""蜡染""竹竿舞""芦笙舞""芦笙制作技巧"等特色非物质文化遗产项目。平寨村,2018—2020年度被认定为省级文明村,居住着占人口90%以上的苗族人口,世代相传的苗族服饰技艺,在这里得以延续。织布、蜡染、刺绣更是苗族妇女的强项,从小生活在平寨村光中组的侯俊英,也是身怀多项技能。

(一)20岁嫁至光中,受寨风影响痴迷跳圆

平寨村,用我们当地的苗语讲又叫"苗欢苗娅",有"我喜欢、我爱,我们都是相亲相爱一家人"的意思。共有8个苗族村寨,统称蒲窝八寨,主要以兰、王、宋、李、袁、杨姓氏为主,以前村寨大约有200户人家,现在有300户了。

小时候我是没有接触过跳圆的,因为我从小生活的地方没有人会吹芦笙,加上跳圆主要是长到15到16岁才开始跳,所以跳圆的机会很少。以前天还没有黑就跟着妈妈她们回家了,也不会在外面逗留玩一下。我妈妈

是会跳圆的，小时候她也教我跳圆，我也格外地喜欢这些民族文化。

我们跳圆在以前还有找恋人的说法，但我不是通过跳圆认识我现在的先生的。我这一辈家中有六姊妹，我爸爸是一个有知识有文化的人，一直以来父亲对我们子女管教比较严格，要求也比较高，给我们立了很多规矩，规定了我们晚上最晚的归家时间，错过了回家的时间是直接不让进家门的，但正是因为父亲从小对我们的严格要求，现在大家的日子也过得挺好。因为家规严格，所以我们也不敢提前谈恋爱，都是一心读书，长大之后经父母介绍结识了我现在的先生，合心了就一直在一起。我之前还开玩笑说，要不是以前父母给我找婆家，估计我现在还是单身的。我是1983年从谷丰村嫁到这里的，那时候我刚好20岁，这里以前叫光中村，现在叫光中组，两个地方离得很近。嫁来这里之后，寨子里面有一批爱好唱歌跳舞的伙伴，我和她们也玩得来，平时一有时间大家就聚在一起，隔三差五我们就相约一起去跳圆，受到寨风的影响，慢慢地我就对跳圆产生了浓厚的兴趣。但小时候没有现在学得那么勤，只是偶尔学一下，有一点基础，会一点点而已，也没有那么浓烈的喜欢、信心和专业性。

（二）幼时迷恋跳圆，至深夜结伴归家

跳圆，圆是圆满的圆，又有团圆、团结的意思。围圈而舞，因此叫作跳圆舞，圆形的舞蹈，在当地也叫跳月，月亮的月，又叫跳场、跳花，主要是以青年群体为主，十五六岁才开始去跳，所以还带有一点恋爱的意味在里面，以前去跳圆的时候，到点了老的人早就回家了，剩下的青年男女，正好是适合相亲这个年龄阶段的人，通过跳圆大家就相互认识，从而进一步交流了解对方，那时候，一般都是一边跳一边看着人家，看中人家的话就牵着人家去谈恋爱了，这个时候就成双成对的。但现在差不多都没有这个现象了，大家都在手机上玩了，也通过手机相互认识了解比较多。回想起来，那时候我们经常从早上10点开始去跳圆，一跳就跳到晚上八九点钟才回家，非常地喜欢跳，因为天太黑了，又没有灯，大家才慢慢地散

场的,以前也没有手电筒,姐妹们大家就你牵着我,我牵着你,一路相互搀扶摸黑找路走回家,路上都有很多的人,也特别地热闹。

苗族有句古话:"芦笙响,脚板痒"。我们这边除了正月初五、十五、二十五跳圆外,还有六月二十四芦笙跳圆舞,又被称之为"求雨节"。正月间跳圆和六月二十四芦笙跳圆都是祈求风调雨顺,保佑丰收硕果的。有的村寨跳圆舞蹈队形为螺旋圆圈,芦笙师站在最外侧,斗牛场中的芦笙曲,带动着每一位舞者的步伐姿态,跳圆舞如同一个巨大的齿轮,小齿轮推动大齿轮,舞蹈动作潇洒灵动。

在活动当天我和姐妹们就身着自己精心制作的蜡染、刺绣盛装,在活动现场跳圆。很多时候我是跳完舞蹈,又转场在活动现场参加蜡染比赛,在跳圆和蜡染比赛上也陆续获得了很多的奖项。

现在我们一帮姐妹差不多都在家帮忙带孙子孙女,空闲的时候我们就聚在一起唱歌、跳舞,来我家这里的次数相对较多一些,我们就唱着一段原生态的山歌和配着芦笙的调子一起跳舞,孩子们也经常在旁边跟学我们的动作。

每年我们这边组织的活动也比较多,个人组织的活动也相对较多,因为我也是会蜡染的,光培训手工艺这一块一年就有70到80次,在培训的过程中闲暇之余我们又组织大家跳圆进行放松。有一年平寨村举行跳圆比赛,她们就喊我一起练舞蹈去参加跳圆比赛,结果一练去比赛就得了名次,兴趣也就来了,也愈加浓烈,格外地痴迷,寨子上的伙伴就你约我我约你,就组成一个团队,我们带每一支队伍去都能拿到一定的名次,现在我们这个村里有很多跳圆的团队。慢慢地,就得到当地政府的认可,就把我推荐上去,之后评上了贵阳市级非物质文化遗产代表性项目"跳圆"代表性传承人。每年有2000元的传承人补贴,目前开阳县也只有我一个是跳圆市级传承人。

我们一帮人也经常聚在一起排练跳圆,比如人家喊去比赛,遇到办酒席时邀请我们,我们都会组织队伍,提前排练,都是哪家的院坝宽一些就在哪家,或是遇到哪里的场地宽大家就集中去那里。平时组织她们排练,我也拿出钱给大伙买一些小零食吃。

图7　跳圆活动现场　来源贵阳市非物质文化遗产保护中心

（三）受邀参与酒席演出，收益成效明显

跳圆的场合还是挺多的，但我们主要是在过节、婚丧嫁娶的时候跳。如果在地方民族节日来临之际，又没有政府组织比赛，我们村里头都是几个玩得好的朋友相约穿着衣服就去跳了，因为是大家共同的节日，祈求丰收硕果，都图一个热闹和喜庆，大家还是自发性的要去跳。如果是政府组织的话，主要会进行比赛，也是会给我们费用的，但要根据比赛获得的奖项来评定。周边有酒席的时候也会邀请我们去跳跳圆舞，给我们一些报酬，像前几年是100块钱一天，现在涨到130到150块钱一天了，负责吹芦笙的人员是200块钱一天，主人家包车接送，如果我们自己包车的话他们就多给一些钱。我们都会穿着我们自己制作的苗族盛装去跳舞，只是办喜事和丧事的时候有一点区别，就是在喜事场合像人家结婚、给小孩子办满月酒等跳时，人家发红帕子，所以我们腰带上的布条是红色的，而丧事时人家就发白帕子，所以腰带上戴的布条是白色的。

我们周边贵定、福泉一带也都有跳圆的习俗，周边的人遇到节日什么的也会跳。有很多部门邀请我们这个跳圆团队外出进行表演，主要在贵定、福泉一片演出，人家办喜事的时候就请我们去表演，虽然贵定、福泉一带也有跳圆的队伍，但很多时候还是有那边的人专门邀请我们过去那边跳，尤其2022年我们去贵定、龙里、福泉一带可以说是卡卡角角（角落）都走通了一遍。在疫情之前，办酒席时邀请我们去跳圆的人家是比较多的，虽然疫情期间也受到了一些影响，但是总体来说影响不是很大。2022年至今，团队大概参加了几十次，总收入达10多万，虽然大钱是赚不到的，但小钱还是有一些的，生活也越来越富裕，我们也在其中收获了很多快乐。

以前手机还不是很普及，参加跳圆演出活动主要是通过亲戚介绍的，一开始我有一个兄弟的媳妇是嫁到我娘家谷丰村的，她娘家有一个老人去世了，她的嫂子就找到了我，那时候我就带了一支队伍过去表演，后面就一直保持联系，再后来使用手机的频率也高了起来，又相互留了电话号码，慢慢的一个传给一个，我们的团队在当地产生了一定的影响力，哪家有红白喜事，就来找我这个团队去跳圆，慢慢地就增多起来。我们第一次去贵定一带跳圆的时候总共有18个人，有4名是吹芦笙的。贵定那边还是比较慷慨大方的，给了我们每个人100块钱。后面有些时候赶上团队中的队员有事，人数相对来说少一些，但最少还是保障有6个人，而且必须有两名男生是吹芦笙的，但有些人家忌讳单数，尤其是办喜事的时候，以前我们没有注意这个问题，主人家也没有询问我们去表演的人数是单数还是双数。有一次我们去了7个人，通过主人家的言辞明显地看出来他们是有点不高兴的，也有一点想法，心理是有隔阂的，后面我们一直记住这个事情，之后去哪里我们团队都是以双数为主的，避免人家说闲话。但是平时我们去舞台上参加比赛，就没有那么多讲究，一般都是人数越多越好。

（四）在变与不变中，"跳"出大山

现在我们的跳圆在时间、动作和场地等方面都发生了很大的变化。尤

其 2015 年后，我们跳圆舞蹈动作开始发生较大变化。以前我们主要是在正月间跳圆，但是后来也根据临时的通知进行组织，慢慢地加入了很多的娱乐项目，像斗牛、斗鸡等等，以前跳圆的舞蹈动作是传统固定的，舞蹈动作以手部为主，只有脚的部位跟着芦笙的节奏在舞动，手部动作基本是保持固定不变的，在左右甩手的同时，向前踏步，舞者队形向内聚拢又散开，而且几乎全程都是脚步跟着芦笙的节奏在动，没有其他动作和环节。

现在我们的动作和舞蹈队形，就是从现代各类舞蹈中吸取的，它们更美，更容易被年轻观众接受。现在去参加比赛，你要赢得比赛，就需要有更多的、更丰富的动作才有可能保证获得奖项。这还是我后面带队，在台下时他们作为观众跟我说这些评分细则的。后面我们大家参加的活动多了，看到其他队伍的动作开始改变了，大家就聚在一起商量讨论，就开始拿各种道具进行辅助表演，将传统的和现代相结合起来，以此来丰富表演的动作。

2015 年，我们团队在贵阳筑城广场参加的原生态民族歌舞展演，那时候我们也获得了最佳表演奖。那次我们跳的是《庆丰收》，全长 4 分多钟，芦笙曲调和舞蹈动作完全是我们自编自演的，两人吹芦笙，12 人负责跳舞，总共是 14 人。我依然还记得那时候我们表演结束后下场的那个场面，现场掌声雷动。所以现在女生也用到手部动作来表演，在表演的过程中，大家还唱起苗歌，不断丰富表演的内容。

跳圆舞蹈动作，我觉得还是要有传统和现代相结合的元素。光有传统的动作在比赛时是很难拿到名次的，像我们的《庆丰收》，以前都是只有脚步的动作，但现在我们有拿道具的，有时手上拿着簸箕，演绎出丰收喜悦的场景。

2019 年我们还选编了《纺车舞》，歌舞和动作主要是我编想，当时他们给我们发邀请函，邀请我们去参加表演比赛，我就根据我们苗族以往都有织布这个场景进行联想，然后现编了舞蹈动作，在表演的现场，身着苗族盛装的姑娘们就用纺车模拟我们以往织布的情景。之后这个舞蹈动作也经常在各个舞台上进行表演，获得奖项，像 2018 年，我们团队参加高寨乡苗族文化节原生态舞蹈赛时就跳的《纺车舞》，也获得了二等奖。2019年7月，我们表演的《纺车舞》在参加德新镇第七届花苗会亲节时又荣获了银芦笙奖，这几年我们出去参加表演，就以表演《庆丰收》《纺车舞》这两个节目为主。2023年过年时候我们就有50到60人，那时候比赛也获得了奖。

现在很多人也有创新的动作和曲目，在传统简单的舞蹈动作上进行编排，并融合当地苗族斗牛、纺线、插秧等生产生活元素，深受群众喜爱。像我们现在跳的《庆丰收》《纺车舞》《簸箕舞》等，就是把平时我们做刺绣、画蜡、纺线、插秧、打谷子、抬谷子的动作融进去的，每个动作都呈现出我们苗族民众日常生活的场景。像《庆丰收》就是有撒谷子、插秧子、栽秧、薅秧子、割谷子、打谷子、挑谷子这一系列的流程动作。

除此之外，在跳圆场所上也发生了比较大的改变，以前的跳圆场地主要在田间地头或者宽一点的院坝里，一个组或者一个家族围成一个圈来跳，现在很多时候都在舞台上表演，当地也建有专门的场地。跳的节奏总体上也要比以前传统的快一些，这就要求你对动作不仅要熟练，而且要学会跟着芦笙的节奏在变化，不然脚步是不对的，吹芦笙的节奏也是跟不起来的，二者就不能很好地搭配起来，吹芦笙和跳圆二者要搭配。

图8　侯俊英荣誉证书　韦布花摄

因为我们经常比赛，也逐渐获得了很多观众的认可，认识很多人，像我就遇到了一位摄影师，也经常发现在很多的场合都见到他的身影，他也一直关注我们跳圆这个项目，偶尔也会经过各种节目对比后给我们提一些从他视角观看的想法和改进建议。有一次我们去参加比赛，在下场的时候他就问我得了第几名，我说得第二名，他就问我为啥只得第二，我只能回复他说没有那么大的实力，后面他给我们说，其实我们再加把油就更完美了，相比其他节目的表演，我们在结束表演后芦笙依然是响亮的，队伍也没有散。等他在蜡染比赛场上见到我时，又说他给我拍个照片，给我宣传一下。

（五）为人是带队技巧，汇聚人力保队伍不散

我父亲在处理邻里纠纷上是比较擅长的，如果哪家有事情处理不下来的，他总能轻而易举地用他的方法去化解，到现在他在村寨中也一直很有威望，受到左邻右舍的乡亲们的认可。从小耳濡目染，受到父亲的影响，长大之后无形中我也兼具这种能力，像我现在带的团队，遇到事情的时候，我总能用我的语言技巧和办法轻松化解，所以她们也很愿意听从我的安排。

说实话，我觉得带队伍还是靠为人处世，这是很重要的。

2022年1月11日，贵州省开展了2022年"文化进万家——视频直播家乡年"活动项目，贵州省文化和旅游厅在全省推荐的非遗项目中需要有10个代表性项目拍摄成片，以便在春节、元宵节期间通过抖音短视频平台在非遗专区进行展播。其中就有我们开阳县的跳圆项目，拍摄团队邀请我们在高寨乡平寨村牛王客栈院坝里配合拍摄，那里现在是我们这个地区专门集中做活动的一个场所，那次我们队伍总共有30多个人参加，报名的人还是很多的，她们都很积极支持我的工作，不会说是给钱少或是不给钱她们就不去，一般都是只要我喊到她们，她们家里确实有事情实在走不开才不去。为此很多领导也都夸我，说我有一定的组织力和号召力。平时需要组织人手去进行演出时，我就跟她们说，上面来人了，喊我们去搞活动，也是会耽误大家干活，但大家要支持好工作啊！大家都是很愿意地

说，好嘞！然后大家就一起去了，伙伴们都是很懂道理的。那次拍摄活动，由于天气比较寒冷，拍了一天，又是我喊着她们过去的，又都是乡里乡亲的，所以我心里过意不去，过后我还是给了她们一些钱的，不过一年也就那么一两次。

图9　参加2022年"文化进万家——视频直播家乡年"录制活动
来源开阳县人民政府官网

2023年1月29日，那天是大年初八，以往在当天开阳县都会举办龙灯会活动，那天在云开广场举行了2023年"我们的中国梦——文化进万家"之"玉兔贺新春·非遗过大年"文明实践展演活动。他们通知我喊平寨村带一支队伍去参加表演，当天我带队组织了16名队员去参加，她们的年龄都在26到27岁之间。现在每次出去参加活动，大部分都是我负责统筹安排的，每次我都会把参与人员名单写下来。但因为那天赶上寨子办酒席的人家太多，事情太多走不开，我好几天都在请人，但都请不到男生去吹芦笙，我只能跟主办方说能不能拿以前录制好的芦笙曲调用 U 盘现场播放然后我们跟着节奏跳，实在没有办法，主办方也只好同意。那天我们的团队表演了 5 分多钟，我们队伍是作为压轴节目最后表演的，因为很多人喜欢看我们跳圆这个节日，就会一直等到最后，看完我们表演的节目之后才可能离场，中间就不会冷场，所以全程活动现场都是很热闹的。很多时候我们外出表演，我们的节目也都是被放在最后面来表演的。我们跳着、跳着，在快乐中不仅宣传了自己，也让外面更多的人知道我们家乡的民族文化。

（六）跳圆传承后继无人，未来发展前景堪忧

我育有一子一女，在 1992 年的时候，我在平寨村代课教书，教女子班，让她们学舞蹈和唱歌，一个月 80 块钱的工资，女子班是特殊班，所以分管她们还有 20 块钱的班主任补贴，后面因为家庭负担比较重，加上有孩子，所以就回家来了。现在姑娘也跟着我一起学跳圆，她平时在开阳县文旅局上班，得空的时候也跟着我们一起去参加跳圆，但到了她这一辈没有人跟她学了，她的姑娘现在还在读高二，也因为学业繁重无暇顾及了。

目前，我有三种身份，分别是蜡染、刺绣和跳圆市级传承人，很多人也都称为我艺人，我都会跟她们说我不是艺人，我只是爱好这一块而已。有时候我也萌生要放弃的念头，因为多重身份，有时候很多事情都会冲突，赶在一起，自己也周转不过来。但因为自己爱好这一领域和事业，想想都到这一步了，也要坚持下去的，不能甩手就不做嘛！所以获得的收入能维持生活就行了。

跳圆时我们会用到芦笙，我是不会吹芦笙的，我只会跳。在跳圆节目里，吹芦笙是很重要的，我们苗族同胞把芦笙视为民族骄傲，现在人家办酒席都是先以芦笙为主，专门是由两名以上的男生吹，吹芦笙的人数是不固定的，一般是越多越好，但不能低于两人，跳圆的话就是人越多越好，芦笙的节奏带动着我们舞者的步伐。但是现在会吹芦笙的人又

越来越少，跳圆的时候如果请不到吹芦笙的人，去跳圆就失去了意义，团队也就不想去表演了。之前我们团队里有一个吹芦笙特别好的师傅，还挺年轻的，可是2020年生病不幸去世了。我们苗族的芦笙一直以来都是传男不传女，但最近几年也有一些女生在练习吹芦笙了，但上台表演的时候还主要是男生吹芦笙，没有女生吹芦笙。所以我说如果资金充裕，还是希望能多请一下师傅教孩子们学吹芦笙。其实我们这一片是没有产做芦笙的竹子的，也没有制作和修补芦笙的匠人，都要到贵定或者昌明一片去购买和修理。

因为跳圆的时候，需要身体舞动，总体来说跳舞的人身体机能方面都还是挺好的，身体也比较硬朗，我都开玩笑说每年我交的合作医疗保险目前都基本用不上的，合作医疗保险本本上还依然是空白的。所以很多时候我们去劝年轻人加入我们的队伍，我们也跟她们说，跳这个对身体是有很多好处的。

之前我没有具体去学校里教过学生学跳圆，只是去学校教学生刺绣、蜡染和纺布等手工艺，但学校有专门请过吹芦笙的老师去教学生们，今年是计划请人教学生们学跳圆的，学生也有意愿学习的，但请师傅、安排人家生活等都需要一笔经费开销，需要有资金的支持，有时候也是有心无力。

现在团队成员里年轻的成员有30多个人，主要都是结婚了的，嫁来这里生了娃娃的年轻妈妈，很多人都已经出去打工赚钱了，只有在正月间回家来了有跳圆比赛她们才来参与跳圆活动，其他时间能参加的比较少。年纪稍微大一点的约有60人。团队的成员很多都是寨子里面，大家都是亲戚。目前是没有学生跟我学的，我自己也很害怕哪一天跳圆这个团队就散了，大家都不跳了。所以很多时候都是自己掏钱来维持跳圆这个团队发展下去，这样有活动的时候能去宣传我们苗族的文化。

有时候我想着要是能培养几个传承人，让越来越多的乡亲都加入进来好了！我就放手让她们做了。我也算是把跳圆这一接力棒交接到她们的手上，因为年纪大了，所以现在外出参加活动，我主要是负责团队的联络、后勤保障为主，大家一起相互配合。我也迫切希望能尽自己一份力量，把我们优秀的民族文化传承下去。希望能有资金的投入支持，聘请专业的师傅教年轻一辈的孩子们学会吹芦笙、唱山歌和学跳圆。因为学这些都不是一朝一夕就能学会的，而是需要日积月累的，长期的学习。

传承谱系

第一代：王朝芬，女，苗族，1905年生，1920年开始从事民族舞蹈跳圆，已故。

第二代：文兰珍，女，苗族，1939年生，1954年开始从事民族舞蹈跳圆。

第三代：侯俊英，女，苗族，初中学历，1963年生，开阳县高寨苗族布依族乡平寨村光中组人。她多才多艺，既会蜡画、织布、唱山歌，也会跳圆，并积极收徒。

第四代：王艳滢，女，苗族，大专学历，1985年生，自懂事开始在家人的耳濡目染下就开始学习跳圆，跳圆舞蹈动作技巧也逐渐成熟。

罗孟雄
只希望有更多的人喜欢二胡

传承人：罗孟雄　韦布花摄

采访时间：2023 年 4 月 22 日

采访地点：贵州省贵阳市清镇市印象康城 2 栋 1 单元

采访人：韦布花　石枭

文章整理、撰写：韦布花

※ 人物小传

罗孟雄，男，彝族，1948年12月23日生，初中学历，家原住贵州省清镇市红枫湖镇扁山村磨石冲组，现居住在清镇市印象康城。罗孟雄从小跟父亲罗配贤学习拉奏、制作彝族二胡，10多岁就能和父亲一起演奏，制作的彝族二胡具有较高的工艺水平。2021年6月25日，被认定为清镇市非物质文化遗产代表性项目彝族二胡制作技艺代表性传承人。2022年4月8日，被贵阳市人民政府认定为第六批市级非物质文化遗产项目彝族二胡制作技艺市级代表性传承人。

1995年8月8日，被聘请为贵州民族学院彝文文献研究所彝学研究员；

2015年4月，在2015年贵阳原生态表演歌舞展演中表演的彝族二胡荣获最佳传承奖；

2018年6月15日，荣获清镇市第五批"民族文化传承人"称号；

2019年8月8日，荣获清镇市第六批"民族文化传承人"称号；

2022年6月30日，在2021年度荣获清镇市非物质文化遗产代表性优秀传承人称号；

彝族二胡由传统二胡演变而来，最早源于我国古代北方地区的少数民族部落，后历经岁月沧桑，在我国西南地区得到延续和发展，贵州境内主要分布在清镇市、黔西市、大方县、毕节市、织金县、纳雍县等地区。二胡，彝语称"集"或"麻集"，彝族二胡区别于现代乐器的二胡，彝语称"夫惹"，是彝族人民自制的拉弦乐器。整个形状有点像如今舞台上通用的南胡，只是材料和制作粗糙，音域、音色更不同于南胡。由四弦大二胡和二弦小二胡组合为一套，四弦大二胡由四根弦组成，四弦胡琴拉正谱，其声类似木唢呐雄浑低沉，负责拉低音，二弦小二胡跟现代的京胡差不多大小，由两根弦组成，二弦小二胡拉反谱，其声类似京胡，清脆高昂，负责拉高音，正反扣合，共同合奏，又有"六弦和鸣"的叫法。一般演奏时需

4至6人，再配以小鼓、小镲、箫等进行合奏。是流传于贵州黔西北、黔中地区及清镇周边彝族民间古老而独特的弦乐音乐。2020年12月9日，经贵阳市人民政府批准彝族二胡制作技艺被列入贵阳市第六批市级非物质文化遗产代表性项目，归属在传统技艺类。

（一）一家从事建筑行业，空闲时喜拉二胡

以前我们老家在织金，后来我们就举家落户在清镇市扁山村磨石冲居住，在1971年到1977年期间，我主要在清镇城关镇扁山村务农，劳动期间，我和我的家人们也时不时地演奏彝族二胡以此来解乏；1977年到1980年，我还在扁山小学教书，再后来就居住在印象康城。我爷爷、我爸爸都是既会拉二胡，又会自己制作二胡。由于出生在制作二胡的传统世家，从小受到父亲的言传身教的影响，我10岁时开始喜欢上彝族二胡的制作和二胡演奏；因为自己是制作二胡的，所以我现在家中也保留有很多二胡。

我爷爷叫罗德宣，当过织金县龙场区区委书记，我父亲叫罗配贤，之前考上了在上海的一个大学。1970年，我在黔西一中初中毕业，就在家中开始自己制作彝族二胡，在制作过程中能从中找到乐趣并同时开始学习二胡演奏。因为我们家从小也接触建筑，学修房子的，所以14岁的时候我就带着16个人学着做砖块，也一直到处跑工程干活，再后来清镇市成立城关区建筑联合公司，1980年开始我就到城关区建筑联合公司工作。那时候因为负责的事情比较多，有空闲拉二胡的时间就相对少一些，但我和我手底下的人经常空闲的时候就在一起拉着二胡。

2013年，因为易地扶贫搬迁，我们一家就从磨石冲搬到印象康城，我弟弟叫罗孟刚，有70多岁，以前是扁山村的村主任，也是一名中共党员，现在退休了，居住在我们家附近，他虽然没有从事彝族二胡制作这一项工艺，但都是懂的，平时拉二胡，都是我们两个一起去表演，我家儿子又住附近，我们家人目前住得散，但距离都不是很远。

图10　罗孟雄与弟弟罗孟刚　韦布花摄

（二）彝族二胡制作工序繁杂，有多方讲究

传统的彝族二胡是用泡桐木作胡筒身，黄京皮作胡筒面。胡筒直径约15~20厘米。整个形状有点像如今舞台上通用的南胡，只是材料和制作粗糙、音域、音色更不同于南胡。

彝族二胡主要部件及制作过程：

一把完整的彝族二胡由弦轴、琴杆、琴筒、弦弓（具体分为弓杆、弓毛）、琴皮、琴弦、琴码、腰箍等八大部件组成。制作的材料有：竹子、硬质木材、蛇皮、马尾、丝线、桑树皮、高粱杆等，历经100多道工序精加工而成。二胡自上而下的位置可将其分为以下部位：

弦轴。又称耳朵，一般选用成年枇杷树木制作，主要用于调节高低调，分为手把、挂线杆两部分。四弦大二胡有四根弦轴，小弦小二胡有两根弦轴。手把上刻有三段各4至5道的凹槽作为装饰。

四弦大二胡弦轴选材为长35厘米、直径4厘米木胚，经打磨雕凿，最终成形长度约 25 厘米的弦轴。手把长约 12 厘米、最大直径约 3.2 厘米，中间装饰段长约 7 厘米、直径约 3.2 厘米，装饰段一端从粗至细向外打磨，延伸至细处直径约 1.7 厘米。拉线杆长约 13 厘米。

二弦小二胡弦轴由长 30 厘米、直径 3.5 厘米木胚打磨雕凿而成，最终成形长度约 22 厘米。手把长约 12 厘米，最大直径约 2.5 厘米，中间装饰段长约 7 厘米、直径约 2.5 厘米，在装饰段一端从粗至细向外打磨，延伸至细处直径 1.5 厘米，拉线杆长约 10 厘米。

琴杆。琴杆又称琴柱。大、小二胡的琴杆均选用优质金竹所制，杆身经多道工序打磨，光滑如玉，又不失竹节的优美。四弦大二胡琴杆直径约 3 厘米，长为 105 厘米。二弦小二胡琴杆直径约 2 厘米，长约 70 厘米。在琴杆顶部往下 4 厘米处开第一个孔，依次间隔 7 厘米钻孔，作为安装弦轴的孔。开孔的大小，要使安装后的弦轴不能太松也不能太紧，能转动调节琴弦即可。

琴筒。四弦大二胡一般选用优质的大斑竹作为琴筒，它产于织金一带，但是现在比较难找得到。一般筒身长 30 厘米至 32 厘米，筒直径 10 厘米至 15 厘米，壁厚 1 厘米至 1.2 厘米，要求浑圆光滑，音色洪亮稳健。四弦胡琴的琴筒以距琴边包琴皮蛇皮的 8.5 厘米处为中心钻孔，用烧红的铁棒缓慢钻穿琴筒，再垂直向下钻穿第二个孔，以便琴杆尾部穿过琴筒两孔连接固定。我父亲那时候制作的二胡和我之后做的二胡有点不一样，他那把要短一点，音质就会受到一定的影响，没有那么柔和，所以声音就没有现在的好听，这都是制作久了之后慢慢摸索出来的。

二弦小二胡的琴筒则选用优质金竹制成，筒身长 18 厘米至 20 厘米，筒直径 6 厘米至 8 厘米，壁厚约 0.7 厘米，要求精致通透，音色清脆明亮。琴筒按尺寸锯好加工后，小二胡琴筒以距琴边包琴皮蛇皮的 6 厘米处为中心钻孔。

弦弓。弓杆选用轻质柔韧的华竹或小金竹所制，分为弓端、弓夹、弓尖三部分。根据大、小二胡的差异，四弦大二胡所配弦弓总长约 70 厘米，弓身约 55 厘米；二弦小二胡所配弦弓长约 60 厘米，弓身约 45 厘米。

弓毛选材，弓毛选用优质粗亮光滑的马尾制作。制作时，精选完整无损长约80厘米的马尾，约150根为一组。四弦大二胡的弦弓配备两组马尾，二弦小二胡的弦弓配备一组马尾。

制作弦弓步骤，一是弓毛加工。将整理好的马尾先用水浸泡20秒左右取出，马尾会变得又直又顺，用胶水粘上一端，使之固定打结，再固定在夹板上整理拉直，按四弦大二胡弓毛长约55厘米、二弦小二胡弓毛长约48厘米将另一端打上胶水固定、尾部打结，等待胶水风干。二是火烤弯曲和打磨弓端、弓尖。弦弓手持部位称为弓端，将弓端固定，用火烤至微变色，然后用钳子夹着端口弯曲成长约15厘米的半圆形状，再用砂布打磨光滑。四弦大二胡的弓夹长约45厘米，二弦小二胡的弓夹长约40厘米。弓尖也用火烤至微变色，弯曲成长约5厘米的半圆形状，打磨光滑。三是弓杆钻孔。钻孔要考虑弓毛与弓夹平行，先从弓尖尾部1.3厘米处钻第一个孔，打孔用铁签烧红钻穿弓杆，第二个孔距离第一个孔1.7厘米。然后，参照马尾与弓夹平行、四弦大二胡两组马尾平行的原则，在弓端适当位置处分别钻取两个孔。二弦小二胡与四弦大二胡的弓杆制作，区别在于二弦小二胡的弓夹稍短；由于二弦小二胡只安装一组马尾，故弓尖、弓端只钻一个孔。四是安装。将加工后的弓毛穿过弓端和弓尖，打结，再用红布包裹使之美观。

琴皮。琴皮选用本地常见的乌梢蛇和菜花蛇七寸以下部位的蛇皮，大家都有一句俗称叫"打蛇要打七寸"，就是那个位置，越接近蛇的尾巴，越不好。一般都是4岁以上的蛇，年龄太小也不行，岁数大的蛇也不行，拿回家以后要存放半年左右。之后用鸡蛋清经揉搓加工后蒙在已打过孔的琴筒上，用工具固定，自然阴干，经过15天后方能拆除固定工具。同时加工制作花桑树皮，待安装琴身时作为琴筒的封边材料。花桑树皮要先用水煮，然后自然晾开阴干等待安装封边，封边时要再用水煮至柔软，煮后用乳胶或鸡蛋清粘连琴筒、琴皮。

琴弦。彝族二胡的琴弦最初使用天然蚕丝线制作，但随着时代的发展，现大多选择经久耐磨的牛津尼龙线制作。四弦大二胡的琴弦有四根，按照粗细分为1根母弦（又称老弦）、两根对子弦、1根子弦。老弦最粗，安装在最顶端的弦轴；子弦最细，安装在最下端的弦轴；对子弦安装在中间位置的弦。之前他们摸索用钢丝来制作，尝试着制作后用来拉是不行的。

琴码。俗称卡子，是用于联结琴皮、琴弦的枢纽，其作用是支撑琴弦于琴皮中央，将琴弦的振动传导到琴皮上，发出琴声。选用直径5毫米、长度2厘米的高粱杆制成。必须是使用高粱的杆杆制作，高粱的上半节和下半节都是不行的，只能是高粱的中间那一节才能使用，其他材料做下来都是不行的。

腰箍。又称千斤，是扣住琴杆、琴弦的装置，用铁丝扭成U字形，使之一端用琴杆固定，一端拴棉线捆住琴弦用于调节音量的高低。四弦大二胡的腰箍安装位置，从琴杆下端测量，以拉奏者肘关节到指尖再加一个巴掌宽的长度为最佳安装位置，二弦小二胡以肘关节至大拇指尖的长度为最佳安装位置。

以上制作完工后就是安装。彝族二胡制作全过程前后历时20余天，经100多道工序精加工而成，每一道工序都有很多的讲究和注意事项。在制作四弦大二胡和小弦二胡都有很多讲究的，可以说样样都讲究，比如琴杆，规定了尺寸，高和低都是不行的，必须是1.05米，还有像腰箍（千斤）必须有一定的幅度。拉二胡和拉胡琴不一样，有时候一拉就是七八个小时，甚至一整天，每个人的身高又是不一样的，所以就需要靠千斤来调节，人比较高的时候就把千斤往上调，矮一点的话就往下调，它也起到了固定音弦的作用。同时，拉二胡的时候坐姿也很重要，要求拉二胡的弓和地面要垂直，一般是90度，但很多时候外出演出，每次场地和道具是不一样，像我身高稍微矮一点，坐在板凳上后，脚是不着地的，所以我自己就买了一个可以调节高度的凳子，根据我的身高随时有一个合适的姿态，以保证长时间演奏的时候不至于身体吃不消。这也带动了团队里的其他成员自己买一个适合自己的凳子，所以我们现在外出表演，几乎自己人手准备一个板凳。同时二胡卡子的位置也是一样的道理，高了也是不行，拉的时候声音会沙哑，低了也不行。

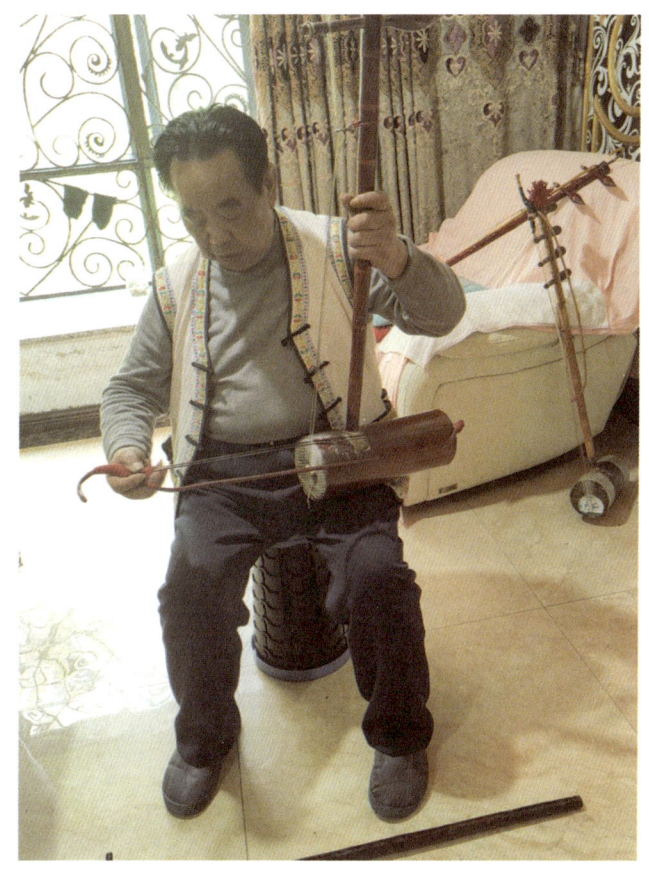

图11　罗孟雄演奏　韦布花摄

　　制作二胡使用的工具和注意事项有很多，比如小弦二胡的弦，如果太粗了在演奏的时候就会和二胡上的筒筒产生摩擦。但如果太细了的话，轻飘飘的，就需要靠人手的力量去摆动调节，如果演奏一整天下来，人的身体就吃不消，这是我们做二胡久了积攒下来的经验。像卡子，也要做好，否则在弹奏的时候就会弹出来弄到人。制作彝族二胡的时候，二胡的耳朵也是比较难做的，首先粗毛要做30厘米左右，最终只有25厘米左右。

（三）成立团队，共同守护彝族二胡

虎山彝寨，始建于1995年，有"黔中第一彝寨"之称，是清镇市彝族民众主要居住生活的区域，2014年，被命名为首批"中国少数民族特色村寨"。我们有一群志同道合的朋友，经常在一起弹奏彝族二胡，探究彝族二胡制作的一些技巧，久而久之，在1992年，我们就成立了六弦和鸣队，团队依然保留至今，由清镇市彝学会具体管理和负责，每次有活动的时候我们团队都一起过去演奏。自建成到如今，在推动彝族文化的发展方面发挥了重要的作用，我和团队也先后多次在虎山彝寨弹奏彝族二胡，更是参与了虎山彝寨的建设，在建设过程中我也投入了一些资金，但不多。一直以来团队也赴省外参加演出，像2021年11月30日我们团队去了北京参加演出，那次我们参加的是《高原·听见贵州》有关的主题活动，我们吹的《乌蒙循回》是这次活动的第四乐章，主要由我、徐永兵、刘建志和陈克贤四个人吹前奏四六弦和鸣，再由贵州省民族乐团合用其他乐器演奏后半部分。这几年我们经常赴花溪区等地表演，现在每年在文化和自然遗产日，我们团队也受邀去参加表演。2021年6月12日，"文化和自然遗产日"暨"非遗购物节"系列宣传展示活动在花溪区青岩古镇北门广场举行，当时我们团队表演的《彝族二胡》作为非遗经典节目展演活动，在第二个非遗节目进行出场参加了演出。

我们的队伍在表演时没有规定具体的人数，但一般控制在20个人左右，10个人弹奏二胡，11个人跳舞，但弹二胡最少都需要4个人，一个人弹大二胡、一个人弹小二胡，还有一个吹大唢呐，一个人吹小唢呐，才能算完整，听起来也比较好听。拉二胡的时候，大二胡要在前，小二胡要在后，就是小二胡跟着大二胡的节奏走，大二胡拉正谱，小二胡拉反谱。他们邀请我们外出表演，都是给予一定的费用补贴的，我们还获得了很多的奖项。

图12　罗孟雄荣誉证书　韦布花摄

（四）彝族二胡，传承危机重重

我自己既会拉奏二胡，也会拉胡琴，还会弹奏月琴，我们彝族主要以月琴和二胡两个乐器为主，但我们不会制作月琴，只懂得它制作的基本原理，主要以制作二胡为主。拉二胡也有一定的谱子，并有严格的区分，有《老谱》《花谱》《老草谱》《草谱》四种，不同的谱子有不同的拉法，记忆好的人一种谱子可以拉三四天，其实多动脑子记，还是很有好处的。同时，对所要拉的谱子也有严格的要求，在红白喜事这两种不同的场合要弹奏不同的谱子，有人去世称之为白喜，需要弹奏《老谱》，婚嫁、挂红、上梁、祝生、进新房等属于红喜，需要弹奏《草谱》和《花谱》。

现在很多的人，要么只会制作彝族二胡，要么只会拉彝族二胡，既会弹奏又会制作彝族二胡的人已经很少了，主要都是我们这一辈的老年人还在坚持了，很多的年轻人都是不会的。我家的两个孙孙，我很努力地教他们两个去学二胡，希望把我们民族优秀的传统文化传承下去，但到现在他们也只是会拉三四个谱子，做也不会做，之前跟我住在一起的时候还学着做一些，但是现在都外出打工了也不在我身边，想教他们都没有机会。有时候我也是很无奈的，他们不做，我也没有办法。我制作的彝族二胡大多都不卖，都是送人为主，哪个人需要我就送一对自己做的给他，为什么要送给他们呢？我就是希望送给他们，他们能主动学起来，虽然送了一些人，到后面也没有坚持拉，放在家里积成了灰，但总的来说，他们还是学到了一些。如果卖的话像彝族二胡一对也能卖1800元，现在织金一片也有人专门卖的，有价位在500到800元不等，这主要由很多方面决定的，像它使用的材质、它拉出来的音质，还有的人会在二胡的表层上雕龙画凤，刻上我们彝族特有的一些民族符号，像龙、火、凤等等图案，就会使价格相对贵一些，现在我也保留有父亲遗留下来的一把二胡，上面就是比较传统的图案。

图13　罗孟雄及团队人员在2021年贵州省"文化和自然遗产日"暨"非遗购物节"现场活动中展示彝族二胡　来源贵阳市非物质文化遗产保护中心

我是2013年开始带徒弟的。我们演奏的传统二胡曲谱现在是贵阳市优秀的非遗项目之一，曲谱传承人也是我们演奏团队的老彝人，更是世交渊亲，我们经常交流彝族文化的传承问题。面对优秀的传统文化面临传承断层的窘境，我忠心希望有关部门投入更多的力保护这些优秀的民族文化，让民族的文化基因得到不断传承。我也很开心能将我们彝族二胡传承下去，更希望未来有更多的人把这门手艺宣传出去，像去学校教更多的学生弹奏彝族二胡，同时，也希望通过采取各种方式，吸引更多的年轻群体加入到我们这个队伍中来。我们这边实验小学的老师也找到我，希望我进学校去，每个星期教那些学生拉二胡，我每次都是全身心地把我掌握的技能传授给他们。

传承谱系

第一代：罗德宣，男，彝族，出生年月不详，曾读过私塾，织金县龙场区人，原为织金县龙场区区委书记，擅长彝族二胡制作和拉奏，已故。

第二代：罗配贤（师傅罗德宣），男，彝族，本科学历，1927年生，家住清镇红枫湖镇扁山村。自小跟父亲罗德宣学习拉奏、制作彝族二胡，演艺水平较高，已故。

第三代：罗孟雄（师傅罗配贤），男，彝族，初中学历，1948年生，清镇市红枫湖镇扁山村人，现住清镇市印象康城，曾任建筑工程项目经理。自小跟父亲罗配贤学习拉奏、制作彝族二胡，10多岁就能和父亲一起演奏，制作的彝族二胡具有较高的工艺水平。

第四代：罗发庭、张俊

罗发庭，女，彝族，初中学历，1992年生，住清镇市印象康城，跟爷爷罗孟雄学习学习拉奏、制作彝族二胡，能拉部分简单的曲子，基本掌握彝族二胡的制作技艺。

张俊，男，汉族，初中学历，1989年出生，住清镇印象康城，为罗孟雄孙婿，跟罗孟雄学习拉奏、制作彝族二胡，能拉部分简单的曲子，基本掌握彝族二胡的制作技艺。

邓开伦
不让花鼓舞失传

来源贵阳市非物质文化遗产保护中心

传承人：邓开伦

采访时间：2023 年 4 月 19 日
采访地点：贵阳市乌当区新场镇小窑
采访人：李美艳、翁倾英
文章整理、撰写：李美艳

※ 人物小传

邓开伦，男，苗族，1957年8月生，现年66岁，贵州省贵阳市乌当区新场镇尖坡村小尧人。1966年9月1日—1970年在老棚小学上学，其间跟随祖辈学习苗语，学跳花鼓舞；1970年9月—1974年在谷溪上中学，其间跟随祖辈学习苗族文化，学跳花鼓舞。上完初中后没有就读高中，1974年至今务农，1976年参加生产队，担任生产队小组的组长；1978年在村里面担任治安工作；1984年5月开始加入小尧花鼓舞表演队伍，并成为骨干队员；1991年加入中国共产党成为一名中共党员；1992年外出贵阳打工，在外打工有十八九年的时间，2011年回家传承花鼓舞，2012年12月被评为贵州省第三批省级非物质文化遗产代表性传承人。

（一）花鼓舞的源起

花鼓舞的起源相传是在古时候，有一位德高望重的老人在逃难中，从高山上摔下，不幸死在半山树杈上，当他的亲人们发现时已经死了。但是，又无法取回尸体，为了不让鸟和野兽来吃老人的尸体，所以他的族人们就不停地敲打木盆、用竹筒不停地吹，发出声响，以这样的方式把鸟兽驱赶走，达到保全尸体的目的。这样经过了很长的时间，直到老人的尸体自然落下埋葬。因为老人死的时间是农历四月初八，所以每逢每年的这一天，他的后人们都以这种方式祭祖，经过不停地演变，发展至今，木盆被花鼓代替，竹筒被芦笙代替，经过无数代的传承，也就有了今天的花鼓舞。

苗族花鼓舞是由我们新场乡尖坡村村民创造出来的，已经有100多年的历史。它的舞蹈动作非常多变，有劳动生产的动作、有生活中的动作、也有武术动作和模仿动物的动作。花鼓舞是一种传统技巧性舞蹈，其舞蹈动作主要体现苗族人民生产生活实践，由于舞蹈动作难度大，表演中涉及乐器，还需具有一定的音乐知识才能表演，表演中有许多窍门，所以一直由寨中杨姓、马姓为主进行传承，至今不外传。花鼓舞主要是以鼓和芦笙为主进行表演，道具简单，没有固定场所，场面热闹，气氛欢快，是苗族同胞流传下来的集体创作的结晶，它生长在农村，深深扎根于基层民族地区，富有地方特色和民族特色。

我们这里是新场镇尖坡村小尧组，都是苗族，是小花苗，小尧组有50余户人家。我们花鼓舞以鼓和芦笙为主要乐器，舞蹈动作都是原生态自创的，表演形式丰富多样，场面很欢快、热烈、狂野，在民俗活动"跳年"的时候表演，每年农历正月初七，小尧苗族都要举行民族的"跳年"以贺新春，在1986年的时候，区里的文化工作者开始重视这个传统舞蹈。从此以后，我们苗族花鼓舞开始让更多的人知道，从大山里的小村子走出来，不但参加区里、市里的演出，还去北京、南京等地演出，最威风的一次还远赴新加坡一展风采。现今，随着文化传承方式发生转变，苗族花鼓舞经过长期的不断演变，表演形式也娱乐化，不再只是祭祀，而演变成丰富人们精神文化生活，庆祝重要活动的民俗。

（二）花鼓舞的流变

"小尧苗族花鼓舞"的发展已经有100多年的历史，是由村民原创，它是我们小尧花苗族中的一种女子四人舞蹈。花鼓舞的舞蹈形式具有很强的观赏性，舞蹈动作非常难，花鼓舞是因为所使用的道具和独特的跳法而得名的，它是由汉族的"打花鼓"和当地的"击鼓小唱"（击鼓唱小调）的形式结合形成的舞蹈。花鼓舞我们苗族的一项民俗活动，在"跳年"之中表演。在每年的农历正月初七，小尧苗族都要举行本民族的"跳年"民俗活动，以贺新春。花鼓舞是来源于民间祭祖活动，起初为苗族人民的娱乐方式，经过长期的历史发展到今天，主要是为庆祝重大活动娱乐表演的节目。

我们苗族花鼓舞表演所使用的主要道具是鼓和芦笙，道具是很简单的，但是表演的内容是十分丰富，花鼓舞表演没有固定的表演场所，随便一个地方就可以表演，场面非常壮观热闹，气氛十分欢乐，是苗族人民流传下来的集体创作的结晶，苗族花鼓舞伴随着苗族人民的生产生活，我们花鼓舞具有浓厚的民族性和地方特色。我们新场镇的这支苗族是从外地迁移过来的，从四川、云南迁过来的，时间有大约有两百年了，20世纪50年代初期至今，花鼓表演的部分内容和形式有所改变，以庆祝丰收、丰富精神文化生活、自娱自乐为主要目的。现在，我们苗族花鼓舞从民间的祭祖活动形式演变成今天的娱乐活动形式，舞蹈的动作难度增加，除了舞蹈还涉及乐器部分，需要具备一定的音乐知识才能胜任，在表演过程中还有诸多窍门，一般的人是不能完成的，学习起来也很难，因此没有外传，一直都是寨中的村民在传承。另一个方面的原因就是迫于生活经济的压力，我们村民们经济生活水平也不高，没有足够的资金开展相关活动，这就导致了花鼓舞目前处于停滞的状态。再加上现有的传承人年龄过大，年轻人为了生活选择外出务工，留在家乡的均为老年人，年轻一代又不喜欢学习花鼓舞，在以前有熟悉整个舞蹈的女孩也已经出嫁，那时候还存在传统的观念，女孩子就只会舞蹈的部分，芦笙等其他部分他们就不会，原因是其他难度较大，另外就是女孩子要出嫁会把技艺带出去，所以，现在熟悉花鼓舞的人就越来越少，也没有更多的参加活动可以进行宣传，导致现在花鼓舞传承上有点困难。

图14　花鼓舞表演　来源贵阳市非物质文化遗产保护中心

（三）花鼓舞传承现状

　　实际我们苗族传统的东西是从远古时期流传下来的，它不是现代的，那个时候苗族人民很穷，在开荒破土的时候为了祭祀祖先就有花鼓舞。其他地方的和我们这个地方的花鼓舞是不一样的，有的也学我们的舞蹈，学的结果是和我们的不一样，语言和有些步骤都跟我们不一样，像我刷到他们的舞蹈视频在我们本区的，他们学这个既然是苗族的、打着花鼓舞的这个旗号，就必须用苗语，你既然要学我们花鼓舞的舞蹈，就必须把我们苗语的词语打出来。我们花鼓舞所需要的道具简单，只需要鼓和芦笙就可以完成表演，芦笙以前我们都会做，现在不会做了，都是去买，其他村有人会做，我们就给他们买，制作芦笙也是要有一定技术才能做，芦笙上面有音量格要求，制作不好吹出来的音就不对，芦笙吹出来的音调就是依靠上面的孔控制，芦笙也分很多种，每个民族使用的芦笙都不太一样，现在自己做的都很少了，大多是去买。还有就是我们用的鼓也是有着特殊含义的，小鼓上面一面是牛角，一面是太阳，牛角放在鼓上是崇拜、祭祀祖先的意思，是有文化内涵在其中的，每个民族的有差别，有的上面是月亮等其他事物。我们的服装上也是不一样的，在演出的时候男生女生都是穿着苗族服饰盛装出席。花鼓舞主要就用鼓和芦笙，每一次演出人员也是有讲究的，一般都是最少要8个，要么就是12个，16个，20个，全部都是双数，男女数量是一致的。我们是组建有一个团队的，原来是96个人，现在只有40余个人了，没有以前多了，基本上都在外面打工去了，每个成员所精通的领域不一样，在表演时会根据所需进行挑选人员进行演出，现在团队成员里面最大的有40多岁，最小的20多岁的，现在基本都出门没在家。

图15 民俗活动表演　来源贵阳市非物质文化遗产保护中心

（四）花鼓舞的传承规则

我10岁的时候就开始学习花鼓舞了，那时候我还在读书，那时候还小，听老一辈的说好玩，看老人去就跟着一起去，但是我自己也是很喜欢看表演的，爱听老人他们讲、看他们演出，但是现在年轻人就不喜欢看，不喜欢听，就是因为现在娱乐方式很多，手机这些已经取代了传统的文化娱乐方式。还有就是大部分会跳的人也在上班，有的就在贵阳附近上班，有的是在外省，平常有人请办丧事都是我、邓开友、陶德玉、陶华伦我们四个，在我们把事做完以后，女生也可以开始跳舞，是有个程序规则的，现在跳舞的稍微老练一点的都还在的，他们可以参加跳，但是正式操办只有我们四个，是非常严谨的。

我们是花苗，我们村三个组的人组成的一个团队，三个组的人都有，节庆活动跳主要就是在四月八，四月八主要是祭祖，我们也有跳场，初一、初二、初三就各个组在各组的坡上跳，不在一起，初四不跳，到了初五就所有人一起到大场里面跳，就是很宽敞的一个地方，这也是年轻人谈情说爱的一个重要场所，这一天，女生就绣花，男生就吹箫弹琴。跳花也是有规矩的，首先是要祭祖，就是祭祀苗族的祖先，如果举办就要连续举办三年，办完三年就休息，如果举办了一年是不能停下来的，为什么要举办三年，朝祖要朝满三年的时间，每家都要祭祖，是为老人做好事，祭祖就每家在自己家里祭祀，把亲戚朋友都喊来，姑妈舅姨、伯伯叔叔都喊来。祭祖完之后就唱跳，花鼓舞就是在很早的时期形成的，但就是平时像老人做道场这些，全部都在这里面。

花鼓舞难度还是很大的，学习是需要花费一定时间的，我们苗族花鼓舞一共有16个步骤，每一步的步子都是不一样的，例如在入场的时候，跳入场动作它有一步半、两步半、三步半，各个环节步子不一样，整套舞蹈是连接的。像我们苗族在操办老人丧事时，都是有依据的，什么环节做什么事情、动作，这是一代代传承下来的，苗族有打牛的习俗。在传承的过程中，一般人我们是不教的，我收徒弟我必须要有规定，我的要求就是这个人首先是品质要好，为人要好，有些品质不好的人，我就不会传给他，为什么呢，因为你要是传给他，他不专心就传给别人，这个就影响不好，同是我们本民族的，村里面的我也教给他们了，他们品质相当好，他人也不爱说话，不爱玩，品质不好、不温柔的人我就不传给他，没有达到我的要求，如果我传给他了人家就要评论我，我兄弟家的两个品质就很好，外面的人也可以传，不能喝酒，不要一天喝酒醉醺醺的，什么也做不了，还惹事情，这种就不教。喝酒也可以，但是只能喝养生酒，其他酒不能多喝。我现在有两个徒弟，都是我们村的，一个是陶德玉，一个是陶发伦，他们两个品质很好，我们拜师没有什么程序，就看你人怎么样，好的就可以教，大家坐下来讨论，我就可以把整个花鼓舞的流程，内容这些全部讲给他听，如果是跳舞或者操小老人的事情你就讲到那步结束，下一步怎么做，就开展活动的时候带上他一起去多看几次，慢慢地就学会了，下去慢慢做，哪里有差别了你就指点他，吹芦笙怎么吹，每一段曲子都不一样，例如在活动赛事中，怎么走位，要掌握好时间，因为是有时间规定的，一般是5分钟，这个时间内必须要全部完成，在舞台上超时是要被扣分的，就是要熟练后才能控制好时间。还有就是要真正喜欢、爱好的人，进入团队要服从管理，要服从安排，有的人你讲他不听，所以还是要喜欢、不管男生女生，要能够跳舞，跳舞动作必须要大方，不能死气沉沉的。一般悟性好的人一年左右就学会了，学得不好的地方多给他讲解就行，两三年可以出师。

（五）项目的传承，源于政府的支持

我们苗族花鼓舞在每一个场合开展活动也是不一样的，例如参加一些活动演出就是比较欢快的，只需要用小鼓进行，大鼓一般是不动用的，如果是操办丧事，那么就要用大鼓进行表演，还有一个特点就是我们花鼓舞是没有伴奏的，芦笙就是伴奏，而且每一步所吹的曲子都不一样。我是省级传承人，每年政府会补贴5000块钱，用作花鼓舞的传承经费，我们需要置换什么道具、服装都可以用传承经费来进行购买。我们在前几年参加的活动还是比较多的，除了政府、村里面活动邀请演出之外，我们还外出参加活动，后面一方面是疫情影响，没有开展活动，一方面是团队成员大部分在外面打工，人员不够，人家又不能请假回来参加，今年我们区里面搞活动我们都去参加了，是我们乡里面组委会邀请去参加他们活动的开幕，那天就去了8个人，这是公益性演出，有时候是区文化局、民宗局这些邀请去别的地方演出，公益性演出他们就给我们补贴务工费，都是100块钱一天，我们也参加很多活动：

1988年参加贵阳花溪之夏艺术节开幕式（黔东南苗族侗族自治州）；

1989年参加贵阳民宗局举办的四月八活动，得了一等奖；贵阳花溪之夏艺术节闭幕式（花溪）；

1991年在贵阳参加国际名酒节，得了一等奖；

1995年参加北京龙潭活动开幕式；同年参加珠海迎宾、上海农民运动会；

1996年外出新加坡演出；

1998年10月参加新加坡民族运动会；

2010年8月参加贵州第九届少数民族传统体育运动会；

2012年参加贵阳文旅局举办的四月八活动；

1997年我就出去了，没在家，就没有参加活动了，后面四月八我回来参加，后面都是参加区里面和村里面的小活动，没有什么奖，三月三这些，我们参加这些活动，都是政府、文旅局这些通知我们，组织我们去演出的，政府还是很重视这个花鼓舞的。

（六）花鼓舞传承展望

我们苗族花鼓舞，现在团队有几十个成员，但是成员大多没有在家，自从新冠疫情之后，就没有再开展活动，一方面是受疫情影响，另一方面是大多出门了没有人员了，也缺乏经费的支持，团队没有资金也开展不了相关的活动，以前的时候，大家都在家，上面政府邀请我们参加活动，我们就组织大家一起排练，平常时候在村里也经常排练，一个星期可以排练4天，晚上都在排练，要全部熟练，有活动就可以出去表演了。现在就是大家都有事情，如果有活动演出的话，就要先召集大家来排练，要熟练的话，多走几遍才有效果，就需要花费很多时间，而且现在大家也不愿意花时间去排练。所以我讲收徒弟要爱好花鼓舞、学习要有积极性，品质各方面都要好，跳舞舞蹈动作要大方，要步骤一致，不是每一个人都要喊才会去做。有的东西也不能乱说，我们在操办丧事需要用的是大鼓，就不用小鼓，这个花鼓舞不能用在喜事上，喜事是欢喜的，这个节奏就不妥当，我们现在主要是操办丧事比较多，一般就要4个人就可以了。

现在我的两个儿子都在外面，我就是一个人在家，哪里有需要办丧事请我们就去，或者是区里面、村里需要搞活动这些就参与，我是很喜欢花鼓舞的，我认为一定要把它传承下去，这是老一辈留下来的文化，现在面临的传承问题，小的一辈还在读书，住校也不能在家学习这个舞蹈，大点的一辈没读书就出去打工或者上班，所以年轻人就很少，之前乌当区苗族协会做活动叫我们去表演，但是全部人都在上班，没有去成，还有就是苗族协会活动没有补贴，大家不愿意，上班人家不好请假，这个花鼓舞属于团体演出，单个人是不能完成的，所以整个团队要都在，只有我一个在也不行，缺一个人就进行不下去，所以还是需要培养更多的传承人才，培养年轻一代的兴趣爱好，引导他们积极参与花鼓舞的传承，不断壮大团队，因为老一辈的总有一天会老去，不能一直传承，还是需要大量年轻人加入。我们也没有正规开展非遗进校园活动，将花鼓舞带入学校进行教学，只有2022年大坝小学的学生要搞一个六一儿童节的节目，学校邀请我去教他们打鼓、吹芦笙、跳舞，教过一段时间，就去过那一次就没有了，这个主要也要学校邀请，学校不邀请也不好过去。学校邀请我们去教学，我们也没有收取学费，只要愿意学我觉得这个不存在钱的问题，其他人收不收是他的事情，我教是不用经费的，学校有部分学生还是喜欢学的，但是学习压力大也没有精力去学习这个花鼓舞，都是学业为重，在传承人培养方面，我认为可以采取一些激励政策引导更多的人学习、传承。苗族花鼓舞是苗族人民在长期的生产生活实践过程中创作出来的，我们不能让这些遗产失传。所以需要加强对年轻一代传承人的培养，培养出更多优秀青年，首先是政府层面应当提供一定的资金扶持，开展相关活动也需要资金才能开展。

以前的花鼓舞传承的谱系我不知道，我们家族从四川到云南已经有十七代了，我就只知道这十七代传承人，往前的我就不清楚，以前有一个传承谱系的书的，但是后面被火烧了就没有了，现在又重新立谱，是谁保管我也不知道，这十七代传承人我也只记得他们的小名，学名也不知道。还有的还比我年轻的，有的在我们团队里面，有的是家族的长辈，我们这是代代相传的，老一辈传给我们，现在我们就传给下一代，下一代再交给下一代，我这一辈有五弟兄，二兄弟叫邓开学，三兄弟叫邓开友，四兄弟叫邓开林，五兄弟叫邓开荣，我们家族都是男性传承，女生就是跳舞，我的两个儿子，大儿子邓华林，小儿子邓华强，他们也会花鼓舞，我把所有的东西都传给他们了，两个都结婚了，现在在外面打工去了，没有在家，有演出的需要才回来。

传承谱系

第一代：小罗，男，四川人

第二代：小青，男，四川人

第三代：小普，男，四川人

第四代：小沟，男，四川人

第五代：小狗，男，四川人

第六代：小杨，男，四川人

第七代：小老幺，男，云南人

第八代：小宝，男，云南人

第九代：小长，男，云南人

第十代：小发，男，云南人

第十一代：小芝，男，贵州人

第十二代：小赛，男，贵州人

第十三代：小心，男，贵州人

第十四代：小成，男，贵州人

第十五代：邓开伦，男，苗族，1957年8月生，贵州人，能做一些高难度的技巧性动作，为整个花鼓舞起到高潮和点睛作用。

第十七代：邓华林，男，贵州人

第十八代：邓思雄，男，贵州人

李德玉
将这份爱好传承下去

传承人：李德玉

来源贵阳市非物质文化遗产保护中心

采访时间：2022 年 8 月 28 日
采访地点：贵州省贵阳市乌当区东风镇头堡村
采访人：李美艳
文章整理、撰写：李美艳

※ 人物小传

李德玉，女，汉族，贵阳市乌当区东风镇头堡村人，生于1954年2月，现年69岁。

1961年9月—1963年7月：头堡小学读书；1964年9月—1966年7月：乌当小学读书；小学毕业就参加生产队，其间1969年参加"文琴坐唱班"当时的宣传队，参与文琴戏的剧目演出。1971年8月在家务农至今。其间参与文琴戏的剧目演出，平时组织爱好者排练老剧目，编排新剧目等。2012年，李德玉选为文琴戏第三批省级非物质文化遗产代表性传承人。

（一）文琴戏的起源

文琴戏的起源是非常早的，是在清朝康熙年间就传入贵州的，大约在清光绪九年（1883年）的时候就引入乌当头堡传承到今天，我们头堡村的文琴戏是贵州的一个分支，它也是贵州地方戏剧"黔剧"的前身。文琴戏主要是以坐唱的形式，在以前它是民间的一种娱乐活动，以前人们除了生产劳作，没有什么娱乐活动，文琴戏就成为人们自娱自乐的活动。从明朝时期就逐渐开始流传在贵阳、六盘水、毕节等地方，我们头堡村的文琴戏也是很讲究的，演唱的时候扬琴居中，其余人手持乐器围扬琴而坐。在伴奏乐器中，扬琴是必不可少的，其他的还可在琵琶、三弦、二胡、月琴、萧、笛、响板等乐器中选取。

在光绪年间，云南扬琴、四川扬琴、四川清音、湖南常德丝弦等相继传入贵州，扬琴传入贵阳后，生存环境改变，逐渐吸收了地方戏中的音乐和唱腔，由此就形成了一种具有独特风格的地方戏种——文琴戏。文琴戏又被称之为"文琴坐唱"，民间也称"贵州文琴""贵州弹词"等，是以扬琴音乐与舞台艺术结合的舞台戏剧演出形式，属贵州汉族戏曲剧种。在清光绪九年（1883年），文琴戏被引入乌当头堡。文琴戏在我们头堡地区的历史是非常悠久的，明洪武十四年（1381年），明开国将领傅友德率军征战贵州、云南，曾屯军于今贵阳乌当的"九堡十三寨"。其中殷、马、李三姓的祖先，是最先落脚此地的，故其所驻守的村寨得名"头堡"。在生产生活逐渐稳定之后，头堡人开始建庙祭祖，并在祭祀活动中创造了"棋子灯"和"灯班戏"的习俗。当"文琴坐唱"流入当地时，即被村民接纳，并从此在头堡传承下来。

（二）小时候的娱乐

文琴戏传入贵阳乌当头堡至今已经有较长的历史，我从小生活在乌当区东风镇头堡村（以前叫公社），那时候家庭条件不好，经济条件差，家里面有三姊妹，家里老人供应不上学费，只有妹妹继续读书。在生产队打工的时候就跟着村里面的老一辈学习文琴戏，喜欢每天跟着去看、去听，时间久了我慢慢地也会唱了，那个时候也没有其他的娱乐方式，就是每天干完活去听听文琴戏，这就是唯一的娱乐活动。出嫁也是嫁在头堡村，接触文琴戏的时间很早，从小就在村里面听到、看到，以前生产劳动很劳累，工作结束后大家晚上没有什么娱乐活动，就以文琴戏为娱乐活动，村里的老人家就去唱跳，小时候就跟着去看去听，长大到16岁的时候就跟着村里老人一起开始学习文琴戏，16岁就参加生产队劳动，村里老人就叫一起去学习文琴戏，我每天跟随村里长辈去学习，从小就受到熏陶，在这种环境中，久而久之我也学会了基本的唱法，他们也经常教我们怎么唱。在1958

图16　李德玉展示技艺　李美艳摄

年的时候,周恩来总理到贵阳来考察,视察了东风公社(当时叫洛湾公社),周总理在地方听了文琴戏的演唱,周恩来总理指示将文琴发展为地方戏,定名叫黔剧。1960年2月,贵州省委正式将文琴戏命名为黔剧,组建了贵州省黔剧团,黔剧进入了一个崭新的、快速的发展时期。因为一直以来头堡都有唱文琴的传统习惯,我们村里面我还有马必芳、李兹钧我们15个参加了贵阳文琴坐唱的培训,通过培训之后我们也学到了很多知识,就回到村里面教村民们。在村里面有一个文艺宣传队,每天去到各个村进行宣传,2003年,村里面部分人得到贵阳市文化部门专家们的帮助,在村里面重新组织、培训一群文琴爱好者,组成文琴坐唱表演队,还请电视台录制了文琴坐唱的节目播放,引起了相关部门的重视。文琴坐唱逐渐在村里恢复起来,包产到户后也是断断续续地开展,因为包产到户大家都开始去忙碌抓生产经济就没有时间去演唱,每个人都有自己做不完的活,忙着抓生产经济,文琴坐唱活动开展也是几乎处于停滞状态。现在好多都是外出打工,老人就是在家里面。老人喜欢唱,年轻人一方面为了生活外出打工,一方面不喜欢唱、不爱好。

(三)文琴戏传承现状

文琴戏主要是分布在乌当和黔西,是表达民间习俗的文化活动,故事性较强,头堡村的文琴戏具有很长的历史,而且保持着传统的民俗因素,是当地人民在生产生活中不可或缺的文化活动之一,不仅是表达爱恨以及幸福生活的一种载体,同时也是进行传统道德教育的一种方式。经过长期的历史发展,头堡文琴坐唱在内容上和形式上也有新的变化,在保留传统的演唱内容和形式的基础上,加入了新的文化内容,有了突破和创新,例如女子也加入到了表演的队伍当中,表演上分行当角色"站唱"并加上身段表演,还有用传统的形式来表现现实生活,这是头堡文琴坐唱的最大特征,反映现实生活中所存在的事件,表演是村民生活的真实写照,用文琴戏来编排节目,有传统的曲目,也有编新的曲目来唱。

文琴戏它就像京剧，由乐队、打击乐、演员来组成，主要以扬琴为主，还有笛子、二胡、三弦，角色也是多样的，例如演《秦娘美》，里面有两个主角一个是朱郎、一个是娘美，其他就是配角，表演形式以前主要是坐唱，现在是站唱，根据剧情来分类，也是有的站、有的坐，有的我们也把它编成舞蹈来跳，以前是演什么角色就是什么角色，现在我们把它创新变成舞蹈融入，根据音乐的调调来编排，舞蹈是我们自己编的，想跳什么就跳什么，例如《东风是个好地方》《东风传喜讯》这个就是根据我们地方文化进行编写，具有很强的地域特色，讲我们东方的文化，都是以前的传承人编成的，体现出我们东方的地方文化，剧本的内容都是有讲究的，就是歌颂，反腐倡廉我们也有歌颂地方文化的也有，今年三八节我们还搞了一个农村搞五治嘛，就是乱办酒席搬家这些，我们也编来宣传，就是把平常生活中的事情编排演出来宣传给大家听，还有搞的"三创一办"我们也编有一个，还去市里面演出过，就根据内容形式来编排，剧本就是谁能写就由谁负责，五治是政府方面写的然后我们团队修改的，哪些地方不合适就进行修改。

　　主要以传统的剧本为主，主要就是以《秦娘美》为主，其他就是现编的现代的，这个文琴戏就是乌当和黔西有，都是差不多的，有差别的就是每个地方会结合地方文化编写剧本内容，像我们这个《东风是个好地方》就是结合东风当地文化编写的内容，我们村里面除了我们这个戏团的人，没有其他人会唱，喜欢唱的人都在戏团的，年轻人就是不喜欢不想学，这个文琴戏是很有传承价值意义的，问题就是没人学，我们村里面宣传叫年轻人来学习，好多人就很嫌弃，说没有钱要出去打工挣钱。文琴戏的内容是很丰富的，需要宣传、歌颂什么内容，就以什么形式演唱，不固定的，是多样化的，例如反腐的就把反腐的剧本内容写出来，然后就演唱出来宣传反腐的政策和内容。我们戏团的代表作就是《秦娘美》，不管是参加什么活动都是必须要演唱的曲目，都是传统的剧本，主要内容就是讲述反对包办婚姻的，秦娘美是侗族，娘美和朱郎两个年轻人是一个寨子的，两个年轻人就相互喜欢在一起，娘美的父母要把她嫁给舅爷的老表，她不愿意，然后就和朱郎逃婚，这个是一段，我们演不完整个故事，我们演的是选段。文琴戏在唱法上分一版、二版、三版等，版数有点多，就是哪个角色该唱什么版就唱，根据角色来定。

今年三八节演唱的《酒钱》，吃酒需要钱，这家来个请帖要几百，那家也要几百，就讲铺张浪费了嘛，就是讽刺现在乱办酒席的人，主要内容就是因为每年的人情客往发愁，父亲和儿子之间发生对话，村干部宣传治风工作，就在我们村里面演唱。今年六月六时候在鱼洞峡也搞演出，六月六是侗族传统节日，表演独竹漂，都是团队成员，我们穿的就是侗族的服饰演唱《秦娘美》，这个也是公益活动，请我们吃一顿饭，这是乌当区竹漂协会组织的，为了喜迎党的二十大举办的。

图 17　李德玉六月六独竹漂演唱　作者提供

（四）培养年轻一代传承人

　　老一辈传承人传下来的器具都还有笛子、二胡这些，就是没有谁来学，现在年轻一代不喜欢了，有的老人各有自己的事情需要做，年轻的要出去打工，这个不能养活自己，没有经济来源。文琴戏对于喜欢唱的人来说哪点都不难，但是不喜欢的觉得哪点都难，年轻人就觉得这个转个弯都要哼半天，难听得很，就像京剧要哼要转半天才转得出来，他的角色就根据剧本需要来演，演老人、年轻人，需要多少个角色就演几个角色，和京剧是类似的，不是戴面具，是要化妆的，这个演出来的角色就比较生动、活灵活现，需要什么样的角色人物就化妆成什么样的。我家三个孩子，他们都不会唱，想让他们学习，但是都不喜欢、不学习，他认为我学这个干啥，又维持不了生活。老大马昔丽在二戈寨铁路上班；老二马昔飞务农；老三马昔圣在家务农，要生活、要吃饭，没有人愿意干，我老公叫马松能，他也是务农，也不会唱。我没有徒弟这些，我们就是一个戏团，现在年轻人都是打工拿工资，就是一群喜欢、爱好的老人在家唱，喜欢的人还是多的，就是保障不了生活，都是在家无聊的一些老人在唱，假如像以前集体干活的时候肯定有人学习，因为集体干活的时候可以有工资，年轻人在家传承这个他就没有一定的经济收入，不能维系生活。

　　2016年重点开展"戏曲进校园"，然后后所小学和乌当小学两个小学的校长来找到我们，他们要跟我们学习，传承这个文琴戏，我们开始是教他们两个小学的，后面2021年后所小学管文艺的老师退休了，后所小学的学生就没有再来学习了，只有乌当小学在学习，今年上半个学期，学生因为疫情影响就没有来学习，学校老师说疫情好了再来，一直到现在都只有乌当小学的，是他们老师带着到我们这里来学。每个星期下午有两节课，是固定的，比如说这个学期他们安排星期五那么就是每个星期五下午来学习，星期二就是星期二下午来学，就是在我们戏楼里面学，又不用交学费这些，如果学校里面搞活动这些又叫我们去参加演出，我们有乐队，之前是每个学校都来20多个学生,现在就只有乌当小学了就20多个,是分批次来的,是四年级以上的来学,四五六三个年级,例如六年级毕业了,下面三年级升学四年级又开始跟着学,一二三年级的太小了学不了,我们去学校里面都是参加演出,没有去担任老师,就是他们到我们这里来学,就相当于公益活动,没有经济来源,所以没有人愿意去学习。

(五) 文琴戏戏团的建立

文琴戏原本是侗族的侗戏,我们村自古以来都喜欢唱歌跳舞,这个一个人是做不到的,必须要有一个团队,至少要有10到20个人才能演一台节目,要有乐队、演员等,一个人只能演一个角色,后来慢慢发展成一个团队,我们是有一个团队,都是喜欢唱的人,就是开始去学习的4个人开始组建然后慢慢教我们就越来越多,现在团队还有21个人〔乐队:朱兴华、付建荣、马光国、赵祖明、马松连(五个男生)、陈兰芬;演员:李德玉、李德琴、陈兰翠、大殷明秀、小殷明秀、廖正芬、彭新珍、段文珍、殷登梅、包海凤、高思雨、孟庆兰、陈云双、马昔芬、马松英〕,这都是我们村里面的人,我是这个团队的队长,每个成员都有自己擅长的部分,有的会扬琴、二胡、锣鼓等,我是负责演,组织团队成员排练这些,乐器有专门的乐队的,我们团队又没有候补人员,假如某一个人有事情来不了,那么就演不了,例如这个扬琴的琴师,他不在就没人会。我们团队这群人都是爱唱爱跳的,又不计报酬,每次唱都是最高兴的时候,我们这个团队基本上都是年纪大的,年纪小的只有一个30多岁,40多岁的有几个,有80岁的,有个79岁,剩下就是我们这些60岁接近70岁的,20多岁的没有,看都不会去看别说去唱。男生女生都有,不存在传男不传女的,在以前的女生是不唱戏的,后来是男扮女装,但是现在男女都不分了,但是我们这团队男生唱得少,有的男生唱的角色都是由女生来扮演的,像我们唱《秦娘美》男生都是由女生扮演的。

我们这个团队从来不收团队费这些,就是村里面要搞活动的时候村委会就通知我们，我们要排练什么节目来参加活动，就排练节目，我就组织他们来一起排练，又没有报酬，就是公益性演出，只有传承人的经费，省级传承人每年有5000元的传承经费，用来弄资料这些，不允许挪用来做其他的，这个传承人是村里面申请的，只是认为我爱唱就写我，又没有开会这些推荐，大家都认为我爱唱就说报我名字上去，村里面倒是很重视的，但是村里面没有钱，就是有活动叫我们就去唱，没有就不去，就是这样很灵活的。在以前有人家办喜事喜欢娱乐的人家会来请我们去唱戏，最近几年都没有去了，主要是现在没有人喜欢看这个了，现在这些现代各种娱乐多了，现在就是村里面过一些节例如三八节就演唱，在以前没有其他文化生活时候，春节这些都要演唱，现在春节这些都不演唱了，娱乐活动多了，大家都打麻将去了、看电视、玩手机去了，现在人都喜欢打麻将，像平常大家聚在一起没事情做都不会演唱的，各有各的事情要忙。我们这有一个老戏楼，就在老戏楼下唱，那里就是我们文琴举办活动的地方，这个戏楼以前就有的，以前是木制的，时间长了木就腐蚀烂了然后重新翻修成水泥的，这就是固定的场所，但是现在都不在戏楼上演唱了，因为上面太窄了不够活动，现在我们演唱都是在一个球场坝，村里面建的一个球场，现在戏楼都是他们跳广场舞的地方。

图18　李德玉活动获一等奖　李美艳摄

（六）文琴戏传承展望

在创新方面目前就是自己编排一些剧本内容，比如需要什么内容，我们就写出来演唱就可以，我们这个没有参加比赛，就是2014年去黔剧院参加过一次贵州省老艺术家委员会第二届薪火相传艺术节，得一个证书一等奖，但是现在找不到了，每次演出都以这个节目为主，也参加过其他区里面的一些活动，但是没有评比，都是搞活动，参加过很多活动的但是记不清楚了，又没拍照片，我们去表演没人给我们拍照，今年在花溪举办的那个非遗购物节我们也没参加，我们这个又不能卖，今年的非遗购物节是展示刺绣、蜡染、酿酒、造纸这些，能够有产品卖，好多私人的他们就自己做出来然后拿去卖，我们这个就没有，参加活动那些有好几个的就是记不到了，我们演出服装就是村委会买的，也有的是政府买的，我们又没钱买，有一套是村里出钱然后我们自己补贴点买的，我们这个戏团全靠这群人喜欢在支撑，我们经常参加区政府、乡政府还有村里面组织的一些活动，除此之外就是节庆活动表演，大型的活动赛事很少参加。现在我们文琴戏发展存在的困难就是，传承人方面，一个是现在年轻人外出打工、有的读书，对文琴戏没有兴趣，也不想学，现在还在传承的都是上年纪的老人，我们这群老年人都是靠喜爱在传承。如果要下一步发展好，第一个就是要有资金支持，有一定的资金支持，能够参加更多活动，去外面学习学习，吸取经验，只有和别人进行比较才能看到自身不足，从而进行自身的改进创新，另外，有资金能够鼓励更多年轻人参与传承，只有让年轻一代参与其中，才能保证文琴戏的可持续传承。二是团队要齐心协力，注重我们文琴戏的传承发展，因为这是一个团队演出，需要团队共同重视打造，单凭某一个人的力量是不足以完成的，我们团队虽然大家非常喜欢唱，但是没有人牵头组织建设，更主要的原因还是没有足够的资金，资金是解决问题的关键，需要配置相关的器具设施。在零几年的时候，当地政府将文琴戏打造成屯堡文化这种，就结合我们这里鱼洞峡景区，就想把文化和旅游相结合发展，以鱼洞峡这个景区来养活我们这个戏团的人，每天演几场，演出给来旅游的游客观赏，让游客有吃的、有玩的、有看的，后面就没继续开展。我们器具这些都是放在活动室的，活动室是村里面建的，二楼是放服装的，有衣柜这些，服装有很多种，有的人自己带回家里面，还有二胡、笛子。

（七）传承人现状

我们头堡村的文琴戏属于村寨传承，最开始是村里面的老人去学习然后我们跟随一起学习的，村里面的老人传承下来的，我不是家族传承，我家族当中就我一个人会唱、喜欢爱好文琴戏，我父亲母亲都不会唱文琴戏，他们没有上过学、没有文化不识字，他们都是务农没有文化，我没有师父就是从小喜欢就跟着村里面老人一起学就会了。那个时候在生产队打工也没有什么娱乐活动，大家就以此作为娱乐活动，时间一长就学会了。在一九五几年时，贵州黔剧团（现黔剧院）要招一批人去学习，黔剧的前身就是文琴，我们村就有李兹金、殷礼华、马必芳、廖世龙4人去学习，以前是叫东风镇洛湾公社，是由公社推荐人去，他们4个去学回来之后就教我们，那时候文化生活少，大家都喜欢来学习，学习文琴戏的人开始逐渐增多。头堡村文琴戏第一代传承人是李兹金（已去世），后面第二代是郭龙生（2007年去世），均是头堡村人。到2014年，政府叫上报各个村的非遗传承人，后面就没有了就报我的名字上去，我是第三代传承人，我们这是属于村寨传承下来的，不是家族传承，当时报的是两个项目一个是棋子灯、一个是文琴戏，我是文琴戏的传承人，另外一个成员是棋子灯的传承人，棋子灯是市级非遗项目，有需要演唱文琴戏我们就唱文琴戏，需要棋子灯我们就演棋子灯。我学文琴戏就是从小跟随老人去看听，然后慢慢长大后跟着学就会了，那个时候没有其他娱乐方式就是学这些，大家都喜欢唱跳，后来重视非遗传承才上报的传承人。我也没有什么徒弟，我家孩子都不愿意学习，我家老公也不学，他们都不喜欢，目前没有招收带徒弟，就村里面大家喜欢就一起唱跳。

传承谱系

第一代：马勋，男，寨主，乌当区头堡村人

第二代：马远达，男，寨主，乌当区头堡村人，马勋之子

第三代：马信，男，寨主，乌当区头堡村人，马远达之子

第四代：马文渊，男，寨主，乌当区头堡村人，马信之子

第四代：马学明，男，寨主，乌当区头堡村人，马文渊之子

第五代：李兹金，男，乌当区头堡村人

第六代：郭龙生，男，乌当区头堡村人

第七代：李德玉，女，汉族，乌当区头堡村人，生于1954年2月。善于用传统的形式来表现现实的生活，编排了新剧目《增产之后》《我的家乡在乌当》《太阳出来喜洋洋》《过年》等剧目。从老生到花旦都能演。

刘正远
传承阳戏，坚守信仰

传承人：刘正远
本人提供

采访时间：2022 年 8 月 27 日
采访地点：贵州省贵阳市开阳县南龙乡中桥村
采访人：李美艳、周尚书
文章整理、撰写：李美艳

※ 人物小传

刘正远，男，汉族，贵州省贵阳市开阳县南龙乡中桥村人，生于1968年9月，现年54岁。从小开始学习阳戏，已经唱戏40多年，而且各种角色都能演，村里人们都称他为全才队长。1976年8月—1984年7月中桥小学读书，同年拜师开始学习阳戏，其中1982年开始出场扮演旦角、丑角，练习锣鼓、声腔；1984年8月—1989年7月在开阳一中读书，课余时间练习演唱并与同门共同登台演出多次；1989年8月—1992年7月在开阳县职业中学，基本掌握阳戏演出的各个剧本内容，阳戏流程；1992年10月—1995年8月在南龙乡人民政府做临时工，在阳戏演出中，得到各级领导认可，当地群众赞扬，多次获得奖励；1996年6月—2007年11月在开阳从事个体经商，其中1996年至2002年阳戏的各项技艺水平已经达到具备掌坛师资格，并在2003年得到师父（上任掌坛师）亲自颁职，授予第二十六任掌坛师资格，取法名为刘法远；2007年12月—2013年11月在南龙乡中桥村村委会工作，积极参加阳戏表演和传承活动，2012年经省文化厅公布为第三批省级非遗传承人（阳戏）；2014年1月至今在南龙乡中桥村村委会工作，积极参加阳戏表演和传承活动，多次都参加县级巡演或外地演出。

（一）阳戏的源起

阳戏实际上是古代逐瘟驱疫的一种巫术仪式，属原始部落的巫术文化现象。阳戏隶属于傩戏，在《中国戏曲志·贵州篇》中有记载开阳阳戏的缘起，阳戏是傩戏发展的一个分支，是原始宗教的巫文化现象。我们开阳阳戏历史悠久，我已经是第26代了，明朝初期的时候，从江南带文化进来，这文化是多元素形成的，有当地文化的特色，贵州受的影响第一次是江西遗留下来，第二次是四川遗留下来，也有受湖南影响，经过考证，我们做学术交流的时候发现起源是湖南，阳戏三圣的源于四川，所以就形成了多元的文化融合，加之地方的历史、文化背景就形成了阳戏，阳戏三圣的川主土主就是四川，都江堰李冰父子。

  开阳阳戏和其他地方基本上也差不多，实质上有些区别还是在人物形象，我们是化妆不是戴面具，因为我家师父师公当时就讲，认为戴面具看起来比较死板，就是一个样子，如果是化妆的就显得形象更生动，民国初年的时候就已经开始实现开脸化妆的，表情就比较投入，这是很大的特征，我们每一场戏都是有剧本的，而且剧本反映的是什么、起到的社会效应是什么都是有内容的，我传承下来的戏袍有100多年了，唱戏的时候穿的，这个历史很悠久，可以说就是历史的见证，乾隆时代就有的。这个是为了纪念李冰父子，为什么纪念李冰父子，大家都清楚，中国是几千年的农耕文化，需要吃饭，包括现在习近平总书记都在讲手中有粮，心中不慌，粮食为重，所以我们纪念李冰父子，比如说纪念药王，人要生病，需要健康，需要祭祀它，我们剧本上写的是张先生，例如我们祭祀土主，土主是几千年文化的结晶，土地是为了生存，我们每一场戏都有它的寓意，反映的内容都不一样，比如有场戏叫《创打工起长年》，他反映的内容就是帮工看上员外家女儿，后来这个帮工和富家小姐成婚了，就是表达这种忠贞的爱情，以前父母包办婚姻，所以要体现爱情的幸福。例如说柳新画药，观众就想到人的健康，这个药对人长寿，也反映一种孝道文化，唱词是：一要买你大如天，二要买你软如棉，三要买你常来往，四要买你顺气元，在当代社会都很结合，他要买这个药，药王就回答道：父母大如天，脚下曲子软如棉，亲戚朋友常来往，弟兄和气顺气元，所以写的这些剧本内容于人，就是你把这些都做好了，你就可以长寿、还祈求平安，都保佑你，我们几十则戏每个剧本我认为都很真实，也结合农村的文化，比较本土化、接地气，老百姓一看也容易接受，如果写得太深奥了老百姓也看不懂，我们村10多岁的都会三句两句地会唱，就是受到文化的熏陶、感染。

刘正远
传承阳戏，坚守信仰

（二）阳戏的特点

现在我们村还有 10 多个会唱的，我们是一个戏班，成员有 18 个，有 60—70 岁的、40—50 岁的、20 多岁的也有两三个，我是这个戏班的队长也就是掌坛师。开阳阳戏是属于傩文化的一部分，傩文化在贵州戏种历史比较悠久，但是也有分支，我看过有些地方戏它不唱，就像哑剧一样只表演，比较死板，有些就是像跳那种二人转，我们这也有二人转，但是在我们这就是最基本的功夫，就如读书的一二年级一样，我们农村有句俗语叫："装个姑爹像个姑爹，装个舅子像个舅子"，意思就是你扮演的角色就是扮演某个角色就要像那个角色，比较生动形象。开阳阳戏就是汇集江南文化、湖广文化、巴蜀文化以及地方文化，各地方特色都有，因为我们这村寨里面有江西搬过来的、也有湖南来的、还有四川来的，所以各地文化就融合在一起，在大家坐在一起唱的时候就相互指点，可能你唱得好一点，其实每一辈的先辈们传下来是很不容易的，因为像贵州文化相对落后一点，比如有些个别唱词唱错了，老一辈是口口相传的，没有文字，我们有个短本，每一个月都夹杂三字经的字在里面，但是唯独九月没有三字经的字出现，我就认为应该是有的，我就反复听反复推敲整理，老一辈是靠你来唱我来听，我就为了整理清楚六个字花了一个月才梳理出来，有的唱出来的音调不一样，后面我反复听才校正出来，还是很艰辛的，以前文化低没有校正出来，还有一句我们师父师公一直都在唱的，我们从小就听，"一字端午走南阳"，后来我们师父文化就比以前的要高一些，才知道是"汉光武取决于南阳"，不是端午，光武和端午音有点相同，大家都觉得端午好记一点，实际上是"光武"。2017 年的时候贵州省文化搞数字化建设的有个领导也提到我们剧本《柳下惠》，就说柳下惠是很有名的，他是春秋战国的，故事表示他很不好色，怀抱而不娇，但是当时我们只知道柳下惠，不知道他好有名，有威望，后来是文化厅的这个领导给我们讲，说明这个剧本历史很悠久，我们只晓得把它唱出来，他的内容、内涵我们都不知道，所以就必须要不断学习。我的代表作有《霸王别姬》《三字经》《二十八曲闹昆阳》等，《霸王别姬》，这个大家都知道，关于韩信霸王，之前我认为是编得很好的，但是还差最经典的一部分我把它加进去了，本来我认为师父前辈编的这个剧本已经很完美了，但是我看了之后总觉得差点，就加进去几句色彩、文化元素就不一样，大家也认可觉得加得很好，不是他们做得不好，有些字，还有唱出来的调子有点差异。我家有个侄子在贵阳工作，从小在家里面受到这种文化的熏陶，他们几个一起想去给别人家开财门，他叫我给他写两个调子，我给他说不是我写不到，这个写出来还需要时间，原来又没有剧本，我唱出来还要转写成文字，还写字音一致，还要结合历史看这个字是否表达寓意，多音字有很多，我给他写了两段花了三天，我都是时间允许时候慢慢整理，主要就是把编曲、剧本整理出来，丰富剧本内容，有些好的内容就把它整理，我认为我们好多剧本不管是于人还是于神，它都不是封建迷信，是很透彻的。

（三）学习阳戏的经历

我是我们村的村支书、村主任。唱戏是我的业余爱好，我从小就接触到阳戏，受老一辈的感染，我们这里1986年才通电，别说看电视，那时候我都18岁了，什么娱乐活动都没有，唱戏都算是高级娱乐，也是时代的产物，以前我们学的时候都不是手把手教学，都是老师在唱，我们在旁边自学，就像偷师学艺，也是清清楚楚的，没有像现在我们教徒弟是手把手教，经常看师父们在台上表演，自然而然也就学会了，因为唱戏它又要唱、要表演、还要说，不是一个单一的表情或是动作，必须全身心地投入进去，在唱之前还要化妆，化妆都是很讲究的，红色、黑色代表什么都有规定的。

传承几十年了其实就是一种爱好，现在的人都想赚钱，为了生活人生要给自己找准定位，我有一次去重庆参加学术研讨会，长江师范学院邀请我，就是因为他们两个老师来到我家和我交流之后把我请去了，我一个老

图 19　采访传承人　周尚书摄

农民啥也不懂，他们就说和我交流很好，说我才是老师，其实我就是爱好而已，我喜欢历史，研究历史文化。我们团队目前还有 10 多个成员，有两个女同志，传统的是传男不传女，但是后来我们也要改变，也要随时代的发展进行改变，我有个徒弟是贵州大学声乐系的，我是她外公，她还帮我们写谱子，她是专业的，我就只会唱，谱子写不了，就跟着师父老一辈传承下来的唱，各有所长，比如女生唱虞姬角色声音就比较柔和。我就是从小跟着师父学习，什么角色都能唱点，没有跟我父亲学，他主要是组织者，我家爷爷也会唱点，但是他不真正爱好唱戏，我家幺爷爷也是组织者，也会唱但是会得不多，我父亲以前当乡长，退休了，搞组织都是简单的事情，我们现在既是组织者又是演唱者就很累，我的师父去世了，要分三个师父，一个是阳教总的师父、一个是阴教师父、一个是鼓板天的师父（打锣打鼓的），所以是三个掌坛师，另外两个相当于副掌坛师，这几个师父都是在一个团队，每个人擅长的不一样，有些表演强、有些演唱强、有的打锣鼓强，像我打锣鼓就没有我师兄他们打得好，我只是会打，也有全能什么都会的但是少，我家有个师父他就表演得很好，是比较出名的，他随时教我们形象表演怎么做，动作怎么做、步伐怎么走出来。我是 6 岁开始学习，2003年就开始独自掌坛，明年就是20年了，2003年也正好是家族中我当族长，老一辈推荐我当族长，也是很荣幸的。我的强项是表演和演唱，我的记性相比其他成员来说要好一点，比年轻人肯定要差点，对当地群众也很了解，比如算甲子，不翻书我知道1000年以后是什么甲子，公元3000年是什么甲子我可以马上说出来。这个阳戏我觉得最难的还是演，唱我觉得还是有这方面天赋的，表演我觉得没师父他们演得好，他们就是演什么就像什么，很灵活、形象，两三个人对话的场景就特别真实，活灵活现，演的方面我还要下功夫，没事的时候我都在反复琢磨，现在师父这些都去世了，我就只能在大脑里面回忆那种生动的场景，演要演出角色的形象、神态、表情等，演好了看的观众才多。

2013年我们在开阳巡演，人太多了，警察怕出安全事故就叫我们撤离了，唱戏的时候看的人越多演得就越起劲，会有一种成就感。阳戏演唱主要就是在节庆活动、喜事等，白事一般情况下不演唱，除了就是一些家族内部德高望重的人，像去年我母亲去世，团队说要唱我不允许，我认为我家母亲达不到这个级别，白事必须要是德高望重的人，也要遵循主人家的意见，他来请才去。一般节日这两三年都没怎么唱，因为疫情，在以前都是很忙的，一年唱很多次；还有就是现在人也不集中，有的在外面打工，但是这月我们就开始唱，比如今天初一在这个村民组唱，明天初二又到另外村民组唱……，就是一个地方唱一天，这个场地也没有很多要求，是比较随意灵活的，只要有一块宽敞地方都可以，但是如果是正规还愿就必须要在堂屋里面，一般的还愿剧幕有20多则。

我们戏班就是一辈一辈传承下来的，一直传到现在，70年代就有的，60年代时候政策不允许，组建时候我们师父取的叫福星坛，师父们还是有文化的。每一场戏还是分得很细，还愿的时候，有些剧幕是必须要做的，比如杀猪放生，杀猪祭祀，煮熟之后敬菩萨，要了愿，这些仪式必须有的，剧本是先写好，写好之后公榜，今天晚上要演什么，有个程序安排，目的是要让观众知道，观众心里有数，他喜欢哪一则戏到时间再来看。

刘正远
传承阳戏，坚守信仰

图 20　开阳阳戏演出　来源贵阳市非物质文化遗产保护中心

（四）收徒的原则

  我于 1982 年开始学艺，2003 年颁职，正式成为南龙中桥阳戏戏班历史上年轻的掌坛师之一，2005 年开始授徒，有两个在外边，这两个相对聪明点，他只学单方面的，愚人的学，敬神的就不学，因为他们都出去工作了，有的当老师了，家里面还有几个就是学习单一性较强，综合素质还不行，有个表演和唱都还行，但是记性不行，有个跳得好，但是唱又不行，要做到全面提升还是很难的，都还在跟着学，没有出师的，但是有的也可以出师的，我们也给他颁职，我们颁职是要取法名的，就是有个名字，取的名字是有一定得文化内涵的。2021 年 5 月我们申请国家级传承人，我们团队也做了很多论文集、报告专门针对开阳阳戏的。我有个徒弟有文化，是贵大声乐系毕业的，她作的谱子，我们以前的师父没有这个水平不能作谱子。招徒弟必须要有道德，我强调先学德再学艺，第一步我会教他传承的意义，阳戏的历史、文化背景，最后再教手艺，如果连阳戏的历史、文化背景都不知道，那就没有学习的意义了。我们开阳有7个戏班，但是都面临传承问题，我们戏班叫中桥阳戏。我家儿子也在学，7岁就开始学，现在读高中了没有时间，女儿有20多岁了她不学，都是业余，我还是希望他们学，我认为就是几十年的光阴，每样学点也不是坏处，丰富知识、传承文化，这个是传播正能量，不管在哪个时代都是需要的，业余的时候是一种乐趣，以后退休不上班了三五个坐在一起唱跳娱乐。拜师是有仪式的，要颁职、取法名这些，我还专门给他们授课，有两个小时的课，没有备课也没有书本，就是凭我的大脑所想到的给他们讲授。学徒能熟悉阳戏内容，演唱熟练较为突出的有：

刘正远传承人收徒情况

姓名	性别	民族	出生日期	文化程度	住址	学艺年份	主要技能
王兴洪	男	汉族	1973年	-	开阳县南龙乡中桥村人	2004年	现熟悉掌握锣鼓、唱词
任建军	男	汉族	1979年	-	开阳县南龙乡中桥村人	2004年	现熟悉掌握表演、唱词
王礼洪	男	汉族	1981年	-	开阳县南龙乡中桥村人	2005年	现熟悉掌握锣鼓、各种剧本演唱，武艺精湛
李尤	女	汉族	1995年	本科毕业	开阳县城关镇东山村人	2017年	现熟悉掌握各种剧本演唱，剧普熟悉，武艺精湛
王杰	男	汉族	2001年	本科毕业	开阳县南龙乡中桥村人	2012年	现能简单掌握剧本演唱
任双妹	女	汉族	2000年	本科毕业	开阳县南龙乡中桥村人	2012年	现能熟悉掌握剧本演唱，表演生动

续表

姓名	性别	民族	出生日期	文化程度	住址	学艺年份	主要技能
刘钘	男	汉族	2006年	高中在读	开阳县南龙乡中桥村人	2010年	刘正远之子,7岁基本熟悉阳戏表演流程
周志豪	男	汉族	2008年	初中在读	开阳县南龙乡中桥村人	2012年	现能简单伴角,学习能力强
高俊熙	男	汉族	2010年	小学在读	开阳县南龙乡中桥村人	2012年	现能简单伴角,学习能力强
李兴龙	男	汉族	2011年	小学在读	开阳县南龙乡中桥村人	2012年	现能简单伴角,学习能力强

(五)师徒关系

我们村里面现在还有10多个人会唱阳戏,其他人三两句也能哼,主要的就是10多个,因为这个阳戏也面临困难,这个困难就是现在经济社会,年轻人都外出打工,经济社会的发展,现代娱乐方式越来越多,这是不可避免的,我们也在积极争取培养年轻人,让更多的年轻人喜欢阳戏并且加入戏团,这是传统文化不能丢。像剧本也是我在讲,团队在记录整理出来的,集体创作完成的,他们也在分工,有的写论文、有的写脸谱、有的写印章、有的写服饰的,通过团队协作完成,形成一本书,并不是一个人能够完成的。主要是现在年轻人学的不太多,现在社会发展,娱乐方式太多了。我教了两个娃儿,老是给我讲记性不好,我认为不是,是思想没有静下来,人是很聪明的,年轻人记性应该比我们好太多,文化也有,主要还是没静下心去学。我们团队的成员经常在开玩笑,假如说每天有三五百块钱,肯定就有人来学,所以在传承方面也面临困难。但是我们也必须要把他传承下去,传统的东西是要传承的,我们的剧本不说有多高的水平,我们的师父师公在地方上都是名人,我知道的这几代都是文人,首先文化就是基本功,没有文化想学还是很困难的。

我对师父师叔是非常尊重的，这就是我开始说的先学德再学艺，在老百姓口中还是得到认可的，不管做什么，首先要学会做人，人都做不好还做什么事，不诚信、不道德谁也不认可，我们这个团队很艰辛，因为其中出现了短暂的插曲，看到后继无人了，师父就担心，在师父眼中我们不一定能承担起来，就传给同门，有两年时间，但是效果不好。我家有个师伯他就认为我可以传下来的，他让我们接回来，开始时候师父师叔们对交给谁也有一些分歧，后面经过几个师父考虑，就把它从困难中拯救回来，从县级到省级，得到认可。我之前是在开阳做生意，后面来村委上班的，我要是早点现在都可以评国家级传承人了，真的很艰辛。这个传承就是必须要有爱好和信仰，靠这个赚钱是不可能的，我家师父给我取名叫刘法远，就是希望我发财久远、发扬光大，师父也是用心良苦，我师父在那个年代算是有文化、有声望的人。现在团队好多外出打工，需要时候也会来参加，一个团队就是一个战斗堡垒，必须要团结、有凝聚力。我有个徒弟在浙江，他家庭有点困难，有次要在贵阳表演，为了给他更高的舞台展示的机会、也是一种锻炼，我就喊他回来，就拿400块钱的车费让他回来，但是他也听话回来了，就怕给钱他都不来。我经常给我媳妇讲，钱是身外之物，我们对一个东西有信仰就要把它传承下去、做好，不是钱的问题，心态要积极向上。徒弟要让他在舞台上去展示，多锻炼，大舞台都不怯场，小舞台就无所谓了，我当师父只能创造机会，主要还是靠自己去努力实践，以前没有其他娱乐就是听戏，现在麻将、手机各种形式的娱乐方式。我家侄子他们也很尊敬我，我们开财门、唱笑歌、玩灯都会做，因为我们爱好传统的文化，上个月也在做，最近有家要还愿我给他安排到过年时候，因为过年人要集中点，平时聚不齐，做这个又没经济来源，也要生活，也能理解。一般还愿都需要10多个人，打锣就是4个，打鼓一个，还有其他的，至少都是10多个，有些也是灵活安排人手的，之前准备去乌镇，我们导演是省话剧团的，他说就请我去教他们唱，副手都是省话剧团选，只要几个主角，他对我也很好，每次有什么艺术活动都通知我去，把票给我买好，也是学习交流的过程，是当时开阳县举办一个总演出的时候请他来当导演，过春节搞晚会的时候就认识的，后来去贵阳演出都是他推荐我们去的，我也是很感恩他的，吃水不忘挖井人，还有好几次喊我们去参加演出都没时间去，团队人多了聚不齐，他也来我家这里我表演给他看过。

伴随科学技术的发展，社会不断进步，文明程度不断提高，人们思想意识发生变化，很少有人听说阳戏，阳戏逐渐面临消失、后继无人的尴尬境地，年轻人大多外出，无人学习，当地的阳戏对年轻人来说缺乏吸引力，当今年轻人喜欢时尚的、潮流的，阳戏对于年轻人来说是过时的事物。

（六）阳戏与生活

平常我们自己也唱，六月二十四日我们都唱，相传是李冰的生日，要纪念他，有人问为什么是在六月呢，在我们贵州有句俗语叫"六月六，小米不熟大米熟"，基本上就可以看到粮食的收成，也就是保佑风调雨顺，国泰民安，也很符合现代社会，希望风调雨顺，农民有好的收成。春节我们也要唱，或者公益活动，平时的节日活动也会唱，还有种形式就是村里面有人办丧事、结婚等，我们三五个坐在一起都要唱，我们这是多形式的、多样地开展。村里面还搭一个简单的戏台，它是每年农历十月，到这月，就是因为十月就是冬藏，农村的习俗就是"半年辛苦，半年甜"，一年的庄稼都收差不多了，秋收冬藏，农民就可以闲下来，有时间庆祝，还有就是有些还愿的时间都在冬天的多，主要是这个时间人们闲下来了，现在好多人都出去打工去了也回不来，冬天晚上时间长白天时间短，坐着无聊大家就开始唱玩，大家一起坐下来喝喝酒、唱唱戏，就是自娱自乐，像平常我开车的时候困了我就哼唱，就是一种享受、乐趣，我是从小受文化的影响，从小就爱好，唱山歌我们也可以唱。唱戏的时间也是有区别的，例如我们出一场戏上台演就是10到15分钟，把该演的演好，经典或最主要的部分完成，因为那不是一个人的专场，但是像还愿就不一样，就必须按照程序走，按照师父教的，第一场戏唱什么、第二场戏唱什么、依次演唱，有一个仪式的和登台唱的不一样。也经常参加一些活动，最遗憾是有一次去浙江乌镇，预赛都过了没去成，我们导演有点忙，是要先送稿去审，我们送的是十年前的，肯定跟不上现在的时代，没有选上，去过贵州饭店那里参加文化艺术节，多彩贵州城非遗购物节，2018年6月2日贵州首席新闻联播封面都是我和我儿子，这个阳戏是国家级非遗项目，传承人是省级的，我正在申报国家级的，我们一家人都很喜欢的，我家媳妇我们演唱的时候她就帮我们化妆，参加活动都是全家出动，她就打底化妆的。

（七）个人成就

我非常喜欢阳戏，熟练掌握阳戏的全部剧目和表演程式，组织协调能力强，我要把热爱阳戏文化的群众聚集在一起，表演、传承阳戏文化，为广大人民群众提供了文化大餐和精神食粮，我们团队牢记"二十四字社会主义核心价值观"等内容，创作为阳戏剧本。

1. 2008年参加中国阳戏学术研讨会（福泉），发表论文《开阳中坝阳戏程式简介》，这是开阳县阳戏戏班第一次参加全国性学术研讨会，使开阳阳戏的表演、研究走进全国的视野。

2. 2009年7月，接待重庆市乌江流域社会经济文化研究中心、长江师范学院西南地区土司文化研究中心研究人员彭福荣等来南龙中桥阳戏班学习交流。

3. 2010年接待广东中山大学博士雷教授一行，实地调查、交流。探讨开阳阳戏源流、脉络、发展、传承。

4. 2013年参加土司学术交流会（重庆师范学院），针对阳戏源流、发展等进行交流发言。

5. 2018年6月贵州省多彩贵州城参加"县县有主题，周周有活动"公益活动；7月龙洞堡机场参加文化旅游推荐宣传活动，参加贵州省非遗周末聚，9月参与全国安徽阳戏预选赛。

6. 2020年积极配合省非物质文化遗产保护中心挖掘开阳阳戏的历史文化，同福泉、正安、罗甸等地阳戏共同申报第五批国家级非遗项目。

7. 2021年6月，建党100周年之际，刘正远作为传承人参加了南龙乡举办的"学党史教育，传非遗文化"演讲活动。

（八）传承创新

2012年，省文化厅调研阳戏，我介绍开阳阳戏的现状及发展。同年我获省级非物质文化传承人，省非遗中心人员开阳考察指导非遗传承工作。政府组织活动也经常叫我们去，开阳宣传部中心的和我很熟，都是公益性活动，必须要参加的，有个别人还是想要钱，我就给他们讲现在不是想钱的时候，人家都不知道中桥有阳戏，知名度都没有，怎么谈钱，不得奉献精神，肯定不行，不管做什么，我说就是我们必须积极参与，去年写的7万多字都是我构思出来的，我反馈给他们，然后他们官方把它撰写成文。我们也做"非遗进校园"活动，开阳县一中、三中，不定期的，去过两次，我就是有个主题，凭思维讲，只要不跑题，我经常开玩笑就是"说的没有唱的好听"。去年有个讲党史传非遗主题教育，我还专门写了三篇讲稿，一是讲党史传非遗；二是讲党史教育传红色文化；三是讲党史讲红军文化。活动主要是老师参与得多，就是戏曲进校园，去里面给学生上课，他们抽一部分学生，有些学生喜欢就因材施教，去年写的7万字大部分是一、三中的老师写得多。活动缘起是孔学堂的一个书记和我有一面之缘。活动缘起是孔学堂喊我们去专门安排一个展厅展示我们道具、服装这些，来参观的有个是国史馆的馆员，也是专业性、学术性很强的，还只要有机会我们都去参加活动，需要宣传、包装，我们自己是不行的，不宣传没有人知道阳戏。

（九）多元化的文本内容

  阳戏在地方上也称之为发财戏，又叫灯甲戏，为什么叫发财戏我问过我师父，实际上就是保佑人家发财，发财了才请去唱戏；为什么叫灯甲戏，因为我们贵州有个花灯，有时候唱戏唱累了也唱花灯，我也是花灯的掌坛师，戏就比较规整、正能量一点，有时候戏里面夹杂点花灯的内容，好像气氛、趣味要好一点，我们有时候都是花灯和阳戏结合唱，都各自有独特的地方，贵州花灯又分东路和西路，毕节、思南、铜仁，我们花灯也有二人转，两个人唱，也有剧本的，例如给员外庆寿，示儿打草鞋等都是有剧本的，反映什么内容需要哪些角色。我们的内容就比别人的丰富很多，有专家给我讲把自己师父师公的传承好就行，学自己的特色，学别人的就杂了，必须要有自己的特色，要做到唱出来别人就知道是哪里的戏，我们特色就是打钱竿，我看了很多其他的就是边打边唱，唱小调，但是我们的有内容，内容是很丰富的，比单独打好很多，增加丰富的内容，俗话叫"外行人看热闹，内行人看门道"，主要是内行人看，让别人觉得这个剧本写得很真实、也很接地气，我看过其他人的小调，内容不丰富，我认为必须要有色彩、乐趣、不过时，内容是不能乱写的。我们剧本有传统的，也有结合现代社会、生活的，比如"二十四字，社会主义核心价值观"内容这些，还有结合贵阳的"五治"，以传统的为主，必须要传承传统的，但也要结合现代创新一些内容，对传统加以修订整理规范。

  我们唱戏所用到的道具都是有讲究的，我有一根龙头拐杖是值钱的，曾经有人花1500元想买走，这不是钱的问题，还有剑、刀，哪个角色用什么道具这是有规定的，比如80年代门神福将，过春节都要贴门神，实际上我们唱的开路就是门神福将，首先是李世民晚年的时候他们来守，觉得他们两功臣守太难了，那么就画一幅像在那，在民间就是传统，就是保佑平安。唱的和使用的不一样，比如我们是吹牛角，道士是吹海螺，而吹牛角不是吹响就可以，是吹内容，就像唱歌一样，有词的，内容也是有规定的，比如什么时候吹伏羲,什么时候吹玉皇,所以这不是一两天学会的,去年我们团队写了7万多字的文本,团队10多个人花了一年的时间。每一场戏花费的时间也很长,例如演《霸王别姬》传统地完整演下来需要两个小时,因为里面有很多角色,霸王、虞姬、韩信、小将、探子、内侍等,出席都要七八个上台,还有锣鼓的。唱法我们是九板十三腔,女生有女腔,像霸王腔调就是威武霸气的形象,俗话"台上一分钟,台下十年功",唱一台戏是很辛苦的,汗水衣服都打湿,我们去龙洞堡搞旅游形象宣传,去多彩贵州展示,唱下来确实累,精力要高度集中,不然你跟不上,不能唱错。

学习这个阳戏就是爱好,从小受到文化熏陶,我认为传承阳戏意义很大,特别是习近平总书记讲文化大发展、文化大繁荣,而且强调的四个自信其中一个自信就是文化自信,这个就是中国文化的根和魂,在七八十年代的时候,干活都要唱山歌,现在人们不唱了都是压力大造成的,现在都是为了钱。我也经常给团队成员讲,比如:"你今天来加班,你不要想到是来加班,你就想到去玩、去学习。"换个思维就什么事都解决了,这就是一个思想定位的问题,现在我们有两个年轻人就是,一摸到活路(接到任务)就开始哼(焦虑)。我们唱这个阳戏没有钱,但是当你唱的时候无

图21 2019年南龙乡中桥村春节表演 作者提供

形的幸福感就来了，我认为这个就是我一生的追求，我的乐趣，我尽我的力量要把它传承好。经常有领导问我传承得怎么样，我就讲如果我的徒弟强于我，那肯定传承好，如果我的徒弟不如我，那肯定传承不好，这个是很正常的事，有的教十句他只会一句，有的平时唱得好，上场就怯场了，这个难度还是很大的，所有的东西我们也在边看边学，要培养的是他喜欢、爱好阳戏，没有爱好，教再好他学不进去也是多余，我们现在是毫无保留传授给徒弟，以前老一辈都是不传外人的，我是只要我知道就教授，有文字的东西我都把它整理成书本。

  下一步就是想把剧本整理好，因为一个字错就会影响整个剧本的内容呈现，这个是很关键的，还有在传承方面也要下功夫，要培养好徒弟的爱好。如何把阳戏传承下去，唱和写不一样，因为随着年龄的增长，唱出来声音就会有差异，所以要培养下一代传承人，任重道远，如果师父自己都没唱好，那么怎么传承下去。现在由于有些在外面打工，为了生活这也能理解，也不是靠唱戏吃饭，我就要求他们用手机唱录音给我听，通过线上方式进行指导、指正，有问题我就纠正，这个文化不是三两天就能学会，没有一年半载是学不完的。我们剧本也在不断创新，把农耕文化、地方文化融入进去，结合现代文化也有，但是以传统为主。主要靠个人爱好、信仰传承，这个不像传统手工艺、蜡染、刺绣、银饰可以走向市场，一是我们阳戏是一个团队，不是一个人可以完成的，他们那种一个人就可以完成，比如一个金银首饰可以值几千到一万，看一场阳戏不可能说给你几千，没人愿意给。像国家级非遗石阡说春就是一个人在说，没有很大的难度，但是政府领导重视，挖掘得早。团队就困难得多，要唱、演、打，一个团队还要团结，不团结也做不成。现在都在发展文化旅游，旅游必须要文化带动，但是我们这里没有旅游，比如我们演一场旅游公司给多少钱，这个效果我也知道，但是难度很大的，主要还是传承人问题，传承经费都是其次，当然没钱也不行，只有"输血功能"，没有"造血功能"也是发展不了，我们阳戏就是挖掘得晚，我申请了第六批国家级传承人，但是我没优势，其他几个年纪都比我大；我就知识和掌握东西比他们多点，不管技艺有多少，他年龄大就是优势。我们当时是几个地方捆绑申报阳戏这个非遗项目的，申报成功之后要申报传承人，我就是弱势，就是看申报材料，你的阅历，因为其中有条规定就是从业多少年。我们祖传下来的道具都保存有的，戏袍已经有100多年的历史了，就是历史的见证，相传是乾隆时代的，师父一代一代传承下来的，这个很难保护，怕被虫咬坏。还有个剧本是光绪31年的，也是100多年的，中国最繁琐的字都出现在上面，说明我们师父还是很有文化，这个剧本已经转化成电子版保存的，要用红绸带捆绑，也是对前辈的敬仰，师父师爷们把它传承下来，我们要保存好。

（十）传承谱系

我家父亲他不爱唱，他也会唱，他主要是会首，就是组织人，不是掌坛师，我是掌坛师，掌坛师的作用和会首是不一样的，比如我是掌坛师，你是会首，你组织我们今晚在开阳唱或者是毕节唱，组织会务、怎么坐车等，就是由会首来安排确定，掌坛师就是今晚需要出哪一则戏，哪一个人扮演什么角色，就是掌握出戏以及人物角色安排。假如有人来找我们唱戏主要是找我，然后他负责安排，比如私人张家找到我，我就给他看期程（就是时辰时期），比如你家还愿，看好了我还要开单，就像开清单一样，比如说需要两只鸡、一只公猪、藏钱要多少、散钱要多少、烧纸、白纸（写给玉皇、观音的文书），这些都是有讲究的，我要给他开好单，要来接我，还要放鞭炮，要有接有送，我看好之后你那天来接，因为我们还要带很多唱戏的道具，还要把我的菩萨（神圣）带着去，你家还要准备酒，要煮几升米，要做记号，第一升祭川主的、第二升祭土主的、第三升是祭药王的，这些都要讲清楚，程序是很多的。看期主要就是一看是否良辰吉日，二是要有送神日子（也就是你家许愿了，神给你完成了，要把神送走）。团队主要人物都是要去的，有的角色就只有一个人，如果不去就唱不了，团队成员本来就少，在我当徒弟的时候，这个团队是很庞大的，我们师父他们还想裁人，人员多，有竞争,哪个扮演得好哪个就优先去演,现在人不多了,再挑就没人来了,以前我师父很严格的,平时随便演唱不要紧,比如正式上台或者给某一家还愿的时候你演得不好他就不要你演。我五六岁的时候就跟随哥哥、姐姐、叔叔一起学,时间长就会了,我们戏团学戏是要先学德,德要放在前面,做人要有道德、要厚道,要学会做人的道理,不能害人,德才兼备,德是第一,才是第二,德艺双拼,也就是先有道德,再去学习手艺。这个阳戏总的来说是道教文化,在贵州属于傩文化,我们要敬老子,每一则戏都要写好文书,是哪种愿就要写成哪种,是很规范的,比如说保佑平安的、保佑发财的、保佑孩子考大学的,内容是多种多样的,非常丰富,总的基本一样,但是万变不离其宗,也要分细节,是因为什么还愿要写清楚。

南龙阳戏由世世代代口传心授,至今传到刘正远已有26代,其传承谱系如下:

传承谱系

第一代:邹法旺(明初,掌坛师)

第二代:邹法通(明初,掌坛师)

第三代:邹法显(明中期,掌坛师)

第四代:邹法应(明中期,掌坛师)

第五代:任法清(明中期,掌坛师)

第六代:任法净(明中期,掌坛师)

第七代:任法平(明中期,掌坛师)

第八代:佘法安(明晚期,掌坛师)

第九代:佘法传(明晚期,掌坛师)

第十代:邹法承(明晚期,掌坛师)

第十一代:邹法元(明晚期,掌坛师)

第十二代:任法远(清初,掌坛师)

第十三代：邹法兴（清初，掌坛师）

第十四代：邹亨达（清初，掌坛师）

第十五代：邹亨通（清初，掌坛师）

第十六代：邹利济（清中期，掌坛师）

第十七代：邹贞净（清中期，掌坛师）

第十八代：邹法妙（清中期，掌坛师）

第十九代：佘法灵（清中期，掌坛师）

第二十代：邹法向（清晚期，掌坛师）

第廿一代：李法相（清晚期，掌坛师）

第廿二代：李法桢（清晚期，掌坛师）

第廿三代：谷法应（清晚期，掌坛师），记忆力惊人，过目不忘，无需剧本就能表演，对阳戏历史文化传承不藏私，李法桢之徒。

第廿四代：任法明（民国，掌坛师）表演力强，演什么像什么，惟妙惟肖；对本门弟子特别关心，倾囊相授，谷法应之徒。

第廿五代：任法旺（1938年生，掌坛师），能扮演各种角色，吹弹扯唱各项技艺精湛；对阳戏传承的贡献很大，任法明之徒。

第廿六代：刘法远（1968年生，掌坛师），男，汉族，中专学历，生于1968年9月，组织协调能力强，记忆力较好，不看剧本能把该阳戏半数的台词唱出。

鲁廷明
独具特色的夫妻舞

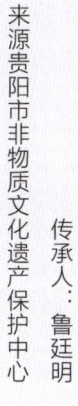

来源贵阳市非物质文化遗产保护中心

传承人：鲁廷明

采访时间：2023 年 4 月 18 日
采访地点：贵州省安顺市平坝区马场镇椿菜坡
采访人：李美艳、周尚书
文章整理、撰写：李美艳

※ 人物小传

鲁廷明，男，苗族，1961年2月生，现年62岁，安顺市平坝区马场镇人，高中学历，中共党员。1969年就读安顺市平坝区佳林小学；1974年就读安顺市平坝区林卡小学；1979年就读安顺市平坝区马场中学。2014年，被评为民族团结进步先进个人，同年入选成为第三批省级非物质文化遗产代表性传承人。

（一）夫妻舞缘起

夫妻舞源于故事传说，在2000多年前，一个苗王的女儿在迁徙的途中，下山去玩耍，一只饥饿的猛虎刚好遇到这个女孩，猛虎扑过去咬住这个女孩往山里面拖，然后，这个女孩就大声喊救命，被一个苗家小伙子听见，这个小伙子是以打猎为生，身上挂有弓箭，小伙子跑过去，看到这个猛虎拖起这个女孩往山里头跑，小伙子就用随身携带的弓箭把这个猛虎射死了，他把这个受伤的女孩带回家。苗王知道后，就想把这个女孩嫁给他，让他做上门女婿，但是，小伙子并非攀龙附凤之辈，小伙子拒绝了苗王的要求。苗王想方设法就想把自己女儿嫁给这个小伙子。苗王观察到这个后生随身携带的弓箭是弯的，于是，他就找了他的一个制作芦笙的工匠，就仿造这个后生随身的这个弓箭制作了一只弯头芦笙，然后把芦笙送给了后生。制作芦笙的工匠教后生吹芦笙，后生后来越吹越喜欢，就接受了苗王的芦笙。这个后生常在夜晚的月光下吹芦笙，引来了苗王的女儿，时间一久俩人就产生了感情。然后，这个后生就答应了苗王的要求，上门做了苗王的女婿。随后，苗王就通知附近寨上所有的年轻后生和姑娘就穿起苗家盛装来庆祝他女儿的婚礼。这个婚礼举办了三天三夜，让这些后生拿着芦笙左右三圈围在一起跳，跳了三天三夜。苗王觉得以后花苗系的芦笙就这样做，做成弯头芦笙，其他都不是这样做的。像贵州这边苗族都是从江西迁徙过来的。我们都是共用一首曲子，为了脚步一致，我们都是同一首曲子。原本我们家都会做芦笙，后来慢慢地就不会了，现在都是去买，以前都是15块钱一只，一只长得很，所以，随着传下来，就开始精简制作工艺了，重新加工，我们就不会了。这边凯掌村就有一个会做，会做青苗系也会做花苗系的芦笙。像以前自家做的，传下来都不见了。像以前制作的那种长芦笙正月间吹了一次，要去忙农活，要到第二年正月间才有机会吹。现在生活条件好了，不像以前忙，所以，吹的时间和场次就多了。以前做的那些吹完都是要拿纸来包装好，不能风吹日晒，一晒基本就坏了。像现在这个随时都可以吹，在平时闲聊的时候、排练舞蹈的时候等都可以随时拿出来吹，也没那么容易坏。

图22　鲁廷明吹弯头芦笙　李美艳摄

（二）夫妻舞文化内涵

　　苗族夫妻舞是具有地方民族特色的舞蹈，是有讲究的，只有真正的夫妻才能跳的舞，我们平坝区马场镇佳林村是非遗项目的申报单位，是由我们新寨坡组的12对真夫妻组成，表演集芦笙吹奏、舞蹈表演为一体的原生态苗族舞蹈，是苗族人民农闲之余，自娱自乐、祈福祭祀时最自由的一种舞蹈表达。舞蹈动作就是苗族人民生产生活实践的体现，我们这里的苗族是花苗，芦笙使用的是弯头芦笙，与其他苗族同胞的芦笙有所不同，独具特色。

　　我们这个舞蹈是2000多年前，传承下来的，是苗族人民在生产生活实践中创造的，现代的舞蹈也有，但是和传统的夫妻舞不一样。苗族夫妻舞，必须都是真正的夫妻才能去跳这个夫妻舞，到现在，这个改革开放后，逢年过节、春季在村级舞台上都可以跳。不是夫妻的，是爱好的也可以去跳。但是，像以前的话就是必须是真正的夫妻才可以跳夫妻舞。就像现在我们的队伍，12对也是真正的夫妻组成的舞蹈队。这个夫妻舞以前是没有正规的舞台，就是在逢年过节、节假日吹一下跳一下。一般在这个跳花节跳的舞蹈，只能是在舞台上跳夫妻舞，就不能在花场里面跳，花场里面跳花是年轻人谈情说爱才可以跳。已经结了婚的人，在花场里面跳就犯规了，如果是主办方知道，就要被处罚。比如说，正月间跳花场要祭拜、跳花，只能是在花场里面跳。但是，夫妻舞就只能去舞台跳。这个花场是年轻人谈情说爱、找对象的一个地方。像这种每个地方都有，一般都是在正月间、过春节的时候，这种花场已经传承好多年了，老一辈人那时就流传下来的。

　　跳花场是有时间规定的，比如说花溪这边最早就是正月初八就开始踩场，初九正场，初十就散场；磊庄村这边是正月十一就开始踩场，十二正场，十二就散场；凯掌村这边最早就是正月十二就开始踩场，十三正场，十四就散场；凯坝村这边最早就是正月二十一就开始踩场，二十二正场，二十三就散场。这些都是我们周围的花场。一般是村里举办的，只要他们举办随时都可以去跳。像磊庄村就不可以，必须是12年举办一次，老一辈就规定好了的，跳一次之后，间隔12年，第13年才可以跳，小伙子一世只能跳一次，就是我们苗族节日。为了庆祝一年已过去，祝来年风调雨顺、祝平安。到跳花场的时候，四方八面的年轻人都是由老一辈带着的，辛苦了一年，绣了一年的花，年轻人盛装穿戴。相当于就是去花场展示，就是去看哪些人绣花绣得更好。也就是为年轻人去花场谈情说爱、找对象提供了机会。老的一辈围坐在花场周围，聊这一年的生活。跳花场在我们附近都是有专门的场合，在新寨村、磊庄村有一个。现在经济条件好了，也可以年年都开办，但是，像我们以前那个年代，年轻人都去亲戚家，走了一波又来一波，基本都是在亲戚家吃住，生活条件也不好，所以，这些人也不爱办。

一般就是举办方会事先了解清楚哪里有年轻小姑娘和小伙子，然后，他们聚到一起，边走边吹，走累了就坐着休息，就可以随时交谈。在哪里举办的时候就约着，一起去，一来一往，慢慢地就开始熟悉起来，有的就谈成功了。现在年轻人不好意思跟不熟悉的人交谈，通过这个节日活动，就可以促进这些未婚年轻男女交谈。举办方就负责把这些未婚年轻男女，通过节日聚到一起，经过多次举办活动，就促进交谈，慢慢地就熟悉起来了。一般都是以村为单位举办，专门有一伙人维持治安，一般都是白天跳，晚上就举办晚会。像以前我们就是白天跳，晚上去亲戚家吃饭，他们寨子头那些，还挨家挨户地走，询问还有小后生和小姑娘没有，晚上还要吹大半夜。我们小时候，比起现在好玩多了，毕竟我们那个时候娱乐方式就只有这种，也没有手机、电视可以看。

跳夫妻舞，成为夫妻了就不能再去花场跳了，比如说哪里举办一个活动，可以去跳。举行的晚会，真正的夫妻才可以去跳。成为夫妻去我们举行的传统节日去跳，就是扰乱秩序。一年举行一次，一次三天，举办方一般都是三天举办，第一天基本上就是办会场，第二天去跳。我跟我老婆，就是李学萍，之前就是通过跳花场认识的，后来村里头有人家办事情，就去帮忙，就慢慢加深熟悉起来。原本我年轻的时候，就跟这些跳花场的人都比较熟悉，最后，双方通过父母来认识的。其实，更多我们都是就像是说老人过世，周围的人都会去帮忙，你来我往，慢慢地就熟悉起来了，最后，才谈婚论嫁。以前，除了跳花节在正月间，过了就是二月二、三月三、六月六的节日才会汇聚到一起，算起来除了传统节日也很少会相遇。那个时候也没有微信，不好交流沟通，所以，基本上都是那家办事情去帮忙，就增加认识的机会。

我们跳花节和夫妻舞也有联系，正规跳花节夫妻是不能去参加的，跳花节是我们苗族的传统节日，晚上就叫跳月。之前，晚上在寨子上跳月的时候，就有些夫妻混进去跳，如果被举办方发现就会被拴起来示众。一般有人结婚办喜酒也会请我们去跳舞，但是也不多，因为关系不好的人家也不请，熟悉的人才会请我们去。还有就是我们人员众多，一两个也不好请。

磊庄村的跳花场是12年才举办一次，是历来的规矩，那个也叫跳花场，只有陈家人才能举办，其他姓氏都不可以举办，帮忙可以去，踩场要有一个仪式，要砍花树、摘花树、做场、供、烧香、烧纸等，搞这些手续只有陈家人才能有这个资格去操办，其他姓氏没有这个资格。其他姓氏可以去帮忙，但是不能参与这个仪式。一直以来都没人敢去破这个先例。我们举办跳花场一般都是请寨老，去做仪式。比如说，他看中了一个树枝，他就要在那儿烧香、烧纸，过后才能砍这个树枝，然后敬神，才开始摘花树。散场那天，他要骑三匹马，要叫场，主要就是说一下这个场的来源，从哪个地方迁移过来的，然后，祝福大家来跳花场，祝这些十七八的人都能成家立业，祝福来年风调雨顺、国泰民安，有了钱以后好好地绣花，来年我们放场你们就来绣花，骑在马背上左三圈，右三圈，这个就是叫场。骑马的这些要八字很好，马也要肥壮的，八字不行，就不行。举办跳花场的能力，是根据过去一些大户人家放的场，一些武官或者文官放的场。原本都是有钱、有能力的人才举办的。一般普通老百姓办不下来，承受不起这个费用。迁移这个跳花场是有规矩的，比如说要把跳花场迁移到某个地方去，就要在这个地方起土，敲锣打鼓，土肥、田好，在那个地方烧香烧纸，这个地方不能跳要转到那个地方去，到那个地方，起一下土，再舀一碗水，再说明原因，再把它请走，如果这个地方有一个宽广的地方好跳花，想在这个地方跳花，先把取的土放在这个地方，再把那一碗水放在泥巴上，然后就开始烧香烧纸，开始敬神，然后我们在这个地方来跳花场，要祈求神明保佑老的、小的平安，大号、萨拉一吹，锣声一响，如果说这一碗水在这个土上，一点都没有洒出来，就说明这个地方可以举办跳花场。

（三）夫妻舞传承现状

我目前在家里周边打工，一天打小工100块钱左右，一年都是4万到5万收入。就是我们家附近这些人都去打工，小的、中年的，还是让进的一般厂。但是，像我这种年纪一般厂是进不去的，一般60岁以上的就进不了，我们这种上了年纪的哪里能做就去哪里，混到一天是一天。上了年纪的，打不到卡，基本不能进去。一进寨子，基本上都是老年人在家带孙子，从前几年我们这里就有4口井，我们这里本来一直都比较缺水，4口井的水就被我们这里搞成自来水，就是引水工程。那占了一些土地，所以，我们周围土地比较少，其实，也没有好多水，这几年当中，也没有涨过水。所以，都没有人种植水稻，玉米和辣椒。我们这个村有1300多户，只有3家人种水稻，水源不好。在这个地方的人，大多数都是以打工为主，农活就很少做。土地也不多，主要是征地征走了，大部分人都没有很多土地。

夫妻舞跳了这些年都没有好多变化，一般只有真夫妻才能跳，毕竟如果我去，我家媳妇不去，别家的媳妇也不好意思和我跳，所以，一般来说，只有真夫妻才会去跳。其他人也可以参与进来跳其他舞蹈。我们舞蹈团有12对夫妻，都是我们这个寨子的人，之前有些人退出，但也有人参与进来，所以，总体来说数量也没有变化。有些时候，举办活动的时候我家媳妇请不到假，那我就不去了，就像这种也是可以的。在跳舞排练的时候，每个环节，不同人有不同的走位，每个人都只熟悉自己的走位，都是通过长期排练来熟悉的。那个时候每家每户都通知，然后，慢慢地组织起来的12对夫妻。一次跳10分钟，后来去参加多彩贵州活动，里面有很多现代舞蹈，都规定不能超过5分30秒，我们又重新排过队型。早些时候，政府要举办活动，很多人平时都出去打工，有的去上班，也不好请假，老是请假也不好，请假太多单位就不要了。团队大部分人都是以打工为生，做庄稼没有多少收入。一家老小要吃饭，都是要靠打工才能够维持生活。

我们是2006年开始组建的团队，最开始12对夫妻，共有24人，现在都有17对夫妻了，但是老一辈的也退出来没跳了，目前数量也是没有变化的。现在团队最大40多岁，剩下都是20多岁或者30多岁。我以前是平坝苗族协会会员，现在转到贵安新区来了，不知道这个档案转过来没有。

（四）夫妻舞演出

我们平常没有重大节庆活动的时候也跳，逢年过节、春节这些，都会在村里广场去跳夫妻舞。村里面做活动我们村是必须要跳这个舞蹈，其他村可以不参与。在我们这里办活动，或者四月初八都必须跳，我们这个舞蹈是一定会在舞台上跳。现在很少参加活动了，主要是没有经费，外出打工的成员也比较多，请假回来就耽误工作，没有工钱。去参加这些活动也是对夫妻舞一个很大的宣传，通过舞台这个平台能够让更多的人了解到苗族原生态的舞蹈。我们也不是就仅仅代表个人，我们也代表安顺的所有苗族，去展示我们的民族文化。现在比以前好很多，以前都不能出去打工，就是种庄稼，现在可以出去打工，生活条件好了。我们这个队伍比较大，每次外出演出就要很多经费，吃、住等费用都是不少的，但是我们参加这些活动要队伍庞大，才能够展示出来我们的特色。所以现在就很难参加相关的活动。我们之前参加平坝举办的活动，每次一人200块钱、车费补贴、伙食费。我们也有几次是自己团队自费去参加活动，但是长期也没有经费支撑。我们也经常参加政府组织的一些公益性活动，作为一名党员我都是积极参与，但是这是团队活动，一个人是完成不了的，需要团队齐心协力。之前平坝樱花节邀请我们参加活动，我们团队就没去，因为很多人都在外打工不好请假，聚集不到一起。我们也跟那边举办方说清楚，我们年轻人去打工，本来请假多次了就容易被老板辞退。

图23　夫妻舞演出　来源贵阳市非物质文化遗产保护中心

　　我们平坝政府帮我们修了一个跳舞的场地。这里是以前的粮仓，现在作为我们一个活动中心，我们奖状都挂在这里面，但是整理得不是很规范。里面的照片都是出去参加表演获得的奖项，还有些是活动照片，有个苗族协会主席和我们合照。在村里面就是村里组织的小型活动，这些活动都是村里组织办，有一些小的奖励，奖励床单等，就是些小礼品，表示一下意思。我们在台山体育场也参加过活动，去广东参加活动，除了非洲的一个节目，就是我们舞蹈比较出众。去每一个地方参赛要求都是不一样的，之前我们搞巡演一个地方才2分钟，一般跳完整个舞蹈是5分半至6分钟。之前多彩贵州规定了不能超过5分30秒，我们就将之前我们的10分钟精简了，跳一些经典的动作。舞台上比赛每个环节都必须到位，服装上银饰落了，都要扣分。我们跳这些小舞台，我们都要先排练，我们起步，起多大的步伐，都是要整齐才能做好。芦笙调子一吹错,步伐就会错,提前吹了步伐乱了也会出错。在村里头举办的活动就可以随意一点,错了纠正就行。文广局的一位老师,一直都是他带我们,让我们在舞台上跳错了,也不要停下来,东西落了也不要去捡起来。我们服装有黑色和蓝色,我们裙子有些花,之前他们就有人说,我们周身都是花,要是裙子再有一些花,就显得太多花了。我们的服饰全部都是手工做的。

(五) 舞蹈团经费管理

我们之前在平坝的时候,也讲过关于我们苗族舞蹈的事情。上面调研也来过好多次,去年非遗中心也来了解过相关信息。2008年到广东参加大型汇演活动,这些信息都是省里面出来通知,要我们这种原生态舞蹈,我们就被推荐过去。平坝文广局推荐过去的,平坝文广局对我们夫妻舞很重视,平坝樱花节都是要通过文广局叫我们去参加。一直指导我们舞蹈申报非物质文化遗产,一路上都在帮助我们。我们申报非遗成功之后省政府给了8万元扶持经费。钱直接打到村里账户。我是省级非遗传承人每年会有5000块钱,这些钱就用来对我们舞蹈团队的服装改善,就比如说银饰的换取等。女队员们都是商量好了需要置换什么物件,买了时候拿发票给我就可以报账,比如他们头上的银饰要换,去商量好了,开上过税的发票过来,我就给他们报销钱。但是,由于外出务工人比较多,所以,他们都没空去商量换新服装。

马场镇政府给我们一些买芦笙的费用,12支4000多买的。2007年参加多彩贵州,得了安顺市一等奖,回来以后请了专门的老师来指导,2009年去参加贵州举办的"芦笙风情夫妻舞"获得全省一等奖。这个活动是乡政府通过各个部门传达下来,然后去报名,一步步海选,从村里"爬"到了省里。先是到平坝,然后到安顺,最后才到省里比赛,政府都一直支持我们车费。我们到省里去比赛,一开始没获奖是因为农村舞蹈,没有专业老师指导。我们一起有20多个人,都是盛装打扮去跳。平坝区政府出钱在我们村里面修建一个广场来给我们跳舞。我们这个舞蹈体现了我们从相知、相恋、相守余生的整个过程，还有生产生活的整个过程，以及丰富多彩的生活，基本懂我们民族文化就知道，我们衣服都是我们自家绣的。现在的人员都有变动了都是年轻人去跳，我们年纪大的都不参加了。2017年4月7日，"我是家乡代言人——贵州百场网络直播"活动组走进我们佳林村，为我们苗族夫妻舞进行现场网络直播，让广大网友感受夫妻舞的魅力，活动持续一小时时间，观看直播人数达到30余万人。

我们舞蹈起初跳的时候比较单一，2007年参加多彩贵州以后，我们请专家指导后，在原来舞蹈的基础上增加了一些动作，让舞蹈内容更加丰富。我们作为农民，增加的舞蹈动作就包括，日常生活中犁田、犁土、种庄稼的动作，也没有太大改变，就是增加一些内容，让舞蹈具有地方特色，体现民族性，有挖土、播种、晚上月光下吹芦笙，女生趴在男生肩上看月亮看星星，还有男生和女生一起转圈圈跳舞吹芦笙等动作。我们舞蹈团队也参加了各种活动，获得了一些奖项：

2007年参加了"多彩贵州"舞蹈大赛，在安顺赛区获得原生态组的一等奖；同年的9月，参加了"2007年中国·贵州·黄果树瀑布节"的开幕式演出；

2008年6月17日，应邀到广州参加了"百年陈宜禧，世纪新台山"的大型文化活动演出，到广东参加大型汇演活动，同年12月我应邀成为平坝县苗族协会成员；

2009年8月22日，参加了"2009多彩贵州舞蹈大赛"，荣获了原生态类的"银瀑奖"，并获得原生态类的"表演奖"；

2010年被列入省级非物质文化遗产；

2011年应邀参加了贵阳避暑节开幕式；

2012年4月，组织民族开展第一届"四月八"活动；

2014年11月，参加了"多彩贵州·美丽贵安"原生态文艺大汇暨大学城文化艺术活动闭幕式；

2018年参加了两次黄果树瀑布节，参加汇演；

图 24　鲁廷明荣誉奖项　来源贵阳市非物质文化遗产保护中心

（六）传承创新

  我们这个舞蹈本来也跳过很多次了，还是需要创新，要不然看多了，也会觉得没意思，还需要加入新的内容、新的舞蹈动作进去，我们也希望能有机会改进一下。但是，如果要改进要创新，就会涉及请专家，这就需要花钱请专家进行指导。我们公益的活动也积极参与的，但是，我们也不能一直只做公益活动。我们团队人员都在，都是去打工找钱去了，从疫情至今我们好久没有参加活动了，现在参加活动就需要重新抽时间排练，因为好久没有排练，生疏了，队员之间默契减少了，近五六年都没有参加任何活动了。2020年疫情开始到现在就没有跳过了。传承方面我认为还是有希望的，因为有很多年轻人在队伍里面，但是还需要加以创新。

  我觉得我们苗族夫妻舞是很具有民族性和地域性特色的，我们去外省参加比赛，专家们都说我们的舞蹈很原生态，很震撼，反映我们真实的生产生活方式。我们舞蹈只要有芦笙就可以跳，不需要伴奏。这个夫妻舞在其他地方也有，但是，他们没有舞蹈队，没有完整的舞蹈，他们就作为平常跳耍。我们这个"芦笙风情夫妻舞",就只有在我们这里才有。他们那些夫妻舞基本都是现代的,不像我们这个反映原生态生活的。没疫情的时候,我们在平坝名声很响,不管搞什么活动,我们都去参加,之前都没有演出费用,后面才开始有务工费,一个人100块钱左右一天。我们基本上在舞台下面广场跳,舞台太小,我们人多站不下。贵州大学的也来看过我们表演。

(七)传承人发展现状

  我是作为这个苗族夫妻舞的传承人,我弟也是我们家族的传承人,他也会跳,只是当时村里面说推荐一个人,我作为大哥就推荐我上去。我们是家族传承下来的,就是老祖太爷传下来的,我家大太爷传下来我这里是第三代。以前在家里父亲也会教我们怎么吹,那天吹那首曲子,都会先教会我们。我儿子和儿媳妇作为传承人,也会跳,基本村里头都是知道的。我家就俩二孩子,大儿子村里副支书,小儿子在贵阳上班。小儿子之前在非遗中心上班,二月场举办我小儿子也参与举办。大儿子叫鲁仕勇,小儿子叫鲁仕海。我儿子都会自愿学,都会跳。之前黄果树、平坝政府也邀请我们去跳,去一个礼拜。第二个儿媳妇是村里的代办员。我们这一辈有四弟兄,八姊妹,我们村会跳的也不多,我和我弟我们兄弟俩都参加,其他人要么只有女的喜欢、男的不喜欢,要么只有男的喜欢、女的不喜欢,要两个都喜欢才可以组织,所以他们都没有组织起来。我们姐妹这些,年轻的时候也参加跳花场,但是,之后也没学习跳这个夫妻舞,都不会跳,所以都没去跳。我们村里除了我们这个团队,其他会跳的也不多,基本没有。现在,如果不是真正的夫妻也可以去娱乐场所跳,以前是封建思想,所以不允许不是夫妻的人去跳。我们基本上传承就是家族传下来的,我们是第三代了,我们第一代是我们爷爷辈。

  我家祖爷爷是1964年才搬过来的,我们就跟祖爷爷姓。我们孩子是第四代,也在这个团队里面的。我们家大伯爷,会吹芦笙也会跳舞,我们小时候都是他们买的芦笙来送给我们的，还教我们吹芦笙，15块钱一只，那个时候学费才5块钱，都是七几年的时候的事情。像我们家侄儿、侄女就是我们的徒弟，也没有外人。也有喜欢的来学习，我们也会教。在春节我们也会拿芦笙出来吹。也有鲁家和汪家的人，这些都是我们亲戚。我们父亲那一代也才两对夫妻会，主要是那个时候芦笙也不是家家都买得起。我们这个舞蹈本身是不存在传内不传外的，只要你个人喜欢，我们都可以教。像在正月间，我们也会教我们小孙孙们吹芦笙，也教他们去花场跳，都是直接拿我的芦笙吹。关键是要喜爱，要个人喜欢，不喜欢也没办法教。而且，现在小年轻只能去花场里面跳，要成家了之后才能跳夫妻舞。像是我们亲戚这些，我们还是比较好，随时有机会教的，所以，在我们亲戚这些也比较好传承下去。

传承谱系

第一代袁玉德（爷爷）

第二代鲁朝刚（父亲）

第三代鲁廷明（鲁廷华）男，苗族，1961年2月生，现62岁，安顺市平坝区马场镇人，高中学历，中共党员。

第四代鲁仕明、鲁仕勇（儿子）

卢贵化
精于工、匠于心的守银人

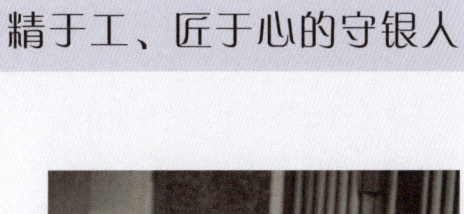

传承人：卢贵化
本人提供

采访时间：2022 年 8 月
采访地点：贵州省贵阳市花溪区青岩古镇
采访人：孙楠楠、王菲、杨青
文章整理、撰写：孙楠楠

※ 人物小传

卢贵化，汉族，1968年出生，现为花溪高坡苗族银饰制作技艺第四代传承人，"贵阳市四个一批人才"，贵州省中级工艺美术师，"祥纹银饰"创始人。1990年2月自学苗族银饰工艺，先后拜过多位师傅学艺。2001年拜贵阳花溪高坡苗族银饰制作工艺主要传承人罗朝先为师，跟随罗朝先学习花溪高坡苗族银饰制作技艺，并与妻子胡丽亚女士在青岩古镇成立了"祥纹银饰"品牌，在祥纹银饰中担任工艺技术总监。2015年11月，卢贵化夫妻二人开设了"百无一用"书店，将书店与银饰店融合发展"有书有银"理念，完成了"书店+银饰"的综合型文化空间搭建，使得书店与银饰完美结合。2021年卢贵化入选花溪区第三批区级非物质文化遗产代表性传承人，2022年入选贵阳市第六批市级非物质文化遗产代表性传承人。目前从事银饰工艺创作20余年，擅长不同材料的巧妙运用，善于创新，银饰代表作品有《知道》《鎏金岁月》《鱼多多》等。多年来，卢贵化潜心钻研苗族银饰制作，在平凡岁月中淬炼，在追梦途中坚守，不为繁华易匠心，始终坚持传承银饰技艺。

（一）花溪高坡苗族银饰制作技艺

2006年雷山县苗族银饰锻制技艺被列入第一批国家级非物质文化遗产名录中，苗族银饰制作技艺一共包含了铸炼到洗涤等30道工序，与我们花溪高坡苗族银饰制作技艺也有些相似的工序。关于花溪高坡苗族银饰制作的源起，与苗族银饰锻制技艺大致相同，也是因为战乱影响，常年居无定所，于是他们将银饰制作成各式各样的银饰工艺品戴在身上。因为苗族不像汉族一样，金银细软用盒子或箱子来装载，这会不方便运输。所以他们就会将家里的积蓄换成银锭制作成银饰工艺品由家中妇女佩戴，必要的时候家随人走。花溪高坡苗族银饰制作技艺也是一代一代的传承下来。花溪高坡苗族银饰制作技艺的传承方式有很多种，既有家庭作坊，也有师徒传袭的父子组合，也有夫唱妇随的夫妻组合。2012年5月花溪高坡苗族银饰制作技艺被列为贵州省第二批省级非物质文化遗产代表性项目，整个制作技艺包括了熔银、焊接、塑模、压、刻、镂、鎏等30多项复杂工序，主要的制作工具有鼓风炉、银碗、泥模、小锤、铁钎、火钳、枕墩等。

花溪高坡苗族银饰制作技艺繁杂，首先需要将熔化的白银反复捶打成薄片，然后通过錾刻、镂空等工艺，制作出精美的纹样，再通过焊接、编织成型，一个完美的银饰工艺品则需要经过熔银、焊接、塑模、压、刻、镂、鎏等30多道工艺才能完成。其中，最难把握也是最重要的一个工序是焊接。焊接对于我们银饰而言是至关重要，对火候的把握也十分重要。因为银子的熔点在986℃，高了它就会熔化了，低了银与银之间就没有办法焊接在一起，这也成了我们常说的火候掌握不好等于前功尽弃。所以银匠人掌握火候便成为检验银匠师是否成熟的标准之一，花溪高坡苗族银饰制作技艺的具体流程如下所示：

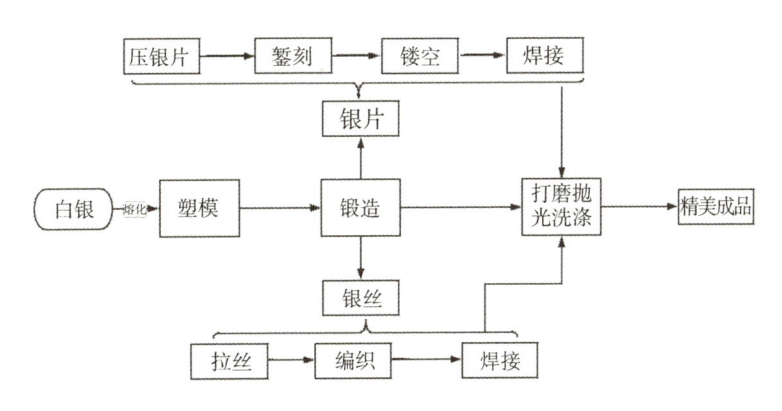

花溪高坡苗族银饰制作技艺主要流程

（二）热爱高坡苗族银饰制作技艺的卢贵化

我从小就很喜欢艺术和民族民间工艺文化，尤其是贵州苗族银饰的工艺制作，我与银饰制作技艺之间有很多的不解之缘。早在1990年的时候就因为特别喜欢银饰工艺，自学过一段时间，但是因为没有人指导，所以都只是学习了一些皮毛。后来也去拜过多位师傅学艺，但是为了生计没有继续学下去，去开了出租车、做了销售。在这些岗位待了一段时间之后，我还是始终坚持对银饰的热爱，辞去了工作，开始了走村串寨。在1995年至2000年之间，我走遍了贵州省的很多村寨，在欣赏贵州山水的同时走村串寨，发现了在很多村寨里面或多或少都会有几位银匠，这些银匠主要是给村里的人打造银饰，因此我就开始计划着找一位老师傅学习。直到2001年，为响应国家和党关于传承中华传统文化的号召，我正式拜罗朝先为师，开始学习花溪高坡苗族银饰制作技艺的生涯。然而，学习苗族银饰制作技艺并不是那么简单的，在我刚开始学习的时候师傅只让我旁观并不能动手，这对好动手的我来说是十分难以忍受的。但是我也十分喜欢待在工坊里，每天和师傅相处10余个小时，天天观看师傅熔银子、锻打、塑膜、錾刻、拉丝、焊接、打磨……在每天反反复复的观看过程中，我也逐渐掌握了苗族项圈、耳环、手镯等制作技艺。在一段时间的耳濡目染后，也了解到了苗族不同支系之间的历史渊源、生活习俗等知识。随着学习的时间长了看得多了，我就会想去动手，开始尝试着做了属于我自己的第一个作品——一枚戒指，那是第一次着手做银饰作品，在整个过程我都十分开心、激动。在2004年，我与妻子胡丽亚来到青岩古镇旅游时喜欢上了青岩古镇的山水和人文环境，便开始留在了青岩古镇，我们俩也成为了青岩古镇"岩漂"的代表。2008年，我们创立了"祥纹银饰"品牌，经营贵州特色工艺品，开始了正式"岩漂"的守银生活。目前，我已经收了两位学徒，他们都已经基本掌握了花溪高坡苗族银饰制作技艺，也能完整地制作出银饰作品，但现在未从事银饰制作。

（三）守正创新的高坡苗族银饰制作技艺

苗族自古皆有"以钱为饰"之俗。其实钱饰与银饰是同时步入苗族服饰领域，正是因为"以钱为饰"的习俗，在高坡苗族银饰的价值取向中起着十分重要的作用，所以现在苗族银饰形成了"大为美、重为美、多为美"的特征。① 花溪高坡苗族银饰种类也极多，从头到脚可以分为七大类，分别是冠、领、手饰、服、背饰、腰坠、足饰。但是我以高坡苗族银饰制作技艺为依托所制作的银饰工艺品也在追求创新，主要立足于现今审美。现在我们不再是以大为美、以重为美、以多为美，更多的是倾向于现代化的审美，也更倾向于以小而精致、简而为美作为花溪高坡苗族银饰制作技艺未来的发展趋势。目前也作出了一些改变，第一个是在银饰工艺品与搭配材料中的改变。随着社会经济的不断发展，花溪高坡苗族银饰工艺品也逐渐由传统的苗族银饰转变为融合多类材料的银饰工艺品，以满足更多现代人的审美需求。比如说我们会把银与石、木以及金属等不同材料进行搭配。第二个是在银饰工艺品纹样的创新上，银饰工艺品的纹饰经历了由简单到复杂、由朴实到华美的过程。现今花溪高坡苗族银饰工艺品的纹样制作也从原来蕴含着民族文化内涵中比较具象的花鸟鱼虫、图腾等纹饰转变为"远看抽象、近看具象"的纹样，比如在祥纹银饰店中由我所制作的"鱼多多"系列，它就是在保留原有的民族文化的基础上推陈出新，既保留了民族特色，也符合了现在大众的审美需求。所以我们花溪高坡苗族银饰的制作技艺也在与时俱进、守正创新，既保留丰厚的民族文化内涵，也在汲取其中丰富的传统图案，因为这些图案蕴含了深刻地意义，我们会通过这类图案来表达平安喜乐、年年有鱼等吉祥的寓意。基于此，需要我们在传统文化的基础上结合时代潮流文化并以此"出圈"，需要我们的视野不仅停留在苗族的盛大的银装上，更进一步地探索出花溪高坡苗族银饰制作技艺在传承中的新思路，让它成为古老文明在当今的"新生物"。第三个是我们现在围绕花溪高坡苗族银饰制作技艺打造了"有书有银"的银饰文化空间，为花溪苗族银饰制作技艺提供多元化的传承途径，也在这里举

---

① 徐静，杨军昌主编；徐则平编著. 贵阳市卷［M］. 北京：知识产权出版社，2018.09：116.

行了不少的银饰制作技艺体验活动，吸引了不少的人群参与。比如祥纹银饰在2021年12月4日至26日期间在青岩古镇举行花溪高坡苗族银饰非遗手作体验系列活动。这场活动共举办了12期，活动包含了"亲子互动""专属生肖""日知日行""学以致用""与时俱进"等10余个主题，其中共有包括导游、学生、自媒体博主、非遗工艺爱好者等不同群体在内的120余名学员体验花溪高坡苗族银饰制作技艺，这也让更多人在精准的实操学习中认识花溪高坡苗族银饰制作工艺，达到非物质文化遗产的多样化传承、宣传非物质文化遗产的目的，这次所举办的活动在社会中也产生了极大的反响。又如在2022年11月举办的"秀美花溪·冬霁悦游之匠心传承——品读银饰纹样"系列活动，通过一场对谈、两次手作体验、一次沙龙、一场讲座与参与者直接探讨交流，将非物质文化遗产融入生活，活态传承花溪高坡苗族银饰制作技艺，创新了以往非物质文化遗产传承的方式。目前，以花溪高坡银饰制作技艺为依托所打造出的银饰工艺品也颇具大众喜爱，比如银编丝、傩面、眼儿媚、银书签等。以其中备受喜爱的银锈石来看，主要是运用了花溪高坡苗族银饰制作技艺中的"银编丝"工艺，将各种银编丝造型镶、铆于不同的宝石之上。因最终的作品犹如丝丝银线绣织于石面一般，因此得名"银锈石"。

  这个工艺运用了各类天然彩石、半宝石、宝石所具有的色感丰富、形式多样的特点，再结合了现代审美配饰造型设计的基础上创作出的。它既体现了传统之美，也符合现代配饰中对舒适多样的搭配要求。这款银锈石虽在银饰原有基础上进行了创新，但也还是在坚守文化内核的基础上去前进和发展，这一创新也吸引了不少人对银饰文化的喜爱。不仅如此，我们每一个银饰作品，都会赋予其独特的文化寓意。比如花草手镯，就是遵循了人与自然之间的关系，也遵循了人与自然和谐共生的关系而设计的。它详细地阐释了草木的源起、草木与人类之间的关系，因此将自然与银饰结合在一起，既显示了我们人类智慧的精巧，也将我们人对于花草林木的喜爱之情融入作品中，赋予作品人类应给予自然尊重和保护的寓意。

图 25　银锈石技艺　来源祥纹银饰公众号

（四）独具匠心的守银者

  我十分喜欢艺术，也非常热爱创新。我在学习花溪高坡苗族银饰制作技艺时，就发现苗族银饰相对传统，款式也较为单一。所以为了做出打破常规的银饰工艺品，我便与我的妻子开始自己设计图纸，根据所设计的图案来制作银饰。我与银饰朝夕相处的日子为我设计银饰的创意、动手的能力都起到了十分重要的作用，也为现今创作出鱼多多系列、银编丝等奠定了基础。随着社会的发展，银饰作为传统工艺产品在市场上呈现饱和状态，我也深刻地认识到银饰只有创新才能在这个大市场中生存下去，于是便开始了银饰工艺品的创新之路。在创新之初,我只是在银饰的纹样上进行创新,将传统银饰的纹样抽象化制作成银饰工艺品,制作出了"鱼多多"一系列的银饰工艺品。鱼多多的创作理念则是来源于苗族深厚的文化底蕴——鱼,不仅是因为在苗族文化中认为鱼蕴含着多子多孙的寓意,而在汉族中鱼也常常作为"年年有余"来做吉祥语,因此选择了这个十分有意义的具象物来进行创作。于我自己而言,相对于具象的物品我更偏爱抽象化的物品,因此我也常年秉承着"近看抽象、远看具象"的设计观念来对银饰进行创新。我个人认为银饰制作技艺所创新的任何东西都不能脱离民族,因为人本来就需要追本溯源。无论是国内还是国外都会追溯一个"根",万物不离其宗,只不过更多的赋予其美好的寓意,只有在这个基础上才能更好地设计出作品。所以我所设计出来的银饰工艺品中不仅保留了民族文化的特色,还融入了与时俱进的审美观念,在市场中广受欢迎、供不应求。随着纹饰创新的不断深入,我又在与银饰相处的日子中萌发了银饰与新材料的搭配想法,也就是在银饰工艺品中加入一些其余的材料,比如宝石、木、金属等不同材质的材料。然而也正是此次创新,使得花溪高坡苗族银饰在与新材料结合的过程中产生了新工艺——镶嵌技术与铆钉技术,这也成为了祥纹银饰的第一个专利。在该技术的基础上,我与妻子创作出了"银锈石"系列产品,通过编丝工艺和镶嵌技术打造出一系列手镯、吊坠、项链、耳环等产品,属于金属编丝工艺,于2009年获得国家发明专利保护并获得了许多奖。不仅如此,我也制作出了许多经典的银饰作品,如人神互佑系列的傩面吊坠、银窄书签、贵州龙系列银饰饰品等。

"打铁靠泥巴,银匠靠硼砂"这是我常提及的一句行业谚语,硼砂作为一种化合物,与银一起加热时,硼砂会溶解银子表面的氧化物,使银子更为纯净,因此熟练地使用硼砂、掌握火候也是检验一位银匠技术是否成熟的标准。在我看来,花溪高坡苗族银饰制作技艺最难把握的便是"焊接",因为此项步骤十分考验银匠的技艺。掌握焊接的火候是非常重要的,如果说焊接的火候高了那就会功亏一篑,火候没有达到银的熔点那两个东西便没办法焊接上。以我与妻子所创作的"鎏金岁月"系列为例,鎏金岁月系列的银饰品多采用银与铜的结合，但该系列最困难的便是焊接，两种材料的一结合，熔点就变得很难掌握，焊接温度过高就会很容易熔化，温度过低焊接就会衔接得不饱满，银饰品就会存在缝隙，影响作品的美观度，所以我也是在反复的失败中去掌握这项技艺。因此我在教授学徒的时候，只会着重强调两个技艺。第一个技艺便是挫、磨，"挫"在银饰制作技艺中是最难把握之一。因为有的时候一个作品需要反反复复的挫上千次才能达到效果，在这个过程中我们的心态常常会控制不住。所以学习时会让他们反复地挫一件银饰，只有在练习的这个过程中才能慢慢地掌握技巧，磨炼心态。第二个技艺就是焊接，掌握好了焊接技艺，那剩下的便交给时间，随着时间的流逝自然而然就会了，这两项都学会了那银饰制作技艺便掌握了一半。最后我认为最重要的一点还是要有想法，任何一项工艺品在动手之前都必须要有想法，只有在想法的基础上才不会乱撞，也才能做好一件银饰工艺品。

花溪高坡苗族银饰制作中最常见的是银片、银丝两种。银片顾名思义便是将银锻打成片，然后在银片上进行刻花，通常有錾刻、镂空等。银丝便是将银拉丝，即将银条捶打成直径 3 毫米的细条，再将银细条用拉丝眼板拉丝，通过一次次的拉丝工艺使得银丝如发丝一般细。相较于银片而言，我更偏爱用银丝来编制银饰工艺品。如"贵州龙"系列的银饰工艺品就主要采用银丝编织技术，将完整银块逐步拉成如发丝般的银花丝，以银丝作为龙骨刻画出龙的神韵。再如"眼儿媚"系列的耳环，以素银编丝为基底，以蕴含好运的四叶草图案为形状，结合蓝宝石镶嵌。与此相类似的产品数不胜数，如团圆手链、鹅卵石手镯、鱼舞吊坠等都是以银丝为主的饰品。

一次次的银饰制作技艺会磨炼人的心态，因为这是一个很细致的手工艺，有时候耗费很长的时间也会达不到自己想要的结果，所以在遇到一些瓶颈时我就会停下来，让自己先沉下来调节好心态再继续，这也让我在多年的银饰制作工艺中慢慢变得沉稳了。2015 年 11 月，我与妻子在祥纹银饰的基础上开设了一家名为"百无一用"的书屋，并于 2020 年将祥纹银饰与百无一用书屋联合在一起，开创了"有书有银"的经营理念，以书为

卢贵化
精于工、匠于心的守银人

载体构建了一个集书籍、文化交流、文创产品、咖啡茶艺为一体的文化空间，使得银饰与书完美地结合在一起。我们也常在书屋举办对谈会、讲座、手作体验等活动，吸引了不少的游客来参与活动，拓宽了非遗的传承途径，弘扬了传统文化。

图 26　卢贵化指导教学　来源祥纹银饰公众号

（五）高坡苗族银饰制作技艺的收获

自祥纹银饰依托花溪高坡苗族银饰制作技艺于 2008 年创立以来，曾多次参加省内外的展览活动，在各展览活动中颇受欢迎，也获得许多的奖项。如：

2010年参加多彩贵州旅游商品"两赛一会"；

2021年6月参加贵州省"文化和自然遗产日"暨"非遗购物节"活动；

2021年9月3日至7日在北京参加中国国际服务贸易交易会文旅主题展览；

2021年9月23日至27日在深圳参加第十七届中国（深圳）国际文化产业博览交易会；

2021年10月16日至8日在浙江杭州参加了第八届中国国际版权博览会等。

以我们所参加的第十七届中国（深圳）国际文化产业博览交易会为例，在这次展览我们带去了"贵州龙""傩面""荣妆""团圆""老故事""鸟栖""鱼舞"等糅合民族传统文化和现代设计工艺的系列饰品参展，① 深受大众喜爱。

不仅如此，我们所设计的产品多次在贵州及全国设计大赛中获奖，如：

2009年"多彩贵州"能工巧匠中《银锈石》系列获一等奖，且《银绣石》系列产品被授予"贵州名创"称号；②

2010年获得中国工艺美术协会"第45届全国工艺品、旅游纪念品暨家居用品交易会'金凤凰'创新设计大奖赛"金奖；

2011年获得中国工艺美术协会"第十一届中国工艺美术大师作品暨国际艺术精品博览会"铜奖；

2013年获得中国工艺美术协会"第十四届中国工艺美术大师作品暨国际艺术精品博览会"铜奖；

---

① 贵州文旅产品展示热闹售卖火爆［N］.贵州都市报，2021-09-06（A02）.
② 完美手工尽在祥纹［J］.上海工艺美术，2010，No.106（04）：114—115.

2020年11月祥纹银饰获贵州省首届工艺美术作品一等奖；

2022年2月祥纹银饰的《贵州龙套件、眼儿媚套件》获第八届贵州省文艺奖获奖作品民间工艺类二等奖。

我也曾多次携产品出国参展推广，如：

2013年5月赴法国参加"春季巴黎国际博览会"；

2013年9月赴英国伯明翰秋季工艺品展；

2013年12月赴意大利米兰国际工艺品销售展等。

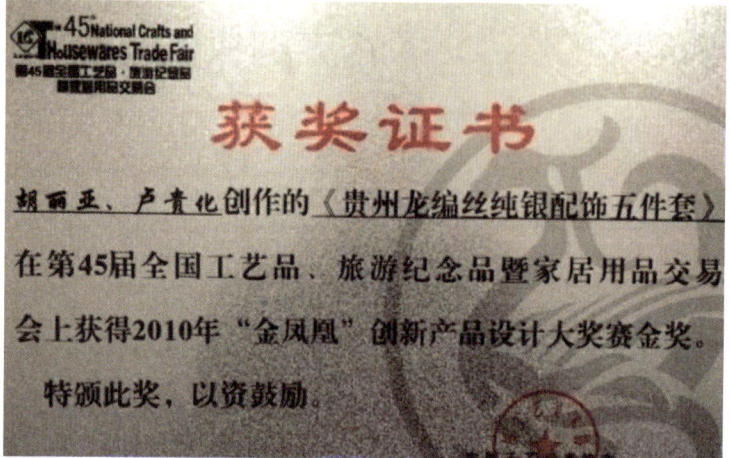

图27 卢贵化荣誉证书 来源祥纹银饰公众号

126 守望乡土记忆
——贵阳市非物质文化遗产传承人实录（三）

目前，祥纹银饰因其设计独特、工艺讲究、格调不俗等特点，成为贵州知名度较高的银饰品牌之一。我觉得传统文化也需要十分注重作品版权意识，所以我们先后申请并获得诸多知识产权保护，其中包括发明专利、实用新型专利、外观设计专利等，现有 300 款设计已登记版权，加上专利作品共有 400 余项作品，是"贵州省知识产权试点"单位和"花溪区知识产权试点"单位。而我作为祥纹银饰工艺技术总监，也于 2021 年入选花溪区第三批区级非物质文化遗产代表性传承人，2022 年入选贵阳市第六批市级非物质文化遗产代表性传承人，并获市级非遗代表性传承人传习补助资金 2000 元。

自祥纹银饰创立以来，先后得到贵州省非物质文化遗产保护中心、贵阳市文化和旅游局、贵阳市非物质文化遗产保护中心、花溪区人民政府、花溪区文体广电旅游局、贵阳市花溪区非物质文化遗产保护中心等政府部门的有力支持，在政府部门的支持下先后开展了多项非遗传承体验、保护的活动。如今，花溪高坡苗族银饰制作技艺在贵阳市人民政府、贵阳市文化和旅游局的领导下，在贵州省非物质文化遗产保护中心、贵阳市非物质文化遗产保护中心、花溪区非物质文化遗产保护中心等相关文化部门的共同努力下，花溪高坡苗族银饰制作技艺的保护工作取得了一定成效。我也通过多种方式不断提升非遗传承的意识，承担着传播贵州非物质文化遗产的责任与使命，有效地促进了非遗的保护与传承。

（六）花溪高坡技艺传承之路任重道远

现在对于花溪高坡苗族银饰制作技艺的传承而言，虽然我们有以祥纹银饰文化空间为其提供传承的基地，也不断地以对谈、体验、讲座等多元化的方式来弘扬花溪高坡苗族银饰制作技艺，但是花溪高坡苗族银饰制作技艺仍然面临着不少困境。

第一个方面就是机械化对传统手工艺的冲击。在现在快节奏的生活状态下，工业规模化地迅速发展给传统手工艺带来了很大的冲击，导致了传统手工艺在现代科技的冲击下举步维艰。同样的情况也存在于我们高坡苗族银饰制作技艺,它并不同于当今时代的快节奏,相反银饰品的生产需要工匠们的精心打磨,我们一般需要花费很长的时间才能制作出一件完美的银件,对于非遗技艺而言这是核心。然而在现今的生活状态下很少有人能将自己沉下心仔细认真地钻研一件事,其实民族文化生产的慢节奏已经赶不上社会发展潮流的快节奏,所以机械化生产便应运而生。因此相较于我们传统手工打造的银饰工艺品而言,机械化所生产的银饰工艺品就会以成本低、耗时短等因素极大地冲击着传统手工艺。

第二个就是花溪高坡苗族银饰制作技艺传承人培养问题。我作为花溪高坡苗族银饰制作技艺的传承人,深知非物质文化遗产是以传承人的实践活动为主要载体的文化形态。因为我们长期处于实践,掌握着非物质文化遗产的核心技艺,所以我作为传承人也是非物质文化遗产保护与传承的主体。现在花溪高坡苗族银饰制作技艺需要的就是将设计能力与制作技艺融会贯通,这需要我们长时间地重复同一项工作,刻苦钻研才能积累出来经验的。这也导致许多人不愿意学习银饰技艺。另一个原因就是现在传统手工艺所带来的经济效益并不如务工高,以及现今多元的娱乐方式导致了即使有人愿意学习了此项技艺,也不愿意从事相关的工作。不仅如此,花溪高坡苗族银饰制作技艺的传承方式多为师徒传承,虽该项技艺基于一些体验活动吸引了不少人来学习该项技艺,但是也仅有极少数的人愿意拜师学艺,传承苗族银饰制作技艺。

(七)卢贵化对花溪高坡苗族银饰制作技艺传承的展望

花溪高坡苗族银饰制作技艺属于传统技艺类非遗项目,历经了上百年的发展历史。我认为目前花溪高坡苗族银饰制作技艺也同样处于传统技艺所发展过程中面临的困境,比如机械化生产对传统手工艺的冲击、工艺品在消费市场的生存空间不断减少、传统技艺从业人员锐减等问题。因此,我觉得可以从以下两个方面对高坡苗族银饰制作技艺的传承进行思考:

一是在创新方面。我觉得"物以致用为美"是十分重要的创新理念，即需要在生活中传承传统文化、创新传统文化、弘扬传统文化，也是我们非物质文化遗产保护中"见人见物见生活"的传承理念。"承百代之流而合乎当今之变"，花溪高坡苗族银饰制作技艺需要在现今保持鲜活的生命力，则需要为其不断地注入现代的生活元素作为新鲜血液。传统工艺作为一项制作工序繁杂的工艺，受机械化冲击严重，高坡苗族银饰制作技艺要想在现代社会站得住脚，就需要不断的融入创新设计，才能得到更多的消费者支持。所以我认为任何物品都需要有一定的用途才能更好地传承。这放在苗族银饰来看也是一样的，要想将银饰制作技艺传承下去，则需要秉承着"物以致用为美"的理念，只有在此理念下，所制作出的银饰工艺品才能有市场，技艺也方能得到更好的传承。因此在高坡苗族的银饰设计中，也常见各类实用物品的身影，如银书签、银刮痧板等。接下来我也将继续以市场需求为创新设计的方向，充分了解市场需求，创作出既具有民族文化底蕴，又具有现代美学价值的银饰工艺品，在守正创新中不断为非物质文化遗产的传承与保护注入新动力，不断为中华优秀的传统文化注入新鲜血液。

二是在宣传方面。我认为非物质文化遗产保护也需要与时俱进，这一点便十分鲜明地体现在花溪高坡苗族银饰的宣传上。目前，我们祥纹银饰在抖音、小红书、微信公众号、微博上都设有账号，并会不定时地推出活动，更新花溪高坡苗族银饰制作过程的视频等，也开设了祥纹银饰的"微店"，在新媒体上取得了极大的反响。如以"小红书"APP为例，祥纹银饰会有专人在账号上不定时更新与花溪高坡苗族银饰制作技艺相关的内容，而也有不少人会推荐祥纹银饰，纷纷推广祥纹银饰作为青岩打卡的"热点"。不仅如此，我觉得花溪高坡苗族银饰现依托祥纹银饰开设在青岩古镇。青岩古镇作为贵州省著名的历史文化古镇，迄今已有600余年的历史，亦是国家级5A级旅游景区，拥有着丰富的旅游资源。因此，接下来我也将致力于推广高坡苗族银饰制作技艺以及相关的活动，由此吸引游客或消费者来体验花溪的非物质文化遗产技艺，宣传我们的花溪高坡苗族银饰制作技艺。

传承谱系

第一代传承人：杨果孟

第二代传承人：李清云

第三代传承人：罗朝先，苗族，男，花溪区高坡乡批林村（已离世）；

第四代传承人：罗廷有，苗族，男，1979年8月出生于花溪区高坡乡批林村；

罗廷开，苗族，男，1966年12月出生于花溪区高坡乡批林村；

罗廷彬，苗族，男，1962年12月出生于花溪区高坡乡批林村；

卢贵化，汉族，男，1968年10月出生于贵阳。热衷于对花溪高坡苗族银饰制作技艺的研发创新，擅长在银与各类石、木、金属等不同材料之间进行创新。

第五代传承人：谢承于，男，1973年出生，于2000年开始跟随卢贵化学习高坡苗族银饰制作技艺，现已能娴熟地掌握高坡苗族银饰制作工艺。

卢建军，男，1978年出生。于2009年开始跟随卢贵化学习高坡苗族银饰制作技艺，现已能娴熟地掌握高坡苗族银饰制作工艺。

明清河
思丫花灯传唱的伶人

传承人：明清河
来源贵阳市非物质文化遗产保护中心

采访时间：2022 年 8 月
采访地点：贵州省贵阳市花溪区大坝井小区
采访人：孙楠楠、王菲、韦布花
文章整理、撰写：孙楠楠

※ 人物小传

明清河，男，汉族，出生于1967年，贵州省贵阳市花溪区思丫村大寨人。思丫村原副支书，现为贵安新区党武街道思丫花灯戏的第八代传承人，亦为思丫花灯会的负责人，于2021年入选贵阳市第六批市级非物质文化遗产代表性传承人。贵安新区思丫花灯历史久远，明清河因从小耳濡目染，对花灯戏产生了极大的兴趣。自5岁开始便跟随父亲学习唱花灯戏，并且先后跟随村里多位长辈学习花灯角色的表演。初中毕业正式拜刘之和为旦角师父、付国祥为丑角师父。自12岁正式上台表演花灯戏至今已有40余年，19岁时就已成为村里小有名气的花灯演员。明清河从开始学习丑角表演以来，多次尝试不同角色的表演，15岁便扮演了丑角，现已掌握了花灯戏丑角、旦角等不同角色的表演方式，由明清河所扮演的角色深入人心，也颇受大众喜爱。多年来，明清河不仅积极参与花灯戏传承活动，还致力于与时俱进的创作，将扫黑除恶、杂交水稻推广等政策的内容编成花灯曲目，宣传国家政策，始终尽心尽力传承花灯戏。

（一）思丫花灯戏

花灯，又称为灯夹戏、花戏等，是一项包括了民间歌舞和花灯剧的民间艺术。2006年5月20日花灯戏经国务院批准列入第一批国家级非物质文化遗产名录。我们国家的花灯最早的演唱形式是以歌舞为主，曲调多为抒情性极强的民歌，如采茶、四季调、拜年调等。花灯的舞蹈形式丰富，包括玩帕、耍扇等。通常情况下，花灯戏有丑角与旦角之分，丑角被称为"唐二"，旦角被称为"幺妹"。其中，花灯戏最为突出的特征便是手不离扇、帕、载歌载舞、唱与跳紧密结合。我认为花灯是贵州许多农村地区中广泛流行的一种艺术形式，也是贵州民俗活动中的重要一项，深受群众喜爱。对于花灯戏的起源，有历史记载是由于明朝"调北征南"的军事行动、"改土归流"的制度，以及商业贸易的交往、交通航运的开发，使得大量中原地区和沿海地区的百姓涌入贵州，随之带来了先进地区的文化艺术样式。我们贵州各地区的花灯艺术便是经过引进、演变、发展的漫长道路，从而形成各具地方特色的花灯戏。① 各地区关于花灯戏起源的说法则不同，思丫花灯得名于思丫村，是我们思丫村特有的一项活动，也被称为跳花灯、玩花灯。传说思丫花灯戏起源于宋仁宗年间，宋仁宗在当了皇帝后，一直不愿意认自己的母亲，后来包拯知道这件事之后，便前去说服宋仁宗与母亲相认，宋仁宗认为这是一件具有重要意义的事情，值得隆重庆祝，于是就用跳花灯的形式来庆祝这一喜庆的日子②。由于以前思丫村中没有电视，网络也不发达，所以村中老一辈的人就商量去学习唱花灯戏来丰富村中的娱乐活动，也就由我们村中程、刘、明三大姓氏的老人到花溪区王宽村学习。从此以后，村中便通过跳花灯的方式来丰富村民的娱乐活动、增加节日氛围。我们通常会演绎一些具有教育意义的花灯剧目，并且会通过花灯会来制定村规民约、维护社会治安、整治村中环境等，以此处理村寨中的大小事务。目前，思丫花灯戏已有400多年的历史，于1982年成立了思丫花灯会，并于2021年被列入贵阳市第六批市级非物质文化遗产代表性项目扩展项目，属于传统戏剧，至今保留着一套完整的仪式表演程序。

（二）思丫花灯表演的仪式

思丫花灯戏为太平灯，表演时间为每年春节，主要目的是祈福驱邪、管理山林、清理河道等。思丫花灯固定的灯共有8盏，分别是1个头灯、1个尾灯、4个排灯以及2个手灯，手灯一般是女孩子提。如图所示：

---

① 王希古等著. 贵州花灯史话 东路、南路、西路 [M]. 贵阳：贵州人民出版社，1987：2—3.
② 曾瑶. 党武镇花灯戏传唱400年 [EB/OL]. （2019-02-22）. http://www.gaxq.gov.cn/xwdt/gadt/201902/t20190222_2264167.html.

图28 明清河带领手艺人制作花灯
来源贵阳市非物质文化遗产保护中心

　　思丫花灯分别有不同的意义，头灯是花灯的祖师排位；尾灯是花灯的仙师；而排灯则为太平灯，排灯上一般会写上五谷丰收、风调雨顺、国泰民安等内容。在表演过程中，演员需穿上花灯戏的服装，还要有乐器伴奏。乐器主要有二胡、锣、钹、鼓、镲等8种，每一种乐器都是成对出现，表演的人员也需要成对。每年的腊月初八，思丫村便开始组织跳花灯的事宜，包括制作花灯、购买香纸和鞭炮等跳花灯所需要准备的事宜。每年的农历正月初二便会由当家①带头开始制作花灯，制作花灯的时间一般为2至3天，初四制作完花灯后便会于当晚"亮灯"，这便意味着跳花灯的开始。一般花灯表演结束的时间不固定，有时会持续到正月二十，这是因为每年送灯神的时间不固定，都会选择吉日进行。思丫花灯的表演内容十分丰富，固有的仪式表演可分为四步，分别是亮灯、请灯、数灯、送灯。

　　花灯的表演是否能完美地呈现，取决于表演前期的准备。花灯的编制、组织灯舞队，准备服装、道具、乐器等都是必不可少的过程。每年的腊月初八，我们花灯会便会组织大家商讨跳花灯的事宜，当家便会采购

---

① 当家即每年带头唱花灯的主家，一般在上一年花灯仪式结束后推选出来。

香、纸、编制花灯的竹子和鞭炮等。东西购置完以后，正月初二便开始将编制花灯的艺人召集在一起，在当家的家中编制花灯。编制花灯有很多的讲究，其一是编制花灯的竹子，从砍下来开始便必须扛着，无论男女都不能从竹子上跨过去。其二，编制完的花灯需要敬神，敬完神以后就不准人摸花灯，如若要摸花灯，则必须用艾叶来洗手，同时敬神也必须用艾叶洗手洗脸。其三，若外出演出也须用艾叶洗手洗脸，在此之后才能去穿服装并带着花灯出去演出。因此，花灯对于花灯戏而言是十分重要的，对花灯的保护也是极其重要的。编制花灯一般会花费2至3天的时间，在花灯编制完成后，会在正月初四晚上亮灯。在"亮灯"时会举行"请灯神"仪式。在这天，花灯戏主持者会将猪头、猪脚、猪尾全部煮好作为贡品，将供品摆放好之后便将花灯抬来绑在桌角，待一切供品事宜准备完成以后，便开始了请灯神仪式。该仪式会将花灯的来龙去脉全部唱诵一遍，从花灯的兴起，即从唐朝兴起到宋朝流行的内容都需要唱诵一遍。唱诵完成之后，要对花灯进行"开光"仪式，即将花灯的祖师、仙师以及前几代的传承人的名字都提及，意味着请花灯的祖师和仙师。"开光"仪式完成之后，便会举行祭拜仪式，请大家跪拜、磕头，此项仪式结束后才算完成整个请灯神仪式。花灯自亮灯之日起，便不能熄灭，因此保证花灯亮着是十分重要的。请灯神仪式完成后，大家便会带着花灯沿路去参拜树神、龙神、土地神、桥梁等，每参拜一处，便会烧香、唱花灯，参拜仪式完成以后才能采场（即彩排），放完鞭炮后便意味着正式演出的开始。

请灯神仪式完成以后，请灯的队伍会来到事先存放花灯的地方，由一位德高望重的人举行"开财门"仪式。这时存放花灯的这家人会将大门紧闭，将花灯队伍关在门外，由一位德高望重的人唱一些吉利话，如开财门、进元宝、来吉利等祝福语。存放花灯的当家便会与花灯队伍采用一问一答的演唱方式，对花灯的历史内容、现状以及花灯的制作内容都唱诵一遍，经过一阵对唱以后，存放花灯的这家便会将大门打开让花灯进屋，这也就意味着开财门仪式完成，旨在求福禄。在经过请灯神、开财门等表演前的仪式后，花灯队伍便会开始表演，也就是所谓的玩灯、走灯。思丫花灯与其他多地的玩灯和走灯不同的是，在表演的时候固定的8盏灯会放置于演出台的两侧。

思丫花灯有一特殊仪式叫"数灯"，该仪式于每年的正月初九举行，之所以定在正月初九是因为这天为"正灯"。待正灯当天便唱花灯的来由，唱祈求风调雨顺、国泰民安、五谷丰登等内容，以此表达风调雨顺、国泰民安、五谷丰登的美好愿望。思丫花灯戏表演结束时需要择吉日举行"送灯神"仪式，也正因此导致每年的结束时间都不相同。"送灯神"仪式与"请灯神"仪式一致，都需先用艾叶洗手洗脸穿戴好服装，将花灯送到指定的地方（一般为河边）。送灯神时需要用猪头祭祀，还要唱采茶歌，以祈求五谷丰登、平安健康。[①] 在指定的地点，我们花灯队伍会将衣服全部卸下之后去唱还灯愿，此时便会点燃香、烛、纸，将香纸铺在地上，最后才将花灯拿去烧。烧花灯的顺序也十分讲究，一般会先放头灯，再放排灯，最后才放尾灯，在尾灯放完以后才能放手灯，此时需要不停地敲锣打鼓，寓意着送灯神。思丫的花灯需要全部烧完，连花灯的竹子也不能剩下，在花灯快烧完之时，便会将所有的服装、道具、乐器在火堆上过一下，意味着收灯，待花灯燃尽之后则需要将灰烬全部丢在河水中。此时，我们所有参加演出的人都需要祭拜，在祭拜时会举行"自我反省"仪式，比如在唱灯时得罪了村寨中的老友，便在灯神的面前赎罪，其余的人便祝福，说一些吉利话。又如在唱灯时记错、唱错或忘记了，便会自我反省，以祈求灯神的原谅。到此，整个花灯戏便结束了。

（三）传唱思丫花灯戏的明清河

我1967年出生于贵安新区党武街道思丫村，在1996年担任思丫村文书，1999年担任思丫村村主任，2012年担任思丫村副支书，2017年担任

---

① 曾瑶，谢佳杰. 党武镇花灯戏传唱400年［EB/OL］. （2019-02-22）. https://www.toutiao.com/article/6660624910143980040/? &source=m_redirect.

思丫村宣传委员支委，现已退休。目前因搬迁原因，已迁至贵阳市花溪区大坝井小区。现作为花灯会负责人，主要管理花灯会的演出安排与联系、费用开销等事宜，于2021年入选为第六批贵阳市市级非物质文化遗产代表性传承人。在1996年至2020年期间始终担任思丫村寨长一职，主要管理村里的环境、组织花灯会、宣传花灯会等事宜。我现收有学徒二人，一位是明聪聪，23岁，中等教育学历，已能完整表演花灯戏。另一位是明大国，是第十代传承人明玉先的重孙，现年40岁。

图29 明清河跳思丫花灯戏 来源贵阳市非物质文化遗产保护中心

  我从小就热衷于花灯戏。我父亲也会表演花灯戏，所以我从小就受到花灯戏的影响。1973年至1978年就读思丫小学时在农忙之余就会看花灯、学唱花灯戏，从小就接触了花灯，在跟随父辈玩花灯过程中学会了一些唱词。在耳濡目染的环境中我开始跟随父亲学习花灯戏，但那时候还很小，所以只会一些简单的唱词和动作。直到1980年就读于党武中学，这时我开始跟随父辈学习扎花灯制作技艺及参与花灯的走村串寨，也逐渐掌握了旦角的一些简单表演。因思丫花灯戏并不是家族传承，所以我先后跟随多位村里前辈学习花灯戏的角色表演，而老一辈中有的了解旦角有的了解丑角，这一原因也让我掌握了花灯戏中多位角色的表演形式。我是在初中毕业以后，正式拜刘之和为旦角师父、付国祥为丑角师父。因为在以前花灯戏的传承都是秉持着传男不传女的观念,所以我们思丫花灯戏的旦角一般都是男扮女装,而我就曾多次扮演旦角,所扮演的旦角也颇受大众喜爱。时至今日,我已经掌握了丑角、旦角多位角色的表演形式。我扮演旦角中最深入人心的便是饰演《三人抢妻》中"媒婆"一角,在花灯戏中被称为老婆婆。我从15岁开始便扮演"媒婆"这一角色,由于我的唱腔、语调、样貌等与媒婆这一角色相似,以及故事情节诙谐幽默等原因使得媒婆这一角色备受大众喜爱。然而,唱花灯戏有时需要一人分饰几个角色,对表演者的体力也是极大的考验,在边唱边跳的过程中不能有任何停顿,也不能休息。我就曾经参与花灯戏的"百年灯",在"百年灯"中饰演了丑角。在村寨中一百余户人家的门口一一表演百年灯,不知疲累连续跳了三天才将百年灯唱完。不仅如此,1983年我在翁岗村扮演"媒婆"一角,当时的表演团队皆是由孩子组成,最大的便是16岁的我,最小的只有8岁。从这个时候起我们思丫"娃娃"花灯声名鹊起。到19岁的时候就已经成为村里小有名气的花灯演员,同时我也被村民举荐为思丫村花灯戏灯会的负责人。

　　我也十分热爱学习花灯戏。我对花灯戏表演记忆最为深刻地便是1978年的一次表演,那时候我还在学习花灯戏表演,因为春节期间花灯队伍要表演,我就跟着花灯队伍一起去玩。在亮灯的时候突然遇到大雨,大家为了保护花灯不被大雨浇灭,花灯队伍中的每一位都去保护花灯,无人顾及我,也因此我与花灯队伍走散。那时没有路灯、手电筒,我就摸黑一个人走回村中。但因为我身上穿了花灯表演的服装,看上去花花绿绿的,就被寨中所饲养的狗追着咬。直至遇到了村寨中的一位老人,才将我带回花灯会当家的家中去。也许是因为从小对花灯戏的深深眷念,所以我在每一次表演的时候都是竭尽全力,也因此呈现出一个个深入人心的花灯戏角色,将花灯戏带入大众的视野。

　　我现在是花灯会的负责人,管理花灯会的一切事宜。因为我长期担任村干部,与村民有紧密联系,在长期的工作中也锻炼了我的组织能力和领导能力,这也为我组织思丫村每年开展花灯戏活动提供了极大地帮助。自1982年花灯会成立以来,我就一直管理着整个花灯会,从组织花灯戏的演出、行程、费用到培训、学习皆由我来打理。我也多次组织思丫村花灯戏出去表演，如1985年，组织思丫村花灯到翁岗村、岩脚村等地开展花灯表演；1992年，组织思丫村花灯到党武乡下坝村玩花灯；1993年，组织思丫村花灯到黔陶乡骑龙村、青岩古镇二关村玩花灯；1999年，组织思丫村花灯到小碧乡小碧寨玩花灯等。我也先后跟随花灯会前往惠水、青岩等地进行表演，在表演中也曾获得一等奖及二等奖。比如在1997年，当时我还是思丫村村主任，为让思丫村参加贵阳市的比赛出谋划策，将花灯戏作为代表去参加比赛。我和我的搭档在比赛当天表演了花灯戏的小品，并获得了一等奖。不仅如此，我们思丫花灯戏在党武乡政府参加文化演出的比赛中也先后取得了一等奖和二等奖。在1980年至1986年期间，思丫花灯戏都作为表演项目于每年正月初九在花溪区文化馆进行表演。我记得思丫花灯会第一次拿奖是在1982年，这也是花灯会成立后拿的第一个奖项。思丫花灯戏所参加的比赛、表演都是由政府安排组织，曾在花溪区人民政府、党武乡人民政府进行过比赛，并获得了相对应的奖金，这些奖金也都是由我收着并主要用作花灯会在演出与比赛时的开销。2019年2月14日，在我的组织之下思丫花灯戏在党武镇大坝井安置小区进行民间戏剧艺术花灯戏表演。

图30　思丫花灯戏在党武镇大坝井安置小区演出
来源贵州贵安新区管理委员会官网

我觉得传统戏剧是需要注入创新活力的。我十分热爱花灯戏，对于花灯戏的折子（剧目）熟记于心，能完整地演唱完花灯戏的折子。随着社会的发展，我也开始不断致力于花灯戏的创新，就是所谓的推动文化创造性转化、创新性发展。我的第一次创新是在花灯戏的演唱中加入了山歌调子，备受众人喜爱。比如从2003年以来山歌调子的花灯戏就被大家相传于村中，无论村中大事小事皆能听到改编后的花灯戏调子。虽然调子是花灯戏的，但词却不是花灯戏的，我们也称之为花调子。除此之外，我觉得花灯戏折子的创新也是十分重要的，因我常年在村里工作，熟知国家政策对人民的好处，因此为了积极宣传国家政策、法律法规等，我也会将一些政策、法律法规编为花灯戏来唱给村里的群众听，让大家通过熟悉的方式去了解到国家的政策信息等。

我作为花灯戏的传承人，是十分有必要承担起花灯戏的传承。因为花灯戏通过口传心授的方式进行传承的，这一原因也让花灯戏在传承过程中并没有所谓的脚本，每一个学习花灯戏的人都要全靠上一辈口口相传，通过我们自己去记忆，导致思丫花灯戏的传承对记忆力的要求十分之高。然而，现今学习花灯戏的人越来越少，我也深刻认识到花灯戏传承亟待解决的问题——花灯戏"脚本"的写作。由于花灯戏在传承之初，便在灯神面前说过不能抄写任何有关花灯戏的脚本，所以在花灯戏流传的几百年中没有人敢去抄写脚本，这也使得思丫花灯戏时至今日仍未有人抄写过花灯戏的脚本。因此，我认为接下来的首要任务便是召开花灯大会，与花灯会成员商讨花灯戏脚本抄写的事宜，同时，在举办"亮灯"仪式时也会在灯神面前请示该问题，以期为更好地传承思丫花灯戏。

（四）思丫花灯的剧目

思丫花灯队伍表演的节目内容繁多，如《八郎回营》《陈泰搬兵》《八仙过海》《三人抢妻》《杨家将》《韩宝儿接姐姐》《劝酒刘二王》《秦雪梅上坟》等剧目，主要以戏剧为主。戏剧的角色主要有丑角、旦角。花灯戏根据剧目的不同，对表演人员的要求也不同，有的需要 30 个以上的人员，有的则仅需 2 人便可完成花灯戏的表演。对于唱花灯的时长而言，根据剧目的长短，有时需要 10 余分钟，有时却长达几小时。如唱"百年灯"，便会长达一天甚至几天，因其需要到村中的每一户去唱百年灯，到村里的各户各家拜年贺春，寓意来年风调雨顺、粮食丰收。对于花灯戏的唱词，有五言、七言以及杂言句，有对唱也有合唱。内容多为祈神贺节、唱古人咏古事、劝诫、扬善等，客观上来看起到了稳定社会秩序，增强人与人之间交流的作用。目前，随着思丫花灯的发展，我们也逐渐将许多政策、法律法规的内容编为花灯的内容来进行演唱，如推广杂交水稻、扫黑除恶、劝赌等内容，以此来宣传推广政策的相关内容，呈现一些积极向上的剧目。

（五）管理花灯会的明清河

1998 年，思丫花灯戏为参加惠水的表演，集结了大约 70 名村民去参加此次表演，有的是花灯戏表演人员，有的是护送花灯的花灯队伍，亦有当家的 10 家人户，大家需要带上花灯、戏服、道具，以至于出行的队伍人员过多。然而在当时的条件下，并没有多少人有车，因此村民们的出行便是一大难题。为了解决出行的问题，我身为村长便去寻找政府的帮助，利用政府的交通车来送大家去惠水县参加花灯戏的表演。除此，我们思丫村也极大支持花灯戏，大力支持花灯戏添置乐器、服装。我们为了去参加表演，当时购买花灯戏所需的乐器、服装等一共花费了近 5000 元，而这笔费用也是由村里承担，所以作为花灯会的主要负责人，也是十分感谢政府对我们的帮助。比如 2019 年《贵安新区报》对我们这个流传了 400 余年的花灯戏进行了详细的报道，对花灯戏进行了积极的宣传；2020 年贵安新区为大力支持花灯戏的发展，提出为花灯戏增添戏服。

我于 2021 年被评为贵阳市第六批市级非遗代表性传承人，也获得了市级非遗代表性传承人传习补助资金 2000 元，这笔费用我也将用作花灯戏表演的开销。不仅如此，我们每次出去参加花灯戏比赛之后获得的奖金等都将用于花灯戏的所有开销,如2021年思丫花灯会参加文化下乡的演出获得了1000元的奖金,所获得的奖金我都放置在了花灯会的名下用作花灯会的开销,用在每年制作花灯时候的种种花费等。不仅如此,2019年我们思丫村集体搬迁,需要将每年举办花灯活动的土庙进行搬迁,政府出了3000元资助,在搬迁完成花费了3000多元,多余的都是由我自己来补贴。我也对花灯会每一笔开销进行详细记录,因此在村中也取得了大家的信任。

(六)与时俱进的思丫花灯

思丫花灯戏在流传的400余年间,不断地与时俱进,从单一的戏曲剧目到花灯戏参与村中大小事务直至融入国家政策宣传,不断地产生了时代的烙印。从花灯戏的剧目来看,思丫花灯戏在发展中剧目也从以前的固定的戏剧剧目增加至小品剧目、演唱剧目等。从花灯戏的传唱方式来看,由于我们花灯戏通常采用口传心授的传唱方式,使得唱词都是由上一辈通过口口相传的方式传下来,导致花灯在传唱过程中也出现了一些变化。现在花灯会为了保存好花灯的唱词,常用录像、录音等方式将花灯的唱词录下来,以便后人学习。然而,关于花灯戏的传承多由村内的村民代代相传,分别由思丫村村中的八大姓氏,即陈、刘、明、舒、肖、岳、郑、班八大姓氏的老人对花灯戏进行传承,并无戏曲中严格意义上的师徒关系,也会在不同村寨中进行学习、交流。直至1970年,思丫花灯戏的发展逐渐规范。从花灯戏表演的调子来看,花灯戏从固有的调子逐渐融合山歌的调子,也从原来的36个大匣子、36个小匣子到现今逐渐增多新的花灯戏版本。从学习花灯戏的人数上来看,花灯戏学习人数最多的时候达到了60余人,但现在受多方面的因素的影响,学习花灯戏的人越来越少。如花灯会中的成员,在花灯会刚成立的时候共有36人,现在仅有28人,年龄最大的75岁,最小的22岁。然而,随着社会经济的发展,越来越多的娱乐活动冲击了传统戏曲,以及学习花灯戏的难度要求都很高,使得花灯戏面临着失传的严峻形势,我作为传承人也在不断地教学徒学习花灯戏,去传承花灯戏。

　　唐伯虎有首诗是这样写的，"有灯无月不娱人，有月无灯不算春……不展芳尊开口笑，如何消得此良辰。"① 花灯戏作为一种娱乐方式，不仅为观众带来娱乐，还成为我们日常生活中调节民众生活与心理的重要载体。每年春节，我都会带着思丫花灯会去表演，贵阳周边的不少群众也会来观看，多则几千上万名观众，场面十分壮观。思丫花灯戏曾在惠水、开阳、孟关、清镇、青岩、花溪以及党武乡周边的村寨等地演出过，也曾在党武乡人民政府、花溪区人民政府表演过，并在 1980 年至 1986 年期间到花溪区文化馆表演过，皆是于每年的正月初九进行花灯戏表演。思丫花灯戏也曾出现村寨与村寨之间的交流表演，到相临近的村寨中进行表演、交流、学习，也曾参与了多项比赛。近几年花灯戏的举办也受到影响，最近一次的演出是在 2019 年春节期间。这些原因都导致花灯戏的发展与传承陷入低迷，学习花灯戏的人也越来越少。比如现在准备花灯戏表演，需要提前与各演员联系，取得相应的时间安排才能举行，使得花灯演员团队具有很强的"临时性"。由于唱花灯戏并无经济来源，受经济影响多数人也都愿意外出打工，导致了我们花灯戏队伍中的演员锐减，缺乏传承人。不仅如此，思丫花灯戏原是在思丫大寨中进行展演，但由于搬迁等原因，其场地表演有了变化影响了其保护与传承。

（七）明清河对思丫花灯戏传承的展望

　　具有上百年历史的思丫花灯，经过不断地传承与发展，已形成独具特色的演出形式。随着社会的发展，花灯戏也逐渐成为了珍贵艺术的宝库，然而在得到充分的展示和发展中也仍面临着许多困境。因此我觉得开展一些有助于花灯戏保护与传承的活动是十分有必要的，这也是花灯戏在保护

---

　　① 明朝画家唐寅，《元宵》"有灯无月不娱人，有月无灯不算春。春到人间人似玉，灯烧月下月如银。满街珠翠游村女，沸地笙歌赛社神。不展芳尊开口笑，如何消得此良辰。"

与传承中迫在眉睫的事。

由于花灯戏属于村内传承，大家对于其传承的重要性并没有深刻的认识，只是近几年会唱花灯戏的人越来越少，我便主动承担起了传承的责任，将花灯戏申报为非物质文化遗产。然而在成功申报为非物质文化遗产项目之后，我也清楚地意识到只申报是不行的，是一定要有人来学习花灯戏才能解决这个问题，也不能以老一辈的思想来审视花灯戏。我认为花灯戏作为传统戏剧，观众多为中老年群体，在现今多元娱乐方式的影响下如何吸引小孩子的目光，让得花灯戏受到小孩子的喜爱是尤为关键的。我觉得现在所开展的"非遗进校园"是一项十分可取的方式，通过戏曲进校园活动，推广花灯戏，从唱腔、扮演以及花灯制作等方面来增加戏剧的受众，让孩子近距离接触戏剧，以此推动思丫花灯戏的传承，领略戏剧魅力。不仅如此，我也认为思丫花灯戏的传承亟需开设传习培训班。花灯戏作为集体性的非遗项目，传承人对于花灯戏而言十分重要。所以我们思丫花灯戏可通过开设传习培训班，系统地教授花灯戏的唱、跳以及角色扮演，并且根据不同的人物性格选择合适的角色，更为熟练地掌握花灯戏的角儿。

由于过去老一辈的人认为花灯戏是思丫村独有的文化，因此他们不愿意将花灯戏外传，也害怕相邻近的乡村将花灯戏学习去，使得花灯戏外传，但我却不这样认为。现在因为搬迁、娱乐项目的增多等原因使得学习花灯戏的人也越来越少。思丫花灯戏起源于明朝，扎根于群众，地方特色明显，承载着一方人的精气神，也是当地人民群众创造并享用的宝贵财富。特色的思丫村是思丫花灯戏的土壤，然而我们搬离了以后，思丫花灯戏在村内表演的活动也逐渐退场，花灯戏相对应的文化生态环境也逐渐消失。所以为更好地传承思丫花灯戏，我将思丫花灯戏一同带到了党武镇大坝井安置小区中，常邀请花灯队伍中的队友们来我家讨论关于花灯戏表演的相关事宜，希望在小区中进行表演以此重振花灯戏表演的文化环境。

在传承思丫花灯戏的过程中，我将花灯戏的剧目作为了传承的关键之处。由于花灯戏的核心内容是花灯的剧目，思丫花灯戏的剧目主要是由小品、戏剧等组成。然而，花灯戏的传承方式是口传心授，使得花灯戏并无剧本或脚本。所以我认为思丫花灯戏的传承可在现有的基础上对花灯戏的内容进行编写，填补花灯戏文字记载这一空白。比如说结合乡风民约增设花灯剧目，积极促进村民的道德观念、思想规范、素质素养等朝向健康状态发展。在花灯原有的文化基础上，做出适应新时代文化发展的潮流、与时俱进创新花灯剧目，吸引更多人关注花灯戏。我作为花灯戏的传承人，担负着传承的责任。所以我要将花灯戏带进大家的生活，让更多人了解到花灯戏，无论是编写脚本，还是通过录制花灯戏表演的视频、音频，都需要将此文化传递到下一代手中，让他们掌握花灯戏文化。

对于教授花灯戏，我也有自己的一套教授模式。我在教授学徒之前不会先教唱词，而是会先教跳的动作，主要教授一些角儿在表演中跳的动作，待学会跳以后才会教唱。但因为唱多是采用方言，所以在一开始还是会通过普通话讲解唱词，开始学唱的时候便要用方言，且思丫花灯戏的唱腔是不可忽视的一点，只有唱腔学得会了才能掌握花灯戏的精髓。如今，思丫花灯戏在贵阳市人民政府、贵阳市文化和旅游局的领导下，在贵阳市非物质文化遗产保护中心等相关文化部门的共同努力下，使得我们思丫村的花灯戏不断融入进生活中去延续花灯戏，我也将积极全力地参与非物质文化遗产的保护、传承与弘扬工作。

思丫花灯戏为集体项目，传承方式主要以师徒相授、父子及兄弟相传，由于传承历史久远，对于传承人的记载少之又少，因此只能追溯到第十代以后的传承人，具体的传承谱系如下：

传承谱系

第十代传承人：明玉先（1870年—1930年），汉族，出生于贵州省贵安新区党武街道思丫村。从小喜欢花灯戏，受父辈影响，经过多年的实践，在花灯戏各方面都有极大的影响力，在花灯戏中主要扮演旦角，是当地有名的花灯戏师傅。

第十一代传承人：程有忠（1890年—1958年），汉族，出生于贵州省贵安新区党武街道思丫村。从小喜欢花灯戏，是思丫村片区有名的花灯戏旦角演员，也是思丫村花灯戏的主要灯会成员，是思丫村花灯戏的代表性传承人。

第十二代传承人：刘之和（辛亥革命时期出生，1998年过世），汉族，出生于贵州省贵安新区党武街道思丫村。从小喜欢花灯戏，在长辈的影响下，经过多年的学习和实践成长为当地出名的花灯戏旦角演员。

第十三代传承人：明清河（1967年出生—），汉族，出生于贵州省贵安新区党武街道思丫村。从小跟随父辈玩花灯，同时与多位师傅学习，主要与师父刘之和学习旦角表演，继承刘之和的全部旦角表演技艺；与付国祥学习丑角表演，继承付国祥的全部旦角表演技艺。

第十四代传承人：明大国（1975年—），汉族，出生于贵州省贵安新区党武街道思丫村。从小受思丫村花灯戏氛围熏陶，对花灯戏极其感兴趣，目前是思丫村花灯戏的主要成员，与明清河学习花灯制作、旦角表演，目前已全部掌握花灯制作技艺，旦角表演基本掌握。

程家辉（1968年—），汉族，出生于贵州省贵安新区党武街道思丫村。与明清河学习花灯旦角、花灯扎制技艺、玩灯的过程的礼仪等，目前基本掌握，并精通鼓、锣等乐器，是思丫村花灯戏的骨干之一。

蒙竹林
续写地戏风采的守忆人

传承人：蒙竹林
本人提供

采访时间：2022年8月
采访地点：贵州省贵阳市白云区牛场布依族乡蓬莱村
采访人：孙楠楠、杨青、王菲
文章整理、撰写：孙楠楠

※ 人物小传

　　蒙竹林，布依族，1968年出生于贵阳市白云区牛场布依族乡蓬莱村，于2013年入选贵州省第三批省级非物质文化遗产代表性传承人。蓬莱布依地戏被誉为"黔中戏剧活化石"，于2007年，蓬莱地戏列入贵州省第二批省级非物质文化遗产名录，蓬莱村布依地戏历史悠久，蒙竹林便在此环境下耳濡目染，对蓬莱布依地戏产生了极大的兴趣。1979年，11岁的蒙竹林跟随父亲开始学习跳地戏，在经过3年的学习后，14岁的蒙竹林便基本掌握了地戏，开始参与跳地戏，目前他跳地戏已有40余年，能担任多位角色的表演，2003年贵阳市白云区牛场乡便将地戏引进民族中学，并邀请蒙竹林到学校进行指导、授课。多年来，蒙竹林一直致力于推动蓬莱布依地戏进校园、进景区工作，作为蓬莱布依地戏文化的传承人，蒙竹林不仅将蓬莱布依地戏融入生活，还始终坚守蓬莱布依地戏的传承，不遗余力地为中华民族文化的传承与发展贡献自己的力量。

（一）蓬莱布依地戏

　　地戏，俗称为"跳神"，属于戏剧中的一类，因地戏表演不采用搭戏台的方式，仅在寨里的空地表演而得名。谈及布依地戏，需厘清屯堡地戏与布依地戏之间的关系。屯堡地戏，又称为安顺地戏，形成于明代，是贵州安顺市屯堡人地区一种头戴面具的民间戏剧。屯堡地戏与布依地戏有着深厚的渊源，屯堡地戏由"军傩"演化而成。由于明朝"调北征南"的军事行动，中原与江南的军队到达贵州后带来了"军傩"，随着时间的流逝，军傩不断地吸收地方文化逐渐演变成如今的"地戏"。随着文化的交往交流交融，布依族与屯堡人在黔中地区相伴，在潜移默化中不断接受着地戏文化的影响，并在此过程中产生了布依族地戏。贵州省布依族表演的地戏有 57 堂[1]，分别分布在贵州贵阳、安顺、黔南州等地。[2] 而我们蓬莱布依地戏便属于《杨家将》中的一堂。蓬莱布依地戏，因流传于贵阳市白云区牛场布依族乡蓬莱村而得名，是一项集"说、唱、跳"为一体的综合表演形式，属于传统戏剧，距今已沿袭 400 年左右，并于 2007 年被列入贵州省第二批省级非物质文化遗产名录。据蓬莱村的寨上老人讲述，在清康熙年间，蓬莱村是一座人丁兴旺，文化繁衍发达的寨子。寨中有一座隐兴寺，地戏便是由寺中的方丈主持[3]，隐兴寺便是蓬莱村原地戏表演的场所。

在贵阳市牛场乡表演的蓬莱布依地戏属于北宋遗风，保留着宋代歌舞"歌者不舞，舞者不歌"的风格，主要是由男性表演，旨在祈福消灾，保佑来年五谷丰登等。我们蓬莱村所表演的布依地戏流传至今仍保留着一套完整的表演程序，主要的表演程序为开箱、请神、点兵、祭山王、拜土地、开财门、跳戏、扫场、收兵、关箱等，主要道具有面具、战刀、神箱，乐器有大鼓、大锣、大钹、小镲、小锣，整个表演队可分为歌队、舞队、旗队、响器班。表演时间一般为正月十五，仅表演一天，表演人员一般为成双成对的，最多有 64 人，最少 20 人，由 14 人跳，5 人拿旗，1 人打鼓。其中，蓬莱布依地戏表演动作单纯，主要以表示性舞蹈为主，舞姿明快而寄寓深远，舞步多变而节奏感极强，但蓬莱布依地戏的唱和跳是分开的，唱完一段再跳一段，唱的时候没有帮腔也没有伴奏，唱词一般是七言句式。

蓬莱布依地戏最初并不需要装扮，只是练习步伐、招式，待到正月初九便开箱请出面具，请出面具之后需要供奉至正月十五，正月十六才正式装扮表演。目前，我们牛场乡的蓬莱布依地戏也与京剧一样有一定的行头和道具，而最为重要的便是面具。首先，蓬莱布依地戏面具通常采用梨木、核桃等木料精工雕琢而成，并涂上颜色。所使用的面具有土王、大

---

[1] 堂指的是地戏在表演中跳一部为一堂，多数村寨跳地戏只跳一堂。
[2] 肖可. 接触 引进 创新 [D]. 贵州民族大学，2012.
[3] 中国人民政治协商会议贵州省贵阳市委员会文史资料研究委员会. 贵阳文史资料选辑 第 13 辑 少数民族资料专辑 [M]. 贵阳：中国人民政治协商会议贵州省贵阳市委员会文史资料研究委员会. 1984.08：153.

童、小童等人物，也有宋朝人物，亦有三国人物，均可以同台演出。相传位于蓬莱的隐兴寺由于战争被毁，存放在寺内的面具丢失后，有一位和尚将10余面三国人物的面具送给我们寨中。在那以后人们便新雕刻了36面宋朝面具，开始了跳地戏，也正因为如此我们蓬莱布依地戏的面具便开始三国人物与宋代人物同台演出，以此纪念、感谢和尚赠送的面具。我们民间还流传着另一种说法，由于战乱导致地戏面具丢失，一位因战乱云游的和尚将后寨庙中的16面三国人物弄到了蓬莱。待战乱平息后，人们重新雕刻了36面面具，将16面三国时期人物的面具烧化了。目前，此套面具也一直沿用至今。其次，我们牛场乡的蓬莱布依地戏与安顺地戏、花溪大寨地戏的面具使用上有所区别，我们在表演的时候并不带青纱头套，只戴面具。蓬莱布依地戏的面具与京剧脸谱相似各具形态且生动形象。最后，蓬莱布依地戏的面具制作一般不会由当地的人制作，而要到安顺市请地戏面具木雕工艺师制作。

图31 地戏面具 来源贵阳市文化和旅游局官网

（二）蓬莱布依地戏的表演内容

　　蓬莱布依地戏的表演内容十分丰富，具体的仪式可分为五步，分别是开箱、点兵、坐台跳戏、扫寨、关箱。首先是开箱。意味着跳地戏的开端，需要请出地戏的面具等，一般是在每年的正月初九进行。以前开箱仪式是由隐兴寺的方丈主持，但由于隐兴寺被毁，之后都是由寨老主持。现在主持开箱仪式的不仅只有寨老，地戏班的掌坛人也会主持开箱仪式，有时候我也会主持开箱仪式。开箱仪式一般是在室内进行，现在是在蓬莱地戏传习所举行。在这天会立神龛、请出神箱，用猪头、猪脚祭祀，同时还会点上蜡烛，念开箱词，以祭拜天地诸神、祈福百事顺遂等。待开箱词念完以后，寨老或掌坛人会打开神箱，取出面具、旗子、刀具等，并用艾叶清洗面具供奉在神龛上。面具一经供奉便要供奉至正月十五，其间香火不能断，如图：

图32　举行"开箱"仪式　来源贵阳市白云区人民政府公众号

第二便是点兵。点兵也就是所谓的点将，是开始表演前的集合令，也是出征前的仪式。蓬莱地戏的点兵是在每年的正月十五举行，主要由"开四门""点兵歌舞"组成。在表演开始时，"土王"登场并用弓箭围绕着场地跳一圈，以表示此地为土王的领地。接着便会有两名人员站在肩上在场地上走几圈，表示军队来到此地。接下来由主要人物带领其余表演人员出场，以示杨家将出征至此。点兵有一大特点是将整个地戏队的歌队、旗队以及响器班置于广场的中心位置作为帅台，将舞队置于帅台外围围成一个圈。待点兵仪式举行完成之后，便意味着正式开始跳地戏，开始了祭山王、拜土地、开财门的活动。祭山王、拜土地皆是表达祭祀祈福，带着地戏队围着村寨绕行一圈，每一次遇到山神或土地祖都要进行参拜。这里值得一提的便是开财门，所谓的开财门即开财运，在参神结束后，便会一路敲锣打鼓到村寨中去挨家挨户进行开财门。一般开财门是在主人家的庭院及堂屋进行，先在庭院举行开门财仪式，念开财门的台词，之后才进行唱和跳。唱词一般如下：

春季开门春季旺，
夏季开门夏季兴，
秋季开门进五谷，
冬季开门进金银，
四季财门大大开，
金银财宝滚进来。

待主人打开堂屋之后，举行祭祀仪式，祈福主人家兴旺等。这时候，主人家便会准备一些糖果、菜肴、烟、酒等给地戏队食用。待一切仪式举办完成以后，主人家还会将准备好的红包分发给跳地戏的人，以表示感谢。但蓬莱布依地戏的开财门有一例外情况，那就是假如开财门的主人家今年有老人去世的话，开财门是不能随便乱唱的。开财门唱的词也会有所改变，在唱开财门的词之前会先唱安灵，这时候我们跳的地戏动作也会有改变，我们地戏队带的刀具也不能拿进主人家。

在祭山王、拜土地、开财门仪式举行完成后，地戏队带着队伍会回到跳地戏的演出场地开始表演跳地戏，这一环节我们也称之为"坐台跳戏"，是跳地戏中最为精彩的部分。在演出的时候表演人员都是成对的，其中，表演的主要内容有一拜、二拜、小儿见背、跪膝、撮刀、押刀、黄莺展翅、老刀、扣手、扛刀、回刀、扭丝刀、雪花盖顶、筛面、若竹盘根、砍四拜一柱香等十七段。除此，搭台跳戏还有一折情节戏，即《杨宗保下河东》，主要以唱为主，讲述的是宗保救杨六郎的故事，通过表演回顾历史，唱词主要如下：①

> 六郎围困河东城，内无粮草外无兵。
> 马仔营中吃草垫，人在营中人吃人。
> 六郎拿到无注意，写封血书去搬兵。
> 宗保接到血书看，急忙点兵救父亲。
> 鹞子翻身跳上马，快马加鞭如腾云。
> 上坡犹如钻山鹞，下坡犹如抛流星，
> 或时见马不见人，或时见人不见马，
> 要得人马一齐见，人会腾空马腾云，
> 炮响三声杀番邦，三喊三声杀进营，
> 杀得番邦人马白，保定边疆得太平。②

地戏的许多表演内容都是有剧本的，但随着时间的流逝，蓬莱布依地戏的许多折子未保存下来。

最后是"扫寨"，扫寨一般意味着跳戏的结尾。我们一般会选择在寨外的路边举行，目的在于将妖魔鬼怪扫出寨子，将福运接进来。扫寨一般是由寨老或掌坛师念词，地戏队整队相呼应和。在扫寨仪式结束后，地戏

---

① 政协白云区委员会文史资料研究委员会编. 白云文史稿 第1集 [M]. 1982.12：111.
② 唱词根据政协白云区委员会文史资料研究委员会编所编撰的《白云文史稿》中蓬莱布依地戏整理。

表演就迎来了尾声，地戏队需要收兵回营，也就是我们所谓的"关箱"。地戏队伍一边行走一边歌舞，回到开箱的场所。不仅如此，在此地戏队回去的路途中需要烧香鸣炮，以示祈福来年兴旺。地戏队在收兵、关箱过程中所表演的地戏较为欢快，意味着胜利收兵回到家园。等到地戏队回到开箱地点后便会将所有的道具、面具、乐器、服装等收回箱里，举行感谢诸神与祖先的仪式。关箱仪式举行完成后，村中便会举行吃跳戏饭、喝跳戏酒，庆祝地戏活动圆满举行。以前，隐兴寺未被毁的时候，吃跳戏饭都是在寺庙内，现在是在蓬莱地戏传习所内，而且地戏饭比较特殊的是菜肴不需要摆上桌子，只在地上举行，目的在于沾地气。

（三）坚守蓬莱布依地戏的蒙竹林

我是贵阳市白云区牛场乡蓬莱人，目前从事跳地戏已有40余年，现为贵阳众联和农民专业合作社的法定代表人，主要从事养殖与种植。1977年就读于牛场小学，因我从小受父辈的熏陶，对蓬莱地戏有着极大地兴趣。

我于1979年跟着我的父亲学习跳地戏，直至1980年才开始跟随本村的老艺人学习地戏。1982年，14岁的我正式登台表演，能唱会跳和使用相关的道具，也能担任多位角色的表演。经过多年的学习并积累经验，现对蓬莱村布依地戏的发展历史比较了解，也能熟练地掌握地戏表演的相关仪式及整场曲目的表演过程。2006年，我在牛场中学收了一批学生教授蓬莱地戏，并组织学生参加了比赛，但因为学生学习任务繁重并未继续跟随我学习蓬莱地戏。2007年，我在村中被推举为地戏负责人，主要负责每年正月初九至正月十六的表演活动，并在其中担任主要角色。为了保护与传承我们的非物质文化遗产项目，我的儿子也在跟着我学习蓬莱地戏。现在有一位学徒，今年31岁，跟着我学习跳地戏很多年了，已基本掌握跳地戏的主要流程，目前在地戏队中主要担任打鼓的任务，闲暇时间主要从事装修工作。我虽因声带受损无法完成一整套的地戏表演，但为了保护与传承蓬莱地戏也一直在坚持，始终坚持弘扬中华优秀传统文化艺术，传承地戏精髓，弘扬民族文化。

图33 蒙竹林正举行"开箱"仪式 本人提供

  我自学习跳地戏以来，勤于练习地戏动作。14岁的我第一次上台跳地戏，就表演了军士，即站在人的肩膀上绕场一圈。这个动作对于年纪尚小的我来说是十分困难的，因为站在别人的肩膀上需要极强的稳定性，而且这个动作还要在演出场地绕场一周。因此，年轻时的我常常勤于练习地戏，练习自身的稳定性。在表演这个动作时我也常从肩上摔下来，最严重的一次是在15岁，当时表演的台子是一个铁桌子，由于在别人的肩膀上没站稳直接从桌子上摔了下来，并且磕到了铁桌子的角上。但我觉得不能因为一次失误而胆怯了，这也更坚定我去练习地戏的决心，更加努力地去练习。除此之外，我在年轻的时候也常去参加跳开财门，由于寨中大大小小人家户接近上百户，而开财门又需要地戏队挨家挨户地去跳，一般就会跳上两天。在此期间，尽管十分精疲力尽，但我仍然坚持将所有的主人家的开财门表演完。目前，我在地戏队中主要负责地戏"开箱"仪式，现在随着年龄的增长我也有许多遗憾，因为地戏的有些表演动作由于年纪的原因没有办法完成，所以我认为目前传承地戏是非常重要的任务，也是急需解决的问题之一。

  我一直认为蓬莱地戏进校园是弘扬民族文化中十分重要的一条途径，如由牛场乡民族中学所排演的《杨家将》在央视少儿频道播出，让我们的蓬莱地戏走进了大众的视野，因此多年来一直致力于推进蓬莱地戏进校园。2003年，贵阳市白云区与民族中学取得联系，希望将蓬莱地戏作为校本课程引入学校。基于此，民族中学就曾让我去学校进行指导，并且授课。由于民族中学的学生大多数都是牛场乡的，对于蓬莱地戏也都耳熟能详，所以在学习的时候就学得很快，只需要教一遍基本上大家就都会了。我都是每天下午去学校，在学生放学后就开始教跳地戏，但目前地戏进入校园并未延续下来。学校派出体育老师跟着我们学习以后，便由学校体育老师进行教授，这也使得跳地戏的许多动作都改变了。除此之外，我于2006年的时候在牛场中学收了一批学生教授蓬莱地戏，并排演了《杨家将》参加了多彩贵州城的比赛。为不耽搁学生的学习任务，学生参加完比赛后也没有继续学习蓬莱地戏了。所以我也一直希望蓬莱地戏能重回校园，继续在校园中传承地戏。

  关于传承这是我最为担忧的问题，因为表演地戏并无法为群众带来收入，所以不少人都选择外出务工。这一紧迫感源于在需要跳地戏的时候无法凑齐地戏队而错失外出表演的机会，由于工作原因大家都不在村寨中，每次跳地戏都需要与每一位队员取得联系并确定了具体的时间才能进行演出，因此蓬莱布依地戏也仅在春节期间表演。在每年的正月，我会在蓬莱布依地戏传习所中教授村里的一些孩子学习跳地戏，因为现在学习蓬莱地戏的人越来越少，所以我也不再受困于"传男不传女"的思想观念，组建了一支跳地戏的"女将"队伍，目前该队伍也能完成跳地戏表演。

  我认为表演地戏说难不难，说简单也不简单。只要能掌握其中一段，就能基本掌握跳地戏的所有动作。我在教跳地戏的时候，都是一段一段的，虽然每一段中间或许有的动作会有一些改变，只需要进行指导一下就行。我记得在我很小的时候，那时候隐兴寺还未拆除，所以都是在隐兴寺门前的场地进行学习。一般就是每年的春节正月初二时，寺庙前就会烧起火堆，老人小孩都会到寺庙前去。愿意学习的人老一辈的就会在那儿教，那时我也跟着学习了不少。随着隐兴寺被拆除以后，蓬莱地戏教授的任务就停止了几年。直到后来将广场修好以后，才把蓬莱地戏的传授任务捡回来。我认为蓬莱地戏是老一辈传下来的东西，也是老一辈的心血，不能让蓬莱地戏在自己的手里失传，因此每年过年期间，我都会聚集村中年轻的孩子到广场上去学习跳地戏，每天学习到很晚的时候我也会做夜宵给孩子们吃，待孩子们吃完才会离开。

（四）致力于续写地戏的蒙竹林

我作为蓬莱地戏的省级非遗代表性传承人，多年来一直始终致力于传授蓬莱地戏。2013 年，我入选贵州省第三批省级非物质文化遗产代表性传承人，并获省级非遗代表性传承人传习补助资金 5000 元。目前，牛场乡蓬莱村在政府的帮助下，修建了蓬莱布依地戏传习所。2022 年 7 月，在白云区牛场布依族乡人民政府、白云区布依学会的支持下，我们举办了 2022 年布依族"六月六"地戏（杨家将）文化艺术节，而我也在此次活动中担任了开箱仪式的主持人，此次活动的举办吸引了数千人参观。蓬莱村自跳地戏以来，先后参加多次演出比赛，如 2006 年 8 月，蓬莱布依地戏参加了牛场布依族乡"2006·魅力白云"群众文化月活动文艺选拔赛，在比赛中获得了"三等奖"，以及参加贵州民艺会获得"三等奖"。近年来，在贵州省非物质文化遗产保护中心、贵阳市非遗保护中心的帮助下，蓬莱地戏多次参加各地活动，也曾多次在牛场乡周边村寨进行表演。如 2019 年，作为省级非遗项目的蓬莱布依地戏参加了由贵阳市人民政府主办、贵阳市文化和旅游局，白云区人民政府承办、贵州省文化和旅游厅支持的贵阳市第十届旅游产业发展大会的开幕式。为参加此次旅发大会的开幕式，白云区人民政府还为地戏队重新制作了一套戏服，目前此套服装保存在白云区文化馆。2023 年，在白云区人民政府的支持下，以白云区 2023 年蓬莱仙界·蘑力小镇首届彩灯艺术节为契机，于 1 月 30 日至 2 月 4 日举办了民俗文化系列活动，其中蓬莱地戏便作为民俗文化在其中表演了《杨家将》开箱巡演及舞龙巡游。除此之外，3月18日，蓬莱地戏参加了牛场乡石龙村一合石龙生态园第三届贵州省石龙樱花文化节开幕式活动。

蓬莱布依地戏被誉为"黔中文化活化石"，在贵阳市人民政府、白云区人民政府的领导下，在贵州省非物质文化遗产保护中心、贵阳市非物质文化遗产保护中心等文化部门的努力下，其保护工作也取得了一定的成效。目前贵阳市非物质文化遗产保护已采用数字记录的方式将蓬莱地戏表演的整个流程记录下来，并且在"贵阳非遗"公众号中推出了"话说非遗之蓬莱地戏"，详细而全面地介绍了蓬莱布依地戏，对弘扬保护非物质文化遗产起到了积极的作用。作为传承人，我也将致力于续写蓬莱布依地戏的风采，坚守传承蓬莱布依地戏。

（五）传承至今的布依地戏

蓬莱布依地戏流传至今，曾参加过许多省内外的活动。如于1999年受北京国际民族民间文化艺术节组委会邀请到北京表演，后被录入《中国民间艺术大全》和《中国民族民间舞蹈集成》，自1989年以来曾多次参加活动，取得丰硕的成果，如：

1989年，参加贵州民间文化艺术会获得"三等奖"；

1993年，受访于中央电视台《正大综艺》栏目组，曾在该节目中连续多次播出；

2003年，被引入牛场乡民族中学，并在学校中作为校本课程中的一项内容；

2005年，由牛场乡民族中学所排演的《杨家将》在央视少儿频道播出；

2006年，参加牛场布依族乡"2006·魅力白云"群众文化月活动文艺选拔，获"三等奖"；

2019年，参加白云区牛场乡举办的2019布依族"六月六"文化活动，吸引了近两万人前来参加；

2020年，参加白云区2020年民族大团结系列活动开幕以及白云区2020元旦春节"送文化进基层"系列文化活动启动仪式；

2022年，蓬莱村举办了牛场乡蓬莱2022年布依族"六月六"地戏（杨家将）文化艺术节，吸引了数千人前来参加；同年，参加"垃圾户户干湿分、白云乡村更美丽"垃圾分类主题活动；

2023年，参加白云区2023年蓬莱仙界·蘑力小镇首届彩灯艺术节与牛场乡石龙村一合石龙生态园第三届贵州省石龙樱花文化节开幕式活动。

蓬莱布依地戏的传承并不是以家族传承为主，在传承过程中多以自愿为主，由老一辈的艺人口传心授进行传承，所以传承相对封闭。蓬莱地戏由于以前受传统思想观念的影响，使得蓬莱地戏的传承主要受众者为男性，表演也多是男性人员。现在随着社会经济的不断发展，也因为学习地戏的人越来越少，使得我们蓬莱地戏的传承已开始转向女性，目前我们在蓬莱村已经组建了一支地戏"女将"队伍。蓬莱布依地戏流传至今历尽磨难，虽在历史洪流中得以保存下来，但我认为仍然面临着许多挑战。从蓬莱布依族地戏的传承人来看，其一，蓬莱布依地戏属于群体性表演，但传承人仅有一位，而不是以队伍为主，这一原因使得大家对于传承保护的意识观念薄弱，也因此使得蓬莱布依地戏的一些动作丢失。我深知传承人是非遗的重要载体，在非物质文化遗产保护中发挥着重要作用，但因为我自己声带受损的原因已无法完整地表演地戏，所以我认为传承人培养的问题是目前蓬莱地戏亟待解决的问题。其二，蓬莱布依地戏属于传统戏剧类，并没有可观的经济收入，因此从事跳地戏的表演人员多外出谋生，也导致很少有人来学习蓬莱地戏。这也使得蓬莱地戏的表演人员具有"临时性"，每次表演都需要提前与表演人员预定时间。其三，就将蓬莱布依地戏引入学校而言，虽将蓬莱布依地戏成功引入学校，并将其作为了校本课程，但学校因传承人费用问题，学校最终选择体育老师跟随我学习后再进行教授，所以导致地戏的动作存在一定的改变。在一定程度上来看，地戏进校园，扩大了非遗传承人群体，宣传了非遗，但在一定程度上也改变地戏的本质。因此，我认为蓬莱地戏面临着极大的传承问题。从蓬莱地戏的文化生态来看，一是文化生态空间扩建，隐兴寺作为蓬莱布依地戏的演出场地，由于受到破坏使得该场所未被使用。在 20 世纪 90 年代，蓬莱村将隐兴寺拆除，扩建了一个广场以供蓬莱地戏表演，并在此地修建了蓬莱布依地戏传习所，但多重原因导致举办与蓬莱地戏相关的传习活动较少。二是文化生态遭到破坏，蓬莱村位于贵阳市白云区牛场乡，全国休闲农业与乡村旅游示范点的蓬莱仙界景区也坐落于该处。随着景区的发展，蓬莱村周边的居民也开设了农家乐，但蓬莱地戏并未入驻景区。虽景区为当地群众带来了收入，但蓬莱地戏也逐渐被大众忽视，使得蓬莱地戏的文化生态遭到破坏。三是受现代娱乐生活方式的影响，蓬莱地戏不再是人们主要的娱乐方式。在 20 世纪，蓬莱地戏是人们的主要的娱乐方式，但随着现今人们生活水平的不断提高，娱乐方式也多样化，导致了人们不再关注蓬莱地戏，蓬莱村的许多年轻人也不再学习蓬莱地戏，因此我认为加强蓬莱地戏的保护与传承是十分重要的。

（六）蒙竹林对于蓬莱布依地戏传承的展望

蓬莱布依地戏是传统戏剧的一部分，也是我国非物质文化遗产中的文化瑰宝。但随着社会的发展以及外来文化的冲击，地戏传承困境重重，举步维艰，作为传承人的我也从一些方面进行了展望。

一是蓬莱布依地戏的传承需要加快培养传承人。代表性传承人是非遗的重要载体和传承人，对非遗保护起着关键作用。因为我今年已经 55 岁了，对地戏的一些难度较大的动作已无法完全表演出来。随着信息化的加速推进，大家的生活方式、思想观念等也逐渐受到影响。越来越多的人也更倾向于追求多元的娱乐方式，逐渐丢失学习传统戏剧的兴趣。因此我认为加快培养地戏传承人是蓬莱地戏传承中急需解决的问题之一。如通过开设地戏传习班，吸引蓬莱村对地戏感兴趣的人员参与传习班。其次，我认为蓬莱布依地戏的资金支持是十分重要的。蓬莱地戏多次由于缺少足够的资金支持而无法开展跳地戏活动，比如前往北京参加的表演活动也因资金的问题而不了了之。因此我认为加大对蓬莱布依地戏的资金支持是十分重要的，用来对传承人开展非遗项目进行展示、宣传等，组织开展相关的展演、传承活动等对推动蓬莱地戏保护与传承。最后，我认为蓬莱布依地戏作为集体项目，传承人的选定容易受到争议，许多人不满对传承人的设定，因此在传承人方面我认为可多增加一些对传承人的培养，针对传承人因身体等原因无法开展传承活动而增设的备用人。比如我因嗓子的原因无法参与跳地戏的活动，但因为传承人的身份不能将地戏置之不顾的，也在想着方法的培养传承人，传承非物质文化遗产。

二是在非遗进校园方面。我认为蓬莱地戏作为已经引入校园的非遗项目，传承非遗的意义非常可观的。但由于非遗进校园的活动的中断，也使得这一传承方式停止，所以我十分在意地戏进校园的活动。在我看来，蓬莱地戏可以在已有的基础上持续推进"非遗进校园"，一方面可在牛场乡附近的小学开展地戏教育活动。比如通过地戏进校园演出或开展研学旅游的方式组织学校学生到蓬莱村地戏传习所观看演出，以此培养学生学习地戏的兴趣。另一方面可在学校建立多元的地戏兴趣小组，如地戏兴趣班、地戏社团等，并根据地戏的文化元素打造牛场乡学校地戏校园特色，开展多元化的地戏体验活动，如面具绘画、乐器学习等，以此搭建学校与地戏之间的桥梁，吸引更多学生学习地戏，传承地戏文化。

三是保护地戏文化空间方面。蓬莱布依地戏所属的蓬莱村位于贵阳市白云区牛场乡，该区域于2012年在蓬莱村建设了蓬莱仙界景区，同时入选了全国休闲农业与乡村旅游示范点，2015年被评选为国家4A级景区。但蓬莱仙界景区与蓬莱布依地戏两者之间并不相交，仅在政府提供帮助的情况下在景区内表演过，在一般情况下景区并不让地戏队进入表演。因此我觉得蓬莱村的旅游业吸引更多的游客的前提是融合更丰富的传统文化。比如现在国家提倡的文旅深度融合发展，将蓬莱布依地戏融入蓬莱景区中，将丰富多彩的传统戏剧融进景区中，不仅能为景区吸引游客，也能拓宽蓬莱地戏的知名度。除此之外，我觉得可以借助地戏的面具等道具搭建蓬莱地戏演出空间，使得参观者来到展览空间就犹如来到了地戏空间，接受着地戏文化的熏陶，并不定期举行地戏展演活动等，进一步推动地戏被大众接受，使得传统戏剧在现代社会中迸发出新的生机，借此提高大众对地戏、对非遗的保护意识，增强文化自信。

四是在宣传蓬莱布依地戏方面。现在新媒体的出现改变了传统以文字、图片为主的传播方式。我认为新媒体的出现，也是蓬莱布依地戏宣传的一个契机，但新媒体的运用对于我来说却比较困难。因此，我认为在未来可以在村里找寻一些懂新媒体的人对蓬莱布依地戏进行宣传。就好比之前举办的六月六活动，被年轻人发布在了抖音上也吸引了不少人来参加，这对蓬莱布依地戏来说也是一个好的开始。在接下来也将结合现有的新媒体条件进行宣传创新，以互联网、新媒体等大众传媒的宣传方式将地戏表演带入人们生活，积极利用新媒体来弘扬蓬莱布依地戏这一文化瑰宝。

传承谱系

第一代传承人：蒙庭生，布依族，系蒙竹林祖父；

第二代传承人：蒙万发，布依族，出生于贵阳市白云区牛场布依族乡，系蒙竹林父亲；

第三代传承人：蒙竹林，布依族，1968年出生于贵阳市白云区牛场布依族乡，自幼跟随父辈学习蓬莱布依地戏，现已全面掌握地戏表演的相关仪式与表演过程，能担任多角色表演。

罗孝贤
戏如人生，百年老腔唱古风

传承人：罗孝贤
贵阳市非遗中心提供

采访时间：2022 年 8 月 19 日
采访地点：贵州省贵阳市花溪区金叶路 1 号
采访人：王菲、孙楠楠、韦布花
文章整理、撰写：王菲

※ 人物小传

罗孝贤，布依族，1965年出生贵阳市花溪区大寨村；1972年至1978年就读花溪第二小学；1978年至1980年就读花溪平桥中学；1980年7月，15岁的罗孝贤开始在家务农；1982年开始学习地戏并加入大寨地戏；2006年10月，大寨地戏班受日方邀请，以新编《三国演义——千里走单骑》连同《杨六郎大战张彤》两剧，并担任戏团的主演，在《杨六郎大战张彤》剧中主演杨六郎，在《千里走单骑》剧中主演关羽。2010年至今担任大寨地戏团副团长。由于从小喜欢唱歌跳舞，罗孝贤成了花溪区大寨村有名的歌手之一，多次参加文艺演出活动。在参加大寨地戏班后，罗孝贤认真学习，悉心钻研地戏演出技艺，并虚心向老艺人学习，其演出技艺不断提高。如2008年6月参加贵阳市"六月六"布依族歌节民族文化方块游演比赛，荣获二等奖。因此，舞台经验丰富，同时还精通布依语和汉语。16岁开始学习地戏，以精湛的演技，字正腔圆的唱腔，卓越的领导能力，被推举为大寨地戏班副团长。花溪大寨地戏于2019年被列入贵州省第五批省级非物质文化遗产名录，罗孝贤于2019年12月被评为贵阳市第五批市级非物质文化遗产代表性项目代表性传承人，2020年11月被评为贵州省第五批省级非物质文化遗产代表性传承人。

（一）布依寨里璀璨绽放的非遗之花

说到我们大寨地戏，我记得关于地戏的最早的记载应是明嘉靖年间的《徽州府志》记歙州一带迎汪公时"设俳优、狄、胡舞、假面之戏"。这里的"假面之戏"与安顺一带农村抬汪公时地戏队参与活动应是一脉相承。① 听老一辈的人说我们花溪大寨地戏是明初洪武年间"调北征南""调北填南"时期（1390年），由江南传入贵州安顺地区的，距今有将近600年历史。地戏，又称"跳神"，是以傩俗纳入军礼变形发展后的一种近似于"军傩"的表演形式，地戏剧目主要是古代明君贤臣、金戈铁马的历史故事，其主要特色是假面具戴于额前，首蒙青巾，背插小旗，手执戈矛刀戟，舞蹈是表现争战格斗的打杀，表达的是历史英雄人物的爱国精神和奉献精神。目前，主要流行于贵州清镇、平坝、安顺、镇宁、普安、郎岱、兴义、长顺等20多个县（市），以及贵阳市郊区广大农村的一种古老剧种。② 地戏是明朝黔地屯兵政策的产物，也是为了振奋军威、恐吓敌人、保证出师胜利的军中娱乐活动。然而，花溪大寨布依族地戏，创立于清朝道光年间，主要是从贵州平坝流入，有着漫长的形成和发展历史。相传，在道光年间大寨有一位叫龙德甫的老人，为改变寨子上染上赌博等不良行为、精神颓废、懒惰的年轻人，于是聘请安顺平坝县龟山著名的雕刻师沈师傅制作脸谱和教授表演技艺。遂与班如臣、班如贵、龙继元、龙尚芝等几位明理仁义之士商议决定成立戏班子，操演《杨六郎三下河东、九转河东》，把青年人的精力集中到学习演艺、学习文化，学习杨六郎及杨家将的英雄主义精神爱国主义精神。③ 之后，这项表演技艺深受寨子上的年轻人喜爱，也使他们慢慢改掉了之前不好的习惯。所以，我们这个花溪大寨地戏就这样被一代一代的传承下来，大寨地戏表演注重祭祀仪式，仪式包括开箱、参庙、开财门、回神。第一，开箱，又称"请脸子"，是演出前举行的一种祈神仪式。每年正月初五，团长组织戏友举行仪式"请脸子"，也就是我们现在说的开鼓演练，将脸谱、服装、道具从箱子里面取出，开始排练武打动作、对台词。第二，参庙。表演地戏的人由团长引领到村寨

---

① 阿土. 地戏的历史源流 [J]. 贵州民族研究，2012, 33 (04): 74.

② 胡小东. 别样的尴尬——城镇化语境中大寨布依族地戏的传承发展 [J]. 戏剧文学，2014, (04): 114—119.

③ 贵阳市委员会文史资料委员会，贵阳市民族事务委员会编. 贵阳文史资料选辑 第35辑贵阳少数民族专辑 [M]. 贵阳：政协贵阳市委员会文史资料委员会，贵阳市民族事务委员会，1992年版，第202页.

内各个庙堂进行参拜，祭奠神祇，祈求神灵护佑。第三，开财门。一般是在正演出之后，有需要驱邪、纳吉的人家会邀请戏班去开财门，主要的目的是驱瘟避疫，祈福求财，寓意来年五谷丰登。第四，回神。亦可称为"封箱"，将表演的面具、服装等全部"装箱"，回神完就表示这次地戏的表演圆满结束。

（二）大寨地戏传承不守旧，创新不离根

我们大寨地戏历经数百年的历史演化，流传至今，与中国传统文化的根脉，当代社会经济发展有着极大的关联性。1989年参加花溪区首届民间艺术节周演，获得优秀奖；而且多次参加各种大赛都获得了较好的名次。之后，大寨地戏在业界也是小有名声，受到了关注。2005年国发办颁布《国家级非物质文化遗产代表作申报评定暂行办法》（以下简称《办法》），《办法》指出，非物质文化遗产（以下简称"非遗"）主要"指各族人民世代相承的、与群众生活密切相关的各种传统文化表现形式（如民俗活动、表演艺术、传统知识和技能，以及与之相关的器具、实物、手工制品等）和文化空间。"[1] 自此以后，非遗成为了中华优秀传统文化保护的重要方式和手段，同时也为中华优秀传统文化的发展提供切实保障。直至2019年6月，花溪大寨地戏被纳入贵州省第五批省级非物质文化遗产名录，同时也引起了各行业专家、学者的关注。但是，由于大寨地戏又受到现代文化的冲击，有些仪式绝迹于春节期间的表演中，而且仪式被简化了许多，只表演"开鼓"仪式和"扫场"仪式，其他仪式都被省略了，导致大寨地戏的生命力越发式微。

当然，任何事物在适应社会文化发展的语境中总是在不断推动新事物的衍生，尤其是在非遗视野和旅游语境下，大寨地戏又开始了新一轮的发

---

[1] 国务院. 国务院办公厅关于加强我国非物质文化遗产保护工作的意见（国办发〔2005〕18号），2015-10-26.

图 34　罗孝贤与戏班演员进行技艺切磋
贵阳市非遗中心提供

明与创造。首先，在剧目方面我们进行了创新，现在我们大寨地戏队表演的剧目主要《杨家将》和《三国》有两个系列，其中《杨家将》是传统剧目，主要表演《杨六郎三下河东》和《杨六郎大战张彤》两个剧目；而《三国》属于新增剧目，目前也只有表演《三国演义——千里单骑》新编剧目，主要都是学习和宣传爱国主义精神和奉献精神。其次，在道具方面，由于我们大寨地戏面具都是白杨木所制，面具重，戴起来容易掉、不舒服，而且出去表演时，相关工作人员说这个面具拍起照片感觉头是仰着的，从视觉上看不够美观。于是，我就开始思考这个问题，怎样才可以在表演过程中让面具戴起来更加舒服，于是我就多方打听，自己思考了很久，发明了"脸壳竹撑"一种新式的面具，就是在脸壳上涂上色彩画脸谱，在脸壳的下方找到一个支撑，使面具找到依托点，这样面具戴在脸上人觉得很轻松，表演时不会轻易地脱落。现在，安顺、花溪等地区的戏团都在使用我发明的"脸壳竹撑"，这一点使我感到非常的自豪和开心。最后，在表演方面，我们打破了传统的一年只有正月才可以"开箱"，一年一次的表演方式，现在，我们开始登上舞台，将优秀传统文化展现在全国、全球人的面前，宣传中华优秀传统文化精神，铸牢中华民族共同体意识。

另外，我们大寨地戏不单单只是表演，而是集合说、唱、演（跳）为一体的大型综合艺术形式。其中"说"内容主要讲述历史故事、重大事件等，"唱"的内容涉及民间故事、传说等，"演"（跳）的内容主要是以集体舞形式展现。① 同时，它承载着一段历史记忆，在现代化转型中探寻新的生机，以其独有的文化魅力，为推进社会经济发展提供了重要契机。因此，大寨地戏如何成功跻身于现代社会，仍需要极力挖掘其文化内涵，如大寨地戏中的"爱国精神"就一直延续至今，且经世致用足以证明中华优秀传统文化中所蕴含的文化内涵，是亘古不变的民族精神。虽然，大寨地戏是从安顺屯堡地区传入布依族地区的，作为一种从中原地区移植的剧种，它不仅没有照搬，而是融入了本民族的特点。正如费孝通先生在《乡土社会》一书中说："文化是依赖象征体系和个人记忆而维护着的社会共同经验。每个人的'当前'，不但包括他个人'过去'的投影，而且还是整个民族的"过去"的投影。"② 在人类文化发展的历史长河中，地区性的文化往往附着于该地区的语言文字、民风民俗、传统礼仪等，但随着社会变革，该地区文化地位的衰落，相应的文化依附也会逐渐淡化消逝。以前居住的村寨由于政府规划用地等原因搬迁，使大寨地戏离开了传统的文化生境，对于文化的传承和发展是有很大的影响。从事物发展的角度来看，这的确是一个必经的过程，也在一定程度上证明了大寨地戏是经过历史检验的，优秀的人类文明成果对于民族和国家的发展都具有极大的作用，所以传承优秀文化的确有其必要性。在现代化进程中，面对纷繁复杂的社会现象，特别是媒介的迅猛发展，各种流行文化层出不穷，使传统文

---

① 贵州数字出版云村寨平台. 花溪大寨地戏［EB/OL］.（2008-01-01）. http://www.yuncunzhai.com/article/284616.html.

② 费孝通著. 乡土中国［M］. 北京：生活·读书·新知三联书店，1985.06. 第17页.

化遭受了强力的冲击，对其生存、发展以及传承等方面都产生了巨大的影响。在2019年花溪大寨地戏被纳入贵州省第五批省级非物质文化遗产名录后，大寨地戏得到较大的关注，也逐渐出现在人们的视野中。

目前，我们大寨地戏戏班的演员共有25人，现任团长是王隆刚师傅，副团长是我。

我们大寨地戏自传入至今，已传至第七代，前几年戏班演员还发展到30多人，但现在戏班演员只有20多人，年纪最大有80多岁，年纪最小有30多岁，其中女演员4名。2014年，大寨拆迁后，地戏舞台也被拆掉了，戏班的演员们带着大寨地戏离开了其生活了几百年的村寨，来到新的地方，人都需要"入乡随俗"，更何况大寨地戏离开了依附的载体。这几年，由于戏班演员年纪大、年轻人不愿加入等原因，戏班开始打破历代男性专属壁垒，开始输入女性表演者新鲜血液，还吸纳了一批大寨居委会工作人员，大寨村支部副书记班铭秀、村委委员罗呈有、网络员韦山凤、陈启丽等地戏爱好者纷纷加入到地戏班队伍中，还有就是戏班的演员都是来自不同行业的人，有公交车司机、安保人员、外出务工、保洁等各个行业的。

大寨地戏由安顺平坝一带传入，已有近400年历史。一方面，传承人年龄偏大，后续力量出现断层。在现如今这个社会经济文化快速发展的时代背景下，随着社会的发展和人们对自身价值的追求，由于生活所迫年轻人都到外地甚至国外上学和务工，村寨里只剩下老年人和小孩子。从大寨地戏曲的演员可知，戏班演员的年龄形成梯次结构，由30多岁、40多岁、50多岁、60多岁的老中青三代组成。虽然在各个年龄层的演员都有，但是演员中老年居多，缺乏年轻人的加入。纵使在政府相关部门的重视和扶持下，开展了多种形式的地戏文化活动，但都只是表演传统地戏中的一个章节，无法将一台完整的地戏呈现在舞台上。加上年轻人看不懂、不参与，地戏文化的传承面临严峻考验。另外，表演时间不合理，就只有每年正月十五期间会在村寨里表演，这也是传承延续存在的一个现实问题。因此，这也是大寨地戏传承的现实困境——传承人不足。另一方面，现代娱乐文化的冲击,与内在文化的文化单元发生碰撞。在外来文化冲击和互联网技术的快速发展的影响下,大寨地戏传承与发展中的问题日益凸显,长期表演这几个剧目会让人产生审美疲劳,无法引起年轻群体的热爱,这在很大程度限制了大寨地戏文化的发展。

(三) 传唱人,唱一生演一世

我以前职务是水电员,现在退休后做保安,妻子现在家附近做保洁员。虽然我们夫妻俩在物质方面是富裕的,但是从小就吃过苦,了解过生活的不容易,虽然现在子女也有条件抚养我们夫妻俩,但是我们还是不愿意给子女添加负担,都是自己出去上班。我从小就喜爱唱山歌,自16岁开始学习大寨地戏至今42年,是土生土长的大寨布依族村民,系大寨地戏第七代传人。我记得,2005年大寨地戏班参加江西省南昌市西南国际傩文化艺术周表演,在踩街表演赛和舞台表演赛中分别获优秀奖和金奖,引起观赛日本考察团的注意,随后日方亲自到大寨实地考察。2006年10月,大寨地戏班受日方邀请,以新编《三国演义——千里走单骑》连同《杨六郎大战张彤》两剧,赴日本东京进行文化交流,引起各界轰动和获得了赞誉。日本友好协会特赠予大寨地戏班"感谢状",感谢地戏班为促进中日友好做出积极贡献。这次中日文化交流中,我跟随第六代大寨地戏班赴日演出,并作为主唱,饰演杨六郎。通过戏班所有演员的共同努力,获得了许多荣誉:

大寨地戏所获荣誉

年份	名称	获奖情况
1982年	花溪区地戏调演	荣获优秀奖
1989年	花溪区首届民间艺术节调演	再次荣获优秀奖
2005年6月	江西国际傩文化艺术周表演	荣获踩街表演优秀奖、舞台艺术比赛金奖

续表

年份	名称	获奖情况
2006年10月	大寨地戏班受日方邀请,以新编《三国演义·千里走单骑》连同《杨六郎大战张彤》两剧,赶赴日本进行文化交流	日本友好协会特赠予大寨地戏班"感谢状"
2007年2月	参加花溪地区地戏汇演比赛	《杨六郎大战张彤》荣获特别奖、《千里走单骑》荣获第一名
2007年3月	应邀赶赴安顺西秀区六保寨表演	东道主赠予"艺冠九州"锦旗
2008年6月	贵阳市"六月六"布依族歌姐民族文化方块游演比赛	荣获二等奖
2009年6月	贵阳市布依族古歌	荣获第一名
2010年6月	多彩贵州小品大赛贵阳赛区原生态曲类比赛	荣获第一名
2010年8月	全省多彩贵州小品大赛	荣获铜鼓奖
2012年2月	平坝县场寨"六月六"赛歌会	荣获一等奖
2014年2月	花溪区民族民间歌舞大赛	荣获一等奖
2015年5月	贵阳市第33个民族团结周暨"四月八"原生态文艺展演	代表贵阳市布依学会出席

注释:根据采访人提供材料整理。

  同时,参加纪念青岩镇建镇600周年活动,贵阳市布依族学会的"祭春"活动,青岩堡开街仪式,布依族"六月六"文艺演出等等活动,受到广大群众的好评。此外,2006年12月,中共贵阳市委、市政府授牌命名为贵阳市少数民族文化传承基地之一,提名为花溪区贵筑办事处大寨村布依族地戏传承基地;2007年6月,荣获贵州民族学院(现贵州民族大学)西南傩文化研究院授牌命名为西南傩文化研究中心花溪研究基地。2015年,花溪区布依族学会会同中共贵筑社区大寨支部委员会和居委会研究出版《明珠花溪布依族地戏》一书,进一步传承、保护和弘扬布依族优秀文化。

图35 花溪大寨地戏所获的荣誉证书

图源网络

自16岁学习大寨地戏后，对我的性格方面影响很大。以前，我性格也比较叛逆，让父母操了不少心，而且性格也比较孤僻，不太喜欢和别人交流。在学习了地戏后，学会了与人沟通、交流，而且也找到了自己的兴趣所在，慢慢地开始改变，一步一步将自己的人生拉回正轨。2006年，受日本邀请前去表演，跟随戏班前去。龙兴富老师傅是饰演杨六郎，担任主将，但是参加完江西南昌市西南傩文化艺术周表演回来后，就因病去世了。当时，龙兴富老师傅去后，戏班也就没有了主将，也没有替补。于是，戏班老一辈的人就推荐我去担任主将的位置，因为当时我是最年轻的，而且一直都是跟随龙兴富老师傅学习地戏。在那个危机关头，勇敢的我站了出来，第一次作为主将登上舞台，内心还是紧张的，一个人唱台词演唱了半小时，但最后还是坚持下来了。2010年8月参加贵州省多彩贵州小品大赛原生态戏曲类比赛的市级的选拔赛时，在打斗中大刀突然间断了，但我没有停下来，因为有一些舞台经验，就继续用剩下的一半兵器表演，坚持了六七分钟，一直坚持到表演结束，最后顺利进入总决赛，并获得铜鼓奖。所以，舞台不比平时排练，你可以错无数次，舞台你只有一次机会，正如"台下十年功，台上一分钟"需要浑洒无数的汗水，才可以换来舞台上的一分钟，极其可贵。以前浮躁的性格慢慢改变成了遇事不慌张、从容淡定、临危不乱的性格，这是对我性格的最大影响。自被评为大寨地戏的传承人后，在生活的方方面面都有了巨大的变化。作为非遗传承人，我觉得自己身上的责任更大，担子更重。因为自身性格比较倔强，所以在担任了传承人的身份后，就更加致力于把戏班的各个方面都组织好，将具有精忠报国的爱国主义和英勇善战精神的大寨地戏传承下去。以前的面具戴起来容易掉，而且带上不舒服，就萌生了一种想法，怎样可以把支撑脸壳的这个道具改一改，就开始向老一辈的人讲个人想法，一开始大家反对、不相信，都持有一种怀疑的态度，而且还有老一辈的人说上一辈、上上一辈的人早就弄出来，不要白费功夫。但是，我就一直坚持自己的想法，经过长时间的琢磨，把各种面具进行对比，琢磨很久之后，发现了问题的所在，就是面具是木制的比较重，没有支撑点。于是，我找到一个竹编的老手艺人，把自己的想法告诉他，让他根据这个想法来改编，一开始竹编也不成功，后面经过多次的改编后，终于做到一款戴上既舒服、又牢固，可以挺直腰板，不用仰头表演的面具。面具做出来之后，就给戏班里面的人试戴，大家都很满意。

（四）把戏唱进生活演入人心，延续戏曲的生命力

"花溪大寨地戏"属于传统戏曲类项目，历史悠久。我认为目前花溪

图 36　罗孝贤与戏班演员合影　图源网络

大寨地戏也同样受困于传统戏曲类的发展困境，比如受外来文化的冲击，年轻群体不喜欢，剧本和展演方式固定化等问题。所以，我觉得可以从以下三个方面对花溪大寨地戏的传承进行展望：

一是培养多层次的观众群体，筑牢传统戏剧的发展根基。我认为任何文化现象存在的前提是人民需要，都是为了满足人们某些现实方面的需要。而我们大寨地戏作为一种文化，它本身就包含着文化内涵，比如仪式、面具、服装、鼓等，拆分开来看的话每一个文化因子都蕴含了人民群众的各种需求。尤其是在老一辈物质匮乏的年代里，娱乐方式单一，大寨地戏能够满足布依族人民的精神需求，就这样一直流传至今。换句话来说，大寨地戏之所以在大寨村一直流传下来：一是引导寨子里年轻人树立正确的思想道德观念和行为规范的需要；二是满足村寨人自身精神文化的需要；三是促进汉族与周边少数民族关系更加融合稳定的需要。此外，我们大寨地戏的一个重要特点就是"活态性"，是以人为载体，以人的身体实践为基础，在特定的时空场域内，按照地方人群共同体的文化规定性进行整体性的自我呈现，其保护传承的根本是以活态的方式延续下去，即要存在于地方人群共同体的生活之中，来源生活、回归生活①。我觉得传承人是非物质文化遗产的承载者和传递者，是非遗传承最为关键的。尤其，在当今现代化社会的发展和市场经济的冲击下，以及一些生老病死等主客观原因，我国的非遗传承人保护工作面临着巨大的挑战，相关的国家法律政策仍有待完善。在国家政策的影响下，大寨地戏像许多民间传统艺术一样，虽然经历了显隐浮沉，但仍具顽强的生命力，可以将其当代价值提炼出来，用以滋养人心，丰富我国民族文化的多样性。老年群体是传统戏剧当代传承的稳定受众，中年群体是传统戏剧当代传承的部分受众，少儿群体是传统戏剧未来发展的潜在受众。因此培养多层次的观众群体，筑牢传统戏剧的发展根基。

  二是加大剧本编创力度，推动创新性发展。现在，我们大寨地戏主要是靠演出，而演出是传统戏剧得以传承的主要方式，其中剧本起到了很大的作用。我们大寨地戏的表演剧目只有《杨六郎三下河东》《杨六郎大战张彤》和新编剧目《三国演义——千里单骑》，剧目较少，长期表演会给观众带来审美疲劳。经典剧目的延续是必然，是传统戏剧"活态"的体现。在互联网时代，城镇化进程加快、城乡二元结构的出现，使传统文化的结构遭到一定的破坏，从而使人们的文化消费呈现多元的消费趋势。所以，不可一味地推崇经典剧目，很多失传剧种大部分都是因为没有适应时

---

① 吴兴帜. 对非物质文化遗产传承人制度设计的思考 [J]. 中南民族大学学报（人文社会科学版），2017，（02）：51—55.

代的发展需要，停滞在原地，才导致其消失在历史的长河中。传统戏剧能够一直延续至今的主要原因是不断地进行新的创造，适应时代的发展需要。剧目的创编需要注意：一是提炼主题。传统剧目中有旧剧的封建残余，应予以剔除，注重挖掘剧目中比较有代表性的内容，重新赋予剧目新的时代精神和时代价值。二是重塑人物。围绕历史人物的个性和历史事件的发展，依次递进，注重人物所要表达的内涵，提炼其核心的内容。如由徐进执笔、集体改编的越剧《梁山伯与祝英台》是非常成功的，是传统剧目改变的经典案例。它淡化了旧剧《梁祝哀史》中哀伤的爱情悲剧情节，强调祝英台生活在封建时期，在"父母之命，媒妁之言"的年代，她毅然决然发对封建家长制和封建门第观念，正是由于这种侧重点的改变，使越剧《梁山伯与祝英台》以一种新的形象出现在人们面前，并受到大众的喜爱。总而言之，推动剧本创造性转化与创新性发展，结合时代潮流，不断地编创符合时代、大众审美的优质剧本。

三是推进演出团体常态化运转，开展多元展演方式。演出团队讲究的是团队协作，传统戏剧类非遗演出人员需数 10 人，表演难度大。同时，民间大多数戏班的运营相对来说是较为艰难的，很多戏班由于难以维持生计而放弃了传承。主要原因是：戏价低、演出活动少、设备老化、演出时间的不合理性等。第一，打破时空的局限性，借助多媒体技术。随着社会的发展，尤其是受众群体较少的传统戏剧，更应该与时俱进，抓住时代的脉搏，主动推进演出团体向常态化运转，打破传统的时间和空间的局限性。戏班转场换地中由于时空的制约，可以借助大数据平台对外传播，获取活动资源，从直播中获得的收入，破解时空的局限性。第二，做好科学管理，坚持送戏下乡。作为国家一直以来较为重视的工作完善基层公共文化服务体系建设，"送戏下乡"是一项国家文化惠民工程，丰富人民群众的文化生活，满足老百姓日益增长的文化需求。其一，戏班将传统戏剧带到村寨上去演出，具有高度的民众普及性，与村民之间面对面进行演出，不仅拉近了传统戏剧与人们之间的距离，还能够切实收到当地基层群众对传统戏剧的现场反馈。其二，省、市政府制定和出台相关政策，把"送戏下乡"纳入惠民工程必备工作之一。政府根据相关规定明确制订了演出费用标准，采用政府补贴，以独资或合资等方式，对现有的地方戏种表演团体进行演出费用支付，组织相关表演团体到以农村为主的场所为基层群众提供演出服务[1]。因此，戏班坚持"送戏下乡"可以提升农村精神文化面貌，促进乡村振兴的高质量发展。第三，主动开展义演活动，营造良好氛围。很多传统戏剧蕴含的文化价值极高，它们不仅是传承爱国主义和精忠报国的大无私精神，同时也是他们对祖先、对历史的情感寄托。当然，戏班应该积极主动地外出义演，将优秀的民族文化资源宣传出去，让更多的人了解传统戏剧的魅力，在此期间也对传统戏剧起到了一个宣传的作用，无形中也在传承。因此，在传承实践中努力地挖掘其内核与生命力，有意识地加强保护、加深认识、加以突出。

　　大寨地戏对开箱、开光、公演、扫场等都要进行严谨的仪式，戏班对于团队成员的加入或退出却并没有特别的要求，历代大寨布依族地戏团都不曾设有专门的队长，也不存在师徒之说，只要是热爱这门艺术都可以加入共同学习，核心成员则被称为组织者。大寨地戏的传承方式是老带新、熟带生，以口授形式将地戏世代相传。一直都是跟着表演的老前辈学习，刚开始是他们在台上表演，我就拿着木棍在台下学习，我10多岁的时候有20多个跟我同龄的人一起学习，后面因为各种原因，只剩下我一个在学习。一直都是以老带新，前辈指导后辈，相互学习的方式传承大寨地戏的。清代道光年间，创始人龙德甫从安顺平坝地区学习地戏表演。传承谱系如下：

---

　　[1] 苏乐."送戏下乡"对于非遗类地方戏种传承与发展的促进作用［J］.当代旅游，2020，18（10）：25—26.

传承谱系

第一代传承人：龙德甫，男，布依族，贵州省贵阳市花溪区大寨村；

第二代传承人：龙尚之，男，布依族，贵州省贵阳市花溪区大寨村；

第三代传承人：龙永芳，男，布依族，贵州省贵阳市花溪区大寨村；

第四代传承人：班世选，男，布依族，贵州省贵阳市花溪区大寨村；

第五代传承人：龙兴富，男，布依族，贵州省贵阳市花溪区大寨村；

第六代传承人：罗忠元，男，布依族，生于1940年2月28日，花溪区大寨人，省级非物质文化遗产代表性传承人；

第七代传承人：罗孝贤，布依族，生于1965年3月1日，花溪区大寨村人，市级非物质文化遗产代表性传承人。15岁开始参加地戏班子学习演艺，利用农闲时间练习，在《杨六郎大战张彤》剧中主演杨六郎，在《千里走单骑》剧中主演关羽，38年没有中断。2010年大寨地戏团正式成立，罗孝贤担任副团长至今。进入老年阶段，罗孝贤专门负责教授培养年轻演员。

王隆刚，布依族，生于1955年1月。在《杨六郎大战张彤》剧中主演张彤。

罗孝贤从艺40年，见证了大寨地戏的极盛时光和衰退时光，深知"后继有人"对于大寨地戏发展重要性。进入老年阶段，罗孝贤开始专门负责培养、教授年轻演员。目前，罗孝贤重点培养的有罗呈有、罗孝勇两位徒弟。自2016年起，罗孝贤将主演位置交给徒弟们，自己则负责指导、指挥工作。

罗呈有，男，布依族，生于1969年5月20日，高中学历，现住花溪区贵筑社区，2009年开始向罗孝贤学跳地戏，2016年开始主演杨六郎。

罗孝勇，男，布依族，生于1970年2月8日，初中学历，现住花溪区贵筑社区，2009年开始向罗孝贤学跳地戏，主要饰演剧中孟怀元、岳胜、张盖等配角，并担任戏团会计、出纳。

王银书

拾起"搂查节",守住四印苗宝贵财富

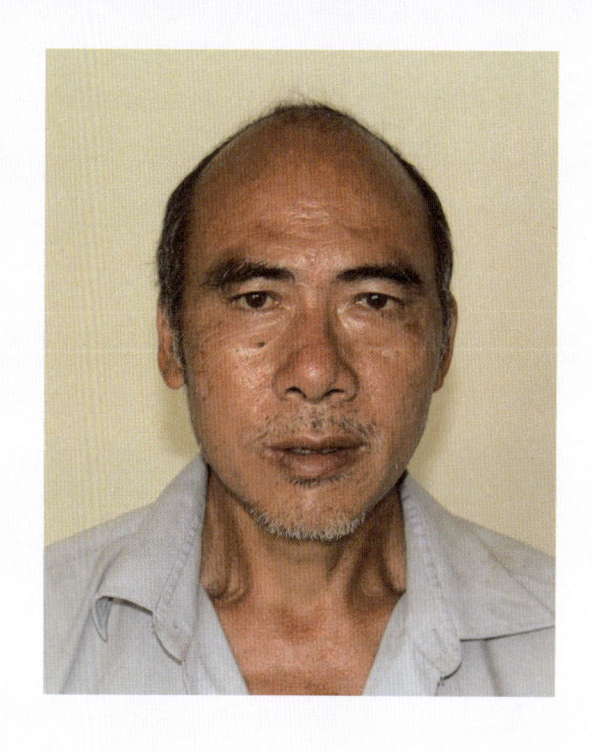

贵阳市非遗中心提供

传承人:王银书

采访时间:2022 年 8 月 21 日
采访地点:贵州省贵阳市修文县谷堡镇皮家寨红星村
采访人:王菲、杨青、黄丽丽
文章整理、撰写:王菲

※ 人物小传

王银书，苗族，1957年4月出生于贵阳市修文县谷堡镇皮家寨红星村，在苗族分支上属四印苗支系。自小在修文县谷堡乡红星村皮家寨生活，长大后在家务农，耳闻目睹了四印苗支系的生活习俗，在爷爷、父亲的言传身教下，比较全面掌握了四印苗支系的各种风俗习惯，特别是在民族节日的组织和程序上，例如正月初五跳年厂，九月初四的搂查节，都是在他的组织下进行。2000年，开始担任村里的小组长，2012年被选为修文县谷堡乡先进小组长，2013年6月，王银书获得了"贵阳市民族文化传承人"称号。2013年，红星村"搂查节"被贵阳市人民政府列入第三批市级非物质文化遗产；2013年5月，他被纳入第二批"贵阳市民族文化传承人"；2019年被评为贵阳市第三批市级非物质文化遗产代表性传承人。

（一）搂查节，见证了四印苗宝贵的历史文化

我们四印苗是发源于我国三江流域的一支苗族支系，[①] 听老一辈的人说四印苗的始祖簪汪，住在京城，是兵部首领，统管四尊大印。他的子女有九男五女，个个智谋超群。簪汪本与世无争，却屡遭黄龙（据传成神后为黄帝）、红龙（据传成神后成炎帝）率部侵犯，为了夺回地盘大打三次大战，经历过无数次战争，收复失地后决定归隐田园做凡人。但是，黄龙利用计谋骗取簪汪的宝物（龙心），痛失宝物（龙心）后，又继续发动战争争夺地盘，屡战屡败，于是便率领九男五女及其部族撤离家乡。他们从北方长途跋涉，跨黄河渡长江，最终到贵州清镇等地落脚。为了躲避黄龙的追赶，簪汪决定将九个儿子做了分支，让他们穿着不同的服饰，只有这

[①] 韩鑫. 非遗视野下"四印"苗的传承与保护 [J]. 中国民族博览, 2020, (02): 8—9.

样才可以继续谋生。最后,有六个儿子留在了如今的清镇等地,为了保存苗王印谱,他们将印谱绣在女性服饰上,故又名"四印苗",其余三个加入"歪梳苗""水家""白苗"支系。但是,由于我们四印苗没有文字记载的历史,都是依靠口口相传,一代传一代的方式,将其民族的文化保存于民族记忆中的口述史。

据相关史料研究,由于部落间的战争,苗族经历多次大迁徙,在整个迁徙过程中什么都可以舍弃,就是稻种不能丢。另外,加上在迁徙过程中稻米的种植和产量很低,他们需要保存好种子,以防迁徙到下一个聚居地没有粮食可食,所以稻米在苗族人心中有着崇高的地位。在艰苦的自然环境条件下,苗族先民们积累丰富的农耕经验,形成了各种传统生产习俗,创造了独特的稻作文化①。比如,在水稻种植的各个时期都有隆重的仪式,比如立春时举行"开锄仪式",播种时举行"播种节",插秧时举行"开秧门",插完秧后举行"解耙节",稻米收割时举行"吃新节"。其中,"吃新节"在黔东南地区仅次于一年一度的重大节日——苗年,有"仰依推卯依顿"之说,即"过年一天,过卯一餐之意",就是过卯节因是青黄不接的季节且是农忙时期,从而导致"吃新节"没有"苗年"过得隆重②。各地均通称为"吃新节",收获新的稻米、在这一天感恩耕地的牛、劳作的农民,用隆重的仪式迎接新米进家门,让农民看到了新的希望。然而,四印苗在清镇市主要分布在麦格苗族布依族乡的龙滩、龙窝、小谷陇,站街镇的中寨、茶山、木林等村寨。20世纪70年代,从清镇迁徙到修文县谷堡镇皮家寨红星村,该村地理位置较为偏僻,相对封闭的环境使该村保存了丰富的、完整的民族文化,传统节日得以传承至今。在岁时礼俗中,九月初四的"搂查节",农历九月初四是立秋以后,农民地里面的水稻都在收割,九月初四这一天水稻都收割得差不多了,对于"四印苗"

---

① 玄松南. 贵州黔东南苗族稻作文化[J]. 农业考古, 2005, (01): 161-165+175.

② 张文静, 刘金标. 少数民族节日保护探析——以苗族的吃新节为例[J]. 旅游纵览(下半月), 2018, (04): 176+178.

来说，粮食走进门，这是一件很重要和值得纪念的日子，所以为了庆祝丰收，就会在寨子上举行相关的活动来庆祝。

纵观中国节日的发展史，不难发现节日一直都是处于不断发展变化中，尤其是少数民族节日，受改革开放、经济文化的发展、民众文化需求等诸多因素对少数民族节日的发展变化有着巨大的影响。之前"吃新节"就不举办相关仪式和活动了，突然就按下暂停键。一直到2013年，红星村搂查节被贵阳市人民政府列入第三批市级非物质文化遗产代表性项目。"吃新节"这一天才开始举办仪式和活动，因为苗语"吃新"与汉字"搂差"读音接近，后人为了便于记忆，就把苗语的"吃新节"改为"搂查节"。自从"搂查节"被恢复以来，便受到了当地人们的重视，每一年在九月初四这一天当地苗民都会身着苗族服饰，每家每户都会到场，非常重视。但是，这几年由于新冠疫情的影响，全国各地的重要节日仪式和活动都不得不按下暂停键。节日当天，附近其他村寨的人也会一起来庆祝，红星村的人会在村口迎接，与他们对歌、饮酒以表欢迎。吉时一到，当地的村民们就会自发地聚集在跳花场中，由寨中比较有名望和权威的老芦笙艺人吹着芦笙迎接辛苦了一年的一头水牛进入跳花场中，随之入场举行祭牛仪式。在苗族的宗教观念中万物都是有灵的，由寨老拿着一把茅草面向东方，依次点燃香、蜡烛，焚烧纸钱，然后把米酒、稻禾、糯米粑喂牛，主要是为了感谢牛在这一年中的辛勤劳作。祭牛仪式完成后，再由老芦笙艺人吹响芦笙恭送牛退场。待祭祀仪式完成后，村民们身着传统的苗族盛装，吹着芦笙，打起木鼓，所有人围在一起跳芦笙舞，同时唱起了传统的庆祝丰收的古歌，通过跳芦笙舞和唱诵古歌，寄托他们对祖先的怀念、对牛的感恩，以及感恩自己在过去这一年的辛苦。此外，男性村民们还会聚集在一起开展斗牛、斗鸡、斗鸟等传统的竞技活动，聚集了众多围观的群众，活跃了现场氛围。

图37　2012年举办"搂查节"活动现场
贵阳市非遗中心提供

　　岁时节日，源于民众对时间的感受和生活的理解，是一种主观创造，是民众集体创造、传承、享用的民间艺术。同时，在人们的社会生活中约定俗成的群体性活动，是农业文明的伴生物，也是传统农耕社会中民众对日常生活的理解。在现代化进程中，传统文化必然因古今不同而变化，尤其岁时节日传承过程中必然产生文化变迁，如仪式、节日氛围、文化内涵等都会产生变化。然而，非物质文化遗产项目的提出就是通过更主动的方式，促进一些变迁的、贯穿古今的，以及增强文化的连续感和满足时代诉求的能力。"搂查节"被纳入非物质文化遗产项目的主要原因：一方面，"搂查节"的传承出现了"濒危性"，已经出现了失语状态。城镇化进程速度的加快，对传统文化的传承与发展带来了极大的冲击，在多种因素的共同作用下，传统节日的要素和功能发生了变化，这是民俗传承变异规律与社会文化力量共同作用的必然结果①。另一方面，2013年"搂查节"的再次命名，既是一种文化唤醒机制，也是一种文化转化机制，是激活传统文

---

①　邓清源，黄永林.要素传承与功能重构：中国传统节日重阳节的当代变迁［J］.节日研究，2021，（01）：35—48.

化因子，使其有机融入现代生活，进而实现传统节日现代化转化的重要方式。① 红星村"搂查节"的功能正被重新建构、重新定义、重新给予，以强调传统节日的现代适应性。

（二）重新命名，为经济发展赋能

随着现代社会的发展，人们对传统文化的诉求逐渐回升，民族传统节日作为传承传统文化的复合载体有着不可估量的作用。修文县谷堡镇红星村原本失传的"吃新节"，以"搂查节"的身份重新出现在人们的视野中，受到了广大的民众的关注，同时对当地的经济发展起到助推作用。首先，重新命名，将传统的与现代的文化因子进行重构。文化重构，是文化再生产的一种方式。红星村"搂查节"承载了传统农耕社会苗家人的生活方式和生活习惯，而在新的时代背景下，人们的生产生活方式已经发生改变，新的节日仪式、节日形式等都会应运而生，在传统与现代之间找到契合当代人的文化诉求。在文化选择机制作用下，文化重构是一种有效摆脱生存困境，促进节日发展的方式。红星村"吃新节"重新命名，以一种崭新的样态出现，并未改变活动的内容、主体、空间、情感，只是改变了节日的名称，赋予新的生命。其次，拾起文化记忆，增强民族文化自信。红星村"搂查节"民族是苗族民众集体创造、传承、享用的，是传统农耕时代各种文化形态的综合体，包括民族信仰、民族性格、生产生活方式、伦理道德等。在马林诺夫斯基看来，文化的出现就是为了满足人类的需求，而文化的继续存在也是为了满足人类的需求。所以，节日文化的延续是要满足当代人的需要而存在，故而优胜劣汰，适者生存。一方面，强化了当地的民族文化认同。"搂查节"中的祭祀活动，相同的信仰、服饰、饮食习惯等使人们产生了民族认同感；

---

① 张勃，王改凌. 再次命名与传统节日的现代转换——基于重阳节当代变迁的思考 [J]. 西北民族研究，2015，(04)：142-149+141.

另一方面增强了当地民族的民族文化自信。在共同的节日文化活动中，隆重的祭牛仪式、舞蹈、打糍粑、吃祭饭等的节庆活动，不仅加强了人们之间的联系，同时也让人们在参加节庆活动中感受到民族文化的魅力，从而产生文化自觉和文化自信。再次，通过举办节庆活动，带动当地的经济发展。自2002年，修文县以种植猕猴桃为主，县委、县政府提出振兴猕猴桃产业，并出台了支持猕猴桃产业发展的政策措施，促进了猕猴桃产业的崛起。同时，谷堡镇位于修文县西南面，是国家出口猕猴桃示范基地。2013年红星村"搂查节"复兴以来，每年农历九月初四举办"搂查节"，这个时候正是猕猴桃成熟的季节，在这一天很多外地人会慕名而来，一边参加节日一边购买猕猴桃，带动了当地的经济发展。目前，全县种植猕猴桃16.7万亩，居全国第四位，贵州第一①。但是，近几年由于新冠疫情的影响，"搂查节"没有举办，当地的猕猴桃销售渠道也受到了很大的限制，对于当地的经济发展产生了很大的影响。

汉魏以来，由于中外进行文化交流，外来节日也逐渐随之入华。新中国成立以来，节日的自然发展状态被迫按下了停止键。政府一方面通过将节日重新命名，如将"重九节"重新命名为"重阳节"，使其重获新的生命；另一方面设置了众多新节日，如植树节、妇女节、儿童节等，丰富了节日的类型。因此，节日正处在被建构的时代，刚刚复兴的红星村"搂查节"如何才能成功跻身于中国节日的行列中屹立不倒是值得深思的。同时，在全球化趋势下，旅游业的发展、文化需求的改变、文化经济的发展等多重因素的共同作用下，传统节日与现代节日之间不断地碰撞与交融，二者在"求同"中"存异"。习近平总书记对如何弘扬和传承中华优秀传统文化，提出"要处理好继承和创造性发展的关系，重点做好创造性转化和创新性发展"。对民族节日的创造性转化和创新性发展来说，虽然在节日的形式、主体、时间等方面进行创新，同时也取得了较好的反响。但中

---

① 中国经济网. 修文猕猴桃：绿了山野，富了百姓 [EB/OL]. (2019-07-29). http://tuopin.ce.cn/zg/201907/29/t20190729_32750253.shtml.

国社会仍处于不断转型中，尤其是文化不断变革所产生的矛盾和冲突一直处在调适中。同样地，民族节日的创新发展也存在诸多的问题。比如，节庆活动过度商业化、节日形式大同小异、节日原本意义被淡化等问题日渐显现。修文县谷堡镇红星村"搂查节"自从被恢复以来，也面临着较多的问题。谷堡镇红星村被规划种植猕猴桃，没有多余土地种植水稻，以至于当地民众很少种植水稻，所以也就对"搂查节"的节日仪式、节日意义等了解甚少，尤其在年轻人中了解"搂查节"的更少。在传承方面，家中小女儿也在积极学习本民族的民俗文化，现在能够演述苗族史诗《簪汪传》，苗年和搂查节等民俗节日的活动的相关仪式。

当然，"搂查节"的发展离不开政府政策的支持。在监管力度方面，修文县政府部门极其重视当地的非物质文化遗产保护工作。一是整理重点项目传承保护的具体情况，对国家、省、市、县等各级非物质文化遗产项目均进行档案留存；二是注重非物质文化遗产代表性传承人的管理，每年都会组织非物质文化遗产代表性传承人参加培训，注重传承人各方面的能力；三是积极落实传承实践情况，如2020年修文县申请了10万元省级非遗项目保护资金，用于保护传承当地非物质文化遗产。在经费投入方面，自2013年红星村"搂查节"恢复举办以来，修文县对其进行了相应的补助，累计已有8万余元[1]。政府和村委非常地重视"搂查节"，2013年恢复至2019年疫情爆发之前，每一年都会出资组织举办一次隆重的"搂查节"活动，政府和村委的工作人员都会来参加，并提出一些有关如何依托"搂查节"发展村上的乡风文明，强调要一直坚持举办下去，传承下去。另外，2017年政府和村委合资修建了"搂查节"举办活动的广场，让"搂查节"有了举办节庆活动的场地。

---

[1] 修文县人民政府. 修文县非遗工作基本情况［EB/OL］.（2022-04-28）. http：//www.xiuwen.gov.cn/zwgk_5667434/bmxxgkml/wtgdlyj/zclsqk/202204/t20220429_73673901.html.

图38　2012年举办搂查节王银书准备祭牛

贵阳市非遗中心提供

（三）守艺人，守住回忆留住根

王银书膝下有四个女儿，都已经成家，家中就只剩下老伴和他。平常都是以种植猕猴桃为生计，农闲时就在村里帮忙处理一些事情。自2000年开始在红星村工作，担任二十多年小组长和六年村委会委员，2021年，他主动辞去红星村小组长的职务，主要是处理很多事情都需要在电脑上操作，自己对这方面完全不懂，加上自己年纪大了，手脚做事也变慢了，怕耽误工作进度。另外，这个时代的发展速度是迅猛的，这个时代的发展需要这个时代的年轻人来出力，把机会留给年轻人，于是他就主动辞去职务。他自小喜欢跟随家中长辈学习，耳濡目染，对本民族的民俗文化了解颇深，尤其是在仪式方面。儿时村寨里面举行"鼓藏节""苗年""吃新节"等各大节日活动时，最爱跟随家中长辈去学习，在举行相关仪式时，可以一直盯着看，眼睛都不眨，非常感兴趣。"搂查节"自王银书主持恢复后，每年举办节日活动都是由他主持相关节日仪式，目前已主持和操办近10年，每一次都是亲历亲为。当需要修建节日活动举办地时，第一时间站出来，主动让出自家土地，只为让"搂查节"继续传承下去。

2000年到2021年，王银书担任21年的小组长，其间还兼任了6年村委会委员，同时还拾起失传多年的"搂查节"，重新命名，给予了其新的生命力。自"搂查节"恢复后，由其担任民族文化传承人，带领村上的人一起将老祖宗留下来的宝贵遗产传承下去。在被评为红星村"搂查节"传承人之前，一直在村上担任小组长。2004年12月20日选举中，当选为红星村村民委员会委员，任期至2007年12月19日；2011年3月15日选举中，当选为红星村村民委员会委员，任期至2014年；2012年，因工作突出，被评为"优秀小组长"；2013年5月，被纳入第二批"贵阳市民族文化传承人"；2019年12月，被评为贵阳市第三批市级非物质文化遗产代表性传承人。

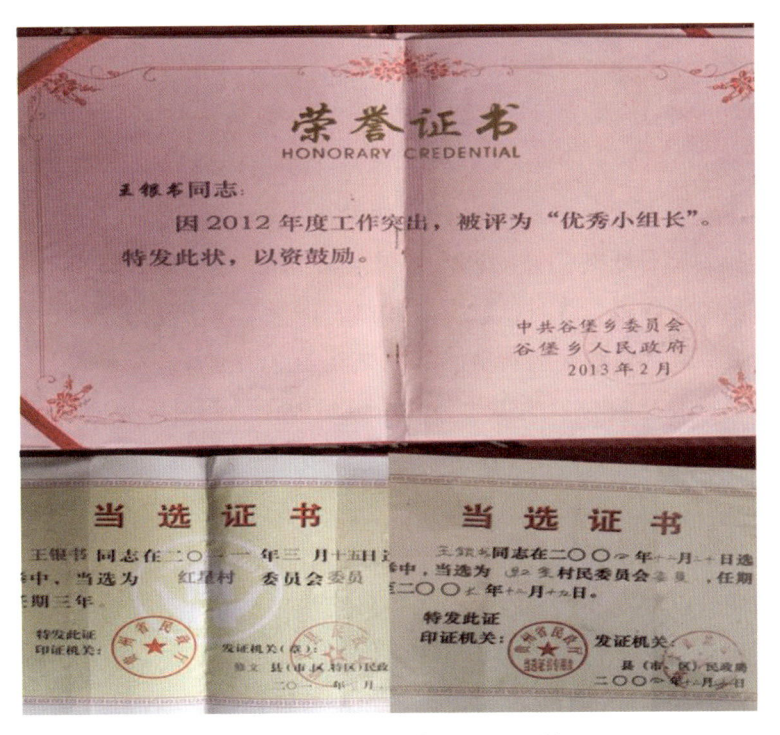

图39 "优秀小组长"证书 王菲摄

在历史的长河里，一个民族的兴起，一个国家的崛起，都离不开支撑历史的小人物，他们在历史篇章外书写自己的历史。历史中的大事件记载的是大人物，但是那些被淹没在历史长河中的无数小人物更应该被看见。人们赞美流星，是因为它燃烧着走完自己的全部路程。王银书在红星村勤勤恳恳地工作了二十多年，在主动辞去职务时，村民们万分不舍，希望他一直干下去。但他却说"一代人有一代人的长征路，我的长征路就只能走到这儿，剩下的路只能留给下一代"。尤其在"搂查节"失传阶段，王银书绞尽脑汁地想怎样才可以将"搂查节"恢复，但是由于自己的各方面能力的限制，实在没有办法独自将其恢复。于是就主动找到村委会，把自己的想法给村里的村委说，大家一起竭尽全力，最终皇天不负有心人，"搂查节"于2013年被纳入第三批市级非物质文化遗产代表性项目，同年，王银书也被评为"贵阳市民族文化传承人"。在"搂查节"被恢复后，他深知自己肩巨重任，刚刚被恢复的节日很难在第一时间受到民众的重视，于是在"搂查节"节日活动举办的第一年，他极力宣传"搂查节"，亲自操办活动的一切流程，节日要举办前一个月，他每天都在筹办节日当天的物资、表演节目、主持仪式等，甚至牺牲自己的休息时间来筹办活动。

雷锋曾在日记中写道："人的生命是有限的，可是，为人民服务是无限的，我要把有限的生命，投入到为人民服务之中去。"王银书在红星村工作的二十年里，将自己的青春和热爱都奉献给了这份工作。外出学习时，看到其他村寨建设得非常好，尤其是卫生条件的整顿，所以回来之后就给村委反映村里的卫生条件应该整改，后面村委也听取了意见，由王银书来负责红星村的卫生条件整顿，安排人几天打扫一次街道的卫生和寨子道路两旁的卫生，也会去写一些标语，提醒村民注意卫生条件，不要乱扔垃圾。从以前的脏乱差，比如街道两旁堆满了垃圾，到现在的乡风文明示范区。此外，由于"搂查节"失传那几年，举办节日活动的地方就被规划了，恢复后没有了举办节日活动的地方，他深思熟虑后，跟红星村的村委那边商量，最终由谷堡镇政府出资修建广场，修建广场的地方是王银书自己的土地，他主动让出土地，让"搂查节"有了举办节日活动的地方，同时也让"搂查节"重新焕发生机，以新的样态出现，激活民族文化。王银书用民俗文化引领猕猴桃产业发展，增加当地民众的经济效益，促进当地民众增收致富，持续推进农村"五治"和"八乱"整治工作，把改善农村人居环境作为扎实推进乡村振兴发展的主脉络，努力实现"民富、家洁、寨美"。将民俗文化与乡村振兴发展相结合，不断配套完善基础设施，改善人居环境，全村面貌得到了很大的改善，美丽文明乡村的建设初见成效。王银书口述中谈及"吃水不忘挖井人"他表示红星村能有如今的成绩离不开各级政府的大力支持，更离不开红星村村民的共同努力。

（四）留住民族文化，增强民族文化自豪感

红星村"搂查节"属于民俗类项目，历史悠久，蕴含我国传统的农耕文化。我认为目前红星村"搂查节"也同样受困于民俗类的发展困境，受外来文化的冲击和传统节日习俗的淡化，以及人们的文化需求的变化等原因。所以，我觉得可以从以下三个方面对红星村"搂查节"的传承进行展望：

一是发挥政府的主导作用。自党的十八大以来，政府部门对我国传统文化的保护和发展尤为重视，并在政策上给予了极大的支持。优秀的传统文化是我国文化软实力的重要体现，民族节日作为我国传统节日之一，其丰富的文化内涵，充分地发挥其文化价值，将有利于提升文化自信，在建设社会主义文化强国的过程中起到了不可估量的作用。首先，加强对民族节日文化的立法保护。制定相关法律、法规、政策，为民族节日提供有效的法律保障。2005年文化部（现文化和旅游部）、国家民委关于印发《关于进一步加强少数民族文化工作的意见》的通知中指出："落实党中央和国务院制定的一系列文化经济政策，是加快民族地区文化事业发展的重要保障。各地要认真落实党的十四届六中全会决议

中的'对中西部欠发达地区和少数民族地区文化事业增加投入'的政策。"① 由此可见，政府早已经开始重视少数民族文化的保护与传承。政府在民族节日的保护与传承中发挥主导作用，通过加强对立法保护工作的开展能够有效提升传统民族节日的影响力和认同度。但是，社会变迁导致的习俗式微仍是一大挑战，政府应该加大对民族节日节俗保护的保护工作，充分挖掘其文化内涵；在立法保护方面，突出民族节日文化的保护，加大财政的支持力度。其次，积极创新民族节日文化的内容。政府是公共文化服务的提供者，民族节日一直处于不断发展、变化之中，其节俗在不同历史时期折射出不同的时代需求。习近平总书记在党的十九大报告中提出，要"推动中华优秀传统文化创造性转化、创新性发展"，在文化选择机制作用下"升华内涵、注入新质"。因此，从政府角度出发，不能停留在传统的保护和传承上，需要不断地创新、注入新质生产力。一方面，民族节日文化内涵也在用它的方式探寻一种平衡，与所处时代和谐共生。那么，政府需要不断地创新民族节日形式，使其在新的情境中重获新机，才能成功跻身于现代社会。另一方面，政府需要搭建公共文化平台保护和发展民族节日文化，创新民族节日庆祝方式。

二是重视社会的引领作用。随着社会的快速发展，传统文化也在适应时代的发展，协调自己与人类的和谐关系。各个阶层都是社会的组成部分，每一部分都是不可或缺的。一是媒体做好民族节日文化的宣传工作。中华民族是一个具有厚重感、仪式感的民族，数千年的历史文化从未断层，浩如烟海的民族文化引得世人为之侧目。近几年，5G技术、VR、3D、元宇宙等新媒体技术的出现，成为影响社会发展的重要因素，已经渗透社会的各个方面。对于民族节日的发展，新媒体技术起着不可估量的作用，利用新媒体技术来创新民族节日文化文化的表达方式。另外，新媒体技术具有传播速度快、传播范围广等特点，对于传播节日文

---

① 中华人民共和国政府网．文化部、国家民委关于印发《关于进一步加强少数民族文化工作的意见》的通知（文社图发〔2000〕号）．2005-6-17．

化具有重要的作用。因此，可以利用新媒体的优势宣传，吸引更多的人关注。媒体可以通过前期宣传，即在节日来临之际，利用广告、海报、视频等方式进行宣传，营造良好的节日氛围。与此同时，拍成短视频在抖音、快手等平台播放，官方媒体对民族节日进行专题报道。二是商家应做好民族节日的引导工作。由于市场经济的快速发展，很多商家单纯地追求经济效益，盲目推销传统节日商品，从而导致传统节日商业化的现象。商家在民族节日现代转型中，尤其要避免过度商业化，采取"升华内涵、注入新质"方式，以民族节日文化为基底，在此基础上进行创新。因此，商家对民族节日风气的形成也起着举足轻重的作用。商家做好民族节日文化的引导工作，在创造性转化和创新性发展的背景下，可以通过加强民族节日的娱乐性和趣味性，在保留传统的基础上进行创新。商家在追求经济效益的同时要注重民族节日文化的保护，举办具有娱乐性的活动，对于民族节日中的特色文化，可以开发具有民族特色的商品，形成民族节日文化品牌。

　　三是强化民众的主体作用。民众是文化创造的主体，既是传承者也是享用者。民族节日现代转型中，民众起主体作用。为此，需要提高民众参与政府组织的节庆活动的意识，打造民族节日文化的价值内涵，升华文化内涵，突出民众在民族节日现代转型中的主体作用。一方面，原故宫博物院院长单霁翔说"文化遗产保护应该是一项全民参与的事业"。民众才是民族节日的主体，民众创造了民族节日，传承了民族节日文化，理所当然也应该享用民族节日文化。第一，要让民众认知到自己的主体作用，通过"还水于鱼"将民族节日文化的"非日常性"适当地删减，让其回归民众的日常生活。第二，不断创新节日形式，焕发出新的生机。如"搂查节"祭祀活动主题可以打造出多种多样的节日形式，提高了人们的参与度，同时也让人们了解到"搂查节"更多的文化内涵。第三，民族节日文化有传统农耕社会民众生活的文化样态，"搂查节"文化对新的希望、新的生机的主题历经数千年岁月辗转，流传至今。所以，可以通过改进民众参与节日活动或日常生活的方式，来唤醒深埋于民众心底的文化血脉，让其回流于身体的每个部位，用文化血脉渲染民众情怀，以此唤起保护和传承民族节日文化的使命。当然，民族节日文化是民众的自主选择，其聚焦民众的日常生活。与此同时，民众实践中的"日常化"生活文化是创造力的源泉，是民族节日文化变迁和生产生活得以发生的根本性动力机制。因此，注重民众的文化诉求，提高民众节庆活动的参与度，与日常生活相结合。另一方面，打造民族节日文化的价值内涵。在全球化、现代化进程中，传统节日受到外来文化的冲击，以及人们生产生活的变化，从而导致了传统文化的"DNA变异"，衍生出新的文化。与此同时，也使传统节日习俗被淡漠，出现了传统与现代的二元对立现象。面对纷繁复杂的社会现象，尤其是多媒体的迅速发展，犹如洪水猛兽般对文化的生产和社会的运行都产生了影响，我们要如何透过现象看本质，在坚守的基础上创新，使其可持续发展是极其重要的。因此，提升民众的文化认知，升华文化内涵，注入符合时代背景下民众的现实需要的文化，扣时代主题，弘扬中国传统优秀文化的核心力。注重创造民族节日文化的"民"，切实考虑民众的需求，以此来探究其更深层次的价值，真正的实现民族文化自知、文化自觉、文化自信。

　　王银书对苗族的风俗认知得自于家传。因他的家族为四印苗王氏家族分支，自他曾祖开始掌管这一支系的王姓家族。在父亲王绍银的言传身教下学会了这一支系的各种礼仪。他的父亲王绍银随其爷爷王德富学习，王德富是跟他的父亲王进兴学习了苗族的风俗礼仪。

传承谱系

王德富：职业务农，作为王氏家族的族长自小跟随父亲和爷爷学习苗家风俗和礼仪，掌握了娄查节的各种仪式。

王绍银：职业务农，作为王氏家族的族长自小跟随父亲和爷爷学习苗家风俗和礼仪，掌握了娄查节的各种仪式。

王银书，男，66岁，修文县红星村皮家寨人，自小跟随父亲在掌管家族事务中得到了父亲的言传身教，在父亲去世后就开始管理着家族世务。每年的正月初五都要组织家族中的人到清镇鸡坝田进行祭祖的"跳年场"仪式，自2006年开始着手恢复四印苗支系在皮家寨和王家寨的"娄查节"举办，他通过自己对这一支系的知识，恢复了这一传统节日中的跳场、斗牛、斗鸟等传统苗族活动。自恢复后，深知传承人的重要性，于是开始授徒传艺，将技艺传授于：

王永进，男，28岁，修文县红星村皮家寨人。自2006年开始学习，主要学习斗牛的规则，目前已能独立主持斗牛；

王成友，男，30岁，修文县红星村皮家寨人；

皮有刚，男，35岁，修文县红星村皮家寨人。

周杰

丝丝相连恋乡愁，面皮包裹冷暖人生

杨思喻提供

传承人：周杰

采访时间：2023年4月19日
采访地点：贵州省贵阳市花果园金融大厦1704号
采访人：王菲、杨青、黄丽丽
文章整理、撰写：王菲

※ 人物小传

周杰，男，汉族，1978年出生于贵州贵阳；1993年家中遭遇变故，被迫肄业；15岁就开始跟随父辈在路边摆摊。2010年开始创业，因自幼跟随父亲学习制作红酸汤丝娃娃，耳濡目染，于是决心继承家族手艺，成立第一家"丝恋"店，先后在贵阳、遵义、凯里、重庆等地开设了周氏"丝恋"牌红酸汤丝娃娃专营店铺近20家；2014年成立贵阳市丝恋餐饮管理公司，打造独家品牌；截至2022年年底，在贵州、重庆等地开设近40家店铺。2021年11月，被评为贵州省第五批省级非物质文化遗产代表性传承人；现兼任贵州省酸汤产业协会副会长（理事长），一带一路美食艺术大赛评委会监理长，贵州省餐饮行业商会副会长等职务。

（一）百年技艺中的味蕾记忆

话说，中国人强调谷、果、畜、菜和谐搭配的饮食结构，同时也强调酸、甜、苦、辣、咸调和五脏的五味。"酸"排在五味之首，而且中国最早对调味品的文字记载，就是"酸"。[1]《尚书·商书》曾言："若作和羹，尔惟盐梅。"[2] 这足以证明"酸"在中国人饮食中的重要性。醋、菹和鲊是中国古代传统的酸食来源[3]，在先秦时期就已经出现"醋"和"菹"，"醯"是贵族才可使用的，是饮食调味中不可缺的调料，制作"齐菹酱"都需要用到醯；汉代时期，"醋"出现了液体酸味调料的含义，同时"酢、醯、苦酒"成了醋的别称；西汉时期，由于商业发展繁荣，逐渐将商业制

---

[1] 赵荣光. 中国饮食文化史 [M]. 上海，上海人民出版社，2014年5月第一版，第324页.

[2] 顾颉刚. 尚书校释译论 [M]. 北京：中华书局，2005年4月版.

[3] 蓝勇，唐敏. 历史时期中国酸食空间分布及成因研究 [J]. 云南大学学报（社会科学版），2020，19（04）：48—59.

醋发展起来，从而使食醋行业获得了较好的利润；隋唐时期，食醋在平民百姓家的日常饮食中逐渐普及；唐宋时期，有大量饮食著作记载，很多菜肴都是以"醋"命名，日益凸显"酸"在饮食调味中的作用；明清时期，涌现出各种各样的"醋"，比如山西陈醋、保宁醋、镇江香醋等都是在这一时期出现的。所以，"酸"的历史可追溯至数千年前，历史悠久、文化内涵深厚。

20世纪初，我的曾祖父周建恒在福建省厦门游走叫卖春卷，勉强维持生计。民国元年，战乱四起、民不聊生，周建恒举家迁徙到贵州省惠水县，同时也将"春卷"这门手艺带到了贵州。我们家先辈来到贵阳后很快就"入乡随俗"，喜欢吃"丝娃娃"。之后，便开始在贵阳学习"丝娃娃"的制作手艺，学到手艺后，就开始在家中反复尝试制作"丝娃娃"。由于地理资源的分布不均匀，贵州因地处喀斯特地貌，有着"地无三里平，日无三日晴"之称，加上贵州不产盐，以前的经济发展较为落后，平民百姓买不起盐，尤其是黔东南地区严重缺盐，于是就出现了"以酸代盐"的饮食风俗。在这种情况下，周家先辈在家附近发现了一种类似于西红柿，但又区别于西红柿的野生蔬果，贵阳人叫"毛辣角"，其酸不像西红柿的酸，它的酸是有点酸中带涩。一开始，他们就用附近的山泉水和菜籽油熬制，加上"毛辣角"多次熬制都为成功，熬制上百次，终于熬出来的汤鲜，而且有盐的味道。于是，在我祖父那一辈就将研制出来的红酸汤与丝娃娃结合在一起，创造出来一道令人流连忘返的美食——红酸汤丝娃娃。

我们周氏酸汤丝娃娃的制作技艺至今已经有100多年的历史，一直都在不停地在原有的基础上进行创新，尤其是对制酸工艺进行了多次改良。红酸汤丝娃娃的制作技艺中，面皮的摊制难度大，需要用手反复揉捏成团，取适中的面团摊制成面皮；酸汤的制作流程精细，选取新鲜的毛辣角和西红柿将其捣碎，自然发酵成红酸汤；配菜种类多，选取新鲜蔬菜，切丝放入，蘸红酸汤，用摊制好的面皮裹住，被形容为"襁褓中的婴儿"。我的父亲在祖辈的基础上他将传统红酸汤与苗侗酸汤二者结合，采取天然发酵的方式，保存了野生西红柿的酸味，丰富了酸的口感，制酸工艺也日趋成熟。然而，到了我这一代，我就打算结合现代人的口味，在原有的酸汤发酵中添加了新鲜西红柿，使酸的口感更加丰富，不仅增加了发酵的时间和难度，同时也在延续我们传统的周氏红酸汤的基础上又对其进行新的演绎。目前，我们红酸汤丝娃娃有"原汤"和"红汤"两种，其区别在浇灌的汤料。"原汤"是由酱油、醋等调料按比例混合而成，红汤就是周氏秘制的红酸汤。2010 年，我的第一家店"丝恋"牌红酸汤丝娃娃在贵阳开业，2014 年成立贵阳市丝恋餐饮管理公司，先后在贵阳、遵义、凯里、重庆等地开设了专营店铺近 40 家。我将周氏"红酸汤丝娃娃"通过更新酸汤配方，扩大菜品种类，打造独家品牌①，将其从吆喝叫卖到地摊，再到现在成为独家品牌，在贵州省各大商场都设有专营店。

（二）扎根地方文化母体，成为地方文化遗产品牌

我们"红酸汤丝娃娃制作技艺"一路走来也极其不容易，从区级、市级、到省级非物质文化遗产代表项目，其实也就说明它具有深厚的文化内涵和传承保护价值。2010 年，我以"丝恋"为名开设了第一家丝娃娃店，将贵阳丝娃娃和周氏祖传红酸汤进行融合创新，将街头地摊小吃搬进各大商场，这使得"丝恋"牌红酸汤丝娃娃成为贵阳小吃文化中的一张名片。首先，经专业机构检测表明："丝恋红酸汤的乳酸菌、醋酸菌、酵母菌及大量人体必需的氨基酸和多种维生素含量高，具有开胃、健脾、增强食欲的独特作用。"所以，红酸汤丝娃娃对人体的健康有作用，其也是越来越人喜欢吃的原因之一。其次，周氏红酸汤丝娃娃制作技艺具有百年历史，具有独特性。面皮的摊制，酸汤的秘制，配菜的种类等，其都见证了周氏这 100 年的颠沛流离和坚持传承创新的历史，也记录了贵州的饮食风俗。最后，要充分发挥"非遗"在社会发展中的作用，只有将其融入现代文化

---

① 温淑琪. 饮食类非遗项目产业化发展路径探索——以周氏红酸汤丝娃娃制作技艺为例［J］. 文化产业，2020，（29）：118—119.

体系中，发挥新的功能，才可能真正存活①。所以，我们周氏酸汤丝娃娃制作技艺一直在不断地改良、创新，始终秉持着"传承不守旧，创新不离根"的理念。从2010年5月丝恋品牌创立至今，以"丝恋红汤丝娃娃"为主线，打造了定位本土小吃集合的"思飨季"与专注快捷健康餐食的"黔巷酸汤饭"；从2010年第一家简易小店到2019年强调小吃成宴的高端餐厅"丝恋臻品店"；从2010年的5个人到2023年的上千人，用13年的时间，打造多个旗下品牌，40家店，"丝恋"已经完全蜕变为拥有正规、标准、系统的现代餐饮公司。另外为保证丝恋的血统纯正，坚持"不做加盟只做直营店"，并对所有店面员工进行统一培训管理。

图40　周杰教授学徒　贵阳市非遗中心提供

目前，我们周氏红酸汤丝娃娃制作技艺发展良好，开设近40家门店，

---

① 陈建宪. 文化创新与母题重构——论非物质文化遗产在现代社会的功能整合[J]. 民间文化论坛，2006（04）.

且分布在贵阳、遵义、凯里、重庆等地，并多次荣获殊荣及受邀中央电视台专访，在业界产生了很大影响，企业经营模式从单一化走向多元化。第一，严控把关质量安全，统一配送。丝恋红汤丝娃娃为了保证所有食材的质量，如打造制作面皮、酸汤和蔬菜的相关食材进行统一生产、加工、配送的服务体系，以食品安全、健康营养为中心，从源头上确保红酸汤丝娃娃的质量安全。尤其是红酸汤制作的材料十分讲究，否则会严重影响到酸汤的口感。第二，丰富产品类别，扩大产业规模。丝恋红汤丝娃娃以贵阳小吃"丝娃娃"为主线，独创菜品为特色的餐饮连锁企业。同时为了更好地推动企业的发展，在门店内持续推出新菜品，如恋爱豆腐果、包饼油条、怪噜饭、玫瑰冰粉等贵阳本地特色小吃，满足不同人的口味需求，扩大顾客群。坚持顾客需求和企业之间的互动，从而整体提升产业融合效益，推广和传播贵阳饮食文化。第三，立足文化根脉，不断创新发展。周氏红酸汤丝娃娃至今100多年的历史，从我的祖父周建恒手中起家；先辈周铭研制独特的配方，添加了蘸碟；周详贵研制出红酸汤；周正军开始售卖红酸汤丝娃娃；周煜改进面皮制作技艺；周希如改良了红酸汤制作技艺；一直到第七代传承人我手中，还是继续坚持创新发展，创建"丝恋"红酸汤丝娃娃品牌，同时致力于周氏红酸汤丝娃娃制作技艺的改良与发展。第四，推动线下餐饮企业与线上服务平台合作，打造贵阳丝娃娃节。在推动"强旅游"背景下，贵阳贵安"点亮夜经济 玩转避暑季"的工作安排，贵阳贵安城市IP打造，将本土非遗文化与城市文化内涵融合发展。将每年的七月初七"七夕节"设定为贵阳市丝娃娃节，因为我觉得"丝恋"的商标就是两个人相互依偎，像情侣一样，我认为丝娃娃本身就是有情感、有温度的食物，将"贵阳丝娃娃节"定于这一天，正是因为这一天的有着特殊的文化含义，希望这一天吃到丝娃娃的人，能够感受食物的温暖，也能体验到文化的魅力。在"贵阳市首届丝娃娃节"开幕式上，贵阳丝恋餐饮管理有限责任公司与上海华与华营销咨询有限公司达成正式合作，并发布丝恋全新形象。此外，现场还设置了专属特色的七夕非遗市集，包含精致手作、非遗小吃、精品精酿等①。目前，独具特色的红酸汤技艺，已经形成品牌核心竞争力，为周氏红酸汤丝娃娃制作技艺进一步辐射周边市场创造了条件。与此同时，随着企业的发展壮大，也出现了一些问题。一方面，出现了过度追求经济效益，从而忽视了核心技艺传承保护等问题。另一方面，由于推出新菜品的速度过快，菜品的传统文化内涵被忽视，丢失了最初的味道与内涵。

我们这项技艺是属于传统技艺类非遗，而传统技艺类非遗是传统社会中的生活实践，具有稳定性、保守性、经验性等特性，正是因为这些特性导致其滞后于时代科技的发展，比如"重传统、轻技术""重经验、轻科学""重传承、轻创新"等现象尤为普遍。"'传统技艺'根植于农业文明的经验主义和自然主义的文化样式，是一种按照传统经验、习惯和模式进行手工艺生产的日常生活实践活动，以代际传承的方式进行'文化基因'自在化、封闭性和内源化的传播。"② 然而，现代科技是以"理性主义和科学主义"为文化根基，因此，传统技艺与现代科技的最大矛盾点就在于"经验主义与自然主义"和"理性主义与科学主义"之间的对抗。传统技艺中的"经验主义"十分注重自然性、经验性、习惯性的传承发展，讲究技艺的本真性、活态性、整体性；而现代科技中的"理性主义"格外注重逻辑、推演、思辨的自觉化和抽象性。因此，在现代化进程中，将现代科技融入传统技艺发展过程中，二者在交融碰撞时可能会导致传统技艺的"本真性"减弱，从而出现传统技艺的部分功能丧失。但是，从事物发展的角度来看，任何事物都处在不断的变化和发展的过程中，自然界、人类社会和人的认识都是不断发展的，一成不变的事物是不存在的。习近平总书记不断强调："中华文化延续着我们国家和民族的精神血脉，既需要薪火相传、代代守护，也需要与时俱进、推陈出新。要加强对中华优秀传统

---

① 贵阳市文化和旅游局．首届贵阳丝娃娃节正式启动［EB/OL］．（2022-08-08）．http://wlj.guiyang.gov.cn/xwdt/bmdt/202208/t20220808_76012058.htm.

② 郑久良．非遗传统技艺与现代科技的辩证关系与融合路径——以手工造纸行业当代生产为例［J］．常州工学院学报（社科版），2023，41（01）：128—135.

文化的挖掘和阐发，使中华民族最基本的文化基因同当代中国文化相适应、同现代社会相协调，把跨越时空、超越国界、富有永恒魅力、具有当代价值的文化精神弘扬起来，激活其内在的强大生命力。"① 因此，传统技艺和现代技术之间虽然存在矛盾，但他们之间也存在辩证统一的关系。

近几年，丝娃娃制作技艺的发展离不开政府的相关支持。作为省级传承人，每年有5000元的补贴。尤其在新冠疫情爆发以来，政府部门对红酸汤丝娃娃制作技艺的帮扶力度还是很大的，在危机给了极大的关怀和扶持。一是社会保险类，2020年享受了社保减免单位部分和稳岗补助；2021年享受了稳岗补助；2022年享受了社保、医保缓交和留工补助。二是税务类，2020年至2022年享受了税务减免，不交增值税；三是商务局类，2021年享受了"千店万铺"补贴，钻石级酒家补贴，云岩区商务局老字号企业补贴。四是民建类，2022年民建贵州省委给予公司关于复工复产指导和意见。

（三）手艺人，用食物温暖一生

记得，我10岁时母亲去世，15岁时再次遭受父亲逝世的打击，15岁就肆业随家中长辈摆地摊，进过制糖厂、皮鞋厂、电子厂；做过服务员，打过杂，在饭店里面打杂3个月，学做过5年的凉菜，在餐馆当了5年的砧板师傅，负责切配，主动降薪去打合，即炒锅师傅和砧板师傅之间配合工作，这一干就是2年；10年的修炼，各项基本功夫掌握之后，正式成为炒锅师傅；后来到酒店当了6年的大厨，由于酒店倒闭，导致失业。失业后，陷入低谷，消沉了一段时间之后，再次重新振作起来，开启了创业之路，2010年成立了第一家"丝恋"店，屡遭打击，一直到2014年乘上餐饮行业的快车，红酸汤丝娃娃也乘坐上来这一列快车，走入正轨。2014年成立贵阳市丝恋餐饮管理公司，事业也逐渐开始往上走。我的目标是将周氏红酸

---

① 新广网，习近平在中国文联十大、中国作协九大开幕式上的讲话［EB/OL］．(2016-11-30)．http：//news.cnr.cn/native/gd/20161130/t20161130_523297322.shtml.

汤丝娃娃做到贵阳美食中的翘楚。也许，正是这一路的颠沛流离，才成就了现在的我。

红酸汤丝娃娃制作技艺，于2017年10月，纳入贵州省贵阳市云岩区非物质文化遗产名录；2018年10月，经贵阳市人民政府公布为贵阳市非物质文化遗产代表项目；2019年6月，经贵州省人民政府公布为省级第五批省级非物质文化遗产代表项目；2019年，荣获"红厨帽中国黔菜传承代表"称号。2020年12月，我被评为贵州省非物质文化遗产代表性项目"红酸汤丝娃娃制作技艺"的省级代表性传承人；2021年，荣获"最受瞩目青年烹饪艺术家"称号。我旗下的贵州丝恋餐饮管理有限公司，2016年7月，荣获"搜狐贵阳十大人气餐厅"第一名；2021年12月，荣获2020—2021年度"快餐数字营销贡献企业"称号；2022年1月，荣获参与抗击新冠疫情"先进单位"奖牌；2021年10月贵阳丝恋餐饮管理有限责任公司荣获第九届中国商业地产西南峰会"年度潮商业品牌奖"。

图41　贵州丝恋餐饮管理有限公司所获证书　杨思喻提供

在《书的秘密语言》中，光线昏暗的森林里面，阳光几乎被所有的大树覆盖，那么，那些幼小的树苗，怎样才能生长呢？如果照不到阳光，它们会死去，母树就会让自己的一根侧根和小树联系在一起，提供给它养分，然后帮助它在自己的身旁成长就像脐带一样。后面，自然学家分析出，这种林下弱光，其实是大自然的一种刻意的安排，就是为了让树苗能够笔直地长大。我就是在这样的环境下，饱受风霜、砥砺前行。10岁母亲因心脏病离开，15岁父亲突然逝世，仅仅15岁的我没有了家，没有了依靠，红酸汤丝娃娃是父亲留下来唯一的纪念。在双亲逝世后，我没有任何家庭背景，没有学历，没有任何一门技术在手，难以维持生计。于是，我就开始跟随长辈摆地摊，维持生计。一开始，我就选择继续做父亲的老本行红酸汤丝娃娃，是为了解决吃饭问题。后来由于各种原因外出打工，在餐厅里面打杂、学做凉菜、打合、做炒锅师傅，直至成为酒店大厨，一直都是在餐饮业打拼。但是世事难料，酒店倒闭，所有厨师都失业了。在深思熟虑后，最终我还是决定创业，将周氏红酸汤丝娃娃制作技艺传承下去，2010年开了第一家"丝恋"牌的红酸汤丝娃娃店。一开始到处碰壁，将红酸汤丝娃娃从小摊搬进商场并未大众的青睐，生意惨淡，难以维持生计。然而，我并未因此而泄气，反而更加坚持这条道路。因此，慢慢地开始研究传统周氏红酸汤丝娃娃的面皮的摊制，传统的酸汤是否符合当代人的口味，慢慢地在传统的酸汤研制中加入西红柿，丰富了酸汤的口感，改良了传统周氏红酸汤丝娃娃制作技艺，使其更适合当代人的口味，受到越来越多人的青睐。周氏红酸汤丝娃娃，是用面皮将切成丝的蔬菜包裹在一起，像是襁褓中的婴儿，裹着对我周氏先辈、英年早逝父母的怀念；裹着我这上半生的颠沛流离、命运多舛，裹着我创业之路的酸甜苦辣；裹着我对命运的不服输、对梦想的热爱。正是一路的颠沛流离，才让我更加珍惜现在拥有的，在我看来生命中遇到的所有困难都是上天的考验，只要熬过那一阶段就好了，走的每一步路都算数。

我记得，曾有人说过："一个人经过不同程度的锻炼，就获得不同程度的修养，不同程度的效益。好比香料，捣得愈碎，磨得越细，香得愈浓

周杰
丝丝相连恋乡愁，面皮包裹冷暖人生

烈。"我成长在普通的家庭,儿时父母双方逝世,独自在这人世间闯荡,有无数的心酸和苦楚无处诉说,唯一的倾诉对象就是——红酸汤丝娃娃,一遍一遍地熬制酸汤,一口一口地尝酸汤味道,有时候一天会尝到没有了味觉,但皇天不负有心人,最终研制出自己满意的一种口感。在改良和创新红酸汤丝娃娃制作技艺的时候,会诉说自己内心的酸楚,无数的黑夜慢慢地熬。所以,对我来说,红酸汤丝娃娃是我儿时的玩伴,对我个人的成长极其重要,在生命中担任了家人的角色,见证了我颠沛流离的前半生。一方面,对我性格的塑造,使我性格更加敏感、心细、倔强,具有同理心。目前"丝恋"旗下的所有员工都是10点上班,为了避开上下班高峰期,同时也是为了保障员工的睡眠时间。正是因为我自己淋过雨,才不想让其他人淋雨。另外,我感觉自己有很大的责任,自己就是从苦难中走过,现在要去帮助更多的人,一开始公司只有5个人,到现在的上千人,解决了上千人的就业问题和生计问题,这也是无比自豪的,同时责任的担子也越来越重,每一步都必须走踏实。我让"丝恋"牌的红酸汤丝娃娃从出圈到破圈,真正实现了"达则兼济天下"豁达胸怀。另一方面,对于生活的改善,周氏红酸汤丝娃娃制作技艺给了我重生的机会,犹如衣食父母。一开始就是为了吃饱,维持生计,拾起这门技艺,依靠这门技艺白手起家,到现在的衣食无忧,这无疑离不开这门技艺,给了处于绝望中的人一个新的希望。有人说"我们何必为人生的片段而哭泣,我们整个生命都催人泪下。"这里的催人泪下即指生命的坎坷,也指生命的壮阔。我们身处在万千宇宙中,宇宙中的每一颗繁星可以毁灭但绝不能被打败,每一颗繁星都有去追求极致绽放的权利,我相信,只要熬过了命运对你的考验,你就是万千宇宙中极力绽放的一颗繁星。

(四)用红酸汤"丝娃娃制作技艺",打造小吃里的大文化

红酸汤"丝娃娃制作技艺"属于传统技艺类,见证了我的前半生,也记载了祖辈一生。我认为目前红酸汤"丝娃娃制作技艺"也同样处于传统

技艺的发展困境，本真性的消逝、产品销售、品牌效应等原因。所以，我觉得可以从以下三个方面对红酸汤"丝娃娃制作技艺"的传承进行展望：

一是以不失其本真性为度量，进行生产性保护。非遗保护模式分为抢救性保护、生产性保护、整体性保护、立法性保护和博物馆五类，其中生产性保护是通过商业营销手段以文化再生产的视角探寻非物质文化遗产的可持续发展①，借助生产、流通、销售等手段，使其融入现代社会生活实践，并在生活中持久传承，打破了传统的"静态的、圈养式的"的保护模式，是一种能够兼顾经济效益、社会效益、文化效益的非遗活态保护模式②。对于饮食类非遗的生产性保护首先需要注意的就是，要结合当地的自然环境和人文环境，贴合当地民众的饮食习惯和需求。每一道饮食都是具有地域性的，日常生活是非遗的本源，需把满足人民群众的日常需求放在生产性保护的核心地位③。只有了解消费者需要什么，消费者才能为你生产出来的东西买单，是相互奔赴的。其次，将周氏红酸汤丝娃娃制作技艺转变成一种现实性的文化经济资源的同时，要尊重周氏红酸汤丝娃娃制作技艺的地域性，贵阳是其文化生境，正是这个地域空间和文化空间中孕育了具有贵州特色的饮食，红酸汤丝娃娃的制作技艺与贵州的饮食风俗有着密切的关系。最后，必须坚持以保护红酸汤丝娃娃制作技艺的核心技艺与原传统文化蕴涵的本真性和完整性为核心，不能过度追求经济利益，从而放弃了周氏红酸汤丝娃娃制作技艺的文化蕴涵和本真性④。显然，现代技术的介入必然会对传统技艺的传承造成一定的影响，但对于在生产性保护的过程中传统技艺类非遗的

---

① 宋俊华. 文化生产与非物质文化遗产生产性保护 [J]. 文化遗产，2012（1）：1—5.
② 汤夺先，伍梦尧. 非物质文化遗产的生产性保护：内涵意蕴、问题呈现与学理反思：以宣纸为例的探讨 [J]. 文化遗产，2017（6）：9—15.
③ 高艳芳，孙正国. 日常需求与文化创意："生产性保护"的观念与路径 [J]. 民俗研究，2014（3）：151—159.
④ 刘锡诚. "非遗"产业化：一个备受争议的问题 [J]. 河南教育学院学报（哲学社会科学版），2010（4）：1—7.

"本真性"保护,并不是原封不动的保护,而是保留其文化内核,将其背后的文化通过技艺的方式呈现出来,让更多的人了解到这项技艺背后的故事,用文化反哺经济。

二是升级优化产品结构,建立全产业链发展体系。全产业链是指利用多种产业整合方式,将某个产业的上游产业、下游产业的资源进行整合,进而提高整个产业的运行效率,降低产业运营成本,提高最终的产业效益①。贵阳市丝恋餐饮管理公司应该从源头做起,致力打造原材料种植与采购、食品原料的加工、销售渠道、物流配送等服务于一体的全产业链无缝延递安全体系,每一个环节都能够得到相应的保障,从而使食品的质量得到保证,同时也可以延长产业链,带动相关行业的发展,解决更多人的就业问题,对社会贡献一份微薄之力。此外,贵州省文化和旅游部等十部门印发《关于推动传统工艺高质量传承发展的通知》,努力推动传统工艺实现创造性转化、创新性发展,更好服务经济社会发展和人民高品质生活②。为了更好地推动传统工艺的产业发展,需要加大产业融合力度。在现代化进程中,通过创新文化资源融合的方式,将非遗文化资源整合发展,培育出更多的产业新业态。升级优化饮食类非遗项目的产品结构,抓住本地特色小吃,具有其成本低,消费人群广,接受度高等特点,将产品种类扩大,优化升级产品结构,从而推动产业的融合力度。然而,可以借助"非遗+"的东风,如"非遗+旅游"能够发挥更大效能,挖掘饮食类非遗项目的经济价值、文化价值进行文化创意,从而实现饮食类非遗的商品化,将其导入文化消费的市场。与此同时,打造饮食类非遗展销活动或节日,让其走进生活,实现非遗"见人见物见生活"的目的,促进"非遗+旅游"的融合发展。

① 陈立群.全产业链理论视角下我国乡村旅游产业发展路径[J].农业经济,2016,(10):52—53.
② 文化和旅游部等十部门印发,关于推动传统工艺高质量传承发展的通知[EB/OL].(2022-06-28).http://www.gov.cn/xinwen/2022-06/28/content_5698282.htm.

三是强化品牌战略意识，加大数字化宣传力度。周氏红酸汤丝娃娃作为贵阳特色小吃的领军企业之一，目前取得良好的经济效益与品牌效应。我将贵州特色红酸汤和贵阳丝娃娃打"组合拳"，对传统门店的品类进行了丰富和升级，收集到贵州各地的小吃加以改良后入驻菜单，菜品多元化，这使得丝恋成为贵阳小吃文化中一张具有代表性的名片。但是，随着消费群体的变化，对饮食类产品的需求更高，即注重吃得舒服，也讲究吃得有价值。我和我的团队也在寻找新的突破口，不断地深挖酸汤价值，将周氏红酸汤丝娃娃打入"黔菜"行列，丰富"黔菜"。为了更好地实现对数字化时代的产业品牌打造与推广，需要借助多个网络平台进行宣传。首先，在数字经济的背景下，互联网技术成为了各个行业发展的必备条件。据中国互联网络信息中心（CNNIC）发布的第 50 次《中国互联网络发展状况统计报告》中显示，截至 2022 年 6 月，我国网民规模为 10.51 亿，互联网普及率达 74.4%[①]。显然，互联网技术已经渗透到了社会各阶层，各年龄段，互联网是一个用户集聚的大平台。在 10 多亿的网民群众当中，占绝大部分的是大学生和年轻人，可以在抖音、快手、小红书等短视频平台陆续推进有关饮食类非遗制作过程的视频，并结合其背后的故事来吸引年轻群体的关注，通过不断累积粉丝，强化饮食类非遗项目的品牌效应。其次，传统媒介的宣传方式也是具有重要的作用，如国家电视台、地方电视台、杂志社等传统的宣传媒介还是有很大的用户群，将饮食类非遗的品牌形象在具有较为权威性的平台播出，有利于品牌形象的塑造。再次，创建微信公众号，按时以文字、视频、声音等形式推送相关饮食类非遗的信息来吸引观众，定期打开话题，让相关传承人与公众号上的观众进行实时问答，吸引更多的关注，从而有效地提升饮食类非遗产业品牌的推广质量。

[①] 中国政府网. 第 50 次《中国互联网络发展状况统计报告》发布［EB/OL］.（2022-09-01）. http://www.gov.cn/xinwen/2022/09/01/content_5707695.htm. 2022-9-1.

传承谱系

第一代传承人：周建衡（1748—1830），创始人，以售卖春卷为生，当时春卷主要是包裹素菜、豆腐等食材。在经营店铺过程中，他对食材选用严格要求且富有创新精神，不断尝试制作多样的食材使其口感丰富。

第二代传承人：周铭（1785—1873），周建衡之子，师傅周建衡。掌握了春卷制作工艺流程，独特的配方，在原有制作工艺上，有了大胆的尝试，将配菜丰富的同时，添加了蘸碟，此做法得到了亲朋好友的称赞。

第三代传承人：周祥贵（1855—1945），周铭之子，师傅周铭。民国初年（1912年）为避战乱，被迫举家迁徙，先至贵州惠水县，抗日战争时期（1938年左右）又迁徙贵阳。由于地域原因，当地十分缺盐，当时所用食盐，均取自四川自贡的井盐，数量珍贵且价格不菲，寻常百姓家中更视盐如黄金。周祥贵及家人因地制宜，在家附近发现了一种类似于种植西红柿的野生蔬果，贵阳人叫野生"毛辣角"，因野生西红柿口感酸涩，于是大胆地尝试采用野生西红柿、红辣椒加附近的山泉水还有菜籽油进行熬制，发现发酵熬制出来的红汤，不仅颜色鲜红，而且还酸爽开胃，鲜美可口，最关键的是居然还有一定替代盐味的作用。周家在这一次大胆的尝试之后，采用野生西红柿作为素春卷"丝娃娃"中搭配的原材料汤料，代替了当时匮乏的食用盐，使其价廉物美。

第四代传承人：周正军（1910—1995），周祥贵之兄，师傅周祥贵。继承和掌握了周氏丝娃娃的核心技艺，先后在惠水县及贵阳中华北路售卖周氏红酸汤丝娃娃店铺，门庭若市，极受食客欢迎，至此周氏红酸汤丝娃娃的知名度和美誉度到达鼎盛新时期。

第五代传承人：周煜（1929—1997），周正军之子，师傅周正军。先后在惠水县及贵阳中华北路售卖周氏红酸汤丝娃娃店铺，门庭若市，极受食客欢迎。

第六代传承人：周希如（1930—1995），周煜之子，师傅周煜。他在继承掌握了周氏丝娃娃的核心技艺，在原有西红柿酸里，添加了相同比例的红辣椒，调整发酵时间，使其酸味醇厚，在制作的手艺上获得较大的突破创新。

第七代传承人：周杰（1978—至今），周希如之子，师傅周希如。周杰在贵州贵阳出生后，先辈仍以制作出售"丝娃娃"为主业，自幼耳濡目染，深受饮食文化的影响，决心继承家传，成年后拜师学习黔菜，出师后致力于贵州名小吃的研究，尤其钟情于家常食材的烹饪。周杰坚持与父辈们一道认真传承薪火，刻苦钻研技艺，勇于改革，对祖辈们的研发不断地进行调整创新。在父辈研发的基础上，将西红柿碎浆以西红柿与红辣椒 3∶7 的比例熬制，融合的基酸按特定比例进行熬制融合，且发酵时间从 3 个月，延长至 6—12 个月，精心研制出的酸汤让传统工艺捕获到天然食材的美妙，浑然制出"果香酸味"新的圆润、饱满口感，呈现之时，味纯酸香、口感绵香四溢。周杰先后在贵州省云岩区、南明区、花溪区等地创立了 20 家周氏红酸汤丝娃娃专营店铺，带动就业人数 800 余人，2014 年创办了"贵阳丝恋友仁贸易有限公司"及"贵阳丝恋餐饮管理有限责任公司"，2015 年申请注册了"丝恋"注册商标，并多次荣获殊荣及受邀中央电视台专访，在社会及百姓生活中有较大的影响力。

第八代传承人：周子楠，2009 年出生，现上小学，从小跟随父亲周杰学习"周氏红酸汤丝娃娃"制作技艺。

周杰

丝丝相连恋乡愁，面皮包裹冷暖人生

丁文建

坚守制酸古法，成就老凯俚

传承人：丁文建
作者提供

采访时间：2023 年 4 月 20 日
采访地点：贵州醉苗乡餐饮投资管理有限公司
采访人：杨青、黄丽丽、孙楠楠
文章整理、撰写：杨青

※ 人物小传

丁文建，汉族，1974年出生于黔南布依族苗族自治州瓮安县草塘镇，民建会员、贵州醉苗乡餐饮投资管理有限公司董事长、连续3年担任贵阳市云岩区人大代表、贵州苗学会副会长、"老凯俚酸汤鱼"创始人。1993年7月，丁文建技校毕业后被分配到险峰机床厂工作。1993年开设第一家"老凯俚酸汤鱼"的门店，2014年12月，被认定为贵阳市第三批非物质文化遗产"丁氏苗族传统酸汤"的传承人。2016年，"老凯俚酸汤鱼"被认定为"中国驰名商标"。曾先后荣获"贵州省十佳餐饮企业家"、"贵阳市劳动模范"、贵州青年商会首届贵州"青年杰出企业家"、贵州省贵商总会"改革开放40周年贵商风云人物"、"云岩区优秀人大代表""贵州省劳动模范"等荣誉称号。其次，丁文建创办了酸汤技艺培训班，其中高启现、杨希忠、李立东从中脱颖而出，成为了酸汤技艺的主要传承人。整合推广贵州民族文化和特色美食，制一酸、做一鱼，"老凯俚酸汤鱼"因"丁氏苗族传统酸汤"成为了贵州一块响亮的"地方美食名片"，成为了贵州餐饮文化的一个"符号"，把贵州酸汤作为贵州美食名片推向全国，让世界爱上酸汤鱼，成为丁文建的人生事业目标。

（一）追溯"丁氏苗族传统酸汤"制法，守住酸汤鱼的"魂"

作为"丁氏苗族传统酸汤"的传承人，我明白该技艺有着非常严谨的制作工艺流程，对加工过程中的火候控制有着严格的规定，同时对于发酵时间有着严格的控制，经过每一道工序的精心打磨，才能让酸汤的天然醇香恰到好处，汤味鲜香浓郁，酸爽开味。始创于1993年的"老凯俚酸汤鱼"的酸汤秉承了"丁氏苗族传统酸汤"的制酸技艺，制作过程坚守传统做法。贵州苗族祖先传统的制酸古法，通过对贵州苗族，侗族饮食方式的不断研究，选用的原材料必须选用贵州当地种植的小番茄和辣椒，在制作酸汤的过程中，对酸汤发酵的温度和时长有严格的标准，确保酸汤的质量稳定，口感恒定。其独特的配方具有预防骨质疏松、减少血液胆固醇、增加抵抗力、保持肌肉神经的兴奋性以及维持机体的酸碱平衡等功效。"丁氏苗族传统酸汤"在 2013 年 8 月 14 日，经云岩区人民政府公布为云岩区非物质文化遗产代表项目；2013 年 11 月 7 日，经贵阳市人民政府公布为贵阳市非物质文化遗产代表项目。

我们丁氏家族的独特酸汤鱼是起始于 300 年前，那"酸汤鱼"中的"酸汤"历史则是更为悠久，丁氏家族也是传承先民对酸汤的热爱，才能熬制出美味的酸汤。关于这个酸汤，还有个传说叫"无情酒"，传说的内容主要是：远古时候，青葱的苗岭山上住着阿娜姑娘。你也许能在山涧茂林中，听到她比银饰叮咚清响更悦耳的笑声，苗家姑娘的大方爽朗你都能在她身上看见。如果她的能歌善舞、秀丽端方是一汪碧泉，那她酿的美酒就是热情似火的"辣子"。不过许多前来求爱的小伙都没能喝到这样的美酒。来求爱的小伙喝完姑娘斟的一碗酒，若是觉得酸得凉心，那便是姑娘不中意他。每每这个时候，大有不愿离开的人儿会在姑娘家篱笆外徘徊不去，夜幕降临之时，笙歌欢起，欲邀姑娘相会。姑娘也只得无奈唱道："酸溜溜的汤哟，酸溜溜的郎，酸溜溜的郎哟听阿妹来唱，三月槟榔不结果，九月兰草无芳香，有情山泉变美酒，无情美酒变酸汤……"此处讲到的"无情酒"就是"酸汤"，因此从这个传说中可以看出酸汤的悠久历史。其实贵州原本的酸汤是酿酒时的尾酒制成，后来逐渐发展成为"米汤"制酸、"毛辣果"制酸、"糟辣椒"制酸等。

追溯我家传承的"丁氏苗族传统酸汤"制法，始于 1711 年，之后都以代代单传的方式延续，制作工艺秉承祖传秘方，十分考究。在那物资匮乏的时代，因为交通和地理等因素，盐成为了贵州大多数百姓生活中极为稀缺的物品，生活中缺盐少油成为了一种常态。苗族先民在生产生活中发明了酸汤，一定程度上替代了盐的功效。当时，我的祖辈与苗族杂居被苗族同胞，授以酸汤制作的手艺，解决了食盐的困扰，从而渐渐地也形成了食"酸"的家族饮食习惯。300 年的时间，丁氏家族一代代人在生活中将酸汤鱼传承下来,"丁氏苗族传统酸汤"制作技艺传承至今,只有我继承了酸汤全部的制作精髓。

近几年,国家越来越重视我国非物质文化遗产的传承和保护,传统技艺"丁氏苗族传统酸汤"被列入贵阳市第三批非物质文化遗产,而我作为"丁氏苗族传统酸汤"技艺的传承人,族别却属于汉族,该传统技艺被称为"丁氏苗族传统酸汤"是因为我的祖辈是从四川迁徙到贵州省黔南布依族苗族自治州的瓮安县草塘镇的一个苗族村寨里面。首先祖辈他们也会制作酸汤,迁移来到瓮安县草塘镇之后入乡随俗,跟着苗族的祖先学习他们的酸汤制作技艺,将两种酸汤的制作技艺进行结合创新,既然源于苗族酸汤,那么就将研发出来的酸汤制作技艺命名为"丁氏苗族传统酸汤"。"丁氏苗族传统酸汤"的制作技艺是推动"老凯俚酸汤鱼"美食品牌发展的核心力量。众所周知,酸汤鱼起源于黔东南苗族侗族自治州凯里市,酸汤鱼市在1923年进入贵阳市,想要将酸汤鱼做成一张美食名片,首先好名字是重中之重,可以对以后的发展起到重要的推动作用。开始注册的品牌是"老凯里酸汤鱼",由于地名不能注册,所以将"里"改为"俚","俚"代表着人生的里程。寓意着人的一生当中一定要有朋友的陪伴,团队共同努力一起走完人生的里程,让人生的旅程走向精彩,走向成功。企业的发展也一样,企业的成功必须赢得团队的支持,吸引同道中人,才会越走越辉煌,越走越稳健。在2017年开始,我在深圳和广州地区连续开设了7家"老凯俚酸汤鱼"的直营连锁店,由于受到新冠疫情的影响,三年的时间就关闭的6家门店,只剩一家门店在深圳。截至目前,"老凯俚酸汤鱼"在贵州共有16家连锁直营店。在我的倡议和推动下,老凯俚联合贵州省质量技术监督局、食品工业协会及多家单位共同研究酸汤的制作标准,制订了《贵州酸汤调味料地方标准》,加快推动酸汤行业的规范化发展和建设。我虽然不是在贵州第一家做酸汤鱼的,但是我立志将"老凯俚酸汤鱼"做成贵州的一张名片,要把"丁氏苗族传统酸汤"推向全国,要守住酸汤鱼品牌的"魂","有文化浸染的就餐体验才有'魂',才有独特的吸引力"。

在我对"丁氏苗族传统酸汤"技艺传承创新的推动下,创办了贵阳市第一家"老凯俚酸汤鱼"火锅店，经过多年的经营，现在已经将"老凯俚酸汤鱼"打造成为了贵州省酸汤鱼"第一品牌"。作为餐饮服务行业，通过对"丁氏苗族传统酸汤"制作技艺的梳理和研究，主要是为了让更广泛的人群来接受甚至喜欢上"丁氏苗族传统酸汤"的味道。其建立的贵州醉苗乡餐饮投资管理有限公司成为了2012年发布的《贵州酸汤调味料地方标准》和2020年发布的《酸汤调味料团体标准》等两个行业标准的起草单位之一。经过20多年的艰苦创业，由我创立的核心品牌"老凯俚酸汤鱼"已成为贵州省一张最具代表性的"地方美食名片"，2008年，"老凯俚酸汤鱼"被认定为"贵州省著名商标"；2013年通过认证，获得"贵阳市非物质文化遗产"；2016年，被认定为"中国驰名商标"；2020年被省商务厅认定为"贵州省老字号"。"贵州醉苗乡餐饮投资管理有限公司"近几十年，获得上百个荣誉，例如由贵阳市人民政府颁发贵阳市2009年度商贸流通先进企业"一等奖"、2012年12月，由贵州省文化体制改革和文化产业发展工作领导小组认定为首批"贵州省文化产业示范基地"、2013年1月被评为"贵州自主创新品牌100强"、贵阳市商务局由云岩区盐务街街道办事处颁发的2022年经济贡献奖、贵州首家苗菜研发推广示范基地等等。我创立的"老凯俚酸汤鱼"品牌先后荣获2009贵阳旅游特色饮食大赛——苗族特色火锅奖、2010中国•贵阳避暑季欢乐美食节——十佳百姓餐厅、贵州省食文化研究院——名特文化餐饮企业、贵州省著名商标、贵州省自主创新品牌100强、贵阳市老字号、"贵州省名火锅"、"贵州省文化产业示范基地"等多项荣誉。

图42 丁文建制作酸汤火锅
来源贵阳市非物质文化遗产保护中心

图43 老凯俚酸汤鱼
来源贵阳市非物质文化遗产保护中心

（二）"老凯俚酸汤鱼"的传播点，"丁氏苗族传统技艺"的记忆点

以前酸汤的制作在原材料的品质、配料比例、发酵时间等全靠感觉和经验，我为了提升酸汤的品质，完善产品制作标准，建立工艺制作标准。第一，实地走访，尝遍酸配方。无论社会怎样发展，地域文化的根是永远不会消逝的。我带领自己的团队不停地走访苗族、侗族等少数民族村落，尝遍省内各种配方的酸汤，考证苗族、侗族等少数民族传统制酸的方法，并通过对贵州苗族饮食文化的不断挖掘和整理，对"酸"不断研究和改良，通过与农户签订定向种植收购协议的形式，把控酸汤原材料关口，从食材选择、发酵工艺和时间控制等方面严格把控，最终研发出色红汁清、酸辣相宜且被评为"贵阳市市级非物质文化遗产"的"丁氏苗族传统酸汤"。第二，守住传统，优化工艺流程。我始终主张坚持传统，以祖传配方为基点，勇于进行创新尝试，在全面掌握"丁氏苗族传统酸汤"制作工艺流程的基础上，我还去图书馆及网上查阅大量书籍文献等资料，并且结合现代食品学和营养学的相关理论知识，对"丁氏苗族传统酸汤"的制作技法进行了改良创新。在改良创新的基础上利用现代化的仪器和设备对"丁氏苗族传统酸汤"制作工艺流程做了优化调整，使酸汤更加酸鲜可口，酸而不烈，辣而不燥。第三，媒体加持，增强记忆点。我为了对"丁氏苗族传统酸汤"进行保护、传承与发展，迄今为止，贵州醉苗乡餐饮投资管理有限公司通过创新手段和经营性保护等的手段，投入逾千万元对"丁氏苗族传统酸汤"的传统制法进行保护及发展，并对传统工艺进行更深入的研究，运用"发展性保护"的思维保护酸汤传统技艺的传播，并通过搜集民间其他制酸方法、整理记录食用酸汤历史、收编酸汤烹饪技艺人等工作，建立了完整的档案，用影像等数字化媒体手段对"丁氏苗族传统酸汤"制法的传统技艺进行真实、全面、系统的记录并妥善保存。2016年，我主动结合传统媒体和新媒体，扩大"老凯俚酸汤鱼"的宣传和推广渠道，"老凯俚酸汤鱼"推进"互联网+"，开发推出了老凯俚酸汤鱼APP，

增强与食客的互动，使其成为"老凯俚酸汤鱼"的传播点，"丁氏苗族传统技艺"的记忆点。第四，建设美食名片，打造沉浸式体验感。贵州省是少数民族聚集的省份，贵州的酸来源于民族，把民族文化融入到美食当中，让美食更具有贵州独有的民族文化和民间属性。在2000年左右，我组建了民族艺术团，一进入店内，芦笙演奏、民族歌舞就直观地展示着贵州少数民族文化，从门面的装修设计、菜肴的创新改良等方面逐渐把贵州的人文精神，民族文化、民族演绎融合在一起，经过30年的坚持，将"酸汤鱼"与贵州的民族文化充分结合，逐渐形成贵州最具特色的一张文化名片，同时也成为美食品牌，让更多的人群接受并喜爱上"老凯俚酸汤鱼"，了解"丁氏苗族传统酸汤"。

我认为传统技艺源自民间，同时也服务于生活，依靠手工操作为主的社会实践活动，手工劳动创造了人类社会发展和实践活动的整个过程。随着社会的快速发展，现代生产设备的出现对于传统技艺传承发展产生了一定影响，当传统技艺与现代生产设备结合时，改变的只是传统技艺在生产的部分，而不是改变传统文化的内在价值和独有的特色[1]。"丁氏苗族传统酸汤"制作技艺现在会采用现代生产设备，由于贵州省内已有16家"老凯俚酸汤鱼"的门面，"丁氏苗族传统酸汤"作为核心，需求量也在不断的加大，仅仅依靠人工的话，生产量是跟不上需求量的。从八九月份的辣椒收购开始，辣椒的采摘、运输以及加工的时间必须保证在两天之内完成，这样的时间才能最大程度上保证辣椒的新鲜度，保证制作出来的酸汤口感达到标准。在我看来，现代生产设备的加入展现出两个优势，第一个优势是提高了生产效益，以前由于需求量，手工制作完全可以满足需求量，但是随着门面的扩张，手工制作的成本逐渐增加，我在保证"丁氏苗族传统酸汤"味道的前提下，选择加入现代设备生产的行列中，保证"老凯俚酸汤鱼"的供给。第二个优势是生产质量得到保证，传统手工剁出来

---

[1] 王琳. 传统技艺与现代技术的交融在天津非遗文化保护中的传承研究［D］. 天津理工大学，2013.

的辣椒粗细不一，现代生产设备可以设置刹椒的时长，粗细程度，大大减少了人工生产的成本和时间，让"丁氏苗族传统酸汤"的制作工序更加规范和符合生产标准。传统技艺中现代生产设备的加入不能一概而论，现在很多人认为纯手工制作的产品要比机器加工的产品好，甚至不计成本地选择纯手工制作的产品。对于"丁氏苗族传统酸汤"选择现代设备生产，但是在酸汤的发酵过程中，必须要人工来完成，机器和手工的融合产生的效果比纯手工的要好。

我认为非物质文化遗产的传承发展受到周边环境、传承条件、信息传播等因素的影响，改变了部分传统技艺的传承空间、传承条件。特定的历史背景、地域环境和民族文化是传统手工艺赖以生存的环境，在城市现代化发展的冲击下，民族地区的传统手工艺原有的生存空间受到了一定程度的破坏，部分手工艺因此而呈现出衰退的迹象[1]。我常说"丁氏苗族传统酸汤"的传承发展，不能只将目光集中在传承上，发展是传承的结果，建设好传承的文化氛围，加强年轻一辈的人对传统工艺中蕴涵的文化精神的理解和学习。但是由于社会的发展需要，我从1993年开始传承和发展"丁氏苗族传统酸汤"，恰逢贵阳市在九十年代开始旧城改造，房屋征收拆迁，导致很多做传统工艺、做美食的门面被迫关门歇业，而我开始打工的"酸汤鱼"门面因为征收拆迁导致关门，可以看出生存环境的减少或者改变对"丁氏苗族传统酸汤"的传承和发展有一定的冲击。

（三）耳濡目染下接过传承重任，弘扬"丁氏苗族传统酸汤"

我是1974年生于贵州省黔南布依族苗族自治州瓮安县草塘镇，我的族别是汉族。小的时候，我的外婆和妈妈经常在家里制作酸汤，这个酸汤的制作技艺就是祖祖辈辈传承下来的"丁氏苗族传统酸汤"，其中该酸汤的

---

[1] 吴雨亭，刘海青. 滇越边境传统手工艺发展现状调查[J]. 红河学院学报，2022，20（04）：46—50.

发酵过程和调味上有着独特的方式。我一开始对"丁氏苗族传统酸汤"制作技艺没有太多兴趣，从小就耳濡目染，但是因为这是一门祖辈传下来的传统技艺，毕业后我还是选择传承这门技艺，开始学习"丁氏苗族传统酸汤"的制作技艺。1993年，那时技校毕业的我只有19岁，开始跟着母亲学习如何制作白酸、红酸、糟辣酸以及如何调味，经过近一年的不断练习实践，我已经熟练掌握酸汤的制作技艺。起初技校毕业的我被分配到某机床厂工作，但是只做了一个月便辞职，去给在贵阳开酸汤鱼餐馆的亲戚打工，在餐馆里杀鱼、烧煤、收银、招呼客人，我什么都干，熟练掌握酸汤的调味技巧和餐饮经营的方法。两年后，贵阳开始了旧城区改造的步伐，亲戚的店面被列入了旧城改造项目的拆迁名单中，无心打理，准备关门。于是我开始自己当起了老板，在1997年，我的第一家"老凯俚酸汤鱼"开业了，但是应了那句老话"好事多磨"，才开业6个月，我的店就面临着道路改造，被迫关门了。1998年年初，我又在北京路新华社门口开了第二家店，经营了两年，生意异常的火爆，但又是因为旧城改造拆迁，也是被迫关门。直到2000年底，拿着从亲戚朋友那里借的12万元，我盘下一间150平方米的店面，"老凯俚酸汤鱼"重新开张。天道酬勤，自此"老凯俚酸汤鱼"走上了稳定发展的道路，我开启了"丁氏苗族传统酸汤"技艺的传承旅途。

图44 丁文建观察酸汤的发酵程度　来源贵阳市非物质文化遗产保护中心

我还先后创办了"醉苗乡""大渡口""九牛一毛""黄丝江边""聚龙堂""鹅罗师"等多个品牌。2016年在贵州省黔南州福泉市打造了"黄丝江边度假酒店"。另外，我还在黔南州龙里县投资打造了总占地面积约100亩的"贵州民俗好吃村——赶场村"，从装修设计、文化氛围、产品包装等方面吸引到贵州88个区县市的特产美食、非遗文创产品等的入驻，其中还建设了"酸汤博物馆"收集贵州省各个地区的酸汤文化，分别对贵州酸汤的源流、发展品牌等内容进行梳理呈现，利用多媒体技术科普酸汤相关知识，提升观众的体验感。一直以来，我不断地鞭策自己，作为"丁氏苗族传统酸汤"的传承人、一名企业家、云岩区的人大代表、民建会的会员，有义务肩负起更多的责任。据不完全统计，我和我的企业团队捐赠了110万元用于贵州省的脱贫攻坚和社会公益。新冠疫情爆发以来，我通过贵商总会捐赠10万元购买防疫物资。"贵州醉苗乡餐饮投资管理有限公司"与安顺市平坝县鸡山村、紫云县鸡场乡等地的农户签订了70余亩毛辣果和200余亩辣椒的定向种植收购协议，每年收购总额200余万元，平均每年为每户农户实现增收7000元左右；与铜仁七里村路军花椒种植专业合作社签订食材供销协议，每年定向交易额在7万元左右，不仅保证了"丁氏苗族传统酸汤"制作原材料的品质，还提升农户的经济收益。

在获奖方面，我从小受到父亲"匠人精神"的熏陶，父亲作为一名木匠师傅，展现出勤劳刻苦、谨慎小心等优秀品质，所以造就了我现在的性格适合从事餐饮服务行业，并且创建"老凯俚酸汤鱼"美食品牌，使得我能够在坚持"丁氏苗族传统酸汤"30年的时间获得诸多荣誉（详情见下表）。

个人所获荣誉汇总

序号	时间	荣誉名称	颁发单位
1	2007年10月	贵州省十佳餐饮企业家	贵州省饮食与茶文化节组织委员会
2	2014年12月	"丁氏苗族传统酸汤"传承人	贵阳市非物质文化遗产中心

续表

序号	时间	荣誉名称	颁发单位
3	2016年6月	"贵阳市劳动模范"荣誉称号	中共贵阳市委、贵阳市人民政府
4	2018年1月	杰出企业家	贵州省青年商会
5	2020年11月	"贵州劳动模范"荣誉称号	中共贵州省委、贵州省人民政府
6	2021年11月	入选全省就业创业优秀个人名单	
7	2022年4月	全国五一劳动奖章	中华全国总工会
8	2022年5月	"参政议政先进个人"称号	中国民主建国会贵阳市委员会

注：表中数据均由受访者提供。

图45　贵州省劳动模范　杨青摄

在政府扶持方面，作为"丁氏苗族传统酸汤"传统技艺的传承人，我每年收到政府给予传承人2000元的经费补贴，用于该技艺的传承发展。我还凭借"丁氏苗族传统酸汤"创办的"老凯俚酸汤鱼"美食受到了政府多方面的扶持。尤其是在疫情期间，"老凯俚酸汤鱼"受到了巨大冲击，在广东，深圳等地的门面纷纷关门歇业，而贵州的十多家门面由于政府的扶持，存活下来。例如，贵州省人民政府办公厅印发了《关于助推全省限额以上餐饮企业复工营业二十条的通知》①《省政府办公厅下发关于应对新冠肺炎疫情促进中小企业平稳健康发展的通知》②；贵阳市人民政府出台的《市人民政府办公厅关于疫情防控期间支持企业稳定发展若干措施的通知》③ 等文件中，从生产经营、劳务用工、社保缓交、融资服务、房租减免、税收减免等方面细化了服务市场主体的具体措施，着力帮助餐饮市场主体重树信心、共渡难关、稳定扩大就业、实现餐饮业稳步恢复发展。

在收徒方面，我旗下的十几家店面里的店员都可以算是我的徒弟，粗略估计来看从最初的创业到现在有 40 到 50 个徒弟。有一部分学徒学会之后，还是选择放弃这门手艺，选择其他行业。这种状况时常发生，作为一个传承人来说，"丁氏苗族传统酸汤"制作技艺需要不断地传承下去，教会一些喜欢这门技艺的人，这也是一份责任，在将来可以凭借这门技艺增加更多创业、就业的机会及优势。我认为在收徒方面，所收的徒弟在道德品行方面必须过关，同时也有一个考察期，这个考察就是凭借学徒在平时上班工作学习中是否吃苦耐劳，努力上进，责任心等方面来评定。作为一个餐饮服务行业的从业者来说，学习"丁氏苗族传统酸汤"的制作技艺，对门面的经营理念和经营方式也需要认真学习观察，审视自己是否真的喜欢从事这个行业，这样才能坚持下去。

（四）打破传统固定搭配，建立起酸汤产业链

代际传承方式规定了非遗传统技艺"文化基因"的相似性和保守性，在思维方式和实践形式上具有重复性，而传统技艺的保守性、重复性让传

---

① 贵州省人民政府办公厅，《关于助推全省限额以上餐饮企业复工营业二十条的通知》，发文号：黔府办发电〔2020〕103 号，2020-03-03.

② 贵州省人民政府，《贵州省人民政府办公厅关于应对新型冠状病毒感染肺炎疫情促进中小企业平稳健康发展的通知》，发文号：黔府办函〔2020〕7 号，2020-02-10.

③ 贵阳市人民政府，市政府办公厅，《市人民政府办公厅关于疫情防控期间支持企业稳定发展若干措施的通知》发文号：筑府办函〔2020〕4 号，2020-02-12.

统技艺在接受科学技术成果呈现时具有滞后性①。"丁氏苗族传统酸汤"是发酵之后的产物,将毛辣果和辣椒等原材料混合发酵,发酵之后产生的微生物是否会对人体健康产生伤害,或者会给人体提供哪些营养物质等等,这些微生物必须要经过国家食品安全检测机构使用专业的科学检测设备进行检测,将酸汤的"隐性知识"进行科学层面的"显性化"表达,向消费者宣传酸汤的营养价值,培养"丁氏苗族传统酸汤"传承人的科学意识。我认为"丁氏苗族传统酸汤"不仅要守住酸汤中的营养价值,还要守住祖辈传下来的味道,在守正的基础上进行创新,在创新的过程中要"取其精华,取其糟粕"。在科学技术发达的年代中,人们通常会认为非物质文化遗产应该坚持传统,不应该和现代科技联系过于密切②,借助科学规范的现代性机械生产设备代替"丁氏苗族传统酸汤"前期加工的任务,有效保证原材料加工的卫生标准,为酸汤的发酵提供高质量的发酵原料,方便工作人员掌握发酵时间,并且保证酸汤生产质量的稳定性,实现可持续性生产。在保证"丁氏苗族传统酸汤"醇正时,我主张打破传统固定搭配,在驰名商标"老凯俚酸汤鱼"的基础上,结合贵州省内各个地区特色美食,推出"酸汤+"系列美食,让"丁氏苗族传统酸汤"成为黔菜中不可缺少的配方。

  我认为,融合发展是传统技艺传承发展的必由之路。虽然,传统技艺"丁氏苗族传统酸汤"与食材"鱼"发展成为贵州著名美食"老凯俚酸汤鱼",但是"丁氏苗族传统酸汤"处于自产自销的阶段,生产出来的酸汤,只会供应给贵州醉苗乡餐饮投资管理有限公司旗下的16家"老凯俚酸汤鱼"的门面,这大大局限了"丁氏苗族传统酸汤"的发展,使该技艺的传承发展只能依附于"老凯俚酸汤鱼",容易让大众忽视这项传统技艺。"丁氏苗族传统酸汤"必须在原材料的选择、发酵过程、产品评估、销售等一

---

① 郑久良. 非遗传统技艺与现代科技的辩证关系与融合路径——以手工造纸行业当代生产为例[J]. 常州工学院学报(社科版),2023,41(01):128—135.

② 宋俊华. 基于供给侧结构性改革的非遗保护机制创新[J]. 文化遗产,2016(4):57—64.

系列的环节中寻找一条可长期延续下去的发展路径，并推进"丁氏苗族传统酸汤"技艺发展的市场化运作，"丁氏苗族传统酸汤"与餐饮企业合作，立足于酸汤产业服务创新创业的需要，搭建贵州省酸汤传统技艺产业基地，开展相关人才培训交流计划，建立专门从事酸汤研发生产的企业，为餐饮行业提供酸汤，建立起酸汤产业链。在"互联网+"的时代，互联网是文化传播媒介、宣传渠道、销售渠道和购买渠道，对"丁氏苗族传统酸汤"技艺的融合发展具备很大的潜力，"丁氏苗族传统酸汤"借助网络媒体，与电商平台建设长期合作关系，利用现在发达的物流环境，提高酸汤的销售量，将"丁氏苗族传统酸汤"销往全国各地，甚至国外，有了最基础的经济收入才能推进产业化发展，健全产业链，最终推动贵州省乡村振兴的发展。

近几年，国产动漫强势崛起，让更多的人感受中华文化的魅力。国产动漫以传统文学为母题来进行创作，对其加以现代阐释和改编，从而形成不仅传统还现代的全新中国风文化IP。我认为"丁氏苗族传统酸汤"品牌形象的建设可以借助国产动漫的成功经验，更大程度上涉及不同年龄层次、文化层次来创作相关的主题动漫创作，利用新媒体传播热潮宣传。政府方面可以起带头作用，充分挖掘"丁氏苗族传统酸汤"的历史渊源、发展历程、以及传承发展等方面形成完整的一个题材，以"丁氏苗族传统酸汤"制作技艺的传承为整条主线，把丁氏祖辈从四川迁徙到贵州省黔南州瓮安县草塘镇的过程为背景，创作出关于"丁氏苗族传统酸汤"制作技艺形成的脚本，制作成主题动漫，形成既有美食元素又有民族文化元素的民族美食品牌。通过动漫，让更多的观众认知到"丁氏苗族传统酸汤"技艺，从而宣扬"丁氏苗族传统酸汤"制作技艺中蕴涵的民俗文化及促进"丁氏苗族传统酸汤"制作技艺传承保护，激发源自内心深处的自豪感，提高对非物质文化遗产的价值认知，增强民族文化自信。

传承谱系

由于祖辈是从四川省迁移到贵州省黔南州瓮安县草塘镇,入乡随俗传承的"丁氏苗族酸汤"是祖辈在自己研发的酸汤制法的基础上,结合在草塘镇跟着苗族村民学习当地的酸汤制作方法,随着时间的推移,形成了如今的非物质文化遗产"丁氏苗族传统酸汤"。

第一代:清嘉庆年间,礼都创制了独特的酸汤制作方法,将此种酸汤制法传于其子砀礼;

第二代:道光年间,砀礼将此种酸汤制法传于其孙鼋鲁;

第三代:咸丰年间,鼋鲁因无子便将酸汤制法传于其汉婿许敬伍;

第四代:1929年,许敬伍传于其子许常山;

第五代:1951年,许常山将此酸汤制法传于其女许绍琴;

第六代:1976年,许绍琴将此酸汤制法传于其女李克芬;

第七代:1992年,李克芬将此酸汤制法传于其子丁文建。

第八代:1992年,丁文建19岁,母亲李克芬将祖传的酸汤制作技艺传授给他,成为第八代传承人,并要求他将这门手艺世世代代地传承下去。丁文建不断探索和追寻各个地酸汤的制作技艺,对祖传的酸汤制作技艺进行改良和创新,并且将传承的酸汤制作技艺命名为"丁氏苗族传统酸汤",通过建立"老凯俚酸汤鱼"这一美食品牌传承和发扬"丁氏苗族传统酸汤"。

胡宗亮
传承皮纸造纸技艺，追溯纸间美好

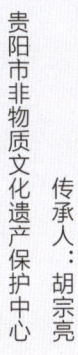

传承人：胡宗亮

贵阳市非物质文化遗产保护中心

采访时间：2022 年 8 月 22 日
采访地点：贵州省贵阳市乌当区新堡布依族乡
采访人：杨青、王菲、孙楠楠
文章整理、撰写：杨青

※ 人物小传

胡宗亮，男，汉族，初中学历，1968年7月出生于贵州省贵阳市乌当区新堡布依族乡陇脚村白水河组，皮纸制作技艺的第七代传人，2015年评为该项目区级代表性传承人，2016年评为该项目市级代表性传承人。1975年9月至1980年6月在白水河小学读书；1980年9月至1984年在新堡乡中学读书；从1984年初中毕业后回家务农，逐步成为父亲的主要帮手，掌握古法造纸的全部技艺，进而逐渐代替父亲承担"皮纸制作技艺"的主力活。经过多年的操作，胡宗亮造纸技艺越显娴熟精湛，传承"皮纸制作技艺"38年，成为国家级非遗代表性项目"皮纸制作技艺"的省级代表性传承人。2022年8月，拟入选第六批国家级非物质文化遗产代表性传承人名单。胡宗亮带领技改组改建抄纸池、烘干房，成功自主研发生产手工书画纸和手工花草纸，拓展了纸品的用途，使古法造纸重焕新生。

（一）香纸沟的百年财富——"皮纸制作技艺"

皮纸制作技艺是中国古老的传统手工技艺，该技艺在2006年5月20日经过国务院的批准列入第一批国家级非物质文化遗产名录，遗产编号Ⅷ-67。据传它始于明代洪武年间，迄今已有600多年的历史。整套操作工艺包括伐竹、破竹、沤竹、蒸煮、碾篾、提浆、抄纸、压榨、烘晾等72道工序，与宋应星《天工开物》所载造纸法完全相同。其成品既绵且韧，有隐形竹纹，还散发出淡淡香气。

造纸术是我国古代四大发明之一，纸是人类文明的物质载体，它记载着人类历史前进的足迹。造纸术的发明距今已有1900多年，在此之前人类是用堆石记事、结绳记事、刻片记事的方法来记录劳动收获和劳动成果分配。据史料记载，公元105年，东汉和帝时的尚书令蔡伦，在总结民间经验的基础上，改进技术，成功地运用树皮、破布、旧渔网、麻头等植物纤维原料，造出了当时非常著名的"蔡侯纸"，首次使我国古代的手工造纸成为了一种工艺技术，使纸的产量、质量得到大幅度提高，从此纸在全国得到普遍使用。据历史资料记载，在蔡伦之后80年，左伯造纸10余种，纸质具有组织均匀、色泽鲜明，达到了"研妙辉光"的地步。

我的祖辈经常给我们说："大约600年前，明太祖朱元璋调北征南，遣汉制夷时，就有中国造纸先师蔡伦的后裔——彭氏三兄弟，从湖南新化保庆府辗转到了香纸沟，彭姓家族在定居香纸沟后与当地人共同生活，团结友好，和睦相处，并逐渐与当地的胡、汪、罗等家族通婚成家，在族内开始传授土法造纸技艺，从此家族以造纸为生计，世代相传，到清朝就发展到10多户。此外，据说那时越国汪公从江浙率兵进湖南转贵州，带领一支军队在此屯驻。为了祭祀军中阵亡将士和生存的需要，他们便操起了世代相传的古老造纸技艺，于是，一个以造纸为核心的半手工作坊群落在这里逐渐形成。蔡伦和越国汪公也成为当地造纸人的祖师爷，如今香纸沟当地造纸人的家中神道上还会供奉着蔡伦先师和越国汪公的神位[1]。值得一提的是，我世代生活的香纸沟，有八面大坡七条溪流，茂林修竹漫山遍野，风景十分秀丽，是难得的造纸宝地。由于香纸沟群山环绕，形成其封闭的环境，从而使得古老的造纸术历经千年不变，一直流传繁衍。因此，古法造纸成了我们生活的一部分，为纪念祖先，人们将此地取名为湘子沟，后来因为这里生产的竹纸有着奇特的香味，又将其改名为香纸沟。过去，皮纸制作技艺生产出来的'香纸'，主要用于敬神、祭祀、焚烧，每年清明后第一个星期六，是彭氏祭祀蔡伦先祖，烧纸挂清的日子，全族男性包括那些已经在外成家立业的人，都要回来参加聚会。根据历史记载，蔡伦造纸有72道工序，主要原料是树皮和麻，我所掌握的皮纸制作技艺一直沿用着这72道工序，唯一不同的是这里的造纸原料是山上取之不尽、逢春又生的青竹。青竹砍回去之后，就进入到了造纸程序，主要有捶打、浸泡、蒸煮、发酵、漂洗、碾压、抄抖、晾晒等72道工序，整个造纸过程历时3个月，时间长，工序繁杂，但是对于当地的农户来说并不觉得

---

[1] 陈昭一飞. 香纸沟名字的由来 [J]. 贵阳文史, 2021, (06): 72—73.

漫长，他们总是农忙时种田，农闲时造纸，生活总是安排得丰富而有秩序。在香纸沟的7条河流中，由于白水河的流量最大使得旁边的造纸作坊也是最大的，所以白水河的胡家和香纸沟的彭家一样，都是因为造纸而繁衍发展起来的大姓。我的祖先们原是兄弟两人，在经历600年的传承后，胡氏家族的人口与日俱增。"虽然我们家族的后代都已经不记得他们的先祖是怎么来到这里的，但是只要提起金打洞的传说，大部分人都比较清楚。

我们传承的"皮纸制作技艺"已有数百年历史，长期以来它的生产技艺全靠父子传承（传男不传女），世代相传。其选用的原材料是当地的"钓鱼竹"，肉厚、质密、成浆率高、韧性好、易成型，用其作原料是当地土纸质地优良的主要原因，再加上香纸沟溪流密布，水质清澈，使得生产出来的纸品色泽透亮。不得不说，我掌握的"皮纸制作技艺"土纸加工技艺，除了靠父子之间的言传身教，还要凭悟性和长期实践的体会及感受才能掌握，难以言表和形成文字。"皮纸制作技艺"从原料加工到成纸所经过的72道工序全由手工完成，并且原料加工大都采用日晒、雨淋、露炼等方法，自然天成，没有具体的理化指标，全凭经验掌握。我们这里生产的纸制品特征主要是纸质绵韧，纸面平整，有隐约竹帘纹，色泽金黄、吸水性好，因造纸时加入香叶，故作冥纸焚烧时，灰成白色，还带有淡淡清香味[1]。香纸沟的造纸，在经历了上百年的沉寂之后，如今又充满了新的生命活力，游客络绎不绝，热闹非凡，成为了当地农户的主要经济来源之一，在当地的经济发展中发挥了十分重要的作用[2]，由此可见，皮纸制作技艺确属典型的非物质文化遗产。

（二）传承道路曲折，研发纸张新品使古老技艺重获新生

非遗的一个重要特点是具有活态性，它以人为载体，世代相传，传承

---

[1] 贵阳市非遗小报告. 香纸沟土法造纸制作工艺［EB/OL］. (2019-01-06). https://mp.weixin.qq.com/s/bF56yDung3PqRtadhzQ4TA.

[2] 张晓松. 香纸沟的日子［J］. 当代贵州, 2000 (04): 40—42.

人是非遗的重要承载者和传递者,他们掌握并承载着非遗的知识和精湛技艺。目前,香纸沟土法造纸技艺的传承人除了有年过70的罗守全老先生之外,就剩下我和村里几个年龄相仿的人。而我为更好地传承和保护这一古老的技艺,至2015年,香纸沟土法造纸一直在探索纸品的改良和创新运用,建立自己的工作室,自己研发手工花草纸,并运用花草纸制作手工纸伞、台灯等工艺品,让土法造纸技艺在今天有了适应性的创新发展,让古老技艺重获新生。其次,我们这里还建立了"水东香纸艺术博物馆"。水东香纸艺术博物馆利用纸浆作为创作原材料,通过淋浆、绘画、雕刻、磨光、晾干等一系列工序,做成"纸浆雕塑",还开设了纸浆体验馆,让更多的年轻一代了解学习中国的造纸文化,推动"皮纸制作技艺"的传承和发展。再次,大力促进文旅融合发展。当地相关政府部门积极开设旅游路线,围绕香纸沟景区独具的水东文化、民族文化、生态文化等特色旅游资源,与美食、娱乐、研学等产业合作,设计丰富多彩的活动,让百年水东文化和古代造纸技艺与现代流行艺术和时尚音乐元素相互碰撞,相互融合。

图46 手工花草纸 来源贵阳市非物质文化遗产保护中心

图 47　研发手工纸新品　来源贵阳市非物质文化遗产保护中心

在我看来，我们这里的大多数造纸坊由于资金匮乏，正处于无人修葺的惨淡境地，目前我们这里的造纸坊都很低矮，设施陈旧简陋，还有的残缺不全，完整并可投入生产使用的造纸坊并不多见。另外，传承现状也让人担忧，由于无法用文字记载，"皮纸制作技艺"的传承现状比较堪忧。古法造纸文化是我国传统手工艺的重要代表形式之一，浓缩着特色的民俗文化与民族风情，对于乡村经济文化的繁荣振兴具有重要作用[①]。但是随着经济的发展香纸沟古法造纸面临着许多问题，我觉得首先是土纸生产工序繁多，技术难度大，年轻人多不愿学，都愿意外出打工。打工与造纸比较，他们认为造纸的劳动强度大，生产周期长，利润低，不如打工强，所以土法造纸技艺已出现传承断代，后继无人的现状；二是因为市场上各种现代化机械设备造纸对土纸的冲击较大，从事手工生产的农户，为了省时、省力都把其手工生产转向半机械和全机械生产；三是因为近年来香纸

---

① 谢乾丰. 古法造纸文化与乡村振兴的交流碰撞［J］. 中国造纸，2023，42（03）：4.

沟由于遭受洪灾的危害，大部分造纸作坊都已被毁，导致生产设施不齐全，造纸难以开展；四是现损坏的维修成本高，造纸出售的利润低，造成许多作坊被荒废，面临濒危状况①；五是为保护生态及森林安全，政府禁止烧纸，冥纸销量萎缩，利润下降，当地的"皮纸制作技艺"的传承发展无疑是个难题②。

（三）承担祖辈重任，成为香纸沟"皮纸制作技艺"传承的领头人

我生长在贵阳市乌当区新堡布依族乡陇脚村白水河组，是千年土法造纸传承人。根据我的族谱记载，我的家族在清代进入香纸沟时就已经有造纸技艺，整个家族也一直从事土法造纸，到我已是第七代，至今仍保留着最为原始的家庭作坊生产方式。我的父亲和爷爷在同辈人中文化水平较高，祖辈关于造纸的那些故事很多都是出于他俩口传。由于祖辈们年复一年的造纸来维持生计，我从小就耳濡目染。12岁就跟随父辈们从事手工纸的劳动，开始帮做些简单、轻巧的砍竹、破竹、晾纸，随着年龄的增长，逐渐学习装窑、蒸煮、抄纸、裁纸等重体力的技术活。在后来成家立业的生活中，造纸为我家主要经济来源，技艺也越来越娴熟精进。我能完整掌握造纸技术的72道技艺技能，技艺娴熟并有自己的特点，其生产的纸色泽黄亮、光泽度好、厚薄均匀，摸起来手感细腻、绵润。发展至今，我传承"皮纸制作技艺"38年有余，文化基础较好，头脑灵活，肯专研学习，有悟性，语言表达能力较好，加之在族人中辈分较高，再加上皮纸制作技艺的国家级传承人罗守全年事已高，不能从事体力传承活动后，我就以自己的技术优势和能力为造纸技艺的传承、保护、发展起到了积极的引领、示范、带头作用。2005年我孙辈的徒弟胡

---

① 贵阳市非遗小报告. 香纸沟土法造纸制作工艺 [EB/OL]. （2019-01-06）. https://mp.weixin.qq.com/s/bF56yDung3PqRtadhzQ4TA.

② 多彩贵州文化云. 皮纸制作技艺 | 古法造纸，源远流长 [EB/OL]. （2022-06-15）. https://mp.weixin.qq.com/s/qs8ZjoqyJ1W-9m7Y-JluEQ.

显关、胡建跟随他学习造纸技艺，已经完全能独立操作整套技艺流程①。伴随着经济的高速发展，传统造纸业不可避免地受到机器生产冲击，人员外出务工，大量的造纸作坊荒废，香纸沟纸业生产极度萎缩，技艺濒临失传，我看在眼里，痛在心里，毅然担起祖辈的重托。2013年，我参加由贵州省文化厅组织的四川绵阳"非物质文化遗产灾害预防与风险管理培训班"，学习非物质文化遗产保护专业知识。2014年11月，由贵州省贵阳市乌当区文旅局组织香纸沟手工纸艺人到四川夹江学习手工竹麻纸制作技艺，开启了香纸沟手工纸品改良生产性试验，我成了技改组的领头人。2015年4月我在新堡布依族乡举行的裁纸比赛中获二等奖，2016年受邀进入贵州师范学院文创园名师工作坊教授学生，2017年被贵阳市总工会授予首届筑城工匠称号，2020年11月我还被评为贵州省第五批省级非物质文化遗产代表性传承人。2006年6月，香纸沟的土法造纸技艺（皮纸制作技艺）被列入首批国家非物质文化遗产名录。这是贵阳市目前仅有的两个国家级非物质文化遗产之一，被誉为"世界古老的造纸术活化石"，有着"土法造纸博物馆"之美誉。此外，土法造纸技艺在水东香纸艺术博物馆以纸浆雕塑的方式保存了下来②。

我明白我生活的地方保留着目前国内最为完整、规模最大、最集中的土法造纸作坊系统，当地村民家中还供奉着蔡伦的画像。香纸沟造纸工艺虽然简单，但它仍然保留了我国古代造纸术的基本工序和原貌，是一项宝贵的文化遗产。香纸沟古法造纸传承到我这里，已历经十几代人，我从一开始的好奇跟随，到如今带领后辈守住这方手艺的非遗传承人十分的不易。我经常给后辈们说，"皮纸制作技艺"古朴而原始，基本上保留了手工操作，但流程较多，零零散散，需经72道工序。香纸沟土法造纸设施有腌池、水捣坊、纸槽、晒场、抄纸作坊等。一张纸须经过祭竹、伐竹、破

---

① 贵阳市职工网络读书分享会. 胡宗亮，最后的千年土法造纸传人【工匠二】[EB/OL]. (2016-09-20). https://mp.weixin.qq.com/s/XXgRDix-bQTha2cUumVCCg.

② 爽爽贵阳活力乌当.【人文乌当】土法造纸，传承指尖匠心 [EB/OL]. (2023-04-06). https://mp.weixin.qq.com/s/hTNxAK_ ascMdj5rvpXqnAQ.

竹、蒸竹、洗竹、沤竹、水车碾竹、竹帘抄纸、榨纸、松纸、晒纸、包装等工序才能完成，每一道工序都是手工完成的，既是时间的沉淀，也是耐力的蓄积。第一道工序就是"伐竹"，"伐竹"一般在冬末春初进行，竹林砍了来年长势更旺；"破竹"是将竹竿截成 3 米来长，锤裂竹竿，捆扎运至造纸工坊；"蒸竹"是在煮竹子的窑池内，用生石灰密封浸泡，时间和用量视经验而定，接下来便是不分白昼、长达 1 个月的蒸煮时间以及 1 个月的冷却时间。冷却后，竹子往往还要经过溪水冲洗干净，密封转至窑池内进一步发酵沤熟，一般的竹子要浸泡 3 到 5 个月，竹子越老浸泡压腐的时间越长，其间每过 30 到 50 天还要人工上下翻动一次。接着，再利用水力驱动水碾对竹子进行碾压，形成絮状的纸浆，这道工序十分重要，纸浆的粗细长短决定着纸张的质量。在中间步骤还有决定纸张厚薄的重要环节——在山上采摘"滑叶"（一种原生态树木叶片）做"滑水"，起润滑作用。长方形的竹帘抄纸的多少决定了纸张的厚度，一般来说，润滑程度越高纸张就越薄。72 道工序中，决定纸张品质的关键是"抄纸"，将长方形的竹帘铺在竹栏中，双手握住入水，前后左右一晃，快速捞起，取出竹帘，翻转平铺，溶于水的竹浆就成了纸。胡宗亮说，抄纸的秘诀在于感受水流的方向，顺流而下，顺势而为方可定型，不然竹浆只是纸糊糊，要把纸做得薄厚均匀，"滑叶"做的"滑水"必不可少。另外还有压榨、晾晒、掀纸、裁纸等工序，这个纸抄出来是大张的纸，做成钱纸就需要裁剪，这里专门有规定长度的裁剪刀，裁剪成钱纸大小之后，再进行打眼，最终得到成品。

图 48　胡宗亮展示纸张
来源贵阳广播电视台

在纸品的销量方面，我可以自豪地说，现在有很多游客都会慕名而来参观古法造纸，但是在旅游旺季游客较多时大都是在做农家乐生意，几乎没有进行造纸，只有在旅游淡季时会做一点，所以收入大都是来源于农家乐、烧烤之类的生意，造纸的收入相对较少。我明白土法造纸术材料来源于本地的竹林，是一种竹制纸，有别于蔡伦造纸法的破鱼网、旧布头、麻头、树皮等纤维物料作原材料。我们这里的纸具有纤维粗糙、色泽浅黄或土黄、吸湿性强和燃烧完全的特点，所以多用于书画纸及冥品香纸的制作。关于造纸的工坊，水碾坊都是我们的老祖宗遗留下来的，由于现在人口发展得比较快，家族较多，所以一个水碾坊由10多户人家一起共用。比如我家这里就有6个水碾坊，现在就是几十户人家共用这6个水碾坊来造纸。但是现在有些水碾坊都废弃了，只有少数人还在从事造纸技艺，目前水碾坊也属于文物，属于传承保护的对象，所以要一直保护好，也可以随时生产造纸，到现在我们也争取了一些国家资金来重新修缮。由于之前遭受过洪灾，许多房子都已经不能使用，但是近几年为了发展旅游经济，许多房屋都已经重新修缮过，包括地皮重新铺石板，周边的环境治理等。在造纸过程中，我印象最深的就是1980年的时候，那时候造纸技术实行包产到户，还是一个大集体。1980年之后包产到户每一家都分得一片山，都有土地，然后就把田边、土堆山上、沟渠等地方都全部种上了竹子，那时候的竹子还是比较少，经常不够用，所以就到处种竹子。因为生产的香纸一直到现在和市场的粮价都基本上吻合，市场经济较好。20世纪80年代的时候米卖两毛一斤，但是生产的纸能够卖5毛一斤，所以我们一直靠造纸生存。那时当地有两三百户人家，5个自然村寨，家家户户都造纸，属于造纸的辉煌时刻，那时候在造纸的72道工序当中，每一道工序都有人在做，当时基本上没有外出打工的，都一直在家里面造纸，但是现在很多作坊都已经废弃了，尤其是在2003年遭受了大洪水之后，窑址、碾坊、作坊等几乎全部冲毁，曾经的辉煌时代早已不复存在。

我认为成为省级非物质文化遗产传承人责任重大，我有义务，有责任去保护好他们的造纸作坊和传承好他们的古法造纸，同时教自己的孩子学会这门造纸技术。另外，我每年也会收很多的徒弟，但是大多数人都只能说学会了，但是不能说他们已经进入了造纸行列了。因为造纸技艺不比蜡染、刺绣等非遗项目，造纸技艺是需要体力的，并且繁琐笨重，无论是去其他地方展示还是在其他地方学习都是相对较难的问题。比如水碾坊、作坊等都是不可移动的，在展示的过程中往往都是砍几棵竹子去做个样子，很多重要的步骤和工序都是难以展示的，所以只能浓缩工序。因此，大多数人看到的只是其中几道工序而已，即使学会了，也不能说已经进入行列了。目前我招收的徒弟有来自各个地方的，比如四川的、贵州赫章、贵州大方等地的。虽然大多数人现在已经没有从事这门技艺了，但是也有一些人回到了香纸沟做起了旅游行业，比如开农家乐、做烧烤等。我想说的是，当我不在的时候，希望我的徒弟们能够掌握好这项技术，从而继续传承下去。但是在传承的过程当中，不能只是生产最古老的钱纸，同时还要生产与时俱进、能够符合当下环境的纸，不断地进行创新，比如生产做书画纸、花纸等，唯有不断创新，才能不停地发展下去。有很多书法家和画家在看到我们生产的纸后，都纷纷夸赞，虽然不像机械化生产那样光滑，但是纯手工的纸却恰到好处，并且很多书法家都在使用这种纸。但是目前市面上使用这种纸的人数还是相对较少，如果只是依靠传承，没有市场和经济是无法传承下去的，必须要结合乡村振兴，旅游产业的发展，做文创产品、旅游纪念品等，结合高校大学生这类有知识，有创新能力的新一代传承人将其发扬光大。另外，我还特别注重环境的保护，时刻牢记着习近平总书记讲的"绿水青山就是金山银山"，只有绿水青山才能带来源源不断的经济收入，如果环境被破坏，经济发展的来源就会断，在充分利用环境优势、文化底蕴的同时，要注意保护好当地自然资源。

（四）政府和非遗中心的引导和扶持帮助香纸沟重塑造纸文化品牌

民国至解放战争年代，香纸沟的土纸除作冥纸之外，还作为卫生纸用于日常生活，这时从业者发展到60多户。我常听我的祖辈们提起，20世纪六七十年代，国家提倡破除封建迷信，香纸沟土纸很少制作冥纸，而是由集体抽调技艺精干的村民专门制作土纸，主要是由供销社收购，批发到各地作为卫生纸用。党的十一届三中全会后，实行联产承包责任制，各家各户又掀起了古法造纸的热潮，造纸作坊从原来的30座增加到60座，参与造纸行业达160户。1979年，为保护香纸沟的造纸工艺流程，贵阳市人民政府拨款40万，修建了一座面积230平方米的古法造纸博物馆，对已被鉴定为1至3级的古法造纸文物实施抢救及保护。但随着机械造纸业的发展，这里的纸除做冥纸外别无他用，生产户萎缩，仅存8户。在我印象中，最心痛的是2003年，香纸沟遭遇了一次大的洪灾，许多造纸作坊都被冲毁了，村民的经济生产受到了严重的冲击，多年来依靠生产销售香纸生存的村民们对土法造纸失去信心，纷纷外出务工。2006年，"皮纸制作技艺"列入国家级非物质文化遗产名录中，贵阳市人民政府和贵阳市非物质文化遗产中心加大了对其的传承和保护的力度，并予以政策和资金等方面的扶持，重塑香纸沟土法造纸文化品牌，香纸的"身价"随之上涨，许多造纸户打扫、翻新了搁置多时的作坊，重操旧业。2010年，乌当区打造"泉城五韵"，以白水河为核心的香纸沟旅游线路渐渐清晰起来，土法造纸也成为"五韵"中历史文化底蕴最为深厚的文化观光旅游项目，带动了旅游发展，更为自身的传承发展找到了新路[1]。2011年，贵阳市乌当区有关政府部门出资维修道路、香纸、房、碓坊等基础设施，并对造纸户开展土法造纸技艺传承相关培训，村民陆续返乡，更多作坊重新投入使用。2012年，乌当区有关部门加大资金扶持，在当地成立"皮纸制作技艺"传习所。通过生产、流通、销售等环节将"非遗"资源转化为生产力，以实现非遗保护与开发协调发展，充分调动村民参与非遗保护的积极性。同年，香纸沟土法造纸传习所也被评为贵州省首批非物质文化遗产生产性保护示范基地。

---

[1] 陆勇昌. 贵州非遗生产性保护之伴，光明日报，2015年4月1日10版.

（五）坚定文化自信，传承好皮纸制作技艺

目前，香纸沟古法造纸获得一定的政策支持。从国家层面来看，我国颁布了《中华人民共和国非物质文化遗产法》，此法对非物质文化遗产的调查、非物质文化遗产代表性项目名录、非物质文化遗产的传承与传播以及相关的法律责任进行了梳理。2005年，国务院颁布了《关于加强我国非物质文化遗产保护工作的意见》，提到要"充分认识保护文化遗产的重要性和紧迫性"，制定以"保护为主、抢救第一、合理利用、传承发展"工作指导方针。2006年文化部（现文化和旅游部）颁布的《国家级非物质文化遗产保护与管理暂行办法》，坚持了真实性和整体性的保护原则，由文化部负责组织、协调和监督全国范围内国家级非物质文化遗产的保护工作。[①] 由此可看出，国家对非物质文化遗产保护的重视。从地方上来看，市文化和旅游局关于印发《贵阳市"十四五"非遗保护传承与发展规划》的通知中提到"保护好、传承好、弘扬好非遗，对弘扬优秀传统文化、赓续历史文脉、坚定文化自信、繁荣发展贵阳文化具有重要意义"[②]。

另外，为深入贯彻落实党的二十大精神和习近平总书记关于非物质文化遗产保护工作的重要指示精神，落实中共中央办公厅、国务院办公厅印发的《关于进一步加强非物质文化遗产保护工作的意见》以及《"十四五"旅游业发展规划》《"十四五"非物质文化遗产保护规划》要求，贵阳市文化和旅游部提出了要推动非物质文化遗产与旅游深度融

---

① 王文波. 贵州丹寨县石桥村苗族古法造纸工艺调研及产业开发对策［D］. 陕西师范大学，2019.
② 贵阳市文化和旅游局. 市文化和旅游局关于印发《贵阳市"十四五"非遗保护传承与发展规划》的通知［EB/OL］.（2022-04-24）. http://wlj.guiyang.gov.cn/zfxxgk_500649/fdzdgknr/jhgh_5625644/gh_5625645/202211/t20221118_77148786.html.

合发展。① 因此，充分利用各级层面的政策支持对香纸沟古法造纸产业的发展是必然趋势，同时，加大政府资金的投入力度，对于香纸沟古法造纸的基础设施及环境保护都具有重要的意义。

  我明白，随着人们生活水平的提高，并且在旅游快速发展的环境下，靠造纸维持生计已经不是我们的首选，大部分都选择开农家乐或外出务工。除此之外，村里许多年轻人都不愿意继续留在家乡从事造纸活动，致使年轻的传承人匮乏，传承人年纪大，综合艺术素养不高等情况。因此我认为要鼓励年轻人传承古法造纸，吸引年轻人在古法造纸方面上创业，重点培育年轻的非遗人才队伍。同时，提升传承人传习教育能力、资源管理能力、市场拓展能力、文化传播能力及网络及数字运用能力等综合艺术素养②。我常说："光传承没有用，要把它转化为旅游产业，以旅游产业带动乡村的发展，带动乡村振兴。"于是，香纸沟特有的山、水、石、林、洞、瀑布、峡谷、岩溶景光、文化古籍、民俗风情、村庄民居、星空大地都呈现到了一张张纸上，制作成了别具一格的纸浆压花画（也叫"花草纸"）和书本画册、台灯、灯笼、油纸伞等文创产品，土法造纸术研学也逐渐开展起来。另外，由贵州省著名工艺美术、陶艺大师方聪在新堡布依族乡香纸沟组建成立水东香纸艺术博物馆并担任馆长，该馆利用纸浆为原料，经历选料、淋浆、绘画、雕刻、磨光、晾干等一系列工序，捏制形成雕塑，取名"纸浆雕塑"。其创作过程和原料来源等可以说极大程度继承和发扬了"土法造纸"，使得这一文化遗产得以传承和延续。加之其成品线条清晰，质地细腻，古朴而不失质美，神秘而不失创意，成为供不应求的稀缺艺术精品，以期对继承传统文化，保护、发展、创新非物质文化遗产，起

---

  ① 贵阳市文化和旅游局．文化和旅游部关于推动非物质文化遗产与旅游深度融合发展的通知［EB/OL］．（2023-02-18）. http://wljy.guiyang.gov.cn/zwgk/zdlyxxgk/whly/whycbh/202302/t20230223_78288966.html.

  ② 广州市政协门户网站．关于加强非遗传承人才队伍培养与管理提升我市非遗人才队伍水平的建议［EB/OL］．（2020-06-05）. https://dhzw.gzzx.gov.cn/cf134/dh-fy/202006/t20200605_105344.htm.

到积极作用。促进旅游市场繁荣，起到积极作用[1]。

我生长的这里是一个集自然风光、民族风情、人文景观、农业观光、生态旅游的地方，是贵州省著名的风景名胜区。近年来，由于旅游业的开发拉动了相关行业的发展，为人们休闲度假提供了一个良好的环境，为带动农民发家致富、推动地方经济发展发挥了重要作用，充分展现了旅游业作为新世纪朝阳产业的美好前景。[2] 因此，我们可以充分利用生态人文资源优势，创新推进香纸沟旅游业的发展，打造以"古法造纸"为主题的文化古村，整合土地资源，将废弃的造纸作坊以及相关的工具进行展览，形成旅游共享的资源。同时因地制宜、打造独具一格的纸品及旅游文创产品和纪念品等，形成"古法造纸古村+体验+产品"的空间格局，不仅仅只是依靠开展农家乐和烧烤来获取短期的经济效益，而是要充分利用当地的生态及人文资源。一方面将以"古法造纸"为主题的文化古村打造成具有贵阳特色的村寨，进一步优化乡村的空间形态和聚落形态，重塑山林相连的乡村格局。在不改变原有文化的基础之上，将废弃的古法造纸作坊进行修缮，并将闲置的造纸设备重新利用起来，不管是用于造纸，还是游客进行参观和体验，或是进行旅游发展，都能够最大化地实现变废为宝的战略。要将古法造纸和旅游业紧密地联系起来，旅游离不开古法造纸的发展，古法造纸的重生也离不开旅游业的发展，两者之间要相互融合，才能互相成就。现在香纸沟的村民大都是偏向于经营农家乐和烧烤，没有充分地利用当地的生态和人文资源，也没有将古法造纸作为长久发展的文化源泉，比较注重短期旅游带来的经济利益。因此，要以古法造纸、民族文化、传统技艺、传承保护等关键词为消费场景营造理念，打造古法造纸主题文化古村，吸引更多海内外的游客前往香纸沟旅游，体验古法造纸的魅力，通过文化旅游项目带动非物质文化传承和产业化发展，从而促进当地经济发展。

---

[1] 陆勇昌. 贵州非遗生产性保护之伴，光明日报，2015年4月1日10版.
[2] 罗英. 布依族文化与旅游开发——省级风景名胜区香纸沟调查［J］. 布依学研究，2005（00）：78—84.

胡宗亮
传承皮纸造纸技艺，追溯纸间美好

随着经济水平的提升，传统纸品在现代机械设备的冲击之下，产量及销量都迅速递减，只有少数人还在使用传统纸品，因此，手工纸品的销售市场不容乐观。虽然现在人们很少使用钱纸进行祭祀，但是我生产和创新的花纸和方聪独创的纸浆雕塑都深受人们的喜爱。我生产的纸品还受到很多画家和艺术家较高的评价。所以，我认为可以进一步拓展校企合作的路径，为高校及相关企业提供专门的纸品，建立长期的合作关系，搭建传统纸品销售平台，增加纸品销售渠道。同时，还可以鼓励高校毕业生和企业人员到当地就业创业，不断丰富纸品种类，发展村里的造纸产业。我认为高校毕业生及企业人员大都是受过相对较高的文化教育，能够很好地利用现代营销的电商平台，具有一定的创新能力，返乡参与造纸不仅有利于发展乡村的经济，同时也能够减少就业压力，提高人们传承保护的意识，主动担任起传承保护传统技艺的责任和义务。企业具有一定的人脉、技术和资源等优势，进一步和企业进行合作也能在资金、销售、技术等方面得到很大的帮助。人才是技艺发展壮大的骨干力量，香纸沟古法造纸要传承、要发展，在培养好现有人才的同时，又要创造一个适合吸引人才、培养人才的良好环境，又必须吸引一批优秀人才，为古法造纸注入新鲜的血液。同时，建立一定的人才资源开发机制，吸引人才，留住人才[①]。因此，要不断地拓展校企合作的路径，使其能够增加纸品销售的渠道，从而实现创新性发展、创造性转化。

---

① 王文波. 贵州丹寨县石桥村苗族古法造纸工艺调研及产业开发对策 [D]. 陕西师范大学，2019.

传承谱系

据香纸沟白水河胡氏族谱记载,香纸沟白水河胡氏入黔始祖是胡烈臣,其来到香纸沟白水河时就已经有造纸工艺,其家族也从事土法造纸。

第二代:胡烈臣的儿子胡可富,生于咸丰元年正月十一;

第三代:胡应凤,生于清嘉庆丙寅年十二月十四日;

第四代:胡登科,生于清道光庚子年十月初十日;

第五代:胡德友,生于癸酉年冬月十七日;

第六代:胡泽美,生于民国庚申年冬月十八日;

第七代:胡宗亮,生于1968年7月2日。

我积极带徒授艺,在贵州师范学院建立名师工作坊,走进家乡庆龄幼儿园,组织"研学贵州"体验游,从乡间作坊到教室课堂,广泛传授大、中、小学生造纸技艺。只要是寨子里的年轻人愿意学肯学的都积极教授,主要有两个徒弟。一个名叫胡祖勋,现在已经能够掌握并且独立操作整套技艺流程。

另一个名叫胡建,也是我的孙辈,生于1988年7月,初中学历,家住白水河组。2005年5月跟随我学习造纸技艺,已经完全能独立操作整套技艺流程。

江华胜

绿水颉清波，青山绣芳质

来源抖音号"山野匠人"

传承人：江华胜

采访时间：2022 年 08 月 19 日
采访地点：花溪区九安乡吴山村"江华胜琢衣博物馆"
采访人：李美艳、杨青、颜平
文章整理、撰写：杨青

※ 人物小传

  江华胜，男，汉族，1963年7月出生于贵州省贵阳市太慈桥，目前居住于贵州省贵阳市花溪区久安乡吴山村，染缬传统染织工艺第四代传承人，同时也是制衣世家第四代传承人。1970—1975年，就读于沙溪小学。跟随祖母学习画图、扎染、蜡染等，帮助家里人制作汉文化的图纹、吉祥图案。7岁时，便被安排到父亲的好友、上海的名裁缝江文修手下当学徒，学习不到一年，刚满8岁的江华胜便独立完成自己人生中第一件作品，在作品中呈现的剪裁，缝线等水平比成年人学习五年的水平还要高，被师傅江文修称赞为"天才"。江华胜建立3000多平方米的服饰非遗主题博物馆"江华胜琢衣博物馆"，在该私人博物馆内设立"青缬工场"，而这个工场就是江华胜工作的地方。因为深谙古衣工艺和技艺精湛，江华胜数次获邀为相关活动设计制作具有古韵的服装。"吴山青缬"是江华胜在青缬传统技艺的传承基础上的创新和发展，对祖传的青缬印染流程及其配方进行了多次实验和改良。另外，江华胜始终坚持地道的天然材料，摸索出以板蓝根、何首乌、蒲公英、狼杞枝、白艾、糯米酒以及青金石、苍珊瑚等天然宝石为主要原料的传统印染工艺。

（一）"染缬"的传承，"青花瓷"的韵味

  "染缬"的内涵是"绿水缬清波、青山绣芳质"。"宝石出色，正当行时"是染缬织染工艺的精髓，是我祖先们的衣钵传承。"染缬"工艺的价值贵在传统，从纺、织、染、裁、缝到成品的每一道工艺，皆是纯手工完成。在染色中，染缬工艺以植物、矿物染料为主，如从石榴壳、莲蓬、红花等植物中萃取天然染料，按一定比例加工、调配的原料经过发酵、压榨、浸泡、凝色等工序，便可以形成染料。此外，印染过程也以手工操作为主，运用捆扎法、叠扎法等方式扎染，形成瑰丽无比的色彩效果。"染

缬"传统工艺生产出的系列产品主要有：《适·畅春》系列的寝衣、《臻·瑞福》系列床品、《和·领袖》系列汉服、《生·本朴》系列耕服、《吉·凤祥》系列旗袍等。在2020年年底，贵阳市人民政府公布《关于公布第六批市级非物质文化遗产代表性项目名录的通知》将"染缬"传统技艺列入贵阳市第六批非物质文化遗产代表性名录①。

历史上对于染缬工艺的称谓，最早见于后唐马缟的《中华古今注》中有秦始皇始染缬的记载。宋代高承的《事物纪原》卷十引《二仪实录》也云："缬，秦汉间始有，不知何人造，陈梁间贵贱通服之。隋文帝宫中，多与流俗不同，次有文缬小花，以为衫子，炀帝诏内外官亲侍者许服之。"汉代文献记载的"衣必文绣"，说明染缬工艺在秦汉时期就已出现，但能见到的实物资料目前还没有发现。能够充分反映秦汉时期印染技艺水平的是当时占主导地位的凸纹版印花技术，湖南马王堆出土的印花敷彩纱就是用三块凸版套印与彩绘技术相结合的产物②。南北朝时期，染缬工艺广泛用于服饰。除此之外，在家具、日用品中也越来越多地出现染缬的身影。发展到唐宋，这项技艺逐渐成熟，有许多相关的证据保存至今。在唐代传世名画《簪花仕女图》《捣练图》中以及在敦煌发现的一些壁画中都可以看到染缬的身影。"青"是我国特有的一种颜色，在我国古文化中具有生命的含义，也是春季的象征。"青"可以表示绿色，如"青青园中葵""复照青苔上"；有时可以表示蓝色，如"青，取之于蓝而青于蓝"；有时又用来表达蓝绿之间的颜色，如"青玉""青石"。"缬"古称部分镂空板印花或者有花纹的丝织品，织物上的印染花纹；"青缬"就是以青色花纹图案为主的传统印染系列工艺及其服饰制品的总称。青缬的名称最早由清代四川府富顺县，今属四川省自贡市人江明光提出，

---

① 贵阳市人民政府，市政府办公厅．市人民政府关于公布第六批市级非物质文化遗产代表性项目名录的通知［EB/OL］．（2020-12-14）. https://www.guiyang.gov.cn/zwgk/zdlyxxgkx/whly/fwzwhyc/202101/t20210126_66469508.html.

② 余强．中国民间传统染缬工艺考析［J］．重庆三峡学院学报，2018，34（01）：50—56.

至今成立100余年。古人说："地有三宝，水火风"。据江华胜介绍，在江先生的染织作坊中，发现有一个特大的天窗，祖传中染缬的布料要用寅时的风，卯时的露水，午时的太阳，天窗就是起这样的作用。"寅时的风，卯时的露水，午时的太阳"就是"正当行时"。我在进行染缬的制作过程中，有一个极其重要的物品，在染的时候必须要用染布石（滚石），经过染布石的滚压，让染汁渗透进布料当中，不仅让布料更加柔软，还让颜色更加牢固，这块染布石是从明代传承下来的，如今已经是我家的传家宝，距今已有400多年历史。

　　从我记事以来，我的祖辈们建染缸之前都要进行燃烛焚香的仪式，供奉着一块形状特别的石头，这块石头已有100多年的历史，这块石头与"染缬"传统工艺密不可分，仪式之后的第一件事是取山泉水放入染缸制作染料。在"染缬"传统技艺中，我特别注重染料的选择和使用。现在的染料主要是采用板蓝根发酵，制作成膏状的染料，而我家祖传的"染"极其讲究原材料的选择。我传承的"染缬"技艺中包含的中药染布是民间流传的古法，这在我传承的家族工艺中更显严谨，我家最具特点的是要用到青金石、矿物石、珊瑚、琉璃、金银等"佛家七宝"，其中金是金钵，银是银勺，用来作染布的工具。"青金石、苍珊瑚"，青金石也叫壁琉璃是佛家七宝之一；苍珊瑚，苍是青的意思，青缬的青就是这个意思，青金石和苍珊瑚是非常名贵的宝石，在青缬工艺中将宝石研磨成粉，放入染缸当中，敦煌壁画用的就是青金石等矿物原料，以达到永不褪色的目的。我传承的"染缬"的传统技艺，首先是制作染料，在染缸里面添加39种天然材料作为助染剂，在染缸中倒入山泉水，放入靛蓝膏，然后加入用酒泡好的中草药酒，会产生香香的气味。在39种材料中，中药就多达20多种，这些中药包括白芨、五倍子、首乌、牛黄、黄连、川穹、乌龟壳、马蜂巢、丝瓜、蕨类等。其中"五倍子王"是用来搅拌做染缸，它是滋阴壮阳强生健体的，平时的五倍子是一个一个的，五倍子王需要若干年才能长成几个连在一起的样子；"蜂巢"，选择天然野生马蜂的蜂巢是染料的配方之一，能够起固色防腐的作用；"白杞"是名贵的中药，白杞能够固色光亮；

江华胜
绿水缬清波，青山绣芳质

"火麻子"是我专门从广西巴马采购而来,将其榨成油和粘膏调和在一起,然后在布上作画,这种方法是世界上认可的唯一能溶于水的小分子油。其次在"染缬"对布料的加工处理上,我采用中草药和"长寿油"①,健康养生,对布料进行"九蒸九晒",将布料浸泡在豆浆当中,目的是让豆浆中的蛋白质渗透到布料中,让布料更容易上色。"九蒸九晒"费时费力,江家历代传承人始终坚持这种工艺,通过反复的蒸和晒,使布料的舒适性和耐用性得到大大的提升,另外一个更重要的作用是上色固色,亮色让品质更好。经过"九蒸九晒"之后,用滚石(碾布石),将染好的布料,用滚石反复滚压让布料光亮柔滑,耐磨耐用。最后一步就是漂和洗两道工序,选择用樟木灰漂洗,樟木灰主要是防虫防蛀,防腐耐用;之后再用草木灰漂洗,让布料光亮固色。

图49　江华胜制作染水　来源贵阳市非物质文化遗产保护中心

---

① "长寿油"是火麻子榨出的油,广西巴马是世界著名的长寿之乡。

守望乡土记忆
——贵阳市非物质文化遗产传承人实录(三)

穿在身上的青花瓷——吴山青缬。吴山青缬是"染缬"是我在传承"染缬"技艺的基础上的创新和发展，吴山青缬的传统印染工艺主要有五种，包括夹缬、扎缬、蜡缬、织缬、拓缬，其中拓缬是我的独到创新，是被誉为古往今来，别开生面的"茫父颖拓"，技法创新性引入服饰印染，是染缬传统印染工艺的丰富和发展。我对祖传的染缬印染流程及其配方进行了多次的实验和改良，始终坚持地道的天然材料，摸索出以板蓝根、何首乌、蒲公英、狼杞枝、白艾、糯米酒以及青金石和苍珊瑚等天然宝石为主要原料的传统印染工艺。染品亲肤

图50 传承人展示染缬作品
颜平摄

有一定的康养效果，布的面料主要采用天然的麻、棉、丝手工纺织而成，工具主要采用玉石、实木、土陶等天然材料制作，确保"吴山青缬"在每一个环节环保无污染。我的祖辈制作的青印染品具有"青花瓷"的韵味，用它制作的服装被誉为"穿在身上的青花瓷"。在多年的制衣生涯中，我琢磨出了用青色染料在布上画、抹、点、拓的技术，布料上选择的图案主要来源于古书中的传统图案，在这个传统图案上进行创新，染出来的布料具有清新自然、玄妙空灵的效果。在贵州省贵阳市花溪区吴山村十多年，当地的青山绿水，"茫父颖拓"唤醒了镌刻在我血脉中的青缬梦，"绿水缬清波，青山绣芳质"，"染缬"的内涵正是源自于此，绿水青山就是金山银山，"吴山青缬"无疑是一个鲜活的生态符号。我家的"染缬"传统工艺也被贵阳市文化和旅游局授予贵阳市非物质文化遗产"染缬"牌匾。这个展现着古衣之美的"琢衣博物馆"，在深山中顽强地坚守着"以针为笔，染液做墨，以布当纸"的文化信念，描绘出多姿多彩的民族文化。此外，

江华胜
绿水缬清波，青山绣芳质

我认为贵州是产茶大省,以"染缬"传统染织工艺制作初一系列茶具用品,例如茶席、茶垫、茶壶、茶包装等,让"染缬"生态感融入使其价值得到提升。

图51　染缬作品　来源贵阳市非物质文化遗产保护中心

(二)建设琢衣博物馆,展示"染缬"魅力

近几年,越来越多的当代年轻人逐渐关注传统文化,"染缬"染织工艺在世界范围内逐渐形成文化回潮,展现出旺盛的生命力和市场的需求量,使得"染缬"成为文化研究的重点和焦点。我在传承"染缬"传统染织工艺的基础上做出许多创新,在色素的提取方面,提出植物染,核桃壳可以染初褐色、黑色、棕色、咖啡色等,我为了防止二次污染,使用39种中药泡的酒来加温,加温之后可以瞬间上色,这个是独特之处也是创新点。关于贵阳市非物质文化遗产"染缬"传统工艺的发展,我组织团队建立了"青缬工场"和"山野匠人"抖音账号,借助抖音平台,让更多的人了解贵州的"染缬"传统工艺,其中"青缬工场"发布了《探访青缬传

承人江华胜》系列作品，共计12个视频。主要讲青缬染织工艺的传承，主要涉及青缬染织工艺中草药的选择、九蒸九晒、碾布石（滚石）、草木灰和樟木灰的漂洗以及"吴山青缬"等内容。"山野匠人"发布4个作品，包括了"江华胜琢衣博物馆"的游览、染液的制作、匠人的一天等内容。在"青缬工场"中，我还装修了T台，让传统文化爱好者穿上青缬产品，走上T台，尽情展示"染缬"传统工艺的魅力，增强"染缬"传统技艺的体验感和互动性。除此之外，我明白博物馆作为展示中华优秀文化展示的重要窗口，文化传播的重要阵地，也是文化传承的重要场所。我背债40余万元建立了3000多平方米的私人博物馆——"江华胜琢衣博物馆"，在博物馆左面有一副画，上面有一个大大的小篆"衣"字，下面配了一首诗："江氏青缬百草香，匠心天巧琢衣裳。越罗斑布武侯锦，古道牂牁丝路长。"浓缩了从古至今上千年的纺织文化，同时更好地传承和传播好"染缬"传统染织工艺。在我看来，"做博物馆是为了传承先人，做手艺是为了传给后人"。传承是一种生存技能，是一种生活方式，但是在我这里还有更深层次的含义，那就是传承不仅仅是生存方式和生存技能，还是生命境界。该博物馆内收藏全世界不同时期、不同品牌、不同功能的各类缝纫机；从古至今有关服饰文化的各种文物工具，包括明代宫廷所用的烫斗、最古老的织布机以及棉麻、绸缎和绣片1万多件、还珍藏200多年的棉麻丝[①]。博物馆对布料、刺绣、染缬整个制作过程的情景化展示，以实物、图片、文字，记录和承载了贵州纺织文化、染缬技艺以及服饰文化的发展历程。

我认为在"染缬"传统工艺中依旧面临着机器生产和手工制作之间难以协调的问题，再加上现代市场经济融合发展的工业替代品剧增，这是传统工艺产业不可避免的问题。"染缬"传统工艺如果完全按照市场的规律，时间成本和人工成本较高，和机器生产相比处于劣势。随着时代快速发展，传统工艺要实现文化价值、提升产业经济升值，单纯扩大规模、批量生产、扩张销量将不符合产业规律。我常跟别人提起："机械化是永远取代不了手工的

---

① 周少俊. 琢衣博物馆里的古衣之美 [J]. 贵阳文史, 2021, (06): 77—79.

生命感。在国外，手工制作永远比机械生产的贵几倍，手工是永远带有生命力的。手工是自然美的，独特的。"机器生产的传统工艺产品在能够充分满足消费者需求数量，手工制作的传统工艺产品具备独特性。在传统工艺产业的发展中机器生产具有传统手工制作不可取代的生产优势，在"染缬"传统染织工艺中，如果批量生产势必会在传统染液中加入明矾等化学材料，以此来确保布料的染色效果，忽略了选材要求，不仅会对环境造成二次污染，还会使工艺品无法建立品牌质量优势，限制了高级消费市场的销路。

  传统工艺想要得到更好的发展不仅需要适应现代生活环境，还要符合现代审美标准。以前，传统工艺的产生主要是满足人民的生活需求，随着社会的发展，人们的生活质量和审美标准在不断地改变，导致传统工艺品从以前的生活必需品转变为文化消费品。其实深藏在乡村中的传统工艺由于经济效益极低、开发潜力不足、限制条件众多、市场前景暗淡等原因被贴上过时、陈旧的标签，跟不上当今社会发展的潮流和人民的审美需求。我认为："染缬"传统染织工艺始终坚持传统，主要延续着传统的图案纹样和产品形式，产品种类的创新更不上时代的需求，在发展过程中逐渐产生传统与现代的审美矛盾。"讲文化也好、讲传统也好，实际上非遗与时尚才是真的生命力。"在"染缬"传统工艺的发展中没有融合时尚元素是不会被大众所接受，但是仅仅只有时尚元素这样的染缬作品不能展现其生命力。在现代文明的影响下，大量的传统民族符号为了迎合当代的审美标准，冒然做出改变，这种改变是建立在传承人对当代审美内涵和审美标准不完全了解的前提下，直接套用现代流行的符号融合到传统工艺品中。在我看来，传统和现代的结合才是现代社会真正需要的传统工艺品。目前"染缬"传统染织工艺的传承和发展现状不容乐观，例如，在吴山村建立的"茫父书院"，我运用祖传"染缬"传统染织工艺创作出的桌布和书童的背篓等用于"茫父书院"的学习用品，但是缺乏研学团队的到访或者旅游群众的稀少，使得桌布和书童的背篓沦为摆设，我希望把"茫父书院"作为学校的研学实践基地，可以解决吃住问题，把中国优秀传统文化传播出去。

(三) 传承匠人行当——染缬 (青缬) 传统染织工艺

　　1957年出生的我，祖籍是四川富顺，目前居住在花溪区九安乡吴山村，同时是"染缬"传统染织工艺和制衣世家的第四代传承人，我四五岁就可以缝衣服。当时中国正在进行土地革命，我的外公是大地主，家里祖辈始终传承着"染缬"传统染织工艺，还是书香门第，家族生活状况比较富裕，在当时社会处于被动局面，而家族又特别重视文化，就把只有7岁的我偷偷送到上海当学徒，我的第一位师傅是一位日本人，平时称为"上海师傅"，跟着"上海师傅"学习做衣服。我出师之后回到贵阳，在王家巷开过裁缝店，随后在改革开放之后，开始做市场产品，一直到发展做服装外贸出口。其实我在1976年才是真正进入服装行业，1982年改革开放，这个时候我开办的服装厂得到飞跃式发展，一天可以赚一万元，在当时那个年代叫万元户。我到目前为止一共创办了四个工场，80年代末90年代初在环城南路成立了第一个服装工场；第二个是在瑞花南巷34号成立的华胜制衣厂；在90年代左右在贵州工学院画眉巷36号成立了楷瑞制衣厂；2000年左右在第花溪区九安乡吴山村成立第四个青缬工场，由于多种因素的影响导致只剩楷瑞制衣厂和青缬工场还存在，其他两个工场已经关闭了。其实我在服装制作上的天赋才能，刻苦努力让我在贵州省的服装行业具有很高的知名度，亲手制作的西服价值高达10余元，还凭借精通"染缬"传统染织工艺，深谙古衣工艺和技艺精湛，数次获邀相关活动设计制作具有古韵的服装。2014年，栉风沐雨四五十年，在经历了服装市场的沉浮之后有了复归于寂静的幽情，我依然执着地传承着渐行渐远的匠人行当——"染缬"传统染织工艺，并且背债40万元打造了琢衣博物馆，用来传承、传播和展示"染缬"传统染织工艺等非物质文化遗产以及民族的、历史的、传统的文化印记。这么多年，我还是一如既往地坚持传承"染缬"传统染织工艺的是信仰，是文化自信。我在博物馆中收藏着一双鞋，是我外婆裹脚穿的绣花鞋，那时外婆要去四川峨眉山拜佛，来去需要40天，并且每年都会去一次，这就是信仰，这也是我始终坚持传统文化的原因,"染缬"在我骨子里上了颜色,这就是文化自信。对我来说,"染缬"传统染织工艺不属于某一个民族或者某一个地区,在"青缬工场"里摆放着一个极其精美且意义重大的中药柜,这个药柜有56个抽屉,装了39种中药,因为56个民族,56朵花,每一个抽屉的花是不一样的,代表着56个民族的综合体,这也是文化自信的展现。关于"染缬"传统染织工艺的传承意义上,我认为:真正把老祖宗的智慧回馈给社会,最大价值就是提醒年轻人用手艺实现梦想,解决就业。我们真正的手艺人,匠人是永恒的生存者,大国工匠必须是50年以上,要百年的传承才能够非遗。曾今是大国制造,现在讲的是创造,现在社会只要能够培养真正的匠人,我们就会把古人的智慧进行二次创新,只有文化的积淀才能将大国创造,总的来说就是全社会都有动手能力,这才是重点。

作为第四代传承人的我,在传承"染缬"传统染织工艺的基础上创新发展,对"染缬"的染织流程及其配方进行了多次试验和改良,使得染布在色泽、亮度、防腐、耐磨等方面有了更大的提升,特别是色泽和亮度两个方面,颜色变化自然,层次灵动,是成品具有"青花瓷"的韵味。我做到了让每一件作品都是独一无二的创造,每一件作品都展示了"青缬"传承人的文化自信和工匠精神,成功注册了"青缬""琢衣匠人""衣需会"三个商标。我觉得我最杰出的作品就是2014年在孔学堂的汉唐婚礼上设计的服装,这次汉唐婚礼还被国家民政局作为示范案例,关于"染缬"创作的作品曾经被国家地理杂志总社使用过,例如"穿在身上的青花瓷"。做服装外贸起家的我不仅是"锦绣计划"两会一赛的策划人和唯一获得非遗传承人的火炬传递手,还受聘于航空学院服装系去给学生讲课,远赴台湾讲课等,甚至多彩贵州活动服装、贵州民族大学舞蹈参赛服装、航空学院参赛的服装都是出自我之手,另外还承包了孔学堂举办的"四礼"——开学礼、成人礼、敬老礼(九二八孔先生的生日)以及汉唐婚礼所需要的服装道具。我还在建党100周年的时候,依托"染缬"传统染织工艺组织了一个大型活动,组织100个人来制作党旗,充分利用鲜花的颜色来染色,该次活动还被中央电视台报道。"青缬工场"是我的第三次创业开始,第一次创业的时候一直想做百年企业，创业之后开始积累原始资金，然后认真做文化，因为只有文化的承托才能发展成为百年企业。"青缬工场"是发展成为百年企业的起点，努力积累资金、沉淀文化、注册商标、建设私人博物馆、建立传承基地是创业的铺垫，将非遗文化充分融合到服装当中，让"青缬""琢衣匠人"走出贵州，走向世界，期望有共同情怀的团队加入，共同努力一起创业冲出市场。

在收徒方面，我是一个挑剔者，收徒的第一件事就是教他做人，做事，最后才是学手艺。招收徒弟的途径主要是通过服装厂招工，那时候当学徒不会收取任何费用，还会从当学徒的第一天就会发工资，学徒一般一两年就可以出师，出师之后不仅要会做人，还得会赚钱。我的徒弟有几十个，指导过的有几千个。例如，刘洪梅，贵州省贵阳市清镇站街人，2019年学艺至今，主要学习服装制作、染布等内容，目前已独立掌握染缬技艺；刘桶贤，贵州省贵阳市清镇站街人。2019年学艺至今，主要学习服装制作、机器维修、染布等内容，目前已独立掌握染缬技艺。目前我的徒弟大部分都在从事服装外贸行业，其中印象最深的一个徒弟是一个来自四川省广安市的13岁男孩子，在我这里当了四五年的学徒，后来去了广东虎门一位台湾人开办的服装厂上班，老板要回台湾发展就将这个服装厂转让给了我的这个徒弟，发展成立几千人的服装工场。

（四）搭上抖音快车，实现"染缬"的再造和活化

2022年6月由文化和旅游部、教育部、科技部等十部门印发《关于推动传统工艺高质量传承发展的通知》中明确提出到2025年，健全传统工艺高质量传承发展工作机制，完善保护传承体系[1]。我认为从政府层面出发，由省级或者市级非遗中心牵头，各个相关部门共同参与，各司其职，

---

[1] 新华社，中华人民共和国中央人民政府．文化和旅游部等十部门印发《关于推动传统工艺高质量传承发展的通知》[EB/OL]．(2022-06-28)．http://www.gov.cn/xinwen/2022-06/28/content_5698282.htm．

共同完善非遗传承体系，打通传承人培养、创新设计、品牌建设、流通消费、宣传推广等环节，形成一个完整循环的"染缬"传统染织工艺产业链，推动其高质量传承发展。从传承人自己出发，将建立职称评审向优秀传统工艺人才倾斜机制，优先推荐优秀青年人才参评乡村文化和旅游带头人、乡村工匠①。从传承人层面出发，"染缬"传统染织工艺传承人要积极主动的和非物质文化遗产中心和相关文化部门沟通交流，获取更多的关于"染缬"传统染织工艺的政策和专项资金的支持，举办"染缬"文化活动，展示"染缬"传统染织工艺的制作流程，让更多的群众了解和学习这项非遗文化，从而提升"染缬"传统染织工艺的知名度和影响力，让更多的群众主动加入"染缬"的传承行列中。

2022年，在抖音短视频平台非遗项目直播场次同比增长642%；抖音非遗创作者平均每天直播1617场，获直播打赏的非遗主播人数同比增长427%；打赏总金额同比增长533%②。抖音短视频平台的注册用户涉及到各个年龄阶段，具备极强互动性和体验感，拥有评论、转发、收藏、分享甚至私信等交流渠道，使其成为目前最受欢迎的传统工艺短视频平台③。我注册的"青缬工场"和"山野匠人"两个抖音账号可以抓住"非遗合伙人"计划，坚持传统，在抖音短视频中强化生态保护意识，改进"染缬"过程中会造成污染的工艺流程，充分开发植物染，合理利用天然材料，杜绝不可再生的原材料资源，突出"染缬"传统染织工艺的独特性和创新性。另外由"染缬"传统染织工艺传承人发起倡议，招纳短视频剪辑、拍摄、文本写作等具有非遗文化素养和传统文化情怀的人才，组建专属于"染缬"文化建设团队，主张发展粉丝经济，尝试开

---

① 马艳.十部门发文推动传统工艺高质量传承发展［N］.中国工业报，2022-07-13（004）.

② 央广网.抖音2022非遗数据报告：濒危非遗视频播放量同比增长60%［EB/OL］.（2022-06-12）.http://news.cnr.cn/local/dfrd/jj/20220612/t20220612_525861440.shtml.

③ 张锦岚.基于抖音平台的传统工艺短视频传播研究［D］.中央民族大学，2021.

设"染缬"传统染织工艺免费体验课程，建设"抖音+染缬学习"的在线直播学习方式，通过在线学习的方式中增强"染缬"文化的认知，满足人民日益增长的美好生活需要，实现提升"染缬"文化价值，实现经济效益的双赢局面。

我认为在当今社会，传统工艺的传承和发展必须要以市场为导向，将唯一且传统的工艺品转变为大众化和市场化的工艺品。首先是发展"染缬+高校"研学实践基地模式。人的教育与技艺的合作，作为传统工艺再造与活化的两个思考，是从源动力和客观条件出发的，指向的是根本[①]。"青缬工场"可以定期举办"染缬"传统染织工艺教学活动，可以提供学习和体验的场地，甚至可以提供住宿，早上学习理论知识，下午开始实践，鼓励学习者融入自己的创新设计，制作出来的工艺品可以自己带走。将"染缬"传统染织工艺和高校建立合作，特别是开设相关非遗文化保护传承相关专业的高校合作，建立研学实践基地，提供实习的岗位，让学生收益和社会接受，从而让更多新生力量加入到"染缬"传统染织工艺的传承发展的行列中。其次是发展"染缬+文创产业"品牌建设模式。"染缬"传统染织工艺作为原生艺术，散发出独特且恒久的文化魅力，通过和文化创意产业合作，提取"染缬"传统染缬工艺中的唯一，在文创领域重构"染缬"的时尚性、实用性和艺术价值，找到"染缬"独特的艺术语言，推出"染缬"专属文化品牌，激活"染缬"文化活力，设计出具有中国传统民族特色的国际时尚产品，让更多的群体了解"染缬"工艺的魅力和非遗文化之美。最后，发展"染缬+电商"销售渠道模式。网络电商是传统工艺产品销售的重要渠道[②]。在淘宝中搜索"染缬"显示出的产品少之又少，从侧面说明"染缬"在电商行业还存在较大的发展潜力，许多非遗文化爱好者只能现场购买或者电话订制。"染缬"和电商行业建立合作关系，

[①] 彭倩. 教育与合作 从高校"非遗研培"思考传统工艺的再造与活化［J］. 新美术，2018，39（11）：63—66.

[②] 张红，白瑞. 辽宁传统手工艺与地域文化产业创新发展［J］. 沈阳大学学报（社会科学版），2020（02）：163-166+171.

开设"染缬"店铺，突出独特性、唯一性的销售特色，依据不同的电商平台的消费者制定不同的宣传营销计划，开通个性化定制销售渠道，让传承人直接和消费者沟通，提升交流和交易质量。

传承谱系

染缬制作技艺原主要在家族内部传承，现通过染缬非遗文化传习所和染缬非遗文化体验中心向社会传播染缬技艺。

第一代：江明光（1874—1959），四川自贡人，汉族。传承开设染坊，创立"染缬"，建立以夹缬、扎缬、蜡缬为主的"染缬"印染工艺体系。传承地域主要为四川省自贡市富顺县。

第二代：江永安（1904—1979），四川自贡人，汉族。创造织缬，并将珠宝应用于印染。传承地域主要为四川省自贡市富顺县。

第三代：江述林（1934—2014），四川自贡人，汉族。完成"染缬"从四川到贵州的转移。传播地域主要为四川省自贡市富顺县和贵州省贵阳市南明区。

第四代：江华胜（1957—），贵州贵阳人，汉族。创造"拓缬"，完成从服饰印染工艺到服饰制作的各个领域的延伸，并建立起以夹缬、扎缬、蜡缬、织缬、拓缬等五大印染工艺体系——"染缬"。传承地域主要为贵州省贵阳市南明区和花溪区。

第五代：江发扬（1990—），贵州贵阳人，汉族。目前在上海学习汉服和旗袍的定制，将定制的理念引入"染缬"中。江艳萍（1980—），贵州贵阳人，汉族。毕业于西安服装学院服装设计专业，目前为贵州瑞楷制衣有限公司法人代表，学习研究传统刺绣和新的绘画技术。

张礼俊
点穴康养，服务全民健康

传承人：张礼俊

来源张礼俊点穴康养公众号

访谈时间：2022 年 8 月 20 日
采访地点：贵州张礼俊点穴康养中心有限公司
采访人：杨青、王菲、孙楠楠、颜平
文章整理，撰写：杨青

※ 人物小传

张礼俊，汉族，1956年生，高中学历，现居住在贵州省贵阳市观山湖区观山小区，"张氏配穴法"的第四代传承人，是贵阳市观山湖区人民政府引进支持项目"贵州张礼俊经络研发培训基地"的负责人和点穴师。自幼，张礼俊跟随祖父、父亲身后，旁观配穴工作，耳濡目染，熟知人体经络和中医五行相生相克原理，基础技能扎实，深得家传技艺精要。1984年开始运用祖传手法给别人进行治疗，1990年正式开始点穴疗养；从1923年到2003年，在凯里做生意，同时也在免费帮别人点穴治疗；2003年到2008年在老家继续点穴治疗，2014年参加在贵州省贵阳市药用价值园（贵阳药用资源博物馆）举办的"贵阳首届古典中医药高峰论坛"；2016年8月29日，张礼俊成立了"贵州张礼俊大健康经络研究发展中心"；2017年6月20日，"贵州张礼俊点穴康养中心"正式落户贵阳市观山湖区观山小区1、2号楼1层1号。张礼俊在深得家族传承的配穴技艺和长期临床实践的基础上，主动研究古技艺文献的重要论述，深入钻研如何运用中医五行的相生、相克、相乘、相侮原理，调节脏腑间的阴阳平衡，激活人体自身的强大自愈功能，传承和发扬祖辈技艺，并汲取苗疆民族民间医药外治法的精髓，进一步成功地发展出有其"章足"理论支撑和丰富了点穴内容，进一步完善成熟了极具康养价值的"张氏配穴法"。至今，已为来自全国各地较多患者提供理疗服务，效果尤为突出，许多患者都是通过口口相传，慕名而来，为此深得广大群众的信任和好评。

（一）中医非药物疗法——"张氏配穴法"

"张氏配穴法"属于传统技艺类项目，其根植于中国传统中医文化，经过咨询和观察康养者的情况，根据患者的身体情况进行配穴，通过手指或辅助工具进行理疗。该法有独特的理论认识，有系统的配穴体系，有丰厚的实践积累,对许多慢性疾病甚至疑难病症具有一定的效果和辅助康复作用。2018年由贵阳市政府办公厅公布的《第五批市级非物质文化遗产代表性项目名录的通知》中,将"张氏配穴法"确定为贵阳市市级非物质文化遗产传统技艺类的代表性项目[1]。2019年贵州省人民政府公布的《第五批省级非物质文化遗产代表性项目名录的通知》中将"张氏配穴法"列为贵州省第五批省级非物质文化遗产代表性名录[2]。

我所传承的"张氏配穴法"是依据经络原理,与人类非物质文化遗产代表作名录——"中国针灸",有异曲同工之妙。我的祖先张国梁曾为御前四品带刀侍卫,有机会在宫中学习强身祛病的"点穴术",受赏告老还乡的张国梁回到旧州之后,在以"点穴术"为家人和邻里乡亲养身祛痛时,由此及彼,潜心钻研人体经络穴位与气血运行,探索出不少配穴康养祛痛的规律。此后,从祖辈张国梁、张讳湘、张文成到我这里,"张氏配穴法"经历了家族四代传承。"张氏配穴法"的理念源头最早可追溯到《黄帝内经》中对"痰淤"相关原理的基础认识,而《黄帝内经》所提到"一砭二针三灸"中的"二针"既是针灸,针灸在后续的发展中由针灸演变出了点穴,即以指代针。专门训练的针灸师可用一个指头发力,它可以打通穴位理顺经络,既能缓解康养者的各种痛苦,更有助于康复和养身。我在深得家族传承精蕴的基础上,主动结合相关古医药文献重要论述,深入研习如何运用五行相生、相克、相乘、相悔原理,调节五脏六腑之间的阴阳平衡,激活并改善人体自愈功能,成功建立起自成体系且极具康养价值的"章足病理配穴疗法"。张氏祖辈们用比喻的方式,将"痰"硬化部分称为"章足"。因为痰害化的病源体在变化的过程中形成了诸如包、块(就形似章鱼的头部)的各种形状,且其周边也有各式排泄物质的淤积,这些淤积的物体大多为条状物(就像章鱼的触须),这些条状物是造成人

---

[1] 市政府办公厅. 市人民政府关于公布第五批市级非物质文化遗产代表性项目名录的通知, 发文号: 筑府发〔2018〕31号. 2018-10-30.

[2] 贵州省人民政府.《省人民政府关于公布第五批省级非物质文化遗产代表性项目名录的通知》, 发文号: 黔府发〔2019〕10号. 2019-06-02.

体发病的主要因素。

"章足病理配穴疗法"是中医非药物疗法中的一种，用双手单指在人体表的穴位上配合点、点打、压、深压、揉、震抖等祖传 15 种（5 大类）手法轮换配合，而患者在理疗过程中无需承受巨大的痛楚或长时间的折磨，更快达到"补其不足、泻其有余"的目的。

（二）坚守"张氏配穴法"，探索配穴康养祛痛规律

近几年，作为贵州省省级非物质文化遗产的"张氏配穴法"传统技艺，在社会中建立起了良好的口碑，主要的宣传渠道就是患者们的口口相传，进而逐渐被更多的人熟知，甚至全国各地慕名而来的人不在少数。贵阳市观山湖区抓住新兴业态、借助大数据、互联网等新技术，推动当地的健康管理、养老服务、养生保健等产业的快速发展，政府启动了观山湖区域化养老服务中心项目，启动观山湖区域化养老服务中心项目。"张氏配穴法"作为祖传 5 代的祖传疗法，在健康管理、养老服务、养生保健等方

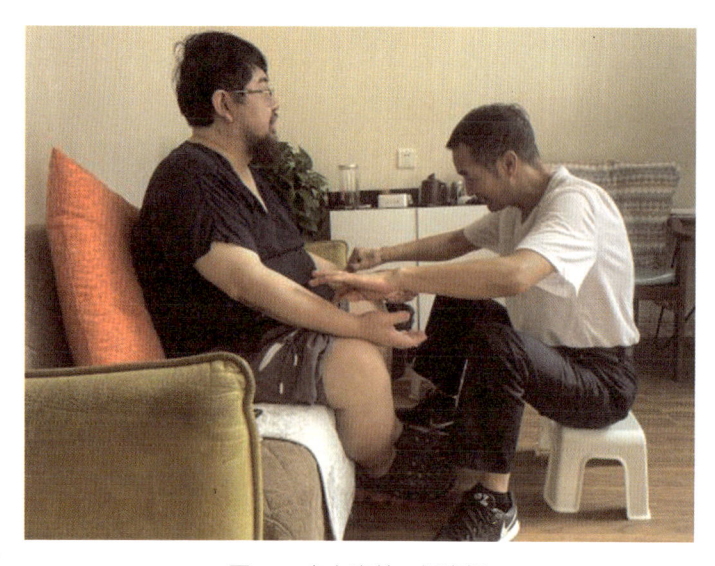

图 52　点穴康养　杨青摄

面有着独特的优势。该康养中心建立的真正价值和意义是"帮助更多的人重返健康，帮助更多的人稳定就业"，我利用祖传专业配穴理疗手法帮助更多的患者缓解病痛的折磨，从而带动观山湖区推进大健康产业体系的重要环节，促进观山湖区大健康产业的迅速发展。我认为点穴康养中心的成立，意味着这份祖传绝技不再只是我们家私藏独占的绝密珍品，它应当属于社会，属于每一个中华好儿女。"张氏配穴法"是绿色环保的中医非药物疗法，点穴康养中心的成立将帮助更多人重返健康，让大健康进社区进家庭，这是我们中心存在的真正价值和意义。我主张建立贵州张礼俊健康爱心基金，"张礼俊点穴康养中心"携手数名社会企业家共同进行"关爱明珠老人健康"慈善捐款，履行医者仁爱应尽的社会责任，继续践行和推广"张氏配穴疗法"，为观山湖区的经济困难的患病群众提供关爱和帮助，让更多的群众了解和尝试点穴疗法的神奇魅力，同时也为国家大健康事业的发展提供一份微薄的力量。我还建立"贵州张礼俊经络研发培训基地"，打破传统的传承思想，面向社会才会更好地服务社会。该基地以培养更多更好掌握点穴技术的人才服务社会与解决就业为根本出发点，挑选资质好、悟性高、品行端的人才组成核心技术团队，更加专注于深度研究疑难病症，让贵州传统医学文化技艺得以传承发扬光大。

正如中医常言道："最好的药箱在你的身上"，我多年来不断地研究人体的病源，探索目前部分医学手段难以解释的病症，并且在实际诊疗经验中，让"张氏配穴法"得到较为合理的认知逻辑。但是"张氏配穴法"属于非物质文化遗产中的传统技艺类，在我看来，在社会发展的大环境下依然存在着许多难以调节的矛盾。一方面是"医"和"养"的矛盾。"养"引申为"使身心得到滋补和休息"，如：养病、养心、养性、休养、营养、养精蓄锐。"张氏配穴法"技艺主要是通过"养"来治愈患者，和医疗两者存在本质的区别，"张氏配穴法"通过根据患者身体的实际情况进行配穴，使用专业的指法，打通身体内的郁结之处，达到"养"的目的。"医"不仅引申为治疗，还引申为医术，医疗是通过医疗器械和药物的辅助来治疗疾病。自19世纪初西医进入中国，对中医的发展产生了巨大影响。西医的治疗效果快，中医需要慢慢调理，见效周期长。而"张氏配穴法"和中医存在着密切的联系，这也是我祖辈们常说的"只养有缘人"的原因。"张氏配穴法"的治疗过程通过疏通人体的气血经络来激活人体的自愈功能，且将有害物质外排和外泻。除此之外，我还需要衡量"医"和"养"之间的关系，目前贵州省省级传统技艺"张氏配穴法"并没有纳入到"医"的行列中，所以在养疗的过程中受到很多限制和困难。"张氏配穴法"的传承和发展不仅要把握好和"医"的界限，还要提升"养"的质量。我在祖辈研究的基础上，潜心钻研人体的经络穴位和气血运行，探索出不少配穴康养祛痛的规律。我明白，初次见到该技艺，不用吃药打针，只需要用手指在身体的各个穴位按压就能达到养疗的效果，质疑是人们对"张氏配穴法"的第一个看法。例如，从温州过来的陈先生，他的朋友将他带来我住的地方看我给别人点穴养疗，同样的质疑眼光，让我习以为常。"张氏配穴法"的养疗方式和养疗的效果看上去不匹配，"贵州张礼俊点穴康养中心"缺乏系统的介绍机制和活动展示机制，但是"张氏配穴法"中蕴涵的养疗效果是让人信服的重要依据。

（三）"张氏配穴法"的传承与创新是张礼俊的一生

我家住贵州省黄平旧州镇，是家中的第5子，贵州省非物质文化遗产"张氏配穴法"传承人。从1993年开始选择做生意，但是在做生意的过程中我一直使用"张氏配穴法"帮助患者治疗。2008年，我放弃做生意回到老家重拾祖传的技艺，开设养疗的场所。在2017年在政府的帮扶下，我打造出教学与实训场地培训基地，切实地将"张氏配穴法"的传承发展工作带上新的台阶。除此之外，我在共享理念的深刻影响下，打破"张氏配穴法"只传男不传女、不对外传授的祖训，希望能够吸引更多的真心热爱中国传统中医文化的能人志士投入中国大健康事业中。2017年我在贵州省贵阳市观山湖区黔灵山路60号观山小区大门旁，建立了"贵州张礼俊点穴康养中心有限公司"，到2023年，经过了6年的不断发展和改变，依然是一家致力于祖传点穴疗法"张氏配穴法"的传承、研究及推广的公司,应贵州省贵阳市观山湖区政府邀请而成立,由贵阳市"明珠歌舞团"4000多个老人共同请愿而被观山湖区政府引进。在公司中的技术骨干均由我亲传点穴传承人组成,实际诊疗经验均在10年以上,秉承"仁爱、责任、敬业、进取、创新"的理念,志在章足病理配穴疗法的传承。2017年6月20日在观山湖观山小区举行"贵州张礼俊点穴康养中心"的揭牌仪式,同时"贵州张礼俊健康爱心基金""贵州张礼俊经络研发培训基地"筹备工作正式启动。

图53　张礼俊点穴康养中心　杨青摄

"张氏配穴法"凭借独特的问诊配穴方式和补泻手法,在2019年列入贵州省省级非物质文化遗产代表性名录。我为了促进"张氏配穴法"的传承和发展,在2018年开通张礼俊点穴康养中心的微信公众号和微博,在公众号上不仅可以线上申请"张礼俊点穴康养中心"会员,还发布了80多篇相关的健康养身推文,其中重点介绍点穴疗法、点穴康养中心简介、张礼俊点穴历史渊源、章足病理配穴疗法简介手册等，提升了"张氏配穴法"的知名度，拓宽了解渠道，为更多的患者提供理疗的选择和机会。由贵州省星辉佳业影视文化传媒有限公司以"张氏配穴法"为主要题材，名为《长生方之指间风云》的电影成功入选贵州省2021年度文艺创作生产重点项目，由于疫情的影响，该部电影还未正式开始拍摄。另外，我还写了一本关于人体病源的书，在这本书中我将病源称为"章足"，该书正在修改完善。

我在政府的帮扶下成立了"贵州张礼俊点穴康养中心"，政府不仅提供场地，还以人才引进和招商引资的方式来帮助该中心落户于贵阳市观山湖区，其次还推出"三免两半"的房租优惠，前三年不收取房租，后面两年房租减半。另外还享有政府对非物质文化遗产传承人的经费补贴。2018年10月贵阳市人民政府公布"张氏配穴法"成为贵阳市市级非物质文化遗产；2019年6月贵州省人民政府和贵州省文化和旅游厅公布"张氏配穴法"成为贵州省省级非物质文化遗产；2020年"张礼俊点穴康养中心"还荣获贵阳市观山湖区政府颁发的爱心企业；以及康复者赠送的牌匾和锦旗。

目前，我的徒弟有20多人，这些徒弟来自全国各地，在"张礼俊点穴康养中心"上班的基本是我收的徒弟，包括我的女儿、儿子、女婿和媳妇都在学习"张氏配穴法"。学习"张氏配穴法"是一个日积月累的过程，至少需要经过一年的时间来学习和实践才能出师，我为了确保"张氏配穴法"的传承质量，建立"贵州张礼俊经络研发培训基地"，开展规范的对外传授和培训工作，还制订了严格的考核标准。

（四）培养合作意识，让"张氏配穴法"成为康养者的选择之一

传统技艺的传承和发展是传播文化的过程，在现代社会，传统技艺被人日渐遗忘，想要做好传承发展就要先提升认知度，因此做好传统技艺的

宣传工作势在必行①。我提出宣传推广是让"张氏配穴法"发展起来的有效途径，"张礼俊点穴康养中心"虽然在 2018 年开通了微信公众号，但是在该微信公众号中发布的内容单一，面对的群体较窄，且没有针对性，除了对"张氏配穴法"的基本介绍，其他基本是健康养生的推文以及康养中心的放假通知。为了让更多的群众了解"张氏配穴法"、方便有需求的康养者，在已经建立的微信公众号和微博上拓宽服务板块，拓宽服务范围，丰富宣传推广的内容，以我为中心人物，带领徒弟，采用原始正宗、沉浸感强的口述展示，在特定的场景进行"张氏配穴法"养疗的全过程，设置专门的拍摄创意团队和运营团队去维持和发展，明确宣传对象，增加曝光度，通过这个微信公众号和微博去推广和宣传"张氏配穴法"的价值和意义。

国务院关于印发《中医药发展战略规划纲要（2016—2030 年）的通知》（国发〔2016〕15 号）中所倡导的"未来医学从疾病医学向健康医学的转变，继承和发展中医非药物治疗法的绿色健康理念"②。健康是人类永恒的主题，也是社会进步的重要标志③。"张氏配穴法"是不同于医疗行业的，它要面对非常广泛的群体，包括健康群体、亚健康群体、患病群体，可以维持健康、恢复健康以及修复健康，涉及到整个生命周期。"张氏配穴法"可以通过自身的优势给患者提供更多的治疗选择，由此可以看出，我们"张氏配穴法"的传承人应该积极和医院等相关机构建立合作关系，拓宽服务范围。从患者角度出发，"张氏配穴法"为害怕打针吃药的患者提供容易接受的治疗方式；从医院层面来看，"张氏配穴法"的加入不仅可以让医院的资源得到充分整合，从而提升医院的服务能力和竞争能力；从传承人的角度来看，与医院建立合作的关系为

---

① 程立. 传统手工艺的文化传承和振兴的探讨 [J]. 鞋类工艺与设计，2021 (23): 101—103.
② 国务院. 中医药发展战略规划纲要 [EB/OL]. (2016-02-26). http://www.gov.cn/zhengce/zhengceku/2016-02/26/content_5046678.htm.
③ 李秋秋. 新时代贵州民族地区发展大健康产业的现实困境与对策 [J]. 凯里学院学报，2019, 37 (04): 56—59.

"张氏配穴法"的传承发展提供了新的平台，拓宽服务范围，发挥应有的价值。

俗话说："打铁必须自身硬"，"张氏配穴法"属于非物质文化遗产中的传统技艺类，需要定期开展培训和比赛，提升技艺的服务质量。在我的众多的徒弟中，每位徒弟所擅长养疗的病症会有所不同，在定期开展对外传授与培训工作的基础上，继续开展专项培训课程，结合徒弟自身的学习天赋和努力程度分别重点培养，分批培养出专业的技术骨干。其次，"贵州张礼俊点穴康养中心"为比赛活动地点，举办"张氏配穴法"技能比赛，在比赛之前面向贵阳市征集免费体验患者，一方面我把控参赛者的技艺指法是否符合规范，配穴的顺序是否正确；另一方面则是由征集的免费体验者，来讲述自己养疗前后的情况对比是否和宣传的效果一样。但是由于"张氏配穴法"的养疗效果的体现需要一个周期，所以该项比赛也应该具有周期性，举办这样的技艺比赛对于学徒来说是提升技艺的重要机会，对社会来说是让更多的群众了解"张氏配穴法"。

传承谱系

"张氏配穴法"属于家族传承，虽然历史久远，但是在族谱中明确且清晰地记载着传承谱系。

创始人张国梁：清朝光绪年间，张氏祖辈张国梁（1868—1945）考中武状元，为御前四品带刀侍卫，从官廷中习得"点穴法"用于习武中强身祛病。张国梁发现人体的部分病症及疑难杂症和人体有害物质之间存在密切关联，并且鉴于点穴需要理解、绘制、接触、研究人体，在当时的社会环境里只能属于绝密，故而决定"代代单传且传男不传女"。其次点穴有时比起主流治疗方法具备多方面优势，听闻者更多是质疑，故而"只治有缘人"。

第二代传承人张讳湘：张讳湘和父亲张国梁在贵州黄平旧州的府邸，继续探索人体及点穴法的奥秘，并对人体病源逐步深入了解，发现人体的病源头主要来自气血不能正常通行，体内垃圾无法排泄，而形成诸多症状的病症。

第三代传承人张文成：张文成在父亲和祖父的研究成果上，根据《黄帝内经》和其他相关文献中提出的"痰病"，痰是粘物，为百病之源。"张氏配穴法"中的治疗疾病的原理，不是直接正面对抗"章头"突起的地方，而是先主攻"章足"部分，即包块周边的害化组织，通过刺激穴位来调节身体内部，对"章足"周边正常组织的营养供给使增加组织重建，使周边害化组织的淤积排泄通畅，最终达到脏腑间平衡，使得"章头"顺利消散。

第四代传承人张礼俊：10岁之后，父亲逐步传授并嘱咐不得外传更不能让家里别的兄弟知晓。到1984年，我才开始运用祖传手法进行治疗，实感家传绝技效果显著，探究"痰"变成的干化物质：如纤维化增生，骨质增生，骨刺等，它们的形态似正常筋腱，多以白色为主。

刘 立
茶艺——赵司贡茶身份的变迁

传承人：刘立

作者提供

采访时间：2022 年 12 月 16 日
采访地点：青岩古镇赵司贡茶（贡品黔茶体验馆、茶馆）
采访人：李美艳、周尚书
文章整理、撰写：周尚书

※ 人物小传

刘立，1967年6月15日出生于沿河县，男，土家族，本科学历，1988年毕业于贵州农学院（现贵州大学农学院），贵阳花溪赵司贡茶茶场场长、桐野茶陶工作室负责人，现贵阳市赵司贡茶制作技艺传承人。1988年至2001年期间，刘立先后从事过茶、酒产品包装设计、茶叶销售店、校办茶厂等与茶叶相关的工作岗位；2002年，刘立与赵司贡茶结缘，并在其大学老师——陈振强教授的鼓励下，来到花溪区黔陶村发展赵司贡茶产业；2003年至今，刘立一直在经营、管理及塑造赵司贡茶品牌，成功注册了"赵司贡茶""桐野"等商标。

"茶的历史渊源只是一部分，将历史与现代环境相结合，才能更好保护和传承。赵司贡茶历史悠久，与众多历史人物关系密切，赵司茶历经贡茶至土茶再到贡茶的发展历程，这是时代的变迁，亦是新生的开始。我们一直在做茶中传承，亦在做茶过程中创新和发展，期望赋予赵司贡茶全新的含义和生态观念。"

"'茶之为饮，发乎神农氏，闻于鲁周公。'中国的水土孕育出世界上最早的茶，中华民族五千年文明画卷，每一卷都飘着清幽茶香。作为茶的故乡、茶文化发祥地，中国是世界上最早发现和利用茶叶的国家，也是茶树种质资源非常丰富的国家，其茶区之广、茶类之多、茶艺之精久负盛名，其从业人群、茶产量及产值均居世界前列。茶对中国人的情感意义之重，对中国人生活影响之深，全民同感共知。种茶、制茶、饮茶等相关习俗在全国各地广泛流布，被各地区各民族广泛享用，港澳同胞、台湾同胞及海外华人华侨都是茶文化的传承者，日用而不觉地践行着中华民族的宇宙观、天下观、社会观、道德观。通过经贸往来和人文交流，中国茶文化也在世界各地广泛传播。"[1]

---

[1] 宾朋. 中国茶 和天下|"中国传统制茶技艺及其相关习俗"申遗成功［EB/OL］. 中国文化报，2022-12-08. https://npaper.ccmapp.cn/2h-CN/?date:2022-12-08&page=5&Hid=6390aDe888a1bc14a4bb873.

2022年11月29日，我国申报的"中国传统制茶技艺及其相关习俗"成功列入联合国教科文组织人类非物质文化遗产代表作名录。"中国传统制茶技艺及其相关习俗"是有关茶园管理、茶叶采摘、茶的手工制作，以及茶的饮用和分享的知识、技艺和实践。自古以来，中国人就开始种茶、采茶、制茶和饮茶。制茶师根据当地风土，运用杀青、闷黄、渥堆、萎凋、做青、发酵、窨制等核心技艺，发展出绿茶、黄茶、黑茶、白茶、乌龙茶、红茶6大茶类及花茶等再加工茶，2000多种茶品，供人饮用与分享，并由此形成了不同的习俗，世代传承，至今贯穿于中国人的日常生活、仪式和节庆活动中。中国人通过制茶、泡茶、品茶，培养了平和包容的心态、形成了含蓄内敛的品格，提升了精神境界和道德修养。茶的饮用与分享是人们交流、沟通的重要方式，以茶待客、长者为先等与茶相关的礼俗彰显着中国人谦、和、礼、敬的人文精神。传承千年的制茶技艺、家家常备的香茗茶点、各族共享的茶俗茶礼，融汇先民与今人的智慧，携着深厚的文化意涵，穿越山海，跨江越洋，传递共同价值，闪耀世界舞台。以茶论道，茶和天下，正是中国文化自信自强的有力体现[1]！作为中国传统制茶技艺的一部分，赵司贡茶制作技艺亦蕴含着丰富的文化内涵。2007年1月，花溪区文物保护管理所成功申报赵司贡茶制作技艺为贵阳市第一批市级非物质文化遗产代表性项目名录，属传统技艺类非物质文化遗产；2022年1月，贵阳市人民政府公布刘立为贵阳市第六批市级非物质文化遗产代表性项目代表性传承人。

（一）与茶结缘

"茶的历史渊源只是一部分，将历史与现代环境相结合，才能更好保护和传承它。如果只是一味地保护而不发展，那么这个茶便没有生命力，

---

[1] 中华人民共和国文化和旅游部."中国传统制茶技艺及其相关习俗"列入人类非物质文化遗产代表作名录［EB/OL］.（2022-11-29）.https://www.mct.gov.cn/whzx/whyw/202211/t20221129_937816.htm.

所以对于茶必须要在发展中创新，赋予茶全新的含义和生态观念。"这是我做茶的态度，也是企业的经营理念。

赵司贡茶原名白杆茶，起源地位于贵阳市花溪区黔陶村，是当地百姓世代饮用的一种普通茶。据史载，明朝时青岩、黔陶就有茶的种植了，这个不难理解，赵司茶在作为贡茶之前肯定已经有了。青岩原是朱元璋屯兵的地方，朱元璋喜欢茶，他屯兵的地方都有茶，比如安顺屯堡，当时就有夷茶，而黔陶这边也有种茶的记载。清康熙年间，黔陶就有赵司茶种植与加工的记载。1701年，时任翰林侍读学士的周渔璜[1]曾将赵司茶献给康熙帝，康熙帝饮后，赞曰："品尝周公赵司茶，皇宫内外十里香。"从此，赵司茶名声大震，成为贡品名传天下，故称"贡茶"。赵司贡茶从诞生之日起就与清朝康熙帝、雍正帝、著名诗人周渔璜联系在一起。20世纪80年代，中国画家、美术教育家刘海粟[2]给周渔璜写了一个传记——《诗人周桐野小传》，刘海粟没有把周渔璜看作是朝廷官员，而把他看作一个诗人，可想而知，周渔璜在文人心中的印象不是官员，而是文人。周渔璜的贡献很大，例如《康熙字典》《皇舆表》《贵州通志》等以及赵司贡茶都与其有着密切的关系。赵司贡茶文化底蕴深厚，通过茶这个线索走入历史，去了解这段历史渊源，是我坚持要做赵司贡茶的一个情结。

我毕业于贵州农学院园艺专业，现在是贵州大学农学院，园艺的范围很大，涉及蔬菜、果树、花卉、盆景、绿化等，当然茶学当时也是园艺的一部分。我毕业后贵州大学才设立了茶学专业，后面逐渐发展为茶学院。我学园艺，顺带学茶，当然茶文化相关方面的知识，我学得要多点，因为我毕业后一直跟茶学专业的陈老师在一起。我的恩师——陈教授，当时是

---

[1] 周渔璜（1665—1714），字渔璜，一字桐埜，号起渭，别号载公，贵阳青岩骑龙人。清初著名学者，诗人，《康熙字典》的主要编撰者，《贵州通志》分纂，主要代表作：《桐埜诗集》。

[2] 刘海粟（1896—1994），中国书画家，艺术教育家。专长国画、油画、书法、诗词。曾任南京艺术学院院长、名誉院长，上海美术家协会名誉主席，中国美术家协会顾问。英国剑桥国际传略中心授予"杰出成就奖"。意大利欧洲学院授予"欧洲棕榈金奖"。

贵州省首席茶艺专家,也是贵州大学农学院的首席茶艺师,上世纪八九十年代省内高校中开设茶学专业的并不多,省内很多大型茶场都是我老师设计来做的,那时茶学方面的教授只有他一人,他的资历很老。陈老师很低调,所以与陈老师相关的报道不多,但他是一个真正的茶人,现在贵州大学茶学系的很多老师都是陈老师的学生。毕业后我和陈老师一起承包茶园、加工和销售茶叶。当时我们住一栋楼,我住四楼,他住二楼,几乎是形影不离,一直在一起,陈老师对我的影响很大。

1988年,我大学毕业后选择了从事包装设计行业,工作的主要任务是对贵州的企业开展茶和酒产品的包装设计。工作的这几年,我最大的收获就是学到了做人做事要实事求是。90年代初期,贵州的茶企小,实力弱。一般情况下,茶企老板只能支付一半的费用,另一半费用以茶叶来抵债。这对当时的我来说,实在算不上一件幸运的事情,后面我辞职了。我决定和朋友合伙开茶叶销售店,将这些抵债的茶叶卖出去,在卖茶的过程中,我与贵阳春秋实业有限公司创始人牟老师成了忘年之交。我经常会去牟老爷子那里蹭茶喝,并讨教与茶叶相关的知识。1995年,由于陈老师即将出国深造,他当时负责贵州大学农学院的一个校办茶厂,他知道我对茶有自己的"理解",就放心地将茶厂交给我来管理,这对20多岁的我来说,还是有不小的压力,意味着我要独自承担茶厂的一切日常支出和企业负债,还要为工人发放工资。我在接下茶厂的第二年,正好有一个运动会在贵州举办,当时用的茶叶就是陈老师做的茉莉花茶,我就跟着陈老师,开始学做茉莉花茶。1997年,我在观看了杭州茶商制作龙井茶的工艺后,对自己制茶燃起了浓厚兴趣。后来我去拜访了陈教授和牟老爷子,向他们求教制茶过程中遇到的问题,并对他们提出的观点和理论作了记录。

(二)重新定义赵司贡茶

2002年,陈老师鼓励我来黔陶重新把赵司贡茶做起来,我了解赵司贡茶的历史后,对其深感兴趣。但当我来到黔陶时,却发现赵司贡茶早已没落。很多年来，虽然陆续有人想把它重新做起来，但都没能坚持多久。黔陶村几乎已经荒芜了，只有很少的茶树淹没在杂草、灌木丛中，仅赵司村和骑龙村还有一些，但都处于无人管理的状态。这边有很多制茶小作坊，我就先去了村民家里了解茶叶的状况，发现村民当时是用土锅炒茶，土锅的用处很多，办酒席时洗干净了可以用来炒菜，在家用来煮猪食，摘茶了用来炒茶，所以土锅炒的茶什么味道都有，算是比较粗糙。因为当地村民加工茶叶的方式很简单，也很粗放，所以他们做出来的茶叶也只能背去集市，在乡场上卖，一袋一袋地包装好，最好的也才20块钱一斤，赚不到什么钱。我们每个周末上街赶场都喜欢和村民聊天，问一下是什么茶，东方还是西方的茶，东方茶是黔陶的茶，西方茶是燕楼的茶，村民给我们讲了很多事情。最终，我还是选择签下承包合同，因为我不是把赵司茶看成是简单的商品。

2003年，我开始了我的茶农生涯，茶农的经历很是艰难。长期无人经营，村民火烧、刀砍黔陶那一片野生的茶树，陆续地开荒种地毁掉了很多珍贵的古茶树。更可怕的是土地严重板结，我用了三年时间才把五六百亩茶园的土地挖松，把茶树整理出来，又重新开始种植新茶树。当时几乎走遍了那一片的每个村民家，请求他们不要把茶树砍了，要砍就卖给我，我去种植，我去采茶。以前当地村民不懂怎么采茶，都是一把抓，这样粗放的采摘方式会导致茶树很难长起新芽。我试着去教村民们如何采茶，但是他们根本不听我的。后来，我想了一个主意，大人们都忙着春耕播种，闲着的只有孩子和老人。我每次去茶山，就带着小朋友一起去玩，教会他们采茶，孩子们将采来的茶卖给我还能换钱，这样连着教了两年，小朋友们学会了采茶，又带动了家里的大人来采茶。现在，一到采茶季节，茶山上的大人小孩都会主动来采茶。

农业是靠天吃饭，这话一点不假。种茶这么多年以来，几乎所有的天灾我都遇上了，冰雹、凝冻、干旱、雪灾，等等。2005年春天遇上大冰雹，2006年春天遇上三月下雪，2008年遇上凝冻。尽管遇到这么多困难，但我却干劲十足，因为我是把"赵司贡茶"当成文化品牌来做的，它不是一个简单的商业品牌。土茶和过去进贡给朝廷的茶，肯定是不一样的，上贡的茶是很讲究的，早上什么时候采摘，要几芽几叶，是很严格的，不能出一点差错，做工也很细致，至少是一芽一叶，不像现在做得很粗糙。传统赵司贡茶的加工方法，如何凸显品质，这方面我们做了大量的研究和品鉴，查找了相关的古籍，想挖掘这段历史信息。当然，清朝康熙帝喝出来的是什么味道，难以得知。我来到黔陶后，开始从理论上发掘赵司贡茶的风格，通过科学合理的推断，当时使用的是什么茶，如何去加工，然后逐渐改变当地的采茶、制茶习惯，后面才把赵司贡茶的风格、滋味及加工流程确定下来，这也是传承，就想把以前贡茶的风味做出来，最大程度地去恢复传统赵司贡茶应有的味道，所以才生产了现在赵司贡茶的品牌。

赵司贡茶的制作流程大致有如下七步：首先是采茶。我们一般在谷雨至清明期间采头茶，明前茶最为清香，所以多在此时采集，采摘新茶一般以不超过三片嫩叶为佳，采摘过程很重要，不能一把抓，那样采摘后很难重新发起来，最好不用指甲掐，而是通过折断的方式，摘好的茶叶用竹篮装好。第二步是竹筛摊放。采摘回来的新鲜茶青铺展在竹筛上，在阳光或热风中，叶子中的水分被蒸发到空气中，从而降低细胞活性，使各种化学成分借酵素氧化作用慢慢发酵，搅拌后摊平放置在簸箕上。第三步是用铁锅杀青。注意要在茶青萎凋至恰当的程度时，以铁锅高温翻炒，杀青的目的在于使茶青中的酵素活性被破坏，使酵素停止发酵，同时，铁锅高温可以将茶青中的臭青味除去，水分散失的茶青也更易于接下来的揉捻。第四步是手工揉捻。即以手工的方式来回搓揉挤压茶，揉捻茶需趁热，用手反复揉搓，把茶叶揉搓成一团，感觉茶叶凉了后，及时将茶叶打开散热，揉捻过后的茶叶茶身将更为紧结，形成半球状或球形状，一般茶青做到揉捻已算告一段落。第五步是用竹笼进行烘焙。揉捻过后，多余的茶渣被过滤出来，形体完整的茶叶将经受竹笼烘焙、簸箕摊放或日晒，三种方式可交替进行，长达2—3天。第六步是铁锅高温提香。烘焙后的茶放入铁锅进行高温提香，茶叶中的香气将再次被唤醒。最后一步是冷却储存，待到茶叶冷却后装到大土陶里或袋子里。

（三）我的茶文化

茶文化有广义和狭义之分，广义的茶文化即所有茶文化相通的、相同的文化状态，如跟中国儒释道文化、历史文化相关的就是广义的茶文化；狭义的茶文化指有具体地域性、时间段和空间状态的茶文化。例如赵司贡茶就在花溪黔陶，就与当地的少数民族有关系、与具体的历史人物、历史文化遗迹有关系，如桐埜书屋、青岩古镇等。如何理解中国茶文化呢？实则就是中国文化、传统文化在茶上的集中反映。中国文化源远流长，博大精深，我个人理解影响最大的当属儒释道文化，茶文化同样脱离不了儒释道文化的影响，例如喝茶的习俗、礼仪、方式以及对茶的品鉴等，茶的品鉴涉及审美和三观问题，这些都与儒释道三家的美学思想有关。我们可以把茶当成文化的符号，也可以简单地看成是一种饮料，当然，我从做茶开始，就没有把茶看成是单纯的商品，与其说是喜欢茶这个饮料，还不如说是喜欢茶这一抽象的文化属性，茶里有诗有画，我喜欢这样的状态。

我认为茶分为两个部分，一个是物质的茶、一种具体的饮料，属于自然科学的茶，类似于理科、农学等学科研究茶中富含的元素，包括如何育种、种植、加工等；另一个就是精神角度的茶，包括艺术、宗教、哲学等学科研究茶的历史、精神文化、理念等，这方面属于社会科学的茶，所以茶既是自然科学亦是社会科学的研究对象。像人一样，有自然属性，也有社会属性。赵司贡茶不是一个单一的产品，它涉及很多文化理念，所以我说它是一个文化品牌。我们的经营理念与中华传统文化结合得比较好，茶、陶、琴、书、画等都是中华传统文化的元素之一，是传统文化的符号，陶、书法、绘画与茶文化关系密切。黔陶和赵司贡茶是黔陶乡的两项非物质文化遗产，陶和茶是一体的，黔陶和赵司贡茶这两项非物质文化遗产自然是连在一起的，就是一个文化品牌，肯定要融合发展。所以我们现在也做茶具，即配合茶来设计茶碗、茶杯，既有茶艺，也有陶艺，后面逐渐扩展到花器、香器。因此，茶不是一个简单的商品，它是文化艺术的载体，中华传统文化可以在茶里面呈现。

茶是包容的，茶就是一个平台，音乐、绘画、书法、陶艺等等都可以在茶的品鉴中体现出来，甚至茶友都在一个圈子里。这个因茶而聚的圈子，人们的理念、三观紧密相连，都与茶关系密切。茶友聚在一起品茶、绘画、写书法都是缘于这个情结和态度。这也注定了我们做赵司贡茶和其它茶不一样，很多人从经济角度、农业角度去做，我们做茶不限于这两点，我们在做好农业的基础上，再把理念、思想、情感融入进去，继而展开来，更倾向于把赵司茶当成一个文化平台来做文化理念。

（四）做出健康茶

理解赵司贡茶之前，首先要了解其他人对他的热爱，不仅局限于种植、加工等技术层面，还包括品饮赵司贡茶的文化圈，从这个角度，你就会发现赵司贡茶和其他茶是不一样的，因为它有更多的文化因素在里面，与其相生、伴随的文化圈，都在相互影响，交织。毫无疑问能成为朋友、茶友的人，就是赞同我们的理念。赵司贡茶是健康茶，我们真正做到虫吃了，人再吃。赵司贡茶属于半野生茶，野生茶和半野生茶的区别就在于管理，我们做的是健康茶，但还是要对杂草、灌木进行清理的，不然茶树长得慢，营养吸收就慢得多。

我一直强调食品安全问题不是技术问题，其实是理念问题，我记得有一个病虫害专家来调研，他问："病虫害防治问题是难题，你们咋解决呢？"我答："很简单，允许它的存在就行。"当时这个专家很惊讶，因为他研究病虫害的防治时间很久，依然觉得这个问题很难，他很惊讶，我说允许它的存在就可以。这其实也是一种新农法，意在保证农产品的天然状态及健康，其实也是最传统的方法。我们在种茶过程中拒绝使用农药和施肥，意在保证赵司贡茶的原生态，我们就是要做健康茶。我做茶的理念从种植、加工一直延伸到品鉴整个环节，当然也包括茶园的管理。我们认为茶道思想不局限于茶艺这个平台，从生产管理就开始了，你怎么去做它，如何对待茶，它就一定表现在这杯茶汤中，茶打了农药和施过化肥，那茶汤的感觉就完全不同。我们允许虫害的发生，允许虫吃，就真正做到人与自然的和谐共处。我们的茶就是让其最大程度地处于自然生长的状态，茶的风味与种茶的理念有关，施农药和不施农药，茶的味道是不一样的，就如野生水果和家种水果味道不一样，茶也是如此。现在我们偶尔也喝土茶，口感也好，贡茶和土茶是两种风味，审美状态也不一样。那些喜欢赵司贡茶的人，都喜欢自然、纯净的味道，这自然与我们的管理模式有关，究其根底，则与我们的理念、审美有关，茶的好坏与种植人的价值观、审美观以及对事物的态度有关。

茶道可以延伸到育种、加工，种植、加工工艺不同，味道自然不同。我们的理念从种植、加工延伸至品饮整个环节，喝茶就能品出理念，茶如其人，每家的茶都是不一样的味道，人的态度、精神文化理念会对茶的滋味产生影响。赵司贡茶的品牌就是这样塑造的，但是很多人不理解，这只是其中的一个例子，同样也是我们企业文化的一部分。我们在学茶的同时也学书法、绘画，这些是融为一体的，都是茶文化和企业文化的一部分。从开始做赵司贡茶到发展至今，我培育的更多是一种理念、一种文化。毫无疑问，脱离茶本身来谈文化是不牢固的，是虚构的，茶和文化是紧密相连的，因此，首先就要把茶做好。

（五）我的"茶"途

我带学生、培养徒弟要很多年，很多人培养徒弟教的是工艺和技术，我带的学生都是文化理念和茶的技术一起教，从茶的制作到品味文化，使其融为一体。主要从文化的角度使他们对茶、对茶文化感兴趣，激发他们的学习热情，激发兴趣，所以即便我在学校教的是文化艺术，也能对茶产业起到促进作用。一个人热爱茶，就会用心做茶，一边教文化理念，一边教制茶技术，传达理念，使其融会贯通，能够打开身心，与茶、自然融为一体，才能做好茶，有爱才能去感受，教理念比教技术会让人懂得多，也做得更好。

茶的两种属性，很多人大都仅了解一种，而文化属性是茶与文化的融合，包括三观、理念等，我教的东西超出了技术上的范畴，包括思想理念。学会茶艺的同时也学习了传统文化，对自己的思想、观念也有提升。这既是传承，也是发展，传承的是心法，这样对待茶、对待文化，对做人、三观的塑造等是有拓展的，不是单纯的技术、单纯的继承，其实是有传承和发展的。从大的方面来说，继承了中华传统文化、广义的茶文化，这样对国民素质的培养是有帮助的，培养的不仅是精英人士，还有普通人学到的不仅是如何做茶，更是如何做人，做一个合格标准的国人。创新之处就在于更好地把文化理念融入茶的状态，茶的状态包括种植、加工、品饮以及茶室的一系列活动，这也是我们做茶与其他人做茶不同的地方，更是赵司贡茶与文化结合的体现。

图 54　刘立展示茶艺　作者提供

我的学徒几乎都是茶专业的学生，还有一些跨学科的学生，我一带就是很多年，现在他们很多都是茶界精英，有些是老师、公司经理、销售主管等，条件还是比较好的。我当时不是他们的正式老师，当时学校里茶学老师不多，我就带他们，学生大部分时间跟我在一起，朝夕相处的，这部分学生学的东西更多，全是手把手教出去的，现在很多都成了我的销售队伍一员。他们成了老师，我教给他们的理念，也会传达给他们的学生，所以有很多学生想来我这里跟我学习。我第一次收到花，是一帮女同学送的，印象很深刻，那一年茶博会在都匀召开，政府部门邀请我们过去，设立了一个摊位，当时一堆学生过来找我，她们是我学生的学生，就说要跟我学习，给我送花，当时感觉挺欣慰。

（六）赵司贡茶的成功与困境

我有一个学生在韩国留学，他说回来时给我带礼品，当时看中了一套茶具，茶室老板正是他在韩国的老师，我学生看中的那套茶具，他的老师不愿意卖，因为是他老师从学茶时就买的茶具，陪伴他很多年，有很高的纪念价值。后来听说是买给我的，他老师就不要钱，直接送给他，带给我了。后面这个韩国茶人来中国见我，这期间发生了很多事。在韩国，泡过的茶叶要吃掉，我们这边是泡过就倒掉，当时我还没有做茶器，就没有很多的盖碗，喝得快盖碗很快装不下，就直接倒掉了，他看着眼睛都瞪绿了，他看着我学生说：「在我心目中，刘老师是真正的茶人，但是今天有点吃惊，想不明白。」他说想问几个问题，因为我们茶人讲"真"，就是真实的表达、真实的表现。他说："内心里面我觉得你是一个真正的茶人，但是我今天比较失望。"在他看来，我犯了一个他们难以接受的错误，就是珍惜、珍贵的茶，泡过两次就倒掉，觉得很浪费。但就我们而言，茶渣多了，茶碗不够用，只有倒掉了，我们之前从来没有考虑过这个事情，这个问题我们确实是没有认真考虑过，可能因为我们是生产茶的，茶叶比较多，我们喝完就倒掉了，不像其他人是买来喝。当时问我，我没有办法回答这个问题，只好实话实说。我说："如果每一泡的茶都要吃掉，我估计几天就受不了了，可能是我们茶多的原因。"但是看得出来没有说服他，他从韩国专门给我做了两罐茶，我请他泡，他叫我继续泡，不过要吃掉茶叶，他们的茶叶泡完后吃掉，有香味，苦涩味不重，我估计是品种和加工不同的原因。

销售茶叶的话，线上线下都有，不过我们在销售这块做得不是很商业，不是很成功，除了我的学生买之外，还有一些客户认可我们经营理念的会买，现在发货几乎都是线上。我记得香港一个报社的负责人，一个老先生，带了一帮退休的老人来这边旅游，我在和他们交流我们做茶的经营理念后，他们感觉不可思议，因为我们做茶的理念超出了他们的认知范围，我们传统的思想理念有物尽其用、珍惜、敬畏等理念，就说珍惜这一理念。我说每天喝大量的茶，很多没有喝干净，剩余的茶渣我们不会倒掉，要多存留一下，用来洗脸、洗手、洗脚、炒菜等。后来发现用得还不够，又用来染衣服，茶可以染出很多颜色，我们做了很多茶染的衣服，这就是对茶的珍惜。我说完后，这个香港的老先生买了很多套，他带的团队的都买了，因为他赞同我们的理念，愿意帮助、支持我们。我们以前去台湾、香港拜访人家，现在相反，是人家来拜访我们，说明我们的理念超越了地域，得到认可了。赵司贡茶在宣传上，还有提升的空间，虽然政府部门相关网站、相关的报刊也宣传过，但是做得还不够，知名度还不高，我也在积极参与相关的活动，就是想让大家了解我们赵司贡茶，了解我们做茶的理念。2022年1月，花溪区人民政府主办的主题为"花溪最美手艺人话非遗"活动在花溪区石板镇镇山村举行，我受邀参加了此次活动，还在现场表演了茶艺；2022年2月，中共花溪区委宣传部、贵阳市花溪文化旅游创新区管理委员会、区文体广电旅游局等单位联合举办的花溪区2022年"非遗过大年 文化进万家"闹元宵活动在花溪公园音乐广场举行，我接到活动的通知，也去参加了。

（七）赵司贡茶可持续发展的展望

我在经营管理茶园的同时，也被贵州大学聘请为茶文化专家，为茶学专业的学生授课，我喜欢茶文化，也一直坚持着做绿色干净的茶。虽然坚持做生态茶会有一定的损失，却能保证让消费者喝到的每一口茶都是干净甜美的好茶。目前我们主要经营绿茶、黄茶、红茶三种茶品，拥有"赵司贡茶""桐野"等商标，主要开展制茶体验、茶文化研究、茶艺培训、销售、品茶、陶艺体验等。我在推广方面，一直致力于将旅游业与茶叶推广相结合，以其深厚的文化底蕴和丰富的历史背景吸引众多的海内外游客，同时传达我们做茶的理念。

2015年，我开始进行"茶文化之旅"的尝试工作，主要通过向茶友介绍赵司贡茶的历史故事，吸引他们的注意力，然后小规模地组织茶友进行历史文化探索之旅。游客从花溪公园出发，途径青岩古镇（赵状元）、黔陶生态村、鬼架桥、桐垫书屋（周渔璜及赵司茶园、布依族风情）、高坡云顶草原（苗族风情），最后返回青岩制茶。茶友们通过体验寻访之路，对赵司贡茶有了更深刻的了解。

政府部门的关心和重视是赵司贡茶发展壮大的重要因素，赵司贡茶制作技艺成功申报为非物质文化遗产是很重要的，不仅意味着政府文化部门重视赵司贡茶的发展，对我们传承人来说，更多的是支持和鼓励，肯定了赵司贡茶的文化内涵，也认可我们一直在坚持做的事情。下一步我们要开拓更大的市场，还需要政府部门的推动和支持。

图55 传承人证书 周尚书摄

我做的茶基本上是在小圈子里经营和宣传，我们只能在小范围去做，要完全走出去，打开市场还需要政府的支持。赵司贡茶在这边是几十元一斤，我的学生带去省外能够卖到两千元一斤，带出去宣传，能卖出这个价格，说明赵司贡茶是有说服力的、我们的经营理念是得到认可的。我的茶几乎都是我的学生买，他们是我一手带起来的，他们说很幸运，一开始就接触了最好的茶。因为我们做得不是很商业化，相反我带的学生成为了我的销售队伍，给我解决了很多销售问题。赵司贡茶在对外销售上，还是有困难，尽管处境艰难，但只要还有这个想法、理念、情怀，我们就会一直坚持下去，就是想把我们做茶的理念传播出去，使更多人受益，尽管这并没有多大的价值，但还是希望我们的理念能够惠及到更多人，换句话说，虽然销售不佳，但我们培养了很多茶界精英。

图56　参赛获奖　作者提供

我认为弘扬中国茶文化，不仅在培养茶人，更是培养中华传统文化精英人士，通过学茶来调整三观。比如很多理科的学生对中国传统文化，包括茶学这块的接触不多，他们通过接触茶，可以在一个清静的环境中学习很多东西，单纯讲《老子》《庄子》《大学》《中庸》很难懂，但通过喝茶就能融会贯通，体验中庸之美、道家思想，喝茶的同时就把知识传播下去了，这是一个很好的传播中华优秀传统文化的平台。

传承谱系

第一代：赵可荣（已故）。

第二代：赵国成（师承赵可荣），男，1940年4月4日出生于花溪区黔陶布依族苗族乡赵司村。

第三代：刘立（师承赵国成），男，1967年6月15日出生于沿河土家族自治县，2003年起长居黔陶乡，系赵司贡茶恢复发展人、贵阳花溪赵司贡茶茶场负责人、赵司贡茶商标持有人。现收徒多人，其中以刘勇、陈鹏、陈雪飞、卢玲、钟思玲、张海6人较为出色。

第四代：刘勇（师承刘立），男，1987年3月出生于贵州省沿河县，现任贵阳花溪赵司贡茶茶场加工师傅和场长助理；

陈鹏（师承刘立），男，1991年9月出生于黔南都匀，毕业于贵州大学茶学专业，现任教于黔南民族职业技术学院茶专业教师；

陈雪飞（师承刘立），女，1992年出生于贵州省贵定县，毕业于贵州大学茶学专业，曾任贵州省内贸学校茶专业专职教师，现是南京农业大学茶专业在读研究生；

卢玲（师承刘立），女，1991年3月出生于贵州省平塘县，毕业于贵州大学茶学专业，任贵州经贸职业技术学院茶专业教师；

钟思玲（师承刘立），女，1991年2月出生于贵州省习水县，毕业于贵州大学茶学专业，现任安顺农科院园艺所，助理研究员，评茶员；

张海（师承刘立），男，1996年9月出生于贵州省黔西市，毕业于贵州大学艺术学院国画专业，曾任贵大茶道社副社长，全国手工制茶大赛绿茶（赵司贡茶风格）二等奖获得者。

文桂平

陶艺——黔中土陶文化的赓续

传承人：文桂平　作者提供

采访时间：2022 年 8 月 23 日
采访地点：贵阳市花溪区黔陶乡寻黔访陶——黔陶制作技艺传承基地、传承人家里
采访人：王伟杰、李美艳、周尚书
文章整理、撰写：周尚书

※ 人物小传

文桂平，男，汉族，初中学历，1960年出生于贵州省贵阳市花溪区黔陶布依族苗族乡居委会中段。1968年至1971年就读于黔陶小学，受家中祖辈的影响，从小便对陶器制作很感兴趣；1971年至1974年就读于黔陶子校，时常跟随在父辈身边，观察他们制作陶器；1974年至1977年就读于黔陶中学，开始学习一些制作陶器的基本手艺；1977年至1980年待业期间，自己琢磨黔陶制作；1980年至1986年自己制作陶器并对外售陶，这6年为土陶个体户；1986年至2014年在贵阳陶瓷厂工作；2014年至2018年从事环卫工作期间，既做好环卫工作又继续制作陶器；2018年至2020年待业期间，仍坚持土陶制法，传承黔陶文化；2020年退休至今，在寻黔访陶——黔陶制作技艺传承基地、陶艺大师工作室、黔陶村村史馆、黔陶乡铸牢中华民族共同体意识教育基地制作陶器，同时担任陶艺大师助手，并为前来参观和体验的人群进行讲解和实践教学。现为贵阳市黔陶制作技艺第三代传承人。

黔陶乡，以"陶"出名。据《贵阳府志》记载，黔陶制陶技艺始于明代，至清朝时已成规模。《贵阳市花溪区志》记载，黔陶，原称鼎罐窑、碗厂，其陶器产品销往黔省各地。① 制陶技艺的持续传承是黔陶乡制陶业发展壮大的重要因素，而制陶业的规模化发展亦为其制作技艺的传承提供了充足的动力。2020年黔陶制作技艺成功申报为花溪区区级传统技艺类非物质文化遗产代表性项目；2021年10月，花溪区人民政府公布文桂平为第三批区级非物质文化遗产代表性传承人；2020年12月，黔陶制作技艺成功申报为贵阳市第六批市级非物质文化遗产代表性项目。2022年1月，

---

① 贵阳市花溪区地方志办公室编．贵阳市花溪区志［M］．贵阳：贵州人民出版社，2007：66．

贵阳市人民政府公布文桂平为第六批市级非物质文化遗产代表性项目代表性传承人。

（一）黔陶的历史与制陶缘起

陶是黔陶人的文化和根。我从小就接触黔陶，读中学时便开始跟着父亲系统地学习制陶这门技艺，到今天有近50年了。解放前，村里制陶的有几百人，现在黔陶乡只有我还在做，一直坚持土陶制法就是想着把这个技艺传承下去，不能传到我这里就传不下去了，那我就把历史技艺传丢了，我就是历史的罪人。关于贵州制陶的历史，流传的故事比较多，我印象比较深刻的是关于朱元璋的，传朱元璋带着十万大军进入贵州，来的人多了，吃饭的碗就成了问题，吃东西时碗不够，那个时候每家每户的碗都不是很多，这时候有一长者在山坡上挖了泥巴在火边烤，边烤边捏，就做成了陶碗。朱元璋来贵州，最开始到的是息烽。黔陶乡做陶器，最初是四川人带进来的，不过当时也不是家家户户都会做，会做的还是少数人，因为做产品，你做得好，就可以赚钱，如果做不好，那就要赔本的，所以也不是整个乡镇家家户户都会这门手艺。据资料显示，抗战期间是黔陶陶瓷业发展最为昌盛的时期，那个时候受抗战影响，武汉、广州等地沦陷，工厂、机关、学校纷纷内迁，贵州人口大增，外省物资难进贵阳，需求大于供给，陶瓷业获得较大发展[1]。改革开放后，我们国家从计划经济逐渐转向了市场经济，这个时候由于黔陶制作技术未得到改良，无法适应市场需求，同时新兴产品、替代品，如玻璃和塑料制品的大量增多，黔陶制陶业就逐渐衰退了。

原来黔陶制陶的人很多，但具体谁是第一个做的人就不知道了，反正是外面带进来的。最开始做砂陶，后面改做瓷瓶，不过在销量上还是很困

---

[1] 贵阳市志办《金筑丛书》编辑室编. 民国贵阳经济 [M]. 贵阳：贵州教育出版社，1993：101—103，178.

难，后期发展更显得举步维艰，现在很多人家的生活用具都是玻璃和塑料的多，陶瓷的不多了。我记得我在学习期间做的产品，比如土碗这些实用品，在被同类型产品取代后，就改做窑货了。目前，仍有少部分手艺人传承着数百年的砂陶烧制技艺，从事陶瓷产品生产，但大部分人几乎都改行了，因为专门依靠这个手艺还是难以改变生活的现状，现在黔陶乡只有我还在做。从小学艺到今天有近50年了，其间有不少波折的经历，也有很多的收获。在气压和电压没有普遍使用之前，我们烧制陶器都是柴烧，后面孟关林场下规定说不准砍柴、烧柴，这样我们就没有足够多的柴来烧制陶器了。其实柴烧出来的产品还有一个特质，即烧柴会产生很多的柴灰，那些柴灰落到产品表面就会有明显的色差。不准砍柴、烧柴的规定一出来，好多人受了打击，但是没有办法，我们不得不找加工木料、锯板子的地方，要先找到原料，才敢做，幸运的是，后面在孟关找到了木料加工的地方，解决了木料来源的问题，后面就长期从孟关购买木料，从那边拉过来。过几年后，政策变了，情况就好多了。现在注重保护生态环境，基本上都不用柴烧了，用气烧了一小段时间，现在普遍是用电烧，就是为了保护生态环境。

（二）制陶工艺流程与窑址的变迁

黔陶制作工序繁杂，需要用到的工具很多，由于传承时间太长，许多制作工具已经损坏或遗失。目前我是黔陶乡为数不多拥有全套制陶工具的师傅，也只剩我还在坚持土陶制法。现在我保存下来的传统制陶工具有陶艺桌、手转拉坯机、修坯工具、泥板制作工具、木杵、木臼、木拍、木刮及竹刀等，这些是手工制陶的工具。现在市面上大家看到的陶器，大多都是现代化机械批量生产的，手工做的不多了。我就想着把这些传统手工制陶工具保留下来，后面能为黔陶的后续发展提供基础，也为溯源黔陶制陶历史提供了证据。严格点说，手工制陶的整个工序有72道。其中大道程序有7道：第一道工序是挑选黏土。黏土我们这里的两座山上有，原料是比较充沛的,就是需要打几十米的洞才能挖掘出来,挖出的泥巴需要用马驮到山下,经过淘洗、过滤和沉淀等工序后才能使用。第二道工序是将黏土按一定的比例配好,然后加水进行淘洗。这个黏土和水的比例得靠经验,"配比"做不好,烧出来的陶器表面容易产生气泡,不过好在现在有比较成熟和科学的方法了。第三道工序为制作陶坯。我们手工制陶,没有模具,做什么造型、加什么纹样和图案全看自己的心意,想做成什么造型就自己捏;现代化机械是有模具的,但是最开始做模具时是比较麻烦的,模具做成后,就可以大批量生产。第四道工序是将陶坯入窑烧制。土窑的话,得看需要什么釉色,根据要求不同将陶坯放在不同的位置。第五道工序在于控制火候。控制火候是很重要的,20世纪80年代做陶器,那时候没有温度计,没有测量温度的这些设备,火候和温度需要自己把握,一般是通过釉色来判断。第六道工序为对陶坯进行修整。烧过一遍后,根据客户的要求,如根据花纹和图案的不同来上釉色。第七道工序为将制好的坯进行晾晒,一般晾晒几天就能完成。

  我从小就生活在制陶的环境中,加上系统地跟着父亲学习了几年以后,我就摸索着独立做了。1980年,在成功申请和办理营业执照以后,我就开始自己建窑做陶器了,土窑址是土墙房的,当时建窑的时候,我们这里还在做陶器的就只有2至3家人了,当时做出来的产品还是通过对外批发的方式进行售卖,那时候做得比较多的产品主要是碗,我在老窑址做了几十年,直到黔陶制作技艺传承基地建好以后,我才没有在老窑址里面做。老窑址里面还有一些作品和半成品,我做的产品几乎都卖掉了,因为自己会这门手艺,随时可以生产,就没有保留下来,不过里面的工具保存还是完好的,现在老作坊老化严重,属于危房了,现在不敢带人在里面弄,怕出事情,只能是保存和继续修缮了,一般作为参观之用。现在整个黔陶乡,除了我的老窑址还保留着没有拆除之外,就只有村里新建设的传承基地了。我觉得老作坊应该作为传承基地保留下来,它是历史的见证者,是黔陶文化的历史记忆,应该加以维修,使其保存下来,因为现代化的基地,没有文化支撑,就没有意义。

寻黔访陶——黔陶制作技艺传承基地、陶艺大师工作室、黔陶村村史馆、黔陶乡铸牢中华民族共同体意识教育基地于2021年7月建立。这个基地是市政府、乡政府和集体一起出资修建的，类似于合作社，不过政府出了大部分的钱，还是政府所有。寻黔访陶基地建好以后，政府就开始组织收集本地陶瓷产品，组成展厅，里面有一些年代比较久远的陶瓷类文物。并且，邀请了傅培贵和陈燕平两位陶艺大师入驻，成立了工作室。现在基本上就是我和傅培贵老师在里面做，我主要是在基地负责协助傅老师做陶器，因为基地人手少，现在量大的订单我们做不出来，量小的也不够做。我在基地做的产品都是按计件的收费，通过自己的劳动挣钱，我能做多少我就拿多少，合格就给钱，不合格就不收钱。之前乡政府和居委会的也叫我去里面上班，按月开工资，就是一个月有固定薪水，我觉得按月发不得行，有点混日子的意思，觉得很丢脸；做不出产品和质量，我拿着单位给我的月薪心不安，所以我还是选择做计件的，凭自己的劳动成果赚钱，我心安。基地有现代化机器设备，我们做起来很快、很方便，我做的产品都是按大小、形状来计算和收购。这个基地的建立就是为了传承和挖掘黔陶工艺和历史文化的，按照"党委主导、支部引领、群社合作"的模式，实行订单式服务，因此基本上我们做的订单，大部分还是政府相关部门给我们找的，小部分是通过朋友介绍过来给我们做的。基地里面还设置有陶艺体验室，可以让来往游客亲自体验陶艺制作，有人来学习和体验，基本上都是我在教，我做这些事情都不谈工资，在没有申报传承人之前，有学生和相关领导来学习体验、实地考察，我都是义务教学、义务宣传的，只想着把土陶文化宣传出去，继承下去。到目前为止，已经来学习和参观体验的有贵州民族大学、贵州大学、贵州财经大学、凯里学院、贵州轻工职业技术学院等高校的一些老师和大学生，还有黔陶小学的老师和小学生以及一些政府的领导，他们来了只要给我说，我都教并且带着他们一起学习，在教学和传承中，我对自己的这门手艺也更有信心。

（三）手工制陶与机器制陶

　　黔陶产品主要是各类碗、杯、盘、缸、钵、瓶、罐、壶、盂、勺等，大多为生活中的实用品，现阶段做得最多的还是以碗、杯、缸为主。从古至今，黔陶制的陶器主要以内销为主，因为附近的省市如江西、四川等生产陶器也比较多，所以黔陶的产品还是以在贵州省内销售为主。我开始做的时候也还是依靠马帮驮运，马帮来批发后，他们自己驮到各区县去售卖。一般情况下我们接的订单都不大，因为我们人手少，才几个人，大的订单也做不下来。如果接了大订单，那就需要增加人手，那后面接的小订单就不够做了。定金都是提前给的，这就要求我们必须按时完工交货，做我们这一行，你失去诚信就做不下去。我们现在做的订单线上线下都有，主要还是以线下政府帮忙牵线搭桥为主，政府帮忙宣传和承接订单，我们负责制造和加工。线上联系的基本上是熟悉的朋友，或者朋友的朋友介绍来找我们做的。一般情况下，政府部门会帮忙给我们宣传、对外推销我们产品，并且找订单给我们做。基本上我们接的订单，做的产品都以小件为主，因为大件的不容易烧制，工序也要复杂得多。当前，我们正在做的订单是少数民族的帽子，前几天刚交货的一批产品是建党100周年的产品，那个订单是政府找给我们做的，发往深圳的，要求是做成茶杯的形式，具体的造型我们自己设计，当时设计时，就想到茶杯的手把代表建党100周年，上面盖碗上的雄鸡代表中国地图，就这样就做出来了，订单数量是120个，单价是85元一个。

　　一般情况下，做承接订单的产品，都会有多余的产品，有些设计比较好的，受大众喜欢的，我们也会再次生产用来销售。我们现在生产的实用品和陈列品中，主要还是陈列品要多一些。现在基地里面就我和傅培贵老师两个人在做，量多的情况下，我爱人也来帮忙做一些基础工作。我现在腰椎病有点严重，不能常做，傅老师年纪大了，加上他爱人身体的原因，有时候需要他照顾。我们现在做的订单产品大多数用机器做，机器做的速度快、产量高，效率肯定比手工的要快得多，当然刚开始做模具也是需要人工拉坯的，如果全部用手工做的话，这个难免会有误差。我们接的订单都没有要求一定要手工做的或者是机器做的，基本上是只要你做出产品，达到客户要求，他都不会具体要求纯手工或者机器生产的。黔陶是土陶，我们要保持自己的特色，我一直说的和践行的就是要传承黔陶制作技艺，弘扬黔中土陶文化，因为比现代化、产业化、规模化，那我们肯定难以和外面的大企业和陶瓷公司竞争，不过我们可以坚持做好自己的特色，我们的土陶本身就是特色，我们传承和学习的黔陶制作技艺文化，是有丰富文化底蕴的，是以文化为基础的技艺和产业。我们在走向现代化发展的道路中，也绝不能把祖上传下来的东西搞丢了，失去了传承，那就失去了文化底蕴。我已经退休了，我现在做的这些事情，完全是义务宣传，只希望有更多人关注到黔陶，支持黔陶的传承和发展。

图 57　文桂平和陶艺大师傅培贵设计生产的建党 100 周年产品　周尚书摄

（四）我的陶艺之路

1977 年，我读完初中以后就开始系统地学习这门技艺了，初中毕业后有一段时间从事过其它行业，没有赚到钱，活儿也很累，然后就没有做了。因为我父亲一直在做陶器，我从小也见得多，对陶艺也很喜欢，加上当时没有好的就业机会，那个年头赚钱不容易，后面我就跟着我父亲开始系统地学习了，一直坚持到现在。其间有很多曲折的经历，也都挺过来了。我是1974年上的黔陶中学，当时读初中，早上去上学，下午搞劳动。初中时候空闲时间也会帮助家里做一些基础的活儿，那时候能基本掌握这门手艺，因为从小就见长辈在做，基本的制坯、修坯还是能做的，就是配釉、火候掌握和温度控制不得行。配釉看起来很简单，实践做起来还是有难度的，因为配釉是把几种颜色混在一起，需要自己摸索着做；烧制温度也很重要，直接影响产品的成色和外表，温度高低与产品的釉色、硬度等有关系密切。

谈到要熟练掌握这门手艺，我觉得还是要点时间的，一般情况下掌握了拉坯、修坯、配釉技巧与烧制过程等就可以出师。拉坯的话一般比较看重手工拉坯，机械操作稍微要简单点，基本上考验还是以手工做的为主，手工制陶是技术活，也是土陶制法的特点。手工的没有问题，那做机器的就不用担心，要是不会手工的，那就是精华没有学到，不过想要全部熟练掌握，自己独立操作的话，最少要几年的时间。我们那时候学习是从小就耳濡目染，所以自己上手学习比较快，再加上经济压力不大，也没有现在这些手机智能产品的诱惑，能够使自己全身心投入到这上面来。现在来学习的大部分还是年轻人，年轻人花销大，我们也付不起工资，一个月不得3000块钱，也不够他们开销的。前几年凯里学院来了几个小伙子跟着我学习，学了一个多月，算是会点基本操作了，后面又走了；贵州轻工职业技术学院的还是一样的，来的人不到两个月都走了，考虑到经济原因，我也能理解，毕竟工资少了，生存不下去。

他们来找我学习，只要不嫌弃住不好、吃不好，我可以免费提供食宿。现在基地里的设备都是现代化的，烧制过程这些全是电脑控制和机械操作，比手工制作要简单得多。现在经济发展较快，设备更新也更快，目前基地里烧制陶器一般以电压和气压为主，我之前学习和自己制陶的过程都是以柴烧为主，柴烧的釉色变化较大，当时也没有测温计，更加不易掌握和控制温度，全凭借个人眼力和经验，基本上通过产品表面釉色的变化、光滑的程度等来判断。控制火候和温度很重要，因为几分钟就能决定产品的质量了，温度过高过低都不行，要很多年的摸索和实践才能掌握。

（五）陶艺的注意事项

黔陶制作技艺这门手艺传到我这里是第三代了，我属于第三代传承人，现在叫传承人，以前我们都叫接班人。加上跟着我学习的人，这门手艺已经有四代人的历史了。要学会不难，不过一定要有耐心，性子不能急躁，天天和泥巴打交道，比如在制坯、修坯这些过程中，就得一步一步来，俗话说慢工出细活，稍微用力点，就弄破了或者歪了，做产品不能求快，太快了要把坯拉坏，要循序渐进，做快了，成废品了还得重新来，就成了费力不讨好了；还得有眼力，看着人家怎么做，自己就跟着学习嘛，多看几遍加上自己多动手实践操作就会做了，其实不难，就是不能急，要肯学习、肯动手。

72 道工序中，比较考验人的是配料、配方，因为你配比不对，烧出来的产品就不黏，类似于不合格了，那前期的工作都白做了，如果是交产品的话，就得赔钱了，因为人家交了定金的，做得不合格，肯定不过关，最重要的是丢了信誉，这样就把路走窄了。所以一般有人来跟我学习，我教的第一个步骤就是熟悉颜料和配比（水和泥土的比例），先把基础工作做好了，再学其他的，这个行业没有什么行规，学习和教学的都还比较开明。只要愿意来学习，我们都愿意培养，现在还在做的几个人，年纪都大了，需要新一代年轻人接手了。黔陶的制作过程，每一步都不简单，一旦开始做，每一步都不能大意。学徒看着师傅做起来简单，但实际上自己上手还是很困难的，需要老师在旁边指导，根据步骤一步一步来，才能做成功。对产品不上心，肯定得不到好的结果。对物对人都一样的，做啥都要真诚相待，如揉捻时揉不好，泥巴里面还有气泡，那就排不出空气，这样烧制出来的产品表面就不光滑，会有明显的气泡在上面，那这个产品质量不行，也就拿不到好价钱，还坏了声誉。

原料我们这里比较丰富，有两座山的泥巴可以用来制陶，就是开采需要打几十米深的洞挖掘。黔陶属于土陶（也称为砂陶），黔陶和牙舟陶的工序是差不多的，基本是一样的，我和牙舟陶传承人经常有交流，也会互相借鉴和学习。黔陶是比较有特色的几点就在于：一是历史比较长，二是当地的泥巴，三是本地的稻草灰，四是岩和硫。我们做的土陶产品不加入任何的化工原料，比如茶碗茶杯这些产品，用来饮茶比较安全，还有土陶碗、陶罐这些产品，以前是用来装调料品，密封性很好，现在做的砂锅，用来煲汤这些，味道很浓的。现在做的产品，有些复杂的要上花纹，上釉色，图案和纹样这些都是自己绘画的，经常绘的有民族图案、花草、动物样式等，这几种是比较常见的，一般的花纹和图案多数是少数民族的，主要做代表贵州民族文化的产品和图案。

陶器产品是经常变化的，基本没有用模具，因为每个阶段我们做的产品不一样，要根据市场需求来做变化，根据要求来设计和捏造造型，一般我们是自己想做什么样式的那就做。父辈留下的作品基本没有，那时候没有什么艺术品和陈列品，做出来的产品除了卖的，就是送人的，也没有模具留下来，有的只是工具，类似于你掌握了技艺，做什么是你的事，给你足够的发挥空间，我个人觉得还挺有意义的。在产品设计这块，每个传承人的设计理念不同，在造型和外观上，你可以做出异于他人的作品，我觉得这样的传承方式本身就是一种创新和发展。

我父亲的作品在整个黔陶都是比较出名的，他拉坯拉得好，拉好了造型就好看。我经常看网上的资料来做改变，人家做得比较好的，我也会学习和借鉴，要不断地学习和更新知识，你要懂市场，了解现在的行业现状，自己又跟着变，才能生存得下去。机器和手工，看名字就能猜出区别了，总的来说，机器效率高、误差小，人工制作效率低、误差难以控制。在原料、配比已经做好的情况下，手工制陶，经过拉坯烧制以后几分钟就能做出一个，这是比较简单的产品；机器做的话，前期的工作很麻烦，你还需要做一个模型放在机器上面，然后才能批量生产，但是后面速度很快。之前人工在拉坯上使用的是传统拉坯工具，现在有现代化快捷拉坯机器，做起来方便很多。

（六）陶艺教学与传艺

2021年国庆期间，我在基地教小学生和很多小孩子制陶，他们之中有很多是黔陶小学的学生。一般这种活动都是由乡政府和居委会组织。除了社区、中小学，还有很多高校的老师和学生经常来搞研学。2021年，贵州民族大学的一个老师和两个研究生来做调研，我把我了解的情况和目前我已经收集到的资料都毫无保留地给他们看。其中有一本资料，我去找了人家七八次，才同意给我看，我通过手写抄下来的，现在只要有人需要，只要愿意学习，我都全部分享出来。

图58 文桂平带领学生参观老窑址合影 作者提供

技艺的传承和发展是一个开放包容的过程，一味地保守是很难实现传承和发展，我们也需要更新观念。对于前来研学的学生和老师，我分享我知道的，对于想要体验和亲身实践的，那我就一步一步地教会他们。现在搞培训班的很多，也很赚钱。我觉得黔陶制作技艺传承的就是黔陶这个地方的文化记忆，是有文化底蕴的，以文化为支撑的一项技艺和产业值得传承和发展，这一点难以用金钱来衡量。我没有开陶艺培训班和体验馆这些，我做的就是传承，加上自己年纪大了，不想操心太多，只要有人来学习和愿意继续传承下去，那我的工作就做好了，其他钱不钱的，我不在乎，做好自己的事就最好。

做了几十年了，我觉得没有什么最满意的作品，做的每一件作品都重在宣传土陶文化。前几年，贵州轻工职业技术学院邀请我去学校教学，学校里面有工艺美术品设计这个专业，需要做一些雕塑、陶艺和展示设计的作品，我负责陶艺制作的理论和实践教学。我记得当时是带一个班的学生学习，学习时间为两天，学校里有这个实践基地，他们看我做了以后，也跟着做，我还是一步一步指导，尽量把重要步骤和注意事项讲完，起码让学生们了解整个过程。2021年上半年，贵阳一中有十多个学生来跟着我学习，我记得是政府介绍过来找我，请我教他们，没有什么工资的，那时候听到有十多个中学生愿意来学这门技艺，我感觉还是很欣慰的，因为之前来找我学习的都是大学生、研究生和大学老师，现在初高中学生也关注我们"黔陶"，说明我们做得还是可以的。当时黔陶制作技艺传承基地还没有建好，我就把他们制作的陶坯带去孟关烧制，最后走的时候，我给每个学生送了一件我自己的作品，就当给他们做个纪念。

早些时候，我经济还是比较困难的，那个时候没有能力参加相关的比赛和活动，当时也没有想到说我们做陶器的还能参加比赛。后面政府叫我自己创作和烧制作品去参加一些评比赛事，我拒绝了，因为我家条件有点困难，没有那么多时间专门用来做一个作品的，加上去各地比赛的交通不方便，还要车费，远的还要住宿费，家里负担不起，就没有去。所以我现在基本上没有什么作品留下来，做的作品基本上都对外售卖了。近些年，非遗中心、政府文化部门举办的活动比较多，有时候得空我也会去看看，参与过一次评比活动，不过没有获奖。2022年6月11日，贵州省文化和旅游厅举办，贵阳市文化和旅游局、花溪区人民政府、花溪文化旅游创新区管理委员会、贵州省非物质文化遗产保护中心承办，贵阳市非物质文化遗产保护中心、花溪区文体广电旅游局协办的贵州省2022年"文化和自然遗产日·非遗购物节"暨"爽爽贵阳等你来 魅力非遗心体验"活动在

青岩古镇举办，接到市非遗中心通知，我拍了一些作品的照片拿过去参与展出。我经常配合非遗中心、乡政府、居委会组织开展的一些活动，不过我不会拍照，好多我都记不得了。

跟着我学习的人不少，不过学得比较系统的不多。现在收的第一个徒弟是重庆大学的老师，叫余洋。他是2014年来找我，后面跟着我学习的。他是特意从重庆过来学习的，开车过程中沿途询问才找到我，遇见了说想跟我学习黔陶制作技艺，提升一下烧制技能。他是艺术老师，搞陶艺、雕塑的，在这方面是有基础的。后面我就教他，因为他有基础，学得很快，加上学习态度很端正，捏造东西很像，掌握技巧很快。后面请我去重庆帮他们建一座窑址，我就去重庆那边待了十多天，帮助他们建造了一座构造原理和黔陶柴窑一样的窑址。后面他本人和重庆厚象园林景观设计有限公司还给我写了感谢信。现在他出师了，当初他跟我学习没有什么仪式，我们现在都没有那种老规矩了，只要你想学习，我就教你，也没有什么传内不传外的思想，那些很封建了。人的想法要随着时代的变化跟着改变，固步自封，那这门技艺就会衰退，逐渐淡出人们的视野。

图59　余洋和重庆厚象园林景观设计有限公司写给文桂平的感谢信　周尚书摄

（七）黔中土陶的传承与发展

1980年有几家窑址是比较出名的，资本也较为雄厚。当时的小作坊比较多，但是都不愿意接触人，后面就做不下去了。当时很多人都以制陶为生存和生活的基础，他们都藏着揣着不愿意分享，遇到不会做的也不请教，慢慢地技术就衰退了，后面会的人越来越少了，加上新机器设备的更新，好多人就不会了。现在陶器制作和后期加工程序多，费时费力，所以现在乡村里面基本没有想学习这门手艺的，根本原因还是学习这门技艺难以维持生计，其次是很多人对陶艺不感兴趣，即使来学习了也很难坚持下去。前两年，居委会也提出过想要招募年轻人来学习的想法，当时的想法是一个月给学习的人发放1800元的补贴，后面考虑了经费问题以及年轻人的开支，综合考量下来后还是难以实现。根据我收集的资料显示，1923年，全镇生产陶器的男女工人最多时有500余人，改革开放后，就只有几家在做了，我刚开始做陶器时，销量还好，后面被大量的替代产品、现代化产品冲击后，又改做了"窑货"，尽管如此，还是难以改变手工操作的缺陷，再加上人工成本高，手工拉坯速度较慢等困境，逐渐就没有人从事手工制陶了。说到做的人越来越少的原因，主要还是外来产品的冲击，外来产品多为一条龙的生产线，机械化生产，产量多，订单多，竞争力大，我们是传统手工制作，竞争力不足，完全没有优势，加上新兴替代产品的出现，人们不喜欢陶器，不需要陶器了，自然就不购买了，学习这门手艺就难以生存下去，导致现在从业人员几乎都转行了。而且制陶是个技术活和体力活，很累外加报酬很低，因此很多人宁愿选择外出务工也不做陶器了。我孩子没有学习这门手艺，他在玻璃厂上班，我从小能够坚持学习还是源于那时候学业压力不大，中学时上半天课，做半天的劳动，现在的学生，学业压力要重得多，难得有时间跟着系统地学习这门手艺，不过我时不时地会给孩子说一点，得空就教一点，还是希望把历史技艺传承下去，没有人继承和传承了，那就属于断代了，这是不希望发生的事情。

2020年12月，花溪区文物保护管理所成功申报黔陶制作技艺为贵阳市第六批市级非遗代表性项目名录，申报成功以后，知道我们黔陶的人更多了。2022年1月，我被列为贵阳市第六批市级非遗代表性项目代表性传承人，成为传承人后，来找我学习和了解有关黔陶制作技艺的人多了很多，傅老师和陈老师不是一直在基地里面，所以政府相关人员和游客，来学习和参观时，基本上都是我在教他们揉捻和制坯这些较为容易上手的过程。

图60 传承人证书 作者提供

我们之前也不知道有这个政策和"传承人"这个称谓，后面政策好了，国家和政府重视非物质文化遗产的保护和传承，还新建了传承基地。作为黔陶制作技艺的传承人，作为手艺人，我对自己的这门手艺还是很在乎的，需要把技艺掌握透彻，对当前黔陶技艺的基本情况、发展现状、目前的困境等需要充分了解。2014年，我从贵阳陶瓷厂退休，退休以后，我做起了环卫工作，休息时间和下班以后，我都会去基地做一个小时左右，有时候有人来学习和参观的，我也给他们介绍相关的情况。现在来学习、参观和体验的人，我几乎都会给每个人赠送一件自己的作品，人家来一趟不容易，即使不跟着学习，也送给他们一件作品，当作纪念。我做一个简单的产品，几分钟就好了，送给他们我不要钱，只希望能够宣传黔陶的土陶文化，为这门手艺的宣传和弘扬做一点自己应有的贡献。

一直坚持没有放弃这门手艺主要还是因为喜欢，我从六七岁记事起，就对陶艺感兴趣，受家庭的影响还是比较大的，毕竟从小就在这个环境下长大，如果说有让我坚持下来的原因，那一定是个人爱好和兴趣。我觉得热爱一定是让人坚持做一件事的动力，我会一直坚持学习和传承这门技艺，直到自己做不动。对于那些前来学习的人，我掌握的资料和技艺都是全盘托出的，没有一丝一毫的保留，现在有的手艺人很保留，觉得自己吃饭的技艺不应该部分或者全部告诉他人，我不赞同这种观点，你愿意学习，我就愿意教。只想着把土陶文化宣传出去，让更多人知道我们黔陶的历史、黔陶的文化，只有把路走宽了，才更有利于这门手艺的传承和继承，这也是我一直在做的事情。近几年，在中央和地方各级政府的关心和支持下，非遗的传承和利用情况有了很大的变化，对黔陶制作技艺来说，有几个问题还是要注意的：首先，传承人面临断代的窘境，我自己也清楚这是多方面因素造成的。其次是需要不断创新，紧跟市场需求，生产贴近生活的产品是不错的选择，创新就要学习外面先进的理念，学习人家好的模型，在结合当地特色的基础上打造带有地域特色文化的产品。再次是要加强同其他非遗项目与传承人的交流和合作，就黔陶乡而言，我们这里除了黔陶制作技艺，还有赵司贡茶制作技艺等非遗项目，下一步，我想结合黔陶文化设计一些茶碗、茶杯，一起宣传和推广黔陶土陶文化和赵司贡茶。

黔陶，是黔陶这个地方的文化记忆，是以文化为支撑的一项技艺和产业，是值得传承和发展的。土陶文化是我们的特色，也是我们黔陶的竞争力所在，在追求现代化的同时，也不能丢了传统特色文化。

传承谱系

第一代：文金山，男，汉族，四川人，1902年生（已去世），1940年迁居贵州省贵阳市花溪区黔陶乡居住，以陶瓷手艺为生。

第二代：文有铭（师承文金山），男，汉族，黔陶乡黔陶村人，1923年生（已去世），20岁时拜文金山为师学习陶艺，1956年参加陶瓷厂前身单位高级社工作，从事制陶工作，1957年更名为贵阳陶瓷厂，1986年退休。

第三代：文桂平（师承文有铭），男，汉族，黔陶乡黔陶居委会人，1960年生，1986年参加贵阳陶瓷厂工作至2014年解除劳动合同期间在厂中为制陶工人。

第四代：余洋（师承文桂平），男，汉族，1974年生，重庆人，毕业于四川美术学院，现为重庆大学艺术学院教师，从事陶瓷雕塑艺术研究，2014年跟随文桂平学习黔陶制作技艺，现已经能够娴熟掌握该技艺。

徐　影
苗刀——展现中华民族的勇武气概

徐影在第六届世界传统武术锦标赛上荣获形意拳冠军，苗刀第一名

传承人：徐影

作者提供

采访时间：2022年10月12日、11月7日
采访地点：线上采访
采访人：周尚书
文章整理、撰写：周尚书

※ 人物小传

徐影，男，别名徐宏建，号圣淞，本科学历，民革党员。1952年出生于重庆，5岁开始学习武术，兼习书画，现为贵阳市苗刀武术第三代传承人。1959年至1965年就读于重庆棉纺厂第三子弟小学；1965年至1966年就读于贵阳市太慈桥小学；1967年至1970年就读于贵阳第十二中学；1992至1994年就读于贵州民族学院美术系美术专业（现在的贵州民族大学美术学院）。贵阳市青少年宫武术、拳击、摔跤专职教练。1997年创办贵阳市影宏武术学校，多次被政府授予"优秀教育工作者""优秀教师"称号；贵阳市影宏武术学校被贵阳市关工委、贵阳市教育局授予"世纪新蕾明星学校"，又被贵阳市教育局评为"民办教育先进学校"。徐影参加过电影、电视剧《苗岭风雷》《铜鼓》的拍摄，还被电视连续剧《黄齐生与王若飞》剧聘为武打设计，所教学生参加了武打场景的拍摄。

我是贵州省体育总会第六届委员、中国武术协会会员；贵州省武术协会名誉副主席、贵阳市武协名誉主席；贵阳市影宏武术学校创办者、校长、总教练；贵州省民族大学体育学院、美术学院，贵阳人文科技学院客座教授；贵州省体育健康协会专家委员；贵州省工艺美术学会会员；贵州省工艺美术协会会员。

武术，这一项内涵丰富、形式多变，具有独立体系和多种社会功能的体育运动项目，既是中华民族传统文化的瑰宝，亦是世界多元文化的重要组成部分。"传统武术承载着中华民族伟大、厚博而沉重的文化，联系着我们民族古老、悠远而清晰的血脉，昭示着我们民族精进、不屈和宽广的精神，是我们灿烂文明无比有力的见证和无与伦比的荣誉之一，是这种见证和荣誉的活态保存。"[1] 中国武术在全球范围内得到广泛的传播，已成为世界体育文化的重要组成部分。苗刀，由来已久，中华苗刀武术内涵丰富，结构严谨，技击性强，具有很高的科学性、实战性与锻炼价值，亦是我国珍贵的非物质文化遗产。2020年，贵阳市人民政府公布"苗刀武术"为贵阳市第六批市级非物质文化遗产代表性项目名录，属传统体育、游艺与杂技类；2022年，贵阳市人民政府公布徐影为第六批市级非物质文化遗产代表性项目代表性传承人。

图61 传承人证书 作者提供

（一）何为苗刀？

我是一名体育运动及武术爱好者，苗刀武术只是所习武术中的一种。2002年，我在北京参加首届亚太武术交流大赛，荣获两项冠军后，被河北沧州武术名家郭瑞祥[2]老师看中，后面拜师跟随郭瑞祥老师学习苗刀，

---

[1] 程大力. 传统武术：我们最大宗最珍贵的濒危非物质文化遗产［J］. 体育文化导刊，2003（04）：17—21.

[2] 郭瑞祥，男，汉族，1932年生人，沧州市著名武术家，全国十大武术名师之一。自幼随父郭长生（人称郭燕子，原中央国术馆一级教授）习武，武术生涯长达60多年。其撰写的《苗刀》专著，证明了苗刀源于中国而非日本。先后获得全国十大武术名师、中华武林百杰、全国千名优秀武术辅导员、武林泰斗等荣誉称号。

习得苗刀回来后，苗刀武术逐渐在贵州传播普及开来，这才逐渐形成了贵州的苗刀。2008年，我在北京体育大学武术学院举办的"国际苗刀教练员培训班"，再次跟随郭瑞祥老师学习，得到真传。苗刀，创制于西汉初年，距今已有2000多年的历史。苗刀刀势浑厚、雄健凌厉，步法快疾，灵活多变，技法绝妙。苗刀作为我国冷兵器时代的产物，是我国冷兵器时代的先进兵器之一，当时亦称长刀，是现今苗刀的祖型。它在我国兵器史和抗侵略史上占有非常重要的地位[①]。"苗刀是中华民族的宝贵文化遗产，是闻名中外的传统刀具。它刀身修长，兼有刀、枪两种兵器的特点，且可单、双手变换使用，临阵杀敌，威力极大、非一般兵器可比。故中国历史档案馆保存的重要资料《苗刀考证》中，这样写道：'苗刀用以冲锋，远胜单刀及其他短兵。明代戚继光将军，改铸精绝，传之于其部下，杀敌致果，斩将擎旗，赖以刀法，威震华夏。'中华苗刀有一套完整的技法，它内涵丰富，结构严谨，技击性强，具有很高的科学性、实战性与锻炼价值。"[②] 所以我们所称的苗刀并非苗族同胞使用的刀，而是一种双手持用的长刀，因刀型像禾苗，故称苗刀。明代戚继光抗击倭寇使用的就是这种刀。

"苗刀经过历代演进更新至清末民初，大军阀曹锟在他的三省巡阅使兼直隶总督衙门，建立了武术营苗刀连，选聘名震武林的常胜将军刘玉春[③]担任苗刀教授，将苗刀队作为他出巡时的仪仗，甚是威风。并在他炮队的每尊大炮两侧各配置一跪姿战士，手里抱着苗刀，身上别着短枪。意在大炮打击远距离敌人，对近距离的敌人则用短枪和苗刀杀伤。1924

---

① 江鸿. 苗刀——中华名刀 [J]. 精武，2006（10）：58.
② 郭铁良，郭贵德. 史说"苗刀" [J]. 中华武术，2002（12）：44.
③ 刘玉春（1878—1932），男，河北人，近代以善使苗刀为名的武术家。1891年，天津静海太祖门独流通背拳大师任向荣（1852—1930）、刘玉春以太祖门独流通背拳中的单提腿与谢玉堂换艺，学得苗刀。任向荣、刘云春学习苗刀后，将之在上海、保定以及天津市内逐渐推广普及。

年曹锟当了大总统，因知道刘玉春的爱徒郭长生①身怀轻功绝技，又熟谙苗刀技法，便把郭生长调任贴身护卫。1927年，兴武爱国将领张之江等筹备成立中央国术馆，馆长张之江首先提议将历史流传下来的苗刀列为必修课，高薪聘请郭长生担任一级苗刀教授，苗刀在这一时期又得到进一步的发展。"②后面随着修习苗刀的人越来越多，苗刀武术在全国逐渐传播开来。郭长生教授是第一代苗刀传人，其子郭瑞祥大师是第二代苗刀传人，我跟随郭长生教授其子郭瑞祥大师学习的苗刀，是中华苗刀武术的第三代传承人，郭长生教授是第一代传人。理所当然我也教会了我的徒弟和学生们，也会不断把中华武术传承和弘扬出去。

（二）积极参与包括苗刀武术在内体育项目

苗刀武术的传承是家族传承与师徒传承并存，刘玉春与郭长生为师徒传承，郭长生与郭瑞祥为家族传承，我跟随郭瑞祥老师学习，也是师徒传承，现在我的学生和弟子跟我学习，亦算是师徒传承，只不过现在选择老师并跟随其学习的这一过程没有过去复杂，甚至都不用拜师，只要感兴趣，想学习武术，那就可以跟着学。我从小就有武侠梦，5岁就开始学习武术，师承多位武术大师学习各类武术。多次作为贵州省体育局等单位派出的代表，参与过国际、国内的很多比赛，且都取得了比较满意的奖项，我先后获得30多枚金牌，被人们誉为"长胜将军"，为贵州体育事业的发展贡献了自己微薄的力量，也赢得了很多荣誉。武术竞赛有专门的比赛规程，如果是综合性项目比赛，会跨越很多拳种、器械与项目。以"苗刀"这项武术项目为例，如果报名的人数多，那就可以单独立项参赛，如果人

---

① 郭长生（1896—1967），男，生于河北省"武术之乡"沧州，自幼酷爱武术，天资聪颖，臂力过人，天生一副健壮身板，行拳过手，出掌不见手，人过一阵风，故武林誉为"郭燕子"，精于刀、枪、剑等十八般兵器，技击、摔、拿，均有绝妙之处，我国近代武林高手，一代宗师。

② 郭铁良，郭贵德. 史说"苗刀"[J]. 中华武术，2002（12）：45.

数达不到规程要求，那就要与"刀术"类项目一起比赛。整体表演一次苗刀武术套路的时间与传统武术比赛的时间相符，都是一分钟以上，演练速度比较快。

通过比赛可以取长补短，融会贯通，形成自己独特的风格，展现自己的风貌，所以只要是大型比赛我都会积极参赛，我的弟子、我教的学生在国际、国内、省市各种武术比赛中荣获 5 个金杯、1 个银杯、80 多枚金牌、近两百枚银、铜牌。我是 1973 年开始在贵阳市体委从事业余武术教学的，退休前是贵阳市青少年宫职业武术教练兼书画创作老师。1973 年至 1976 年在贵阳市市委群体科担任业余武术辅导员。自 1973 年从事武术教学以来，至今已有 50 年了，在这期间收了很多比较优秀的徒弟，他（她）们有从事中学、大学体育教学的老师和大学教授，有在政府机关、企事业单位的干部……都在各自的工作岗位发光发热。我发现优秀的徒弟都有一个特质，就是本职工作做得很好，练功也很勤奋。

1985 年法国武术队专程来贵阳跟我学习武术，1988 年，我的学生代表中国少儿艺术团出访法国，当时我被聘为该代表团的武术指导。我曾参加过电影、电视剧《苗岭风雷》《铜鼓》的拍摄，1993 年我被电视连续剧《黄齐生与王若飞》剧组聘为武打设计，所教学生参加了武打场景的拍摄。1997 年我创办了贵阳影宏武术学校，任校长和总教练，并创建了贵阳市陈式太极拳研究会，50 多年来，培训了数万名学生，为省市体校、省外院校输送了武术、拳击、摔跤众多优秀的学生。

苗刀武术传承人——徐影所获部分荣誉及相关奖项（不完全统计）

序号	时间	地点	竞赛	获奖
1	1975	贵州	全国第三届运动会武术选拔赛	全能优秀奖
2	2002	北京	首届亚太地区武术比赛	太极拳、太极剑第一名

续表

序号	时间	地点	竞赛	获奖
3	2003	湖南	首届东亚武术运动会	太极拳、太极剑、双节棍、绳镖四项第一名，是大会唯一评选的全能冠军（获4枚金牌一个金杯）。
4	2004	河南	首届世界传统武术节	42式规定太极拳金牌、太极剑银牌
5	2005	海南	第二届世界太极拳健康大会	42式规定太极拳、太极剑一等奖中的两项第一名（冠军）
6	2006	四川	全国武术太极拳锦标赛（专业比赛）	荣获42式规定太极拳冠军
7		河南	第二届世界传统武术节	形意拳、绳镖两枚银牌
8	2007	河南	第四届中国焦作国际太极拳比赛	陈式太极拳56式规定拳冠军、42式太极剑冠军
9	2008	江苏	全国社会体育指导员技能展示比赛	规定项目和综合技能与才艺展示两个一等奖，并为贵州赢得最佳传授奖奖牌
10	2011	安徽	全国首届绿色运动会	综合技能（武术）一等奖 徒步一等奖、自行车一等奖
11	2012	湖北	第四届世界太极拳健康大会暨第六届武当山国际太极拳联谊大会	陈式太极拳金牌、太极剑银牌
12	2014	安徽	第六届世界传统武术锦标赛	形意拳冠军、刀术（苗刀）第一名
13	2017	四川	第七届世界传统武术锦标赛	武当太极剑金牌、形意拳银牌第一名
		江苏	第二届中国徐州国际武术大赛	陈氏太极拳、剑两枚金牌
14	2019	四川	第八届世界传统武术锦标赛	陈式太极剑金牌、拳获银奖第一名

续表

序号	时间	地点	竞赛	获奖
15	2023	四川	第九届世界传统武术锦标赛	徐影获陈式太极拳金牌、苗刀银牌

图62　徐影获奖证书（部分）　作者提供

图63　徐影获奖证书（部分）　作者提供

我办学期间还多次被相关部门授予"优秀教育工作者""优秀教师"等称号。

（三）收徒传艺

现在教授武术没有传男不传女的现象，武术不是发家致富的路子，学武可以强身健体，如果学习得好还可以参与各项比赛，收获一些荣誉。我师父也同样传授武艺给女儿，对于学习武术，要看本人是否热爱、喜欢。我们这一代都是独生子女，我女儿曾经学习过武术，但只是浅显地学习，适当练习能够强健体魄。她现在是大学老师，有自己的工作，平时也喜欢锻炼。我的武术基础比较深厚扎实，在学习、教学和表演、比赛方面还没遇到什么困难，主要源于热爱，你喜欢某项运动，就会用心去学习、刻苦钻研。我收的第一位徒弟是女徒弟，她毕业于武汉大学哲学系，非常喜爱太极拳，并且以此为职业。我不仅教她太极拳，还教她包括苗刀武术在内的其它武术。中华武术文化源远流长、博大精深，各类武术都要学习和了解，需有至少一项甚至几项是最为精通的。

我目前收了几十位学习武术苗刀的拜师的徒弟，当然还有很多学生，他们通过各种渠道找上我，想要跟我学习，我自然不会拒绝。现在我的徒弟和学生在省内的主要分布在贵阳、安顺、遵义、毕节、黔南、黔东南等地区；省外有吉林、四川、重庆、安徽、山东、广州、广西、西藏、新疆、湖北等地；国外有匈牙利、美国、奥地利、英国、法国……我所教的徒弟和学生都是全方位学习武术的各类武术与器械，而非单一学习某一个项目。教学50年来，我的徒弟中有比较出色的了，其中有几十位徒弟、学生已在国际、国内、省市比赛中获得各类武术项目的金、银、铜牌几百枚。近几年在苗刀武术的比赛中我与徒弟、学生共荣获十几枚金牌和数枚银、铜牌及集体器械项目（苗刀二等奖和一等奖）。在2023年第九届世界传统武术锦标赛上，一位徒弟陈洪波荣获青年组苗刀的金牌，我荣获老年组陈式传统拳金牌、苗刀银牌第一名，徐治祥获中年组苗刀银牌，刘春荣获女子中年组银牌，王玉成获老年组铜牌，团队荣获集体器械项目（苗刀）二等奖。2023年参加首届阳明文化武术大赛，我们师徒、师生关系都很好，我觉得维持和谐的师徒、师生关系很重要，也很简单，只要你足够优秀，那就没有师徒、师生之间的矛盾。一般情况下，教授苗刀武术的流程，大体有这四项：首先是武术的基本功练习。一般基本功是武术的弓步、马步、虚步、歇步、仆步五种步型为主，增强力量为辅，主要是通过有针对性地选择，获取必要的柔韧素质和力量素质，以保证学练动作时肢体屈伸能到位，不感到吃力费劲。其次学习苗刀的各种刀法技术。练习基本功意在提高身体素质，基本功合格后，学习苗刀的使用，包括如何握以及刀法技巧的学习。再次是刀术套路的动作学习。熟练掌握苗刀刀法技巧后，就达到可以学习相关套路的标准了。最后才是套路的分段练习及套路的完整练习。完整展示的苗刀武术疾速凌厉，身随刀往，刀随人转，势如破竹……只有这样有步骤、分层次地练习，才能保证传授技术的完备。我教授的学生学会后，都会自己回去练习。基本功是最重要的，老师在表演时看起来非常简单，学生学起来也觉得枯燥无味，实则基本功的扎实与否，决定未来层次的高低，坚实的武术基本功不仅是学好、练好苗刀武术的保障，更是学习其他武术的基础。苗刀武术对体力的要求是很高的，需要同时练习耐力、速度。各地苗刀武术的表演形式与招式可谓大同小异，这与师承有关。

图64　徐英收徒部分合影　作者提供

做人首先要以身作则，我也会要求徒弟、学生先要学会做人，德为先，艺为后，学会尊重同行，相互学习，取长补短，为我所用。所以，我的徒弟只要人品好，能充分掌握技术要领，懂得教学的步骤即达到可以出师的标准，就可以出去独自收徒传艺了。

（四）我的武侠梦与中国武术文化的弘扬

我从小就习武和练习书画，书画是受家庭环境、父辈的影响，习武源于我的武侠梦。武术与书画我会一直坚持，兴趣爱好与职业的契合度很重要，可以说兴趣就是我的职业，这也使我从内心热衷于我的事业。我从小对待学习态度很端正，武术功底非常扎实，学习新的武艺非常快，基本上一学就会，能够很快掌握苗刀武术的各种刀法、应用技术，更加受到师父的青睐与赞赏，这才成就了我的今天。2008年，贵州省外事办、省体育局接待日本爱知县武术太极拳连盟访问中国代表团，我作为官方派出的专家与该代表团进行了交流。2009年，国家体育总局首次在贵州省考评武术段位，当时最高段只能考六段，我考取六段位，荣获了贵州第一批最高段位。多次唯一代表贵州参加全国社会体育指导员技能展示比均获一等奖，赢得国家体育总局社体中心领导的重视，2009年国家体育总局社体中心相关领导到贵州，在一级社会体育指导员员培训班上宣布我为全国社会体育指导员科学健康宣讲团的一员，进入了专家团队；2009年下半年，福建东南台海峡卫视的工作人员过来专访我，制作了一篇以《太极英姿》为题的专访报道，我记得是对东南亚播出，当时还在央视海外频道播出过。同年，我被聘为客座教授；后又被贵州民族学院（现贵州民族大学）体育与健康学院、美术学院和贵州民族大学人文科技学院。2010年，我受国家体育总局邀请，参加了中国社会体育指导员协会成立大会，是当时全国65万社会体育指导员其中的6位代表之一。2013年，我参加全国武术段位首届国考，荣获了中国武术七段（高段位）。

现在，我是国家一级武术教练、一级武术运动员、国家级优秀社体育指导员。2014年至疫情前，每年多次由国家体育总局社体中心、中国社会体育指导员协会选派在全国各地传授武术和太极拳，也经常应邀在全国各地表演和参加全国社体指导员技能比赛任裁判工作，如宁夏、青海、内蒙古、黑龙江、山东、安徽、广州、广西、西藏、湖北、重庆、贵州等地。2014年12月我随中华体育代表团回访日本，表演了武术、书法，当时现场书写的书法作品，作为国礼赠送给了日方。

图65　徐影教学中华苗刀武术　作者提供

2020年12月，南明区文体广电旅游局成功申报苗刀武术为贵阳市第六批市级非物质文化遗产代表性项目名录，这是政府文化部门对苗刀武术的支持与鼓励，也是苗刀武术这一传统武术现代化转型的开始，为今后武术文化进校园做了重要准备；2022年1月，我被评为贵阳市第六批市级非物质文化遗产代表性项目代表性传承人，我很激动，这不是多了一个身份，而是身负了传承的责任，不仅源于我的热爱，也是我的努力得到了政府文化部门的认可。我很感谢贵阳市文化部门、南明区政府积极受理申报非物质文化遗产项目，使得苗刀武术这一传统武艺得以保留和延续。现在作为传承人是老师了，我肩负着传承优秀中华传统文化，弘扬中华武术文化的责任与义务。我经常在贵阳市筑城广场、黔灵山公园表演苗刀，也会指导跟着我一起学习的人，近年来举办过多次大型的太极拳、太极扇与小型的苗刀武术等公益培训，只为带动更多的人一起学习武术，强身健体，也让大家了解苗刀。

苗刀表演对体力的要求很高，随着年龄的增大，在表演中体力会有些跟不上，不只是苗刀，其实很多项目都一样，所以表演与教学都是按现场的情况及大家的需求来进行。今天的苗刀武术也受到了一些制约，因为苗刀的刀型、长度，很容易被误认为是管制刀具，而练习苗刀需要较大的场地，这也给苗刀的传承与发展带来了一定的困难。这也需要相关部门给予大力宣传报道，让社会大众充分了解苗刀这一武术，使这一优秀的传统武艺得以有序地传承和发展。开展苗刀进校园也有些困难，首先每一个学生必须要有一把木制的苗刀，不然无法教学，所以准备先在武术学校开展普及和推广，这样比较切合实际，我之前已联系了一所武校，现在相关事项还在准备中。

随着时代的更迭，任何事物都有一些变化与发展，武术也不例外。我学习苗刀武术以来，刀法和套路多是按照传统的路子在走，略有增加，每一项武术都有固定的招式，要把刀法、步法、套路、招式全部熟练于心，能够运用自如以后，才能在传统样式的基础上创新。今后我想在传统的基础上创编一套新的苗刀套路，让这一古老的武术焕发出新的光彩，还要到赛场上去较技，为贵州争光。苗刀武术是祖国的瑰宝，作为非遗项目意义重大，练习和弘扬苗刀武术能体现出中华民族的勇武气概，能起到一种振奋民族精神的重大意义。我也在积极为苗刀的传承、弘扬与发展做出自己的贡献，积极参加苗刀武术的推广、教学、表演、比赛就是最好的传承和弘扬。政府也非常支持，帮助申报苗刀武术的非遗项目，就是致力于把苗刀武术这一传统武学一代代传承下去，为中华优秀传统文化的发展尽一份自己的力量。2014 年我参加第六届世界传统武术锦标赛，荣获苗刀和形意拳两枚金牌，我认为这是对自己所学技艺的历史最高荣誉的定格。

我从小就有武侠梦，5岁就开始学习武术，苗刀武术这一勇武之术，是祖国的瑰宝，传承与弘扬苗刀武术，既是义务，也是责任。我现在表演、传承与弘扬苗刀，既是基本的义务，也是作为一名学武之人的责任，因为我自己有退休工资，也不需要依靠办培训班、辅导机构等来维持日常的生活开支。我在很多公众场合表演过苗刀武术，很多人看了我的苗刀表演后，都很感兴趣，皆认为这才是勇武之术。国人，尤其是年轻人都应该学习苗刀，勇武之气起码对自己的精神面貌是一种提升，同时，练习和弘扬苗刀武术能体现出中华民族的勇武气概，能起到一种振奋民族精神的重大意义。苗刀传承的既是一种体育武术，也是文化记忆。苗刀武术应当随时代的变化，在原来的基础上贯穿一些新的元素，让这一传统武艺更受欢迎，要让更多的青年人喜爱上这一门武艺，还要多宣传、普及、表演、推广，我希望我的学生和徒弟在非物质文化遗产的保护与传承上做出自己应有的贡献，对非物质文化遗产项目的保护，既要保存传统的元素，又要有创新发展的思路，让其技术更加完备，使苗刀在新时代焕发出它的夺目光彩。

传承谱系

第一代：郭长生（1896—1967），师承刘玉春，男，河北人，近代武术大家，人称"郭燕子"。二十世纪初期，郭长生被直隶督军曹锟选入武术营后，遇到刘玉春并拜其为师，跟随其学习通背、苗刀等。1928年郭长生在中央国术馆教授苗刀，在第一届国考中，以不败纪录打入优胜者之列。

传承谱系

第二代：郭瑞祥（1932—2013），师承郭长生，字慕秋，男，河北人，郭长生次子，沧州体校高级讲师、中华武林百杰、中国十大武术名师、中国武术九段，中国体育科学学会委员，中国武术协会委员。为了继续弘扬中华武术，他积极参加传统武术的挖掘、整理和写作工作，重新整理出版苗刀技法教材，为发扬中华武术文化做出了重大贡献。

第三代：徐影（1952—），师承郭瑞祥，男，别名徐宏建，号圣淞，现为贵阳市苗刀武术传承人。从小习武兼习书画，曾学习于上海体院、北京体育大学武术学院。现贵州省武协副秘书长、贵阳市武协副主席、陈式太极拳研究会会长；中国武术七段、国家一级武术教练、国家一级武术运动员。贵州民族大学客座教授。1973年从事武术教学以来，徐影及他的学生、弟子在国际、国内、省市等各项大赛中荣获近二百枚金牌、三百枚银、铜牌。徐影弟子众多，以王玉成、张贵、王军武、李维均、陈洪波等较为出色。

第四代：王玉成（师承徐影），山东平县人，1963年12月至今，拜徐影为师，学习苗刀，在第七届世界传统武术锦标赛荣获苗刀银牌；

张贵（师承徐影），贵州镇宁人，1988年6月出生，中专学历，拜徐影为师，学习苗刀，第六届世界传统武术锦标赛荣获刀术银牌；

王军武（师承徐影），1969年出生，贵州惠水人，民商法硕士、法经济学博士；

李维均（师承徐影），贵州贵阳市人，1964年9月出生，大学本科学历；陈洪波（师承徐影），贵州贵阳人，1990年6月出生，大学本科学历。

袁明俊
"舞狮"——舞出"金"彩，舞出文化

来源：贵阳市非物质文化遗产保护中心

传承人：袁明俊

采访时间：2022 年 8 月 27 日
采访地点：贵阳市开阳县花梨镇新山村大林湾传承人家里
采访人：李美艳、周尚书
文章整理、撰写：周尚书

※ 人物小传

袁明俊，男，汉族，初中文化。1965年出生于贵州省贵阳市开阳县花梨镇新山村大林湾，现为高台舞狮（开阳县）第二代传承人。1971至1977年，就读于新厂小学，受家中祖辈的影响，从小便对"玩狮子"很感兴趣；1977至1980年，就读于新山中学。1973年，开始跟着父亲（袁永才）学习舞狮；1993年学成后，便接手了父亲的衣钵（大林湾高台舞狮队）。2016年入选贵阳市第四批市级非物质文化遗产项目代表性传承人；2020年入选贵州省第五批省级非物质文化遗产代表性传承人。袁明俊带领的大林湾舞狮队平均每月开展高台舞狮表演15至20次（场），平均一年开展高台舞狮表演150至200次（场），现大林湾高台舞狮队伍年收入约18万元，人均2万元，袁明俊多次带队赴重庆、四川表演。

任何一种文化现象，都记录与承载着各自的文化内涵与意蕴，作为一项集民间杂技、民间舞蹈和民间体育于一体的传统体育、游艺与杂技类非物质文化遗产项目，高台舞狮是开阳地域文化、民族文化及民俗节日文化的集中体现。狮子，作为中国民俗文化中最为常见的吉祥神兽，是智慧和力量的化身，有吉祥、繁荣、生生不息的寓意，象征地位、尊严、平安。舞狮是我国一项历史悠久，且具有独特民族风格的民间传统娱乐活动。舞狮的由来已久，但始于何时，说法不一。据初步考证，现比较可靠的是：舞狮起源于三国时代，盛行于南北朝，先在军队中流行，然后传到民间。[1] 开阳高台舞狮的表演，始于20世纪二三十年代，传承发展的历史接近百年，表演队伍从最初的5人，发展到如今的上百人。据开阳县人民政府官网显示，开阳高台舞狮传承人共有两人，分别是袁明俊（花梨镇新山村人）、谭加宇（米坪乡大坪村人），两人同时被评为开阳县第一批县级非

---

① 黄益苏. 中国舞狮的源与流［J］. 体育文史，2000（01）：45—46.

物质文化遗产代表性传承人①。2015年11月，贵阳市人民政府公布开阳高台舞狮为第四批市级非物质文化遗产代表性项目名录，属表述为传统体育。游艺与杂技 2016年12月贵阳市人民政府公布袁明俊为贵阳市第四批市级非物质文化遗产代表性传承人。2019年6月，贵州省人民政府公布高台舞狮（开阳县、瓮安县）为贵州省第五批省级非物质文化遗产代表性项目名录，属传统体育、游艺与杂技类非物质文化遗产项目；2020年11月，贵州省人民政府公布袁明俊为贵州省第五批省级非物质文化遗产代表性项目高台舞狮的省级代表性传承人。

图66 传承人证书 本人提供

（一）舞狮的场合与大林湾高台舞狮队的管理

舞狮，是中国优秀的民间艺术，也被认为是驱邪避害的吉祥瑞物，每逢节庆或有重大活动必有舞狮助兴，长盛不衰，历代相传，开阳高台舞狮也不例外。高台舞狮在开阳深受人们的欢迎，是一项具有独特民族风格的民间传统娱乐活动。我们当地人称开阳高台舞狮为"玩狮子"。

---

① 开阳县人民政府官网. 开阳县非物质文化遗产代表性传承人一览表［EB/OL］.（2020-06-10）. https://www.kaiyang.gov.cn/zwgk/zdlyxxgk/ggwhfw/202006/t20200611_64354609.html.

20世纪二三十年代，我父亲（袁永才）他们5人共同向河南砖瓦艺人学习高台舞狮，所以开阳的高台舞狮最初是由河南人传进来的，我父亲是第一代学习和传承的人，现在我是第二代传承人。在开阳，不管是祝寿庆生、结婚嫁娶，又或者是门店开业、孩子满月，人们都会请舞狮队表演舞狮，目的在于其一可以吸引更多人来看，营造热闹的气氛；其二舞狮有着多种寓意，便于呈现主人家的心意。

开阳"玩狮子"的风俗是在举办百狮大赛（一项竞技活动）后才逐渐普及开来的，不过在百狮大赛之前我们也玩，当时我们舞狮队（大林湾高台舞狮）也参与了百狮大赛，那个时候政府部门还组织过计生杯等竞技项目。开阳高台舞狮传承近百年，深受大众喜爱，一直是生活中的重要习俗活动。春节、婚庆、花灯、还愿、乔迁、祝寿、丧葬等重要活动场合中都有高台舞狮的身影。我们"玩狮子"不限于特定时候，任何活动、节庆都能表演，不过不同的场合，内容会有变化，如在祝寿中，狮子皮上的"孝道"二字要取下来。开展的活动，舞狮的整体表演动作是一样的，只有少许动作有变化，如祝寿的要拜寿，丧事要拜丧，结婚就是要迎亲，根据场合和情况而做动作，以动作传达崇敬与快乐的意思。只要有人请，任何场合我们都去表演，只是有一点，农忙时我们不承接任何的表演活动，不论对方开的价钱高低。农忙的这段时间，我们都要收割自家种的水稻、玉米和猕猴桃，人手不够时，还要聘请工人一起做。在这期间如果有人请，我们也会说现在没有期程了，即时间已经安排好了，以这样的说法婉拒对方。

大林湾高台舞狮队有11人，我们没有成立公司，就打印了名片，现在团队里有车，人家有需要的我们也给名片。只要有人来找我们团队，随便找任何一个人都行，接活了在群里说一声就行了，一般通过电话联系我们舞狮队的比较多。承接活动的人，要负责联系和通知，这个人可以多分10元钱用作话费，这是团队的规定。很急的活动，我们团队没有人会耽误，事关信誉，做不到就不要答应，不然，丢掉了信誉，就没有人来找你，那就做不下去了。

图67　大林湾舞狮队在黔南州演出　本人提供

团队里任何成员的长辈去世，我们都会以团队的名义拿出500块钱的火炮钱，还要送花圈，这也算是维持团队凝聚力的一种方式。在表演中，不管你是扮演笑和尚、孙猴、猪八戒，还是敲锣的，大家拿到的价钱都是一样的，我们都要平分。玩狮子主要是带动地方文化的发展，舞狮队的成员中没有任何人想通过舞狮表演来挣钱，大家组成一个队伍，主要还是因为舞狮好耍。高台舞狮的表演，一场活动至少要11人才能完成，4人玩狮子（两套狮皮），孙猴、猪八戒和笑和尚要3个人，打锣4人，至少11人。我们舞狮队有名片，但是团队的人都不喜欢拍照，加上一次活动11人，每个人都在做事，都没有时间拍照，所以社交网络上很少见到我们表演舞狮的图片和视频。团队成员都来自本村及周边村子，几乎都是跟着我学习的。我们大林湾舞狮队曾荣获舞狮大师赛一等奖、组织奖，参与过百狮大赛，不过时间久了，发的证书都弄丢了。舞狮队平均每月开展高台舞狮表演15至20次，平均一年表演150至200次，整个舞狮队年收入18至20万元，人均2万元，我们舞狮队还多次赴重庆、四川表演。

（二）高台舞狮的流程及注意事项

高台舞狮多是作为其他活动的娱乐项目来参与表演的，节庆、红白喜事、祝寿、建房、开业等事项是主人家请先生提前看好时间的，我们只需要到时间去表演就好了，所以表演高台舞狮不用看日子，只要有人请，我们有时间就能表演。高台舞狮的大体流程：首先是烧纸祭祖，其次要鸣锣"拜码头"，再次就是逗舞狮，搭桌子，第四就是正式表演环节，最后一部分是扫尾、撤桌子。祭祖和"拜码头"是表演之前必须做的，祭祖会烧几张纸钱，一是感谢祖先传承之恩，二是保佑大家平安。

　　舞狮表演，队员一般身着黄色服装，腰系红色腰带，因为在中国传统观念里，红色一般代表喜庆，即喜时红，丧时白，这些都是民间的讲究。当然，根据表演性质的不同，我们的穿着也会有变化，更多时候还是以红色为主。表演场地一般选择在宽广平坦的地面，然后按桌脚朝下、桌面向上的顺序，依次将方桌一张一张地叠置成"一炷香"的高台，最上层的那张方桌脚向上，该桌面与下张桌面相吻合，所用桌子多时可达12张。鸣锣拜码头是高台舞狮的开场，随着锣鼓声的响起，"孙悟空（孙猴）"会随着音乐节奏连翻筋斗出场，一般做的动作是青蛙倒势、倒路、倒立桩，在绕场的同时表演动作，紧接着，肩扛九齿钉耙的"猪八戒"踏着轻盈的八字步，跟在孙悟空后面绕场行走，不过整个表演猪八戒的动作并不多。音乐响起时，狮子要跟着节奏抖动，突出狮子的灵活和可爱，最后出场的是"笑和尚（大头）"，笑和尚是全场的核心角色，负责引狮表演。笑和尚左拿纸扇，右持文刷，将狮子唤醒，引导狮子进场表演狮子尾巴倒贴桩、玩桌子等动作，表演完后，两头狮子分开，一头由笑和尚引导，另外一头由孙悟空引导开始逐层攀上高台。狮子根据笑和尚和孙悟空的指引，从地面第一张桌子攀援而上，依次登上最高一层桌子的四脚，狮子的四肢要在这四条桌腿上站稳立牢，然后进行各种精彩的表演。锣鼓伴奏队负责配乐，与动作表演队相互配合。一般同时登台表演的是4个人，两个人扮狮子，把狮头狮皮盖于全身，只露两脚；另外2人装扮孙悟空和笑和尚，当然两只狮子一起表演的也有。我们在表演过程中，孙悟空和笑和尚挥舞手帕、大蒲扇逗引狮子逐层攀上高台，时而转动，时而跳跃，完成翻、滚、叠等动作，直至顶端。上攀的动作十分惊险，有正上、倒上、翻上，孙悟空和笑和尚一正一倒向上；狮子有直上、穿上、穿绕桌子螺旋上，到最高处还要在四角桌腿进行不带任何保险绳索的表演，中途狮子返回地面，将狮头反过来放好，舞狮人随着锣鼓声绕狮头转三圈左右，接着突然从侧面跃起把狮头舞起来，这就是我们常说的"狮子打滚"，平地表演完后，狮子再次上台，踩上桌子站在方桌的四条腿上，或进或退不断变换方位交换位置，步伐灵活，动作流畅如履平地，从容表演各种惊险刺激的动作，礼拜八方，然后踩斗，这个时候表演场地气氛到达最高潮，至此，狮子在高台的表演告一段落，开始边下边撤台，下台也有讲究，一般分为圈下、翻下、倒立滑下三种下法。狮子撤台，把桌子一张一张拿下来，笑和尚逗着桌子平台上的狮子继续表演翻滚跳跃，桌子撤完，表演结束。① 狮子交替表演的各种惊险动作，常引得观看人群大笑不止。这个过程看似很简单，但我们表演人员需要下扎实的功夫，上高台下高台要有胆识，还要有过硬的看家本领。高台舞狮的演出场地不论大小，只要能够伸展，能够搭建起桌子就行。我们出去表演都自带桌子，当然主人家提供的大方桌也行，只要能叠起来。一般请我们舞狮表演的都是为了热闹，主要是通过狮子的翻、逗、打、闹等灵敏动作来吸引现场观众。所以大部分场地都是露天大坝，便于观看。

图68 大林湾舞狮队表演 来源贵阳市非物质文化遗产保护中心

---

① 资料来源传承人口述，以及中国民族文化资源库：(开阳县)高台舞狮综述片，http://www.minwang.com.cn/mzwhzyk/756005/756050/771721/771740/index.html。

开阳有很多"玩狮子"的人和团队。玩得较好的不多，有一些团队不完全精通，比如在搭建桌子时候，有的团队通过在桌面挖槽的方式把桌子脚固定起来，还有用绳子把竹竿和桌腿捆在一起，还有很多类似的操作，这些方式都不恰当，有安全隐患，在高空表演时很容易发生侧翻事故，高台侧滑倾倒的事故并不少见，这就是对生命安全不负责了。正确的做法应该是在桌面洒上一点水，用来防滑，然后用一沓烧纸垫在桌面与桌腿之间，垫桌脚的纸要对着桌子边，便于看出来是否有移动，保持垂直，这样才不易倾倒，只有多学习多实践才有经验。方式不对，搭建出来的桌子容易坍塌，不能用挖槽和绷竹竿的方式稳固桌子，那种方式很危险。我看有的舞狮队上梁耍狮子就出现意外了，主要还是方法不对，措施没有做好。安全系数要做好，我"玩狮子"有四五十年了，从来没有出现安全事故。在开阳，我"玩狮子"还是可以的。我们在表演之前，从来不用打卦看吉凶，上台表演全靠个人本领。现在基本上除农忙那段时间之外，有人来请且时间不冲突，我们就可以表演。我们在省内表演高台舞狮，一场的价格在2880至3500元，时间多为半天，两场及以上的话，就得重新商量。去重庆、四川等外省（市）表演，一场的价格均在5500元以上，因为我们还要支付过路费、油费与食宿费等。高台舞狮也不仅仅局限于节庆节日活动、喜事、丧事，现在店铺开业、生小孩也请舞狮队表演了，应用范围大大拓宽了。高台舞狮表演一场要40分钟左右，如果是两场的，最后一场要一个小时左右。全程表演动作基本一样，该有的过程都不会少，不同的就是动作的难易程度和表演层次。我们舞狮队的狮子经常做的动作主要有"抖毛""舔毛""挠痒""舔脚""踢脚""黄牛插腰""双龙戏珠""翻桩""燕子翻飞""蛤蟆抱崽""鳌鱼吃水""雏鹰展翅""鲤鱼晒肚""蜘蛛吊线""仙猴摘桃""滚龙抱柱""冲天倒立""靠背翻""踩高桩""叠罗汉""旋风车""山间出笋""天王托塔""飞檐翘脚""下岩摘桃"等。

（三）学艺历程及经验总结

学习和传承高台舞狮主要受社会环境与家庭环境的影响，舞狮在20世纪不仅是人们文化的信仰，也是当时少有的娱乐节目。1973 年，我开始跟着父亲系统地学习舞狮，那时候舞狮很受大众欢迎，在全国各地都很流行。县里举办的节庆节日活动、村里家家户户办大事小事，都要请人舞狮，观看的人非常多，见多了就喜欢上了。另外，20 世纪七八十年代基本没有什么娱乐项目，所以每次舞狮都会有很多年轻人跟着学习，有时候表演舞狮差人，父亲就把我带上，跟着学习敲锣打鼓，慢慢的时间长了我自然就熟悉了。我家有九姊妹，那个时候家庭环境不好，父母负担重，所以我当时读完初二就被叫回家来了。我没有外出务工的经历，从小就跟着父亲学习舞狮，初二回家以后，就开始系统地学习了。我在表演中从来不担心会摔倒或者从高台上掉下来，当时就觉得好玩。我还记得刚开始学习时，一场表演就两块钱，当时一包火柴两分钱，包子一个两角钱，后面逐渐变为 5 块钱，几十块钱，逐渐增多了。刚学习的时候就只有一套狮皮，当时是 4 个人表演，4 个人打锣，现在规模扩大了，一场表演扩展到 11 个人了。最初学习的时候，对我来说难一点的还是狮子头，玩狮子头个子要高，臂力要好，一般人学起来还是有点困难。笑和尚这一角色看似简单，实则是整个过程中是最难的，因为狮子的所有动作都是笑和尚来主导的，所以笑和尚才是核心。我们团队中也只有我和我孩子会玩，他读初中时就跟着我学习，基础好一点，其他成员会一个角色的多，都会的很少。

  我们现在表演舞狮的道具与法器都是新买的，没有父辈传承下来的。原来的狮头是用竹子编，用纸糊的，有近 20 斤，太重了，队员舞起来很费力，所以，我对新买的狮头进行了改造，改造后的狮头，约 10 斤重，几乎单手就能举起来，轻便了很多，这在表演中为我们节省了不少的体力。玩会玩好每个角色、掌握好整个流程与各项操作就达到正式出师的标准了。当然，没有硬性标准，你愿意跟着我"玩狮子"，那我就带你学习，你要做其他的事情，我也不会阻拦。我父亲去世 30 年了，我出师也近 30 年了，我小学就玩的，初二就开始系统地学，我玩了近 20 年的狮子才出师。1973 年我开始系统地学习舞狮，1993 年，我才基本掌握了全部的舞狮角色（如"孙猴""笑和尚""猪八戒"），近 20 年才出师。所以，玩好玩会所有的舞狮角色，以及配合敲锣打鼓，还是需要一定的时间。我有 14 个徒弟，大部分都只能玩好一个角色，现在玩得好所有舞狮角色的就 1 个，可见还是有一定的难度，全部学完要 10 多年近 20 年，我现在收的徒弟有 14 个，现在团队里就有 10 个。我最小的徒弟去浙江打工了，我这边忙不过来的时候，也会叫他回来帮忙。我的徒弟中有想要独自成立一个狮队的，我觉得只要他会了，各项流程和角色都能够自己掌握了，那就可以出师。我觉得人的道德是排在第一的，只要你能对整个表演团队的安全负责，那就没有问题。高台舞狮还是师徒传承比较多，家族传承不多，基本上年纪大了，体力跟不上了，后代就出师，继承长辈、师傅的意志，就可以自己做了。

（四）表演与教学传承

前年，花梨二中叫我去上课和培训一些学生，但是那段时间很忙，所以没有去。每年过年期间，我都会组织集中训练两天，村里想学的人几乎都会来，因为经常地表演，好多人都看会了，而且村里很多人平常都会练习，我们也趁过年这段时间，与大家一起交流、讨论动作，以及注意事项等。收徒的话我都是指导，具体操作还是要年轻人来，学习高台舞狮难度是有的，需要一定的武术基础。一般情况下，我教徒弟的第一步是教立桩，可以在木桩与桌脚上练习，立桩可以考验平衡性，第一步立桩做好了，就教脚步这些基础操作，舞狮过程很考验基本功，你在上下高台过程中都要用到。现在教徒弟都没有什么仪式，只要你愿意来学，我就愿意教你，当然看个人的情况，有的学得很快，如谭明刚（袁明俊的徒弟之一），有的就要慢一点，立桩 10 来天都不行，但是很努力的人，最后还是会学会的。

现在名义上的徒弟有 14 个，水平都差不多，都要经过 10 来年的磨炼，不然好多人学得不精，即会一样不会一样的。他们都是花梨镇的，他们来学习的首要原因还是觉得好耍，加上又是附近的，经常看舞狮表演，所以学习起来很快。舞狮队没有女性，因为舞狮是体力活，还有外出表演时住宿、训练不方便等这些问题，所以也没有女性来跟我学习。他们来学习的人，几乎都是几个人一起的，舞狮讲究团队合作，所以教也是一起教。现在舞狮队基本上每个人都能熟练掌握一项了。我当时学习的时候，村里有几个人，什么角色、动作都会，后面他们年纪大了，玩不动了。我学会后，教会了很多年轻人，现在徒弟里面二三十岁的居多。我们去表演，一个月最多的时候有20多次。很多人看，很多人想学习，一是有经济收入，二是兴趣爱好，现在学玩狮子的人比较多，所以我现在基本不担心失传的问题。现在承接的活动，基本上都是我孩子带队了，他已经学习10多年了，能够自己独立承接和开展活动了。我马上60岁了，还能表演5年左右，后面体力跟不上了就去敲锣打鼓，我有经验，不用做表演的活。现在我孩子和徒弟们几乎都会的，倒也不用担心。

（五）高台舞狮赓续传承的展望

舞狮传到现在还大受欢迎，归根结底还是其带有的喜庆色彩。好事需要庆祝，通过舞狮渲染活泼欢快气氛，这一点符合大众的需求。开阳高台舞狮作为非遗项目，是地方民俗文化的代表，地方文化部门对我们很重视，也很关心。2018年，由贵州开阳县委、县政府主办，开阳县委宣传部、开阳县文广局承办的"水东硒州·诗画开阳"2018年非物质文化遗产汇报演出在开阳县人民会场举行，当时是文化部门邀请我们去表演，我还记得高台舞狮是首场表演，我们表演完了，其他非物质文化遗产项目才接着表演的。

2022年1月，贵州省2022年"文化进万家——视频直播家乡年"活动项目在高寨乡平寨村启动拍摄。开阳县政府推荐的省级高台舞狮和市级非物质文化遗产项目清水江花苗跳圆2个项目在全省众多项目中被选入拍摄计划。后面开阳县文化部门的人说还要继续配合，做好我们高台舞狮宣传片的拍摄和两个优秀年俗非遗项目展播推进工作，然后以视频的方式对外宣传我们高台舞狮，也希望通过现代媒介向外展示开阳非遗的靓丽形象。虽然"玩狮子"是我们的兴趣爱好，不过政府文化部门重视我们传承人群体，我们也很自豪。政府文化部门指导我们申报非遗项目，开展传承传习活动，大林湾舞狮队也经常参与由政府部门组织的各项活动。地方文化部门主办的活动，我们都会积极参与，大多都是公益演出，政府也会向外界宣传我们大林湾舞狮队。

前几年，开阳县文广局和宣传部请我们大林湾舞狮队去表演，我记得那个活动的主题是畅想贵州，我们舞狮队在龙洞堡机场表演了一个星期，包住包吃，当时是一个人一天150元。近几年春节期间我们都会开展公益性表演，因为狮子作为一种祥瑞，被视为吉祥勇敢的象征，每逢春节或一些重要的节日活动，开阳的一些乡村都会在阵阵锣鼓鞭炮声中，舞狮庆祝，祈求来年风调雨顺，耕种丰收，万事吉利。春节舞狮更为新年氛围增添了几分热闹，一定程度上能够进一步丰富当地村民的文化生活，同时让非物质文化遗产更好地融入人们的生活，让地方传统文化得以弘扬和传承。

2022年6月，我带领大林湾舞狮队参与了贵州省2022年"文化和自然遗产日·非遗购物节"暨"爽爽贵阳等你来 魅力非遗心体验"宣传展示活动，我们自带桌子，开了两辆车，共12个人去青岩古镇表演。大林湾高台舞狮队参与的活动挺多的，好多我们也记不住，一年表演近200场次。我觉得"玩狮子"是一种乐趣，也是对外展示和宣传开阳的地方特色文化，参与政府组织的相关活动，弘扬地方文化也是贡献。作为传承人，传承好和合理利用好高台舞狮至关重要，我们要肩负传承历史文化、技艺的责任。现代生活的五花八门，致使舞狮活动逐渐淡出表演的舞台。开阳高台舞狮传承至今有近100年的历史，"舞狮"一直是生活中的重要风俗。在传承和发展的过程中，舞狮表演动作有了较大改进，之前有些简单的动作不好看了，人们喜欢新的东西，我们也会根据时代需求变化做出一些改变，以求适应现代生活需求，拓宽高台舞狮的表演范围，但是总的规矩不能改变，即不能走样。传承高台舞狮，既是传承历史文化的需要，也是弘扬地方文化的重要途径，我传的是文化，文化不变，传承才有意义，开阳高台舞狮的传承和发展上还是要多培养年轻人，动作也要改进。

传承谱系

第一代：袁永才（1914—1990），男，汉族，开阳县花梨镇新山村人。最早跟着河南人学习高台舞狮，是开阳高台舞狮第一代传承人。

第二代：袁明俊（1965—），男，汉族，开阳县花梨镇新山村人。从小跟着父亲袁永才学习舞狮，从业50余年，熟练掌握表演高台舞狮的流程、各个角色及表演动作。现是开阳高台舞狮第二代传承人，非常热爱高台舞狮，现已培养徒弟14人，以袁盛望、刘远江2人较为出色。

第三代：袁盛望（1991—），男，汉族，高中文化，开阳县花梨镇新山村人。从小跟着父亲袁明俊学习，耳濡目染，现熟练掌握舞狮活动完整的活动流程和高难度技巧，能够独立开展表演和承接义务；

刘远江（1970—），男，汉族，小学文化，家住开阳县花梨镇新山村，2010年跟随袁明俊学习舞狮表演，现已熟练掌握舞狮活动完整的活动流程和高难度技巧。

张明玮

与京胡为伴，奏响艺术人生

传承人：张明玮

本人提供

采访时间：2022 年 8 月
采访地点：贵州省贵阳市云岩区贵州京剧院
采访人：颜平、杨青、张议沙
文章整理人：颜平

※ 人物小传

张明玮，男，汉族，1967 年生于河南郑州。国家一级演奏员，贵州京剧院副院长，贵州京剧院有限责任公司董事兼副总经理。1987 年 2 月拜中国京剧院著名琴师李祖铭为师，1996 年毕业于河南大学音乐学院指挥作曲专业。2002 年河南省文化厅选送到中国艺术研究院音乐学研究生班学习、进修。2004 年，荣获河南省首届专业声乐、器乐大赛金奖。2007 年，荣获河南省第三届专业声乐、器乐大赛金奖。曾在河南京剧院工作，在《梨园春》栏目做了 12 年的首席琴师，为全国的京剧名家伴奏数十场经典剧目，积累了丰富的伴奏经验。于 2008 年以贵阳市人才引进的方式调入贵州京剧院，现任贵州京剧院有限责任公司党支部组织委员、副总经理、专职纪检员；贵州省宣传文化系统"四个一批"文艺类人才，贵州省剧协会员。2021 年，入选第六批市级非物质文化遗产项目京胡艺术的代表性传承人。2022 年 1 月，荣获贵州省文化和旅游厅、省人力资源社会保障厅颁发的"贵州省文化旅游工作先进个人"。2023 年 2 月，荣获中共贵州省委宣传部、贵州省人力资源和社会保障厅、贵州省文学艺术界联合会颁发的"第四届贵州省中青年德艺双馨文艺工作者"荣誉称号。

（一）源于家族的艺术熏陶

京胡于清乾隆年间在胡琴基础上改制而成，因主要用于京剧伴奏而得其名。京剧的伴奏乐器以京胡为主，没有其他乐器可以代替。

1967 年，我出生于河南省郑州市，祖籍在江西省萍乡市。我的京胡艺术之路要从父亲开始说起，父亲张天鸿，是河南京剧院的琴师。他的艺术启蒙发生在萍乡，那时我爷爷家有一个邻居，他的发音不同于萍乡的口音，操着一口纯正的北京腔。这种独特的腔调一下子就吸引住了我的父亲和大伯，熟悉之后便开始跟着他学习唱戏、拉琴。但是琴师的身世一直以来都是个谜团，始终不肯提及，或许有什么不得已的苦衷。这一段学习经历为我父亲从事京胡艺术奠定了基础，在他十几岁的时候，一次欢迎解放军进城的演出活动中，父亲和大伯联袂演出，父亲拉京胡，大伯唱京剧，就被部队领导看中招进了文工团。以前父亲也唱旦角，男扮女装，解放后不提倡这种艺术形式，部队领导就劝父亲专职改拉胡琴。之后，父亲跟随部队走南闯北，一路吃过很多苦，也见过生死别离。听他说起印象最深刻也最触动我的一次是从海南前往西藏的途中，那时没有准备冬装，父亲冷得脚上穿过6双袜子。路途异常惊险，一辆车开过去，后面有一辆车直接掉下万丈悬崖，而前面的车辆继续向前，一路凶险未卜，我的母亲就是那个时段和父亲相识的。

父亲的部队集体转业到北京交通部京剧团，住在国子监的一个小院落里。在团里父亲经人引荐，见到了他仰慕已久的京胡圣手李慕良先生，先生是京胡泰斗，曾是京剧表演艺术家马连良的弟子、琴师，因操琴风格匠心独运、自成一家，后世尊崇为"李派"。先生追求"心手相印"的艺术境界，老舍先生曾以"幼小喜丝竹，功成二十年。韵声长自远，意在手之先。春水流仍静，秋云断复连。翻新裁古调，歌舞倍增妍"的诗句来赞叹先生的演奏技艺。父亲为了拜入李门，曾先后多次登门求教，功夫不负有心人，最终得到了李慕良先生的首肯，得以成为李氏门中的弟子之一。1958年，北京的文艺团体被撤销下放到各个省市，我父亲服从分配，随团来到河南省郑州市，成立了郑州市京剧团。父亲虽然只是初小毕业，但是他勤奋好学，能拉能唱，还能写剧本，才华横溢，当时是团里的顶梁柱，被人称为"小诸葛"，大大小小的事务都会征求他的意见。父亲已从年幼的文艺兵成长为专业京胡演奏家，他始终保持着部队文艺工作者的风范和德艺，为后辈们树立了榜样。

我的母亲伍全意，从小就在长沙的戏班学艺，吃了很多苦，是我大舅（四维艺校学艺，1949年参军入伍）把她带到部队，成为一名文艺兵，和我父亲在一个文工团，后一起转业到河南郑州京剧团担任武旦演员；舅舅、舅妈转业后到广西京剧团,姑父也是江西萍乡京剧团的大武生。出生在这样一个京剧团的家属大院里,从小我就耳濡目染,在琴声和唱腔的熏陶下长大,对京剧艺术产生了浓厚的兴趣,自然而然地开启了我的从艺之路。

(二) 不曾动摇的京胡艺术之路

我从小在琴声和唱腔里长大,京剧的一板一眼都是我的日常所见所闻,但学艺之路并不简单。我从8岁开始跟随父亲学习京胡,京胡不像其他乐器入门相对简单,例如古筝的声音好听是由它的音色决定的,但是京胡一响,它的声音20把小提琴可能都盖不住。在练习过程中,京胡所发出的声音,就像别人家装修的声音一样,长时间持续的噪音让人难以忍受,但又不能把琴堵住,只能一直练习,直到把这个音拉好听为止。学习京胡没有半年的时间,是拉不出乐音的,全是噪音,这也让很多初学者都卡在了京胡基础入门的门槛上。初学时只是培养我的一个爱好,又不能耽误学习,断断续续5年的时间,13岁时,父亲正式培养我从事京胡专业,自此之后,京胡艺术就成了我的人生目标和未来的职业。

上学期间,每天除了完成作业,一个小时的练功时间是雷打不动的,到了寒暑假的时候,每天练功时间更要达到4个小时。父亲是家里的绝对权威,一直坚信不打不成器。在院子里看到小伙伴们都在玩耍,我只要一分心就容易拉错,错了就会挨打,手是不能打的,都是敲脑袋,因此,头上的包此起彼伏没有断过。在如此严格的训练下,一个假期的时间,我就能给剧团里的叔叔阿姨吊嗓子了。

熬过了练琴的这段艰难时光,(1984年)初中毕业后我来到郑州市京剧团实习,开始接受正规的艺术培训。在团里除了父亲教授我琴艺之外,还得到了任仲夷、周乃里、刘世康老师的指导和提携,而我的授业恩师李祖铭先生更是我从艺路上的领路人。之所以有机会拜李祖铭先生为师,得益于我父亲利用进京演出的机会带着我去师爷李慕良先生家里认门儿。父亲有意让我拜李祖铭先生为师，在得到师爷的首肯后，师父才敢收徒。我永远记得这一天，1987年2月12日，在河南省文化厅和中国京剧院领导以及两团众多艺术家的见证下，我得以拜入李门，如愿成为师父的开门弟子。我至今对当年的学琴经历记忆犹新，因为相隔两地，跟随师父学琴的机会非常有限，我特别珍惜和师父在一起的学琴时光。师父教琴的时候非常严厉，对手里的劲头、音色、技巧要求格外严格，容不得丝毫"怪味儿"，直至现在对我们徒弟最多说一句"凑合"就已经是最大的褒奖了！虽然在教琴时是严师，但在生活中师父和师娘却特别关照我，每次进京学琴，桌上烤鸭是必不可少的，回去时师娘还会准备许多礼物，让我带给家里人，礼数周全，细致入微。师父的"威"是骨子里带来的，而师娘的"善"是心底里发出的。我从来都以我是李门弟子而自豪，凡重要演出都要请教师父，不敢有丝毫懈怠，它伴随着我走过了30余年的职业生涯。

  从8岁开始练京胡，到13岁正式练功我就没有打算从事其他行业，毕业之后就想着进剧团。我从小在京剧家属大院长大，看着那些比我大个10岁的哥哥姐姐们，从12岁进团慢慢地可以上台演出，后来当上正式演员，到我们这一辈也是一样。只是20世纪80、90年代到了我这一辈，正是京剧市场处于不景气的时候。我小时候跟着父母出去演出，都是车接车送，下部队，进工厂，那时候的文艺工作者特别受重视，那种荣誉感让我特别羡慕，虽然练功很苦，但我想着能像父辈一样获得那种荣誉感也就特别有动力。真正到我进了团工作以后，演出市场越来越低迷，部队的文艺演出慢慢少了，工厂更是几乎没有。当时国家一切以经济发展为主，剧团能挣钱就能活，不挣钱就撤销。以河南省为例，河南省那时是各个市、县都有京剧团，后来一个一个撤销，最后河南省只剩一个京剧团。就和贵州现在一样，贵州原来都匀、铜仁等地到处都是京剧团，到2000年之前基本上都撤销了，那个时候国家以经济发展为主，文艺事业就往后搁置了。那时我的很多同龄人都已转行，我也一直在策划着准备转行，但是在要去其他地方上班的前一天晚上我想了一夜，第二天还是决定不去了，还是想从事京胡艺术这一行。我是真的热爱这一行啊，到现在我都很自豪地跟别人说，我从事的工作就是我的爱好，这太难得了。

图69　张明玮演奏照　本人提供

地方戏豫剧在河南有着不可撼动的地位，京剧在那里的地位很尴尬，也很边缘。当时文艺界不景气，团里只准出不准进，我17岁进团，19岁还没有解决人事关系，不是正式职工。恰逢部队招文艺兵，母亲就准备让我参军去当文艺兵，我便提出了辞职。当时我参加团里的外地演出活动，为我的专业奠定了一定的业务基础，我辞职的话就没人能接我的活儿了，团里的演出任务就完不成。团长一听说我要辞职急了，马上给文化厅打电话反映，文化厅的领导说那就特事特办吧，最终给了我劳动合同制工人指标。因为我是初中毕业进省级文艺团体，不是艺校毕业生，这不符合人事制度和规定。于是，我又上了两年的补习班，1994年考上了河南大学音乐学院，学的专业是音乐学，我的作曲和指挥也就是在这里开始学习的。那时我在团里已经是主要琴师，是团里的骨干力量，因此得到特批带薪读书，大学毕业后我参加全省招干，考上以后才转干。河南京剧团和文化厅对我还是很重视的，文化部为了培养全国院团的业务骨干，与中国艺术研究院合作开办研究生班。当时河南省有五个指标，我有幸经考试入选去中国艺术研究院研究生班进修了两年，取得了研究生学历。这次进修培养了我的艺术鉴赏力，加深了我对音乐的理解，提升了我的整个艺术水平。过去交响乐根本就听不懂，在这里一个学期听两首交响乐，把全世界的名曲一小节一小节地剖析，两年的学习让我受益匪浅，提高了我的音乐素养和鉴赏力。

我们家族和京剧也是有着不解之缘，都是从事京剧行业，包括我爱人也是京剧团的，我孩子现在也是。我其实不打算让孩子干这一行，我们这一行很苦，因为没有尽头，你会100出戏了，还会有101出戏等着你，你永远学不到头。像我现在是国家一级演奏员了，也没有到头，原来上台拉琴根本就不怕，现在会越拉越害怕，网络传播太快怕出错，现在上台会非常谨慎。像京剧有几百出戏，几千段唱段，我不可能都会，而且我就是会了，20年前学的，到现在一拉，说不定哪个过门儿就会忘掉，或者其他一个过门儿代替过去，但是当自己回过头来看就会懊恼当时怎么没想起来，怎么不是这样的拉法，很多琴师都是老先生编的过门儿，我没按这个拉就是对老先生的不敬。京剧团每两年创作一出新戏，这两年你就得学会，我们要背很多很多戏，像我从小学这个还会好一点，一段一段地积累可能积累了一些。现在随便哪个演员上台唱一些"大路活儿"，我不用看谱子就能伴奏，这是我的强项，这也是贵州引进我来最看重我的地方。

（三）来贵阳发展的缘由

我从来没想过自己会离开河南，离开生活多年的郑州，人生总会有一些意料之外的机缘。2007年6月我随河南电视台《梨园春》栏目组到江西京剧团和贵阳京剧院挑选节目参加全国专业院团擂台赛，因原河南京剧院的冯冠博在贵阳京剧院，经他介绍认识了侯丹梅院长，对贵阳京剧院有了初步了解。同年10月底我接到侯丹梅院长的电话邀请，中央电视台11套"空中剧院"栏目要到贵阳录制第三届京剧研究生班的毕业大戏《铁弓缘》并进行现场直播，届时剧中的主要角色均由当届研究生扮演，由于一些客观原因，琴师方面没有合适的人选，侯丹梅力邀我担任该剧的京胡伴奏工作。当时觉得压力很大，我和侯丹梅并不熟悉，从来没有合作过，而且我要伴奏的《铁弓缘》是一出"关派"的代表作，这是我以前从未接触过的，再加上我和乐队的各位同行也不熟悉。但是经过深思熟虑我还是答应了侯丹梅院长的邀请，有自信能够完成好这次演出，而且央视直播也是对我从艺20多年的考验和难得的展示机会。

来到贵阳后，我只有三天时间做功课，然后就要进入响排了。那三天真是每天连做梦都在背戏，每天能睡三个小时吧，强行灌输！晚上在宾馆里拉琴生怕影响别人，就拿筷子别在琴上练，三天后我就熟背了全剧，在贵阳同仁们的通力合作下演出非常顺利圆满。当晚，时任中央电视台11套的总监带领从北京、云南来的研究生庆功联欢，每一位演员都要即兴演唱两段助兴，由我伴奏，当时只有我一名琴师，这对一名琴师的"肚囊"是一个考验，好在这也是我的强项。从小跟父亲、师父练功，都要求我先会唱再会背，这样一辈子也忘不了。再有就是我在河南电视台《梨园春》栏目担任京胡伴奏，12年来几乎给全国的京剧名家都伴奏过，对他们的代表唱段非常熟悉，所以，当晚驾轻就熟，应对自如，得到了领导和同行称赞。云南京剧院院长张数勇当即就力邀我去云南发展，当时在场的贵阳市文化局领导就打趣说"明玮已经答应到贵阳了，你不能挖我们的人哈"。第二天，侯院就问我愿不愿意到贵阳来工作，有什么条件，我随口应承着，原本以为是个戏言，可到2008年5月侯院长突然一个电话说都办好了，我随时可以来。

在贵阳也待了十来天，基本都是排练，贵阳是一个什么样的城市，我都一无所知。当时贵阳京剧团借用在杂技团一个很破旧的排练厅排练，硬件条件比河南京剧团差远了，家人也不理解。我爱人刘静怡原来和我在一个团，我那时候当队长，排戏演出也特别不好给她派活，刻意避嫌，但是她业务能力又是最强的,这样对她就特别不公平。于是就把她从河南京剧院调到豫剧三团。豫剧三团是河南的样板团,进团后就成为首席琵琶。当年豫剧三团演的《朝阳沟》风靡全国,在河南是红旗团,那个团是交响乐团,民乐就几个。进团以后,演出特别多,所有河南地方剧团的豫剧、曲剧、越调这些戏要拍电视剧、电影、出磁带,去全国参赛,全是她。我爱人在她的行业内专业能力非常强,地位很高,她从周一到周六还教学生弹琵琶,演出不断,事业发展得非常好。当决定和我来贵阳时,许多人劝她不能为了我放弃自己的事业,跟我走她的艺术生涯基本上就宣判结束。我当时已经在郑州奠定了一定的人脉基础,团里也给我分了房子,到一个人生地不熟的地方,对我来说也有很大的压力,她当时也是非常矛盾。我同父亲商量,父亲说,树挪死,人挪活,那就过去看看吧。当即我父亲和我爱人三人就来到贵阳考察,那种亲情感使人无法拒绝,最终决定来贵阳发展。

其实来到贵阳之前对这座城市可以说没有一点了解,就是冲着侯丹梅这块金字招牌来的。到贵阳后才对这座城市和单位的同事逐步有了认识。贵阳气候宜人、山清水秀、民风淳朴、院风正派。这是我到贵阳14年对贵阳和剧院的评价。贵阳的自然环境自不必说,特别是近10年的飞速发展,从宜居、安全、人文、民生保障等方面都有质的飞跃。贵阳人不排外、包容、亲和,政府对引进人才政策等方面都落实地比较好。一来剧院就给我定了一级,解决一套房子,我爱人也重操旧业干上了京剧,孩子进最好的学校。其实之所以最终定居贵阳的决定性因素,是《铁弓缘》演出结束触动了我。这个戏在全国影响特别大,现场直播结束后北京一些戏校的朋友,大家纷纷打电话问候、祝贺,这是我在河南京剧团这么多年没有过的,从来就没有过这种机会。

《铁弓缘》是出老戏,原名叫《大英杰列》,经关肃霜先生改编为《铁弓缘》,戏里一人分饰五个行当,有花旦,有花衫、有青衣,有小生,有武生。这在京剧里面比较难,很难有演员能文武兼备,对演员要求非常高,85%的戏份都在一个人身上,难度特别大。角儿好,这个戏就好看,侯丹梅的这个戏在全国都没有人能出其右，这是后话。当时在河南省京剧团的时候我遗憾没有一个特别好的名角。一个琴师的终身目标就是"傍"到名角，琴师和演员之间的实力不能相差太大，如果琴师的艺术水平超过了所傍的演员，那就没意思了。一个琴师傍不上一个角，那这个琴师就是废的。有马连良才有李慕良，有了张君秋才有何顺信呐！当晚演出拉完一个戏，演员谢幕，丹梅过去把我请出来站在旁边献花，镜头照着我，观众在底下鼓掌，那种荣耀感是多少钱什么条件都换不来的。我一个琴师能得到这种荣誉，傍上名角才会有这种机会。因为侯丹梅，才会有我张明玮今天的艺术成就。

我来贵阳对环境适应得非常好，姥姥是湖南人，我打小就跟着姥姥长大。家里从来都是吃米饭，不吃面食，生活习惯和贵阳很接近，嗜辣。包括糯食啊，粉面啊，对我来说都是无缝衔接。贵阳民风淳朴，我指的是整个贵阳，还不是单指少数民族。就我所接触的贵阳人来说，不敢说100%，99.99%的人，耿直、坦诚、率真。在贵阳，大家对河南人没有偏见，如果我到别的团去搭班的话还是很难，融入感不会像在贵阳这么强。我到贵州京剧团来，几乎都是给侯院和冯院拉戏，冯冠博戏校没毕业的时候我们俩就搭班子，冯冠博的戏在我手里边也是驾轻就熟的，唱什么戏我们几乎不用对戏。现在还有李晨阳，侯院的徒弟。我是她师父的琴师，我也有责任和义务给她吊嗓、拉戏。丹梅也让我带着晨阳，让她提高，给她吊嗓子。想当年丹梅到云南学戏时，也是周明义老师，就是她师父关肃霜的琴师给吊嗓子说唱腔，京剧行里是讲究这个传承的。如果琴师傍着师父，徒弟要想学戏，一般是师父教完了，由琴师来给演员（徒弟）对戏啊吊嗓子啊，说戏啊。团里面只要他们三个人唱戏，我就要操琴。其他人就很少了，团里还有另外一个琴师。我们周五票友的公益活动大多都是他拉琴，也很辛苦，我也经常去分担一些，后来我女儿进团以后就她去了。在一个专业的剧团里，一般要配备4到5个琴师，这才是标准配置。

我们人手不够，我从2011年开始担任副院长，行政工作特别多，业务参与的也少了，但是重要演出我都要参与。这个团以前一直都是一个琴师，一般团里都不会这么做的，万一琴师生病或有突发事件怎么办，再说一名琴师也很难掌握一个团这么多演员的演唱风格。大一点的团，像京、津、沪地区，一个团里边有十几个琴师是很常见的。在地方团里，3到5个琴师也是很平常。原来方舟戏台演出多的时候，也仍然是我们两个琴师，基本上没什么休息时间。2018年和2019年是最忙的两年，一年大概有600多场戏，除了方舟戏台，还有一些进校园、进乡村、进社区的公益活动。平均一天两场戏，一人拉一场，还有时候一天三场。那两年几乎没有节假日，每天都在演，那时候放眼全国来看都是奇迹。

我在地方团呆了那么多年，也去过很多院团观摩，贵州京剧院有一个最好的优势就是有一块招牌——侯丹梅。唱京剧的就是要靠角儿，全国三十多个地方院团，一提起贵州京剧院，那就是侯丹梅。这得益于贵州京剧院的人才引进和培养机制，2006到2011年引进了冯冠博、范玉、张超等我们这一批，2012年以后进了李晨阳、李冉、万林峰和窦天琪、李威等这28个人。如果不是引进这些人才，贵州京剧院也不会这么快发展壮大。贵州本地不容易产生京剧文化，这和地方文化背景有关。贵州本地人对京剧知之甚少，更不会把自己的孩子往这方面培养。中国戏校、上海戏校常年招生，贵阳的学员很少，除了那一两届代培了这里送去的学生，再没有了，几乎断档。如果当年不从大连调来侯丹梅，就没有今天的冯冠博，也就更没有这些后来人了。

我和冯冠博作为河南京剧院的老人，对院里有很深厚的感情。前两年我们去外地演出，就邀请河南京剧院来方舟戏台演出，河南京剧院现在发展的也不错。我来贵阳时征求了师父的意见，当时是贵阳京剧团和深圳京剧团我都可以去，我还是选择了来贵阳。当时深圳要成立一个京剧团，我师父是艺术总监。可因为种种原因深圳京剧团并没有搞起来，这也是大意吧！我师父在京剧界影响非常之大，走到哪里都是名角，现在他还在北京，偶尔拉琴。去年央视《名角来了》栏目为他录制专辑，还把我和丹梅请去客串，师父今年70多，我父亲2015年就过世了，无论是我父亲还是师父最后对我来贵阳都很满意。

贵州京剧院创造了一个贵州西南京剧现象，北京专家是这么评议的："贵州作为偏远山区，京剧怎么这么好这么红，第一得益于引进了这么多人才；第二是培养；第三是给人才一个平台，任由自由发展。"剧团最低迷的时侯丹梅觉得撑不下去决定离开，去派出所办户口，派出所所长一听，这哪行啊，您是京剧院的金字招牌，怎么能走。没给她办，逐级反映，才解决了侯丹梅的困境，留住了她，贵州京剧院才会有了现在。侯丹梅2005年当院长，她一看团里的架构，指望她一个人肯定不行，才会费这么大的力气，把冯冠博等引进来了。冯冠博又带了一波人过来，他们当年在地方京剧团是学员班的，也不是正式职工，来这里就解决了编制。河南这帮孩子还是能吃苦，有灵气，肯练功，在中国戏校代培的贵阳籍演员现在一个都不在团里，全改行了。而他们来这里觉得很合适，也不后悔。

我来到贵州京剧院，当时乐队无论从艺术水平还是艺术理念上还是和京津沪地区有一定的差距，我就给乐队定了条规矩，一个月聚餐一次，交流业务，谈个人意见也行，乐队是一棵菜，任何乐器都不能独立完成演出。经过一段时间的磨合，乐队的整体水平有了显著的提高，保证了2013、2014、2015年连续三年到北京长安剧院高水平的演出。张百发市长带北京京剧院来贵阳慰问，在大剧院有一场演出，指定贵州京剧院出两个节目，侯丹梅、冯冠博和我带乐队去的。张百发市长太内行了，资深票友，看了我们的演出后，当场就拍板让我们去北京演出。侯丹梅的《铁弓缘》，冯冠博的《汉宫惊魂》，还有一台折子戏。张百发市长观看当中不禁感叹说，嘿，真小瞧我们了，没想到贵阳来的能演这么好，贵州京剧团的侯丹梅、冯冠博是国家级的演员。我来了以后就定目标，协助侯丹梅，力争她的文戏方面能在全国定一个地位。侯丹梅在京剧界包括观众的印象里都是武旦演员，但是其实她的文戏也特别好，唱腔既有关派的味道，又有王派风格，在戏校她学的是旦角班，而且她的演唱方法特别科学，唱一晚上戏一点都不累。我从2009年开始整理她的唱段，恰逢朱德荣老师动员她出了一版侯丹梅唱腔专辑，由朱德荣老师出资，我们到北京请乐队录制。14段唱腔，按进度怎么都要3天才录完，我们一天半就录制完毕。她天赋特别好，音准、节奏、味道，发声科学。她不是那种下笨功夫的人，天赋很好。刚来时我以为最起码隔三岔五要给她吊吊嗓子，并没有。她的天赋特别高，我见过努力的演员太多了，侯丹梅是天分最高的一个，这得益于小时候的基础打得好，得益于京剧世家耳濡目染的艺术熏陶，她中专时学的东西现在张嘴就来。在我们这个行当里，门里（第）出身特别重要。

（四）京胡艺术的传承困境

能成为传承人，我还是沾了我父亲和师父的光，当时传承要追溯历史，我的师爷李慕良是全国的京胡泰斗，在京胡界是无人不知，无人不晓的，他是"李派"京胡的创始人，在京剧界的地位非常高。所以说追溯京胡历史100多年，我这个传承是没有断的，包括现在我也在教我女儿。关于我为什么没有教其他学生，第一我女儿是干京胡这一行的，第二在贵阳现在还没有一个12岁以下的小孩愿意学京胡，12岁对京胡专业者来说是一个年龄门槛，超过12岁就很难做到专业。如果说教业余的爱好者，那我教得多，对我来说那不算学生，就是互相交流，教一下拉法，改进一些姿势等等。

对收徒弟这件事，第一，我觉得我还不够，我在剧院工作很忙，没这么多时间去教。第二，京胡这一行没有家庭环境很难学，京胡的入门很难。想要干这一行，必须要进专业院校学习，像我这一代还是剧团代培，从样板戏开始，剧团有学员班，从学员班慢慢培养就可以上台了。后来需要看文凭，像我们单位，你不是中国戏曲学院和上海戏剧学院就不考虑，全国专业院团用的人90%都是毕业于这两大院校。专业院校毕业的优秀人才，到剧团没有锻炼个三五年，也不行，实践特别重要。作为传承人，我觉得徒弟不在多，而在精，传承一个就要留下一个。学琴很苦，我本来没打算让我孩子学这行,一到夏天,我父亲来贵阳避暑,一教我女儿学琴我就特别反感,她在郑州都是我爱人管她学习,成绩非常好。到贵阳后因语言障碍学习成绩一落千丈,贵阳的教育环境和郑州没法比,河南是教育大省啊。

现在随着国家繁荣昌盛,京胡艺术等文艺艺术是越来越会受到重视的。刚开始是我父亲教我女儿,后来我再教,教完送到专业院校,因为现在不进专业院校就进不了文艺院团。女儿刚上完初一我就把她送中国戏曲学校去学京胡,那一年,她13岁。6年后又到上海学了4年,在校期间专业非常好,年年考试专业都是名列前茅,去年毕业考入了贵州京剧院,成就了一家三代从事京胡艺术的梨园佳话。说来也奇怪,毕业后我想让她去考国家京剧院,成都、昆明都可选择,她不去,死活都要回贵阳。我就不想让她呆在贵阳,不想让她在我身边。我当时也有自己的顾虑,一家三口在一个团,工作也不好开展,你看我守着我爸那么多年还不是来贵阳了。她学习期间寒暑假就在方舟戏台实习拉琴,渐渐对贵阳对团里有了很深的感情。孩子说她长大了,父母也老了,在贵阳也没有亲人,她要留在身边照顾我们。在她没毕业时丹梅就和她说,让她回来。不管我怎么劝,她最后还是落在这儿了,我对女儿的期望是她的京胡技艺要超过我,再往上超过她爷爷。

(五)展现京胡技艺,展望京胡前景

2015年12月18日,获得"贵州省甲秀文化人才资助课题及资助项目",我的京胡独奏音乐会《黔山京韵》在国艺剧场举办。这是贵阳首场京胡独奏会,我父亲81岁高龄登台表演,我师父李祖铭、我女儿张之琳和我同台献艺,最后侯院压轴演唱《让徐州》中的经典唱段"未开言不由人珠泪滚滚",由师父李祖铭先生亲自操琴,并担任整场晚会的艺术指导。整场晚会也挺成功的,一家三代同台献艺,被业内传为佳话。但是我个人不满意,比较仓促,准备不充分。

图70　一家三代同台献艺照　本人提供

　　我认为现代戏《布依女人》是我们院里的一个艺术高峰，我想继续发展一下，在这个基础上让它更多元，把这个戏里所有的曲子和唱腔体验一下，正在准备写成一个京胡协奏曲。我对这个戏非常有感情，虽然第一稿不是我排的，但是最后拍电影、录像有我设计的几段唱腔，记得录音的时候最后一天连续录制了18个小时，累得胳膊都抬不起来了，后期我又在北京呆了10多天，每天12个小时做后期，从演员对口型到音乐、唱腔的音量调试、校对，真是不容易！像我这样的想法在琴师里边也是有这种传统的，也都是在传统的框架内。很多琴师办音乐会，都有自己创作的曲子。我2015年举办的音乐会基本上是以贵州京剧院这么多年大家耳熟能详的一些经典曲目为主，还有我师爷李慕良先生的曲子。

　　关于京胡艺术的发展前景，我认为京胡艺术这一行还在继承，没有什么发展，在继承就已经很好。像我现在，越来越觉得老先生们拉得好，年轻的时候自己上台表演，台下有掌声，镜头一照，录几个视频觉得自己很不错，我在河南电视台干了12年，给全国的名家拉琴，现在看到原来的那些视频，看一眼简直没法儿看。经过自己多年的艺术积累，我现在会越来越看不了自己原来的一些作品，就觉得很幼稚。所以说艺术是通过自己的鉴赏力不断地提高，也会提高自己的演奏水平或演唱水平。到现在我们回头看老先生的一些戏，包括拿我父亲的录音视频看，我觉得我一辈子也赶不上。这些老先生那个时代积累得多，演出也特别多。我是姥姥带大的，那时候我父母经常出去全国巡演，一去就是3个月，回来歇半个月又走了。过去的剧团演出在全国交流特别多，像我们现在一年演100场戏就吃力的很，也没有演出市场，现在的老百姓已经没有买票进剧场看戏的习惯了。这个演出习惯是几十年培养出来的，不是说我们贵州京剧院卖不出票，而是全国京剧院团都一样。一个琴师最难的地方，是剧目的积累，这么多门派，这么多唱腔，一段戏你要会拉，就得先会唱。音乐的三要素音准、音色和表现力也许10年20年就克服了，但是剧目的积累是对一个京剧琴师最高的要求。

现在演出成本非常高，一场京剧演出最少五六十人，看台上就20多个演员，其实为这场演出服务的人非常多。像我们剧院演的《王阳明龙场悟道》这种大型的演出有100人，我们团里70多人，还要去外面借人才能完成。新剧目的创作和演出，我们都得到了政府的大力支持。现在贵州京剧发展得这么好，最主要的还是政府重视，再有就是侯丹梅的个人魅力。比如有困难了，丹梅可以直接向省市领导反映，这就是文艺界艺术家最好的一个长处。她在行业内的权威和话语权，能出成绩，有想法都会被领导重视，这就是名人效应。台上一分钟，台下十年功。干京剧是个很苦的差事，可以说是千分之一，这么多人里面可能出来一个，也有可能几年都出不了一个。能和侯丹梅这样的名角组成黄金搭档，是我职业生涯最大的圆满，来贵阳，是我人生中最大也是重要的决择，我很庆幸。

在河南我获得过一些荣誉，如今，我来到贵阳已有14个年头，也迈向了更大的舞台，我爱京剧，爱京胡，已经深入骨髓，京胡是我生命中的一部分。在贵阳，我终于成就了自我。现在，我已经是正宗的"贵阳人"了。

获奖情况：

2004 年，荣获河南省首届专业声乐、器乐大赛金奖。

2007 年，荣获河南省第三届专业声乐、器乐大赛金奖。

2010 年参加 CCTV 青年京剧演员大奖赛，担任京胡伴奏的《打金砖》一剧获得优秀表演奖。

2012 年担任京胡伴奏的《鱼玄机》一剧获得全国京剧大赛优秀剧目奖，入选贵州省宣传文化系统"四个一批"文艺类人才。

2014 年在《魔侠吉诃德》剧中担任唱腔设计和指挥，在获 2014 年贵州省"五个一"工程奖的《黔人端荼》一剧中担任京胡伴奏。

2016 年担任在贵州拍摄的京剧电影《布依女人》的乐队指挥、唱腔设计，该剧于 2019 年 5 月在各大农村院线上映，并入围第十四届中美电影节"金天使奖"、荣获第二十六届北京大学生电影节组委会"特别推荐奖"、第二届中国戏曲电影展"十佳优秀戏曲电影"奖，第 28 届中国金鸡百花电影节暨第 32 届中国电影金鸡奖"最佳戏曲片"提名奖、国家电影局 2019 年度电影精品专项资金资助等诸多殊荣。

2018 年担任剧目《王阳明龙场悟道》的音乐监制、指挥，该剧目参加 2018 年多彩贵州艺术节展演并获得三等奖。

2019 年，《王阳明龙场悟道》获贵州省精神文明建设"五个一"工程奖。

2021 年，入选第六批市级非物质文化遗产项目代表性传承人。

2021 年 8 月，被授予贵州省"最美劳动者"荣誉称号。

2022 年 1 月，省文旅厅、省人社厅授予张明玮"贵州省文化旅游工作先进个人"。

2023 年 2 月，省委宣传部、省人力资源和社会保障厅、省文联授予张明玮"贵州省中青年德艺双馨文艺工作者"称号。

图 71　张明玮部分荣誉证书照片　本人提供

张明玮
与京胡为伴，奏响艺术人生

传承谱系

第一代：李慕良（1918—2010年），男，京胡泰斗，京剧音乐家。7岁开始学戏，工老生。9岁习琴，12岁登台，后拜京剧"四大须生"之一的马连良为师，20岁开始就名噪剧坛。1939年后为马连良操琴，曾为《海瑞罢官》《赵氏孤儿》《赤壁之战》《沙家浜》等戏设计唱腔。先后与言菊朋、马连良、谭富英、张君秋、裘盛戎、赵燕侠、李多奎、李少春、袁世海、叶盛兰等大师有过各种形式的合作。因操琴风格匠心独运、自成一家，世称"李派"。张明玮自幼随父亲张天鸿（李慕良弟子）学琴，后拜李祖铭（李慕良长子）为师，并得到师爷李慕良的悉心教导。

第二代：李祖铭（1948年—），男，著名京胡演奏家，京剧音乐家、教育家。第十一、十二届全国政协委员，国家级非物质文化遗产传承人。李祖铭继承了父亲李慕良"李派"琴艺的精髓，长期以来与袁世海、马长礼、张学津、叶少兰、杨春霞、王晶华、张曼玲、冯志孝等大师和著名艺术家合作，各流派特点精熟于心，保腔托调严丝和缝。曾参加了十几出经典剧目的音乐唱腔设计。多次赴中国香港、中国台湾地区、美国、日本、法国、瑞士、西班牙等国家和地区演出、讲学等。

第二代：张天鸿（1935—2018年）男，河南京剧院一级琴师，拜著名京剧音乐家、京胡大师李慕良先生为师，1950年入伍加入四野十二兵团四十五军文工团京剧队，1956年集体转业到北京组建交通部京剧团，1958年随团下放到河南郑州成立郑州市京剧团，1984年省市京剧团合并进入河南京剧院。从事京胡专业68年来，博采众长，潜心钻研"李派"京胡艺术，曾与李万春、袁世海、梅葆玥、冯志孝、郭盛亭、李鸣岩等诸多名家合作，琴艺以"细腻、悦耳、入情、博学"享誉业内。

第三代：张明玮（1967年—），男，贵州京剧院副总经理，国家一级演奏员（京胡），贵州省宣传文化系统"四个一批"文艺类人才。出身梨园世家，8岁开始随父亲著名琴师张天鸿习琴，1987年拜国家级非遗传承人李祖铭为师。曾成功举办贵州省第一场京胡音乐会"黔山京韵"张明玮京胡音乐演唱会，担任"国家舞台艺术精品工程"原创大戏、文旅部"中国京剧像音像集萃工程"、京剧电影、戏曲晚会等国家、省市重点剧目、重要演出的唱腔设计、指挥、音乐监制、京胡伴奏等，培养了女儿张之琳等年轻一代传人，现为贵州京胡艺术的重要代表人之一，为贵州京胡音乐传承、发展、普及做出了突出贡献。

第四代：张之琳（1998年—），女，2009年随爷爷张天鸿学习京胡，2011年考入中国戏曲学院附中，京胡专业，师从米博、魏寅初老师，2017年以专业第一名的成绩考入上海戏剧学院戏曲学院，京胡专业，师从京胡名家陈平一老师。学习实习剧目有《春草闯堂》《三堂会审》《贵妃醉酒》《坐宫》《战太平》等，学习期间品学兼优，多次参加校内实习演出并利用寒暑假期间参加贵州京剧院演出活动。2021年考入了贵州京剧院。

丁丽仙

热爱中医文化，传承"丁氏妇科中医诊疗技法"

传承人：丁丽仙

本人提供

采访时间：2022年8月
采访地点：线上访谈
采访人：颜平
文章整理人：颜平

※ 人物小传

丁丽仙，汉族，出身于有近三百年历史的中医药世家，为黔贵丁氏妇科流派第十代代表性传承人，全国第一批国家级名老中医丁启后教授学术继承人。1976年毕业于贵阳中医学院临床医学系（现贵州中医药大学）。贵州中医药大学第一附属医院主任医师、教授、教学名师、硕士生导师、中医师承博导。第二届全国名中医、全国第六批、第七批老中医药专家学术继承指导老师、中医妇科名师、贵州省首批名中医。省级精品课《中医妇科学》领衔人，全国研究生教育评估监测专家库成员。第四届中华中医药学会妇科分会副主任委员，第五届中华中医药学会妇科分会学术顾问，现任中国中医药研究促进会妇科流派分会副会长，贵州省中医药学会妇科分会主任委员，中华民族医药学会妇科专业委员会、国际传统与现代生殖医学协会、世中联名医传承工作委员会、贵州省中医药学会、世中联生殖医学专业委员会、全国中西医结合妇产与妇幼保健学术委员会等多个学会常务理事。独著、主编及参编专著10余部，发表学术论文90余篇；主持完成国家级和省厅级课题10余项，参与指导国家自然基金和省厅级课题多项；获贵州省人民政府科技成果三等奖2项、中华中医药学会科技成果三等奖2项、国家发明专利1项、获中西医结合贡献奖、贵州中医药大学优秀教师奖、教学名师奖等多项。2020年入选第五批省级非遗"丁氏妇科中医诊疗技法"代表性传承人。

（一）丁氏妇科流派传承史

丁氏妇科流派已有近300年历史，十一代相传。清乾隆年间，丁氏妇科流派始祖丁信忠因江西发生大旱灾，在无情的灾难面前选择从江西抚州府临川县（现抚州市临川区）西迁逃难，他挑着能装200味中药的檀木药箱沿途行医，路经湖南至贵州省瓮安县草塘古镇，此地是有千年历史的丰饶之地，始祖丁信忠选择在此定居。以医药为生，艰苦创业，以己之勤、术之精、誉之美融于黔中古镇草塘，从此一个中医世家，一个中医妇科传承流派就此开启。丁氏医术自此世代相传，丁氏中医世家第五代传承人丁可能，在清朝嘉庆道光年间遵家训以医为业，耕读为本，兼营纺织、桐油等生意。人丁兴旺，因经营有方，财源广进有了积累，丁可能审时度势，仿江南徽居建筑模式修建丁家大院，创建了"丁松龄药号"（2001年公布为县级文物保护单位，现仍保存屹立于古镇草塘）。"丁松龄药号"的创建，对丁氏中医世家来说是最具标志性和划时代意义的历史事件，保障了丁氏中医世家繁荣兴旺，世代相传。"丁松龄药号"牢记祖训，乐善好施，以高尚的医德、精湛的医术闻名邻近县镇，方圆百里。药号曾慷慨解囊支助同宗同族的丁宝桢进京考取咸丰进士，应该说，药号的鼎力支助成就了一位在中国近代历史上为后世所传颂的集太子太保、兵部尚书、山东巡抚、四川总督为一身的封疆大吏丁宝桢。

丁氏妇科中医第六代传承人丁高明，生于清朝道光年间，除了经营"丁松龄药号"，还在贵州省黄平旧州创建丁氏"济生堂药号"。第七代传人丁位申，生于清朝同治年间，为仁者之医，精通医理，医术精湛，最擅长妇科及儿科疾病的诊治，被当地百姓誉为"活菩萨""送子观音"。第八代传承人丁希远，生于清朝光绪年间，29岁因伤寒病逝。丁氏妇科第九代代表性传承人丁启后，是丁氏妇科承前启后、开拓创新最关键的人物。他幼承家训，14岁辍学从师，走上行医之路，祖父丁位申成了他和胞兄丁律修从医的第一位领路人。丁松龄药号当时自制多种膏、丹、丸、散，如妇科就有调经止痛、助孕安胎、产后虚弱等不同制剂。丁启后在祖父医药并重、医技医理并重的严格训练及教诲下，历经5年多，很快掌握了认药鉴别、加工炮制及诊疗疾病的基本本领。独立行医3年后，祖父丁位申谢世，丁启后掌理"丁松龄药号"。他忠于职守，勤奋好学，保持了"丁松龄药号"上百年良好的声誉。50年代初丁启后因工作变动原因，丁氏妇科流派迁至贵阳。

图 72　丁松龄药号部分成员合影，左四幼儿为丁启后教授，左一为丁启后胞兄丁律修　本人提供

（二）丁丽仙学习中医的渊源

　　我出身于有近 300 年历史的中医药世家，为丁氏妇科流派第十代代表性传承人，从我有记忆开始，就常常在月光下、在火炉旁、在丁氏家族徽派建筑的深宅大院里，聆听我的祖辈、父辈们及喜欢抽水烟袋的姑奶奶们不厌其烦讲述，迁黔始祖丁信忠清朝乾隆年间因大旱从江西抚州府临川县西迁逃难至贵州瓮安草塘古镇，以医药为生，艰苦创业，安居乐业；聆听他们讲述丁信忠第五代传人丁可能创建丁松龄药号，保障了丁氏中医世家繁荣兴旺世代相传的故事；聆听他们讲述丁松龄药号以医德高尚，医术精湛闻名邻近县镇，方圆百里的故事……也许正是这些太多太多的故事，潜移默化，使我幼小的心灵充满了对中医药文化的敬仰和热爱。回忆这些故事让我深切感受到丁氏中医世家，是我的祖先们历经数百年沧桑岁月的打

丁丽仙
热爱中医文化，传承"丁氏妇科中医诊疗技法"

拼才得以保留和传承。缅怀先祖，无限感激之至。

记得很小的时候我就跟着父母在医院生活，经常在饿了的时候会背着母亲和司药的阿姨们吃些枸杞、大枣和山楂来充饥，困了就趴在药橱柜的角落里睡觉，等父母亲忙完医务才下班回家。应该说，我是闻着中药房的药香和看着父亲诊病的情景度过童年的。这样的童年时光自然而然使我慢慢地萌生了长大也要当医生的想法，并在我的人生中从未动摇过。这应是一种中医文化的浸润和熏陶，一种对中医文化的深厚情结。我很感恩命运的安排，让我实现了中医梦的理想，能够终身从事我喜欢的医生职业。因从小受中医药文化的深厚影响立志当医生，有幸于1976年毕业于贵阳中医学院（现贵州中医药大学），并留本校第一附属医院妇科工作，实现了我医生梦的理想。

图73　丁丽仙接诊患者　本人提供

（三）丁丽仙的学习历程

自1976年我毕业于贵阳中医学院之后，在完成本职工作之余，常侍诊于父亲左右，开始跟随父亲学习，上世纪90年代初，父亲为首批国家级名老中医，我正式师承。父亲丁启后是丁氏妇科流派第九代代表性传承人，是丁氏妇科承前启后、开拓创新最关键的人物，也是对我学医生涯影响最大的人。父亲从医68年，执教近40年，生前为贵阳中医学院教授，著名中医妇科专家、中药学专家、中医教育家、临床医学家、首批国家级名老中医，为中医药事业奉献了他毕生的精力。父亲从小耳闻目染，受到中医药传统文化的良好熏陶，幼承家训，14岁辍学从师，走上学医行医之路。他1952年创办瓮安县草塘联合医院，1954年毕业于贵州省中医进修班，1955年奉调贵州省中医研究所，1960年毕业于南京中医学院（现南京中医药大学）高级师资研究班，1965年奉调贵阳中医学院执教。曾任贵阳中医学院中药教研室主任，药学系副主任，贵州省第六届人大代表，第七届、第八届人大常委，贵州省中医药学会常务理事。曾师承擅长中医妇科、中医古典医籍与中药学研究的中医大家、一代名医、原贵州省卫生厅副厅长、中医研究所所长、留日学者王聘贤先生多年，得其真传。整理恩师王聘贤遗著和妇科经验多部出版，指导传承人总结妇科经验参编多部著作，多次参与全国高等中医药院校中药学教材的编审。父亲凭他高尚的医德，求实的精神，精湛的医术，深得病家的尊重和爱戴。他淡泊名利，甘为人梯，为人师表，深受师生们的尊敬和赞誉。父亲对中医妇科、中药学造诣精深，在省内外享有盛名。他拜名医王聘贤先生为师，丰富发展了丁氏妇科的内涵，为他日后中医妇科和中药学事业的成功奠定了坚实的基础。父亲有学院教学和医院临床的两大平台，数十年使丁氏妇科的学术经验得以大量的推广应用，创新发展。在家族传承授受的基础上结合现代中医高等院校教育及师承教育，使丁氏妇科学术经验受益于许许多多家族外学子，德泽杏林。

我在父亲身边诊病抄方，亲传面授，常常就医学问题相互进行研讨，父亲为我传道解惑数十年。父亲幽默诙谐，善于心理疏导，认真聆听，仔细治病的情景以及对学生循循善诱，深入浅出而又轻松活跃的授课情景至今仍然历历在目，并深深影响着我。人们常说严父慈母，而父亲对我却是慈父严师。父亲长相方正圆满，体型敦厚，生性和善，笑口常开。在我的记忆中，父亲平时对子女非常和蔼可亲，没有训斥打骂，但是谈到工作学习，为人做事时，父亲就会严肃认真，一丝不苟。他常常教导我的一句话："学习工作要向高标准看齐，生活享受要向低标准看齐。"我一直铭记于心。在父亲身边感觉轻松而愉快的同时，也会感受到事业的责任和压力，让我不敢有丝毫的怠慢。父亲常常对我说，中医药学是一门实践性很强的学科，必须以临床为基础，才能精通和掌握疾病的诊疗规律，取得疗效。我们都同时肩负着医生和教师这两种神圣的职业，医生面对的是人的生命和健康，不允许有丝毫的马虎。父亲始终信守"医为仁人之术，必具仁人之心"的职业诺言。父亲还常教诲，学为人师，行为世范，为人师表，教师职业的特点就是要用自己的人格魅力和博学艺精去影响感染学生。医道是"至精至微之事"，必须教育学生"进德修业，继承创新"，才能培养出学验俱丰，德艺双馨的中医人才。这些无不体现了父亲学术的严谨，对生命的尊重，对中医教育事业的忠诚和对学子的挚爱。是父亲教会了我如何做好一个中医人，如何当好一名教师和医生以及如何处理好医德与医术之间的关系。我的中医事业是在他的谆谆教诲下成长，我的做人是在他言传身教下成熟。父亲正派耿直，宽厚宽容，谦虚谨慎，严谨治学，精益求精的品质深刻影响了我的从医生涯和我的人生，非常感谢父亲将这些宝贵的精神财富留给了我和他的学生们。

（四）丁丽仙的主要成就

我作为丁氏妇科流派第十代代表性传承人，贵阳中医学院临床医学系毕业后，就开始了在父亲身边诊病抄方、面授心传的师承之路。深受父亲的影响，继承了父亲的医德医术，在40余年的中医职业生涯中，坚持不懈地对父亲丁启后的学术思想及临证经验进行传承研究，致力于中医传承人培养及中医药文化传播。我出色完成了"名老中医丁启后传承工作室""黔贵丁氏妇科流派传承工作室"两个国家级工作室的建设项目及省级名中医和国家级名老中医的师承工作。完成丁氏妇科流派文化源流的研究、历代代表性传承人的史料挖掘整理、总结丁氏妇科学术思想、教育理念、临证特色、优势病种筛选、经验方药及典型医案的整理，不断总结提炼与充实完善丁氏妇科学术经验及临证特色。独著《丁启后妇科经验》《丁氏妇科传承集锦》及主编、参编专著10余部，发表学术论文90余篇；获省级科技成果三等奖4项，国家发明专利1项；在省内外建立了10个丁氏妇科流派工作站及3个示范门诊；在省内外进行丁氏妇科流派学术经验交流近100次；培养了丁氏妇科流派代表性传承人、主要传承人、传承人共计50余人，打造了一支优秀的丁氏妇科流派传承团队；为丁氏妇科经验的传承研究及推广应用做了大量的工作。我继承了父亲的医德医术，从事妇科医疗、教学、科研工作40余年，坚守临床第一线，致力于妇女疾病的诊治及保健。牢记"医者仁心""医乃仁术"的祖训，对待患者，不论老幼，不论贫富，不论职位高低均一视同仁认真诊治，从不拒绝。因临床疗效显著，应诊病人日渐增多，每年诊治妇科患者近万人，为众多妇女解除病痛，送去健康，特别是给很多不孕家庭带来了福音，深得病人及家属的信赖和尊重。我还承担了贵州中医药大学多层次（研究生、本科、专科、函授）及多专业（中医妇科、中西医结合妇科、西医妇科、中医护理）的理论教学和临床带教工作，完成了数千学时的理论教学任务，培养了大批中医妇科及中西医结合妇科高等人才（包括数十名研究生），很多已成为优秀骨干。几十年在中医教育领域里辛勤耕耘，为人师表，治学严谨，获多项教学奖，赢得了师生们的认同和赞誉。

总之，在我40余年亦医亦教的中医职业生涯中，为广大妇女的生命健康，为中医药高等人才的培养，为中医优秀传承人的培养和传播中医药文化做出了应有的贡献。

丁丽仙
热爱中医文化，传承"丁氏妇科中医诊疗技法"

图 74　荣誉证书 本人提供

（五）采访结语

丁氏妇科流派近 300 年已十一代传承人，是全国 64 家中医流派贵州省唯一获批的流派，是全国中医十大妇科流派之一，是贵州高原中医药百年传承的典范。有传承历史悠久，流派特色鲜明。体现了祖孙相教，父子相承，兄弟相学，师承相授，世代业医的"家族链"，同时又打破传统，拜异姓为师；体现了家族传授与院校教育互补，传统与现代师承方式并存的特点。"丁氏妇科中医诊疗技法"被列入贵州省级非物质文化遗产保护名录，而我也入选第五批省级非物质文化遗产代表性项目"丁氏妇科中医诊疗技法"的代表性传承人，深感任重而道远。我爱中医文化，我爱中医妇科流派，我将尽我所学，尽我所能，努力保护传承，弘扬发展，守正创新丁氏妇科流派的精萃，培养好传承人，使丁氏妇科流派能薪火不断，活态传承，在中医流派的百花园里愈加枝繁叶茂，生生不息。

学术职务：

2006年4月当选贵州省中医药学会妇科专业委员会主任委员

2009年11月当选第四届中华中医药学会妇科分会副主任委员

2009年12月聘为广州中医药大学第一附属医院中医妇科学术顾问

2013年4月当选中国民族卫生协会培训部全国中医专家委员会常务委员

2013年5月聘为《国医年鉴》编辑委员会委员

2013年11月当选第五届中华中医药学会妇科分会学术顾问

2014年3月当选国际传统与现代生殖医学协会常务理事

2014年8月当选世中联生殖医学专业委员会常务理事

2014年12月当选贵州省中医药学会妇科专业委员会主任委员

2015年1月当选中国民族医药学会妇科专业委员会常务理事

2015年9月当选世中联名医传承工作委员会常务理事

2015年11月聘为国家中医药管理局中医学术流派传承推广基地特聘专家

2015年12月当选中国中医药研究促进会妇科流派分会副会长

2021年8月当选中国中医药研究促进会妇科流派分会副会长

获奖情况：

1994年12月获人事部、卫生部、国家中医药管理局授予"全国老中医药专家学术经验继承人"出师证书

2006年5月获贵阳中医学院医学一系"精彩一课"示范教学比赛一等奖

2006年6月荣获贵阳中医学院"精彩一课"示范教学评比二等奖

2006年8月荣获"贵阳中医学院第二届教学名师"

2007年1月评为贵阳中医学院"2006年度优秀教师"。

2009年6月评为"中华中医药学会先进会员"

2009年7月被省卫生厅、省人力资源和社会保障厅评为"贵州省名中医"

2009年11月荣获贵州省科学技术进步三等奖

2010年1月荣获中华中医药学会科学技术三等奖

2012年12月荣获贵州省科学技术进步三等奖

2013 年评为中华中医药学会"第二批全国中医妇科名师"
2013 年 11 月荣获中华中医药学会科学技术三等奖
2022 年 3 月国家卫健委、国家中医药管理局授予"全国名中医"称号

传承谱系

第一代：丁信忠，男，生于清朝乾隆年间，具体年代不详。因江西大旱灾，从江西抚州府临川县西迁逃难，他挑着能装 200 味药的药箱沿途行医路经湖南至贵州省瓮安县草塘古镇定居。以己之勤、术之精、誉之美融于黔中古镇草塘。从此一个中医世家，一个中医妇科传承流派就此开启。

第二代：丁才文，男，丁信忠之子，生于清乾隆年间，具体年代不详。子承父业，仍以行医为生。

第三代：丁山艺，男，丁才文之子，生于清乾隆年间，具体年代不详。子承父业，仍以行医为生。

第四代：丁永远（1800 年—1872 年），男，丁山艺之子，子承父业，行医为生。

第五代：丁可能（1824 年—1900 年），男，丁永远之子。早年习文，以医药为本，兼具经商，家境殷实。创建"丁松龄药号"（2001 年公布为县级文物保护单位，现仍保存屹立于古镇草塘），从形式到内容保障了丁氏中医，丁氏妇科能以家传形式世代相传。松龄药号名噪四方，除妇科外，儿科也很有特长，前来求治的妇女、儿童络绎不绝。药号牢记祖训，乐善好施，以医德高尚，医术精湛闻名。丁可能也被称为丁松龄。

第六代：丁高明（1848 年—1912 年），男，丁可能之子。除经营"丁松龄药号"，还在贵州省黄平旧州经管丁氏"济生堂药号"。

第七代：丁位申（1875年—1949年），男，丁高明之子。为仁者之医，精通医理，医术精湛，最擅长妇科疾病的诊治。被当地百姓誉为"活菩萨""送子观音"。

第八代：丁希远（1899年—1928年），男，随父丁位申行医，29岁因伤寒早逝。

第九代：丁启后（1924年—2005年），男，贵阳中医学院（现贵州中医药大学）教授，著名中医妇科专家、中药学专家、中医教育家、首批国家级名老中医。丁启后幼承家训，14岁辍学从医，跟随祖父丁位申学习。他临床68年，执教近40年，后承名医王聘贤先生多年。他是丁氏妇科承前启后，开拓创新最关键的人物。对中医妇科、中药学造诣精深，省内外享有盛誉。

第十代：丁丽仙，女，生于1949年12月。20世纪70年代毕业于贵阳中医学院临床医学系，继承了父亲丁启后的医德医术，40余年坚持不懈地对丁启后的学术思想及临证经验进行传承研究，为丁氏妇科流派经验的传承研究及推广应用做了大量的工作。

第十一代：李琼，女，生于1969年5月，主任医师，硕士研究生导师，师承第一批贵州省名中医丁丽仙教授。

第十一代：翟婷婷，女，生于1974年11月，主任医师，硕士研究生导师，师承第六批全国老中医药专家丁丽仙教授。

第十一代：孟昱琼、马丽然、蒲霞、马卫东、龙承琛、樊静、管雁丞、朱瑛、刘葵、尤昌会、徐婷、熊玉瑶、王楚涵、徐玉梅、郑红艳、郑国凤、段周蓓、红丹等50余人。

刘柏勋

坚守木偶戏，传承匠人心

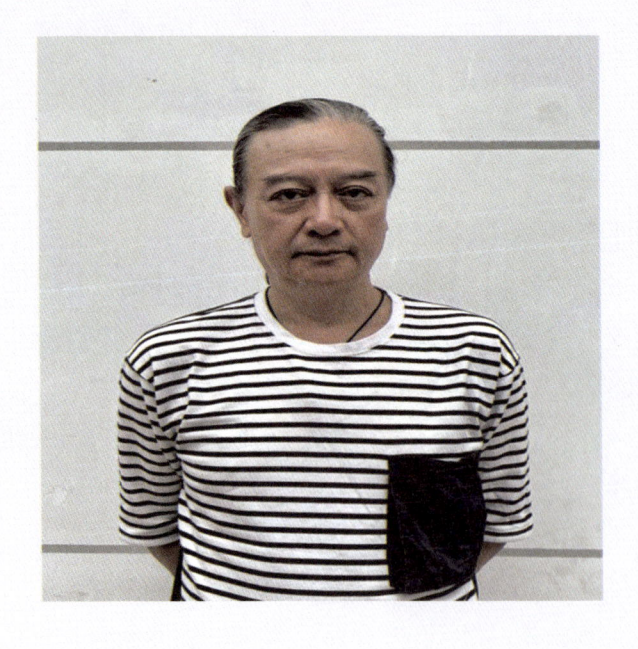

传承人：刘柏勋

本人提供

采访时间：2022 年 8 月

采访地点：贵州省贵阳市南明区贵阳木偶团

采访人：颜平

文章整理、撰写：颜平

※ 人物小传

刘柏勋，男，汉族，出生于1962年8月，贵州贵阳人，主任舞台技师，贵阳木偶剧团团长，省级非遗代表性传承人；中国木偶皮影艺术学会理事；国际木偶联会中国中心会员；中国舞台美术学会会员；贵州省戏剧家协会会员。从业40余年来，经手设计制作的木偶曾多次在全国和省内获各种大奖，荣获贵阳市"筑城工匠"称号、贵州省管专家。其中制作的两个木偶被成都"中国木偶博物馆"收藏，2004年曾代表中国参加在日本三口大学举办的东亚木偶传承研讨学术交流。2019年，"贵阳木偶戏"被列入贵州省级非物质文化遗产代表性项目。2020年入选第五批省级非物质文化遗产代表性项目木偶戏的代表性传承人。

1962年，我出生于贵州贵阳，是土生土长的贵阳人。我从事文艺事业离不开父亲的影响，父亲刘松甫是贵阳京剧团的老演员，唱言派老生。我从小在戏曲的熏陶下长大，对戏曲及其相关的艺术都比较熟悉。我二哥也是从事文艺事业，他以前是贵阳市歌舞团的舞蹈演员，之后在杂技团当团长。从小我就喜欢画画、玩泥巴。1979年我高中毕业准备考大学，那时候恢复高考才2年，父亲说贵阳成立了一个木偶剧团需要美工，我要不要去试一下。我说好啊，就去试试考美工，也就是舞台美术，包含人物造型、服装、化妆、道具和布景等。当时考我的是木偶剧团最早的团长黄裕昆老师，他让我画了一幅画，看了之后他就说："你明天可以来报到了。"于是我17岁就入团，报到当天就开始参与了《孙悟空三打白骨精》下半场的制作，接下来就跟着木偶剧团到贵州省内下乡演出，之后还去到省外四川、云南等地进行巡演。就这样年复一年跟着剧团演出，担任角色，有什么活儿就干什么活儿，我不光学会了制作，还能兼职演员，到后来主要搞设计、创作、舞台美术、人物造型等，变得一专多能。从1979年进入木偶剧团，1994年开始担任贵阳市木偶剧团团长，一直到2022年，我整整在木偶剧团工作了43年，也见证了贵阳木偶剧团艰苦创业的奋斗历程。

（一）贵阳木偶戏的产生

中国的木偶戏历史悠久，品种繁多，被誉为"百戏之祖"，在古代又被称为傀儡戏。木偶戏具体产生于何时目前尚无定论，普遍认为其起源于汉代，在唐代木偶戏得到初步的发展，种类有所增加，已能表演比较复杂的故事情节，在民间广为流行；至宋代，木偶戏进入了空前繁荣的发展时期，出现了数量较多的专门从事木偶戏表演的艺人，木偶的制作和操纵技艺都得到了显著的提升，深受社会各阶层的喜爱。中国木偶戏大致可以分为提线木偶、杖头木偶、布袋木偶和皮影四大种类，其中影响较大的有福建的泉州提线木偶戏、漳州的布袋木偶戏、陕西合阳线戏、四川杖头木偶戏、潮州铁枝木偶戏等。中国的木偶在全世界范围内都很受欢迎，特别是提线木偶、杖头木偶和布袋木偶。贵阳木偶剧团的木偶是杖头木偶，由表演者操纵一根与头相连的命杆和两根与手相连的手杆进行表演，有的为三根杆或"托偶"，根据手杆位置有内、外操纵之分。"内操纵"者大多表演传统戏曲剧目，动作灵活，栩栩如生；而"外操纵"者多弯把式命杆，可以减轻负担，增加木偶的表现力。

贵阳原来是没有木偶戏的，我们的木偶戏是这样来的，我的老团长黄裕昆老师喜欢美术，喜欢雕塑。黄裕昆老师是云南人，解放后到部队当兵，然后从部队转业到贵州成为文化宫的文化干事。他说他小时候在老家就看见以前的老艺人挑着扁担，两个框里装着木偶戏表演所用到的这些行头道具，在街上把一块围布一拦，就在街头将小木偶表演起来，很受当地人欢迎。小时候看过这样的表演就给黄老师以启发，贵阳市有京、川、评、越、豫、曲艺、杂技等八个国有专业剧团，还有省属的六个院团，这么多艺术种类怎么就没有木偶戏呢？于是黄老师就在文化宫里面开始研究泥塑造型和木偶表演，他经常给院落里的小朋友们表演木偶故事，孩子们非常喜欢。黄老师也因此萌生了组建木偶表演队的想法，并汇集了一批有识之士，慢慢成立了一个业余的木偶剧组，使木偶戏走上了贵州文艺舞台，并深入到贵州省内的十多个市县进行巡回演出，广受观众好评，为贵阳木偶戏赢得了好名声。黄裕昆老师及木偶剧组的工作人员对木偶艺术的坚持和付出得到了贵阳市文化局的充分认可和支持，于1979年被文化局正式收编为专业的木偶演出队，后来更名为贵阳木偶剧团。我那时候刚刚进入木偶剧团，也可以说是木偶剧团的建团元老之一。

（二）学习制作木偶的历程

木偶在舞台上是一个演员，下了台就是工艺品。木偶的头饰、装饰、化妆和发型等方面，和玩偶类似，都属于工艺品。我1979年考进木偶剧团，刚进团时，是跟最早的木偶剧团团长黄裕昆老师学习雕塑，他是做雕塑的，木偶就是从雕塑开始。老团长让我做的第一个木偶是小猫，要做好小猫的造型，我就经常观察猫，看它的形态等等。除了跟黄老师学习之外，1982年，我在湖南省木偶皮影艺术剧院学习了两个多月，主要是跟随木偶造型设计师唐勇泉老师和舞美设计师朱开远老师系统学习制作和人物造型。还经常到外地学习参观，比如去上海、福建泉州、江西、四川等，只要有木偶剧团的地方都可以一起去交流、一起学习。再加上自己在团里几十年摸爬滚打积累经验，慢慢一步一步走到今天成为贵阳木偶剧团的重要人物。当初学习木偶戏没有什么特殊的原因，就是自己喜欢美术，木偶剧团需要美工，而美工就是美术方面的，正好迎合了我的爱好，然后慢慢日积月累做到现在，也出了不少作品。黄裕昆老师带木偶剧团不到20年，我从1994年一直被文化局任命为木偶剧团的团长一直到2022年拿到退休证，整个木偶剧团43年的历史，我带了剧团28年。

木偶造型的工序十分繁杂，而且制作周期也很漫长。从最初的人物造型图纸设计、材料配置，到木偶头部制作和装置、身腔的制作和装置、命杆制作、四肢制作以及手脚的雕刻等，有上百道工序。任何一道工序都不允许出差错，否则会导致最终木偶制作的失败。传统的木偶头部制作所用的木头材质有樟木、银杏木、椴木和榉木等，我们用的是樟木，因为它有防虫蛀的特性，而且比重轻，便于雕刻，还不容易破裂。现在我们在制作工艺上做了改进，先用泥巴塑形，等泥塑造型干透固定后用石膏翻成模具，再用报纸与牛皮纸一层一层进行裱糊。木偶头部定型之后，还需要进行打磨，对木偶面部装置进行设置，用美工刀裁剪制作出木偶可活动的嘴，可扇动的眼皮，在头腔内部装置用乒乓球特制的眼睛等。接下来还需要调色上色，给木偶面部化妆，这么多的工序做完，才可能得到一个传神的木偶头部。后面的身腔制作同样复杂，还需要精心雕刻木偶的手部造型并安装机关，使演员能灵活操作，有的木偶甚至还需要制作下肢完成腿脚的特殊动作。这些制作都完成之后，再给木偶定制发型，穿戴好服装和配饰等，一个完整的木偶才算制作完成。我们的木偶都是纯手工制作，其难度不亚于一些精密仪器的制作，木偶制作人员最好是有美术基础，会泥塑。

图75 刘柏勋制作人偶 本人提供

其实我们这一行只要你深入进去就不会觉得难，但是对新人来说还是有很大难度的，比如木偶的一双手，是完全用一块木料雕刻而成的，肯定很难。但我们已经习惯了，让一个新手来做的话肯定要花很长的时间，而且手型还要求很准确，男生的手，女生的兰花指都要精准，平时的积累很重要。每一个木偶的人物造型是不一样的，比如在这一台戏里，按导演的要求刻画什么样的人物造型，亚洲人和欧洲人也不一样，男孩女孩老人年轻人也不一样。所以说要掌握这门手艺，一个是学习，另一个是观察事物，在学习的同时要注重观察事物。为什么我们搞美术的人要定期出去写生、画画，就是这个原因。以前年轻的时候，老团长让我做一个小猫的造型，我就要经常观察猫，还有比如说演丹顶鹤的演员，他们就要跑到动物园去观察丹顶鹤，看它走路的形态等方方面面都要学。一个好的演员或制作人员，都要观察事物，不是说谁生下来就会演出就会制作，一定是要沉下心来琢磨、钻研。我做的第一个木偶就是这个小猫，后来辅助黄老师制作，再慢慢一步一步可以自己独当一面承担一些工作，等到黄老师退休以后，我就一个人把这个木偶制作的工作完全接下来。

刚开始我还兼职演员，后来主要是搞设计、创作、舞台美术、人物造型，我在很多木偶剧目中担任人物设计、人物造型制作，包括舞台布景等。比如我们做苗族题材的剧目《豹子精》在全国参加比赛，这剧目就是我设计和制作的，连布景都是我画的，这是一个大作品。手工制作的人偶是很难买到的，其他省市剧团也有自己做木偶，一个木偶价值约2万元，价格昂贵。我们贵阳木偶剧团有自己的木偶制作车间，在木偶这方面不受制约。如果没有自己的木偶制作车间，需要向兄弟剧团购买，且不说价格昂贵，木偶好不好用，是不是你想要的人物造型，是不是你需要塑造的人物性格，还不一定能满意。而自己制作木偶，就会根据剧本中的各种人物、造型等的需求，还根据导演的需要来塑造人物造型，所以说有自己的木偶制作车间最好，没有的话就会受到很多制约，导致生存困难，而我们贵阳木偶剧团有这个优势。

刘柏勋
坚守木偶戏，传承匠人心

（三）困境中仍然坚守木偶剧团

在20世纪90年代末，木偶剧团确实不景气，连生存都出现问题，快挺不下去了。我那时都有打退堂鼓的打算，准备走掉不管了，但是后来一想，如果走了剧团就解散了，思来想去最后还是没有离开，一直坚持到现在。剧团改制合并后，我们的条件比以前好很多了。原来我们剧团在河滨公园里面，后来政府修人民大道高架桥，正好从我们团的顶上过，我们那个地方就拆掉了。我们现在这个地方还有十一楼是原来歌舞剧院的团址，和我们剧团都是属于一个系统。现在归我们演艺集团管理，就把这个地方给我们木偶剧团用，条件比之前的团址还是好多了。木偶戏作为非遗项目，国家是一定要扶持的，不能把它推到市场上不管，推到市场上剧团自己慢慢就流失掉了，就有解散的风险。

工作中困难也很多，贵阳木偶剧团人少，工作量大，经费不足，有时候制作时间短、任务重。比如排一台戏，要求在7月1日建党节的时候登台演出或者在10月1号国庆的时候推上舞台，就几个月的时间要排一大台戏，晚上必须要加班加点。例如排练《长征路上小红军》时，我一下子胆结石发了，痛得脸都成了青色，没办法只能跑去医院打吊针，早上打到中午好了一点，输液针头一拔掉赶紧回来工作，这是常态。我每年有15天的年假，几乎没有休过，有一次想休假，办好了手续，休假第一天接到电话，单位有事要处理，马上就决定不休了，回去工作。

我在这一行一干就是几十年，因为要巡回演出、外出学习交流，走遍了全国很多地方。"非典"那年，剧团不能演出，甚至连工资都发不出来，很困难，但是我们这帮人都咬紧牙关，把那段时间给熬过去了。我们在没有经费的时候，国家没有固定经费拨款，打造新剧目才有政策性的补贴，人头经费靠自己挣，"非典"那年剧团就是差点生存不下来，但我们都挺过来了。还有以前孩子小的时候我经常去外地演出，回来小孩都差点认不出自己。那时出去演出都是人和货物共挤在一辆车上，一车的道具，演员也在车上，不管是夏天还是冬天，走南闯北，条件艰苦。比如我们去过云南、四川、广东、广西、福建、浙江、江苏等等很多地方，甚至去山东演出，跑到很远。打造大型木偶剧例如《白雪公主》《小红帽》《木偶奇遇记》等，到浙江演出一去就是两个月，把浙江境内的很多城市都走遍了。还去过安徽省的20多个城市进行演出，一年有时候有半年的时间都是在外地，反正每年都得完成那么多场次的演出。最早的时候一年可以完成200多场，后来是100多场，非常辛苦，那时候在外演出、交流学习的机会很多。

最近疫情的原因，演出相对减少，没有疫情的时候每年演出上百场，现在只有几十场，差不多减半，在这期间政府对木偶剧团给与了减免税收的扶持。我们的木偶戏演出只有政府指定性演出会得到一定的资金支持，演出模式包括政府指定性演出、到贫困山区或企资学校或残疾人学校做公益演出、商业演出等，政府指定性演出是政府要求去学校普及或公益性演出，有经费但是金额不等，没有固定标准；商业演出可以对外售票，和商业伙伴如开发商、商场合作例如到遵义大剧院、六盘水大剧院、四川南充剧院等进行商业性演出。疫情这几年对木偶戏演出市场冲击很大，剧团改制成为企业，打造新剧目时政府会有扶持资金。我们团里剧组都是省市级的非遗项目，政府应该保护起来，加大力度，才有利于非遗传承。

（四）努力传承贵阳木偶戏

成为木偶戏的传承人，我感到很荣幸。人要是不行动，什么东西都不会来。因为我从业几十年大大小小做了几十台戏，在全国也获得了很多奖项，在省内也受到诸多好评。非遗传承人不是说你想要就能马上申报成功的，木偶剧团有年限要求，要达到一定的年限，从事多少年工作之后，自己有自己的一套资料才能申报市级非遗、省级非遗甚至是国家级非遗。因为我们剧团有43年历史，国家级非遗一个剧团需要达到50年我们还差几年，正在努力。省级非遗是2019年获批的，和市级非遗项目获批的时间相隔很近。在获得木偶戏传承人称号之前，我们其实已经在做传承的工作了，没有这个称号我还是会一如既往地做下去。而有了这个称号之后我就要更加努力地去做，一代一代传承下去。黄裕昆老师从退休直到去世，他都没有得到传承人称号，是因为以前不重视传承这一块。以前文旅局没有非遗处，现在有非遗处，下面还有非遗中心，现在国家相当重视非遗的发展，然后也把非遗提到了一定的高度。

就收徒而言，团里面的年轻人只要是愿意学的都在跟着我学，但是没有正式拜师的形式。以后会有拜师仪式，因为现在剧团恢复了以前正式拜师的形式，这种形式是有好处的，一旦拜了师傅，师傅就有责任要传授技艺，学徒也要按师傅的要求学好，当然徒弟可以创新，可以用现代的眼光、思维、现代材料去制作。但要讲求师承关系，这就是传承。外省还有很多想要跟我学习木偶戏的人，只是距离远了，不方便教学。我们剧团现在有20多个人，可以上台演出的大概十八九个。团里获得的奖章、奖杯非常多，我最在意是2017年贵阳市给我的"筑城工匠"的称号，我是第一届。这对我来说是一种认可，我们这行就是工匠精神。我获得的荣誉很多，我现在是省级和市级非遗传承人、先进工作者等等，得到很多证书，而最值得我骄傲的一个是"筑城工匠"，另一个就是非遗代表性传承人。因为木偶戏是非遗，要保留和传承给年轻人，这是非常有意义的事情。我的徒弟不多，因为现在干这一行的人非常少，特别是年轻人不愿意干。

现在我有一个学生还没有正式拜师，他在江苏扬州参加培训，是国家艺术基金资助的项目，委托扬州木偶剧团举办的杖头木偶制作培训班。送出去进修的这个徒弟比较喜欢美术，也有美术基础。干我们这一行有美术基础是最好的，因为有形象思维，你要做什么在大脑里面已经记忆下来，然后对人物造型的把控要相对好一点。他比较喜欢美术，我就把他送到扬州让他可以实地体验，去了解木偶，对木偶产生兴趣，得到一个入门级的培训。等他学成归来继续跟着剧团，特别是还要跟着我干很多年以后，才能自己独立去完成一些工作，独立完成才算出师，这就是传承。等我退休了他要跟着剧团走，慢慢摸爬滚打多年才能把这门手艺继续传承下去。这个徒弟是我们团的演员还兼别的工作。

我们剧团外出交流学习、参加比赛的机会非常多，这些活动都有利于木偶戏的传播和传承。2004年，我曾代表中国参加在日本三口大学举办的东亚木偶传承研讨学术交流。我的女儿从小受到家里的艺术熏陶，对她从事艺术行业也是有很大影响的。她是上海戏剧学院毕业，现在从事编剧工作。我们台里的两台戏，一台是大型卡通剧《木偶奇遇记》就是她担任编剧，是她导演的。去年打造的《两个人的征程》，也是她担任编剧和导演。她现在在贵州省文化艺术研究院（贵州省戏剧创作中心）工作，也是从事文艺这一行。

（五）木偶戏作品中的得意之作

要说最得意的作品，应该这样说每一次都觉得自己的作品不错，一旦推上舞台又发现还是有一些欠缺，某一个角色或是某一个在造型上面不尽人意吧。反正每一次演出完我都得自己总结一下，实际上我对每一个的作品都还满意，因为每一个作品不是一成不变的，都是在不断变化的。我们制作的木偶戏都是以贵州少数民族为题材，比如说《豹子精》是苗族题材，《黄果树瀑布》是布依族题材，《水寨龙珠》是水族题材，《侗寨寻歌》是侗族题材的，这两年打造了两部红色题材的剧目，因为贵州有遵义会议、留山关、四渡赤水、赤水河等，都是和当年红军长征有关联的。还有我们有一个贵州籍的老红军，是在延安保育院为了把一个老革命的孩子从延安送到东北的百城区见他的父母，路上发生的故事我们也编成了木偶剧，就是《两个人的征程》。《长征路上小红军》是讲贵州籍的红军在长征路上发生的故事，比如说遵义等，这两台是红色题材的。红色题材的人物造型就是很正能量，有八路军的造型、红军的造型等，少数民族题材的人物造型我们就根据少数民族的特点，来打造服饰、头饰、银饰。

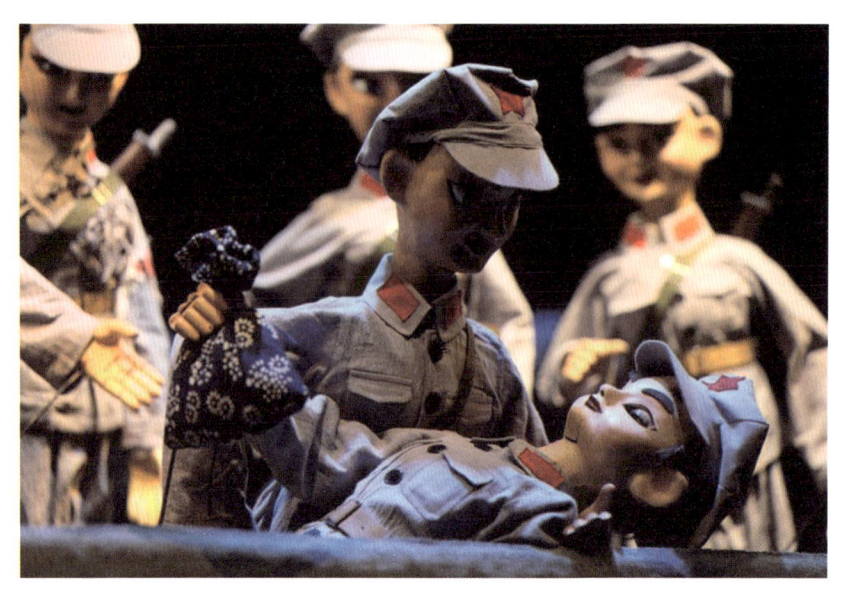

图76 《长征路上小红军》剧照　本人提供

  我还比较喜欢的是最近这几年又打造了一部《木偶奇遇记》的人偶剧，这些人物造型走到哪儿都很受欢迎，特别是小朋友，还有《白雪公主和七个小矮人》都特别受欢迎，一演完观众全部跑到舞台要和这些角色人偶合影。实际上演出的时候我都在观察观众，观众喜欢哪些就说明你得到了观众的认可。我们每年都在制作木偶，今年8月底刚从南宁回来，几个同事都在中青年技艺展演中获奖，他们表演操作的木偶都是出自我之手，单位的木偶和道具差不多是我制作。这次展演我又获得了人物造型制作奖，这些奖项现在对我而言已不重要，自2009年开始，我们只要参加全国活动几乎都能获奖。这几十年来作品太多了，大家都看得见。2006年4月，我们和贵阳市国、地税局合作改编木偶剧《中华税收小故事》，今年由6个中国古代的税收小故事组成，巧妙地将税收知识用木偶表演的方式进行宣传，兼具知识性和娱乐性。今年8月24日，在贵阳市图书馆儿童剧场有木偶戏的讲座，主要讲解木偶的起源、制作，我们木偶剧团的演员做一些简单的表演和互动。这个公益活动有100多个小朋友参加，我们的木偶戏在小观众中特别受欢迎。

（六）贵阳木偶戏的未来展望

现在木偶戏到学校演出不多，其实戏剧进校园是一个势在必行的事情，它提高了小朋友的审美，我们也很希望木偶戏通过进校园的方式进行宣传推广，让学生老师都知道这个非遗项目。家长很愿意花钱带小孩去看木偶戏演出，看《长征路上小红军》感动的不得了。市场上受欢迎程度很高，但很多事情不是我们想象的那么简单，牵涉很多问题。其实我们也做了一些木偶戏的宣传工作，比如到贵州省图书馆做的关于木偶剧的个人讲座。像这样的活动我们偶尔会做，不是经常开展，因为牵涉到经费的问题。戏剧进校园这方面的演出政府没有提供经费，像外省每年是政府向木偶剧团采购多少场，例如政府一年向我们采购50场，每场几万块钱经费拨给剧团，剧团就从1月到12月底把政府采购的演出全部完成，但是现在贵州还没有政府采购的模式，我们剧团有和英德实验小学（私立）签约研学基地给孩子们上课推广木偶戏，进行演出。总的来说，很多事情是卡在经费上，希望政府要大力支持，经费上要适当给予投入。

木偶戏已经存在了几千年，是有很大发展前景的。我们木偶戏追溯到隋唐时期就有了，几千年到现在还存在，生命力顽强。只要政府继续关怀，给予资金投入，这个非遗项目肯定是可以一代一代传承下去。国外观众非常崇拜中国的木偶戏，我们的木偶戏每次参加国外的比赛都是获金奖。我们国家的非遗项目地位近年来正在慢慢提升，我有信心，我们非遗的前景肯定是越来越好的，只是说政府还需要加大非遗的扶持力度。我们和石阡木偶戏不一样，保留了上百年的原始状态，到现在没有改变。整个中国木偶界都在创新，创新包含很多方面，比如新材料的应用，现代科技的应用，我们也得跟上时代的步伐。比如现在的剧场声光电的应用，以前是用大花布、回光灯、聚光灯，所有的背景都是人工手画，现在都用新光源，LED灯，投影仪，用大屏幕。木偶的制作以前是用木头雕刻，现在用报纸裱糊，用玻璃缸的，用环氧树脂的，据说以后还可以配上3D打印，但是我不赞成3D打印，因为太写实了，脱离了木偶的原汁原味。而且每一年制作的木偶的材料可能都在更新，也许我今年做的是这一种材料，可能明年又发现了一种更好用的材料，都是在尝试发掘新的材料，新的制作工艺。

成都的中国木偶博物馆想收藏全国各地的木偶，本来我是想拿两个少数民族题材的人偶给他们，因为这是贵州的特色。但是当时少数民族题材的木偶又在演出剧目当中，就没有拿，给了另外四个，有两个是我的作品，还有2个是老团长黄裕昆老师的作品，一共送了4个算是支持我们的中国木偶博物馆发展。

木偶文创是可以的，但是全靠手工做肯定是杯水车薪。做成文创产品肯定是要有收入的，又不能卖得太贵，贵了没人买，但是卖便宜了又不够纯手工的工时费。除非是成为流水线的生产，但是需要设备，还要请工人，所以说是很尴尬的事情。我们很为难，可以做，但是得成批量的做，我们纯手工做得亏本。我们现在给外省的木偶剧团做木偶是订做，最便宜的一般人物造型，眼睛不动嘴巴不动的木偶一个都要上万块，有些两三万元。做一个木偶从人物造型到成品需要一个月，做5个木偶也是一个月，因为可以轮流做。比如我做裱糊要等它烘干，制作木偶的周期很长。它实际上不是用多少材料，完全是工时费，木偶上台是演员，下台是工艺品，制作这个木偶就是值这么多钱，因为制作的时间需要这么长，还需要用心打造。不能为了省时用机器制作替代，可以用电动的工具辅助制作木偶，比如电锯、电钻等，但是最终得一点一点去组装。文旅局非遗处有要求我们在快手上拍视频宣传木偶戏，我们有做这些来做推广，有展示半成品、成品，还有一些剧照，点赞的观众非常多。

木偶戏的传承没有一个界限说要传承到什么样子，我希望把它发扬光大，有很多传承人，有很多人想学这门手艺，但是不现实。木偶戏这种古老的艺术不要消亡掉，能一代一代地传承下去我就已经心满意足了。木偶戏是"百戏之祖",不能让它就这么丢失掉。既然是非遗,就要让它传承下去。即使我退休了,传承还是会继续,还得带学生,继续支持木偶剧团的工作。退休以后如果返聘,我回来只是指导工作,搞艺术创作,具体的行政工作我就彻底不管了。以后他们的方针方向是什么,每年要怎么做,我就不会去干扰他们,只是在艺术上指导。对徒弟的期待,希望他起码能够独当一面,把木偶这一块继续做好,能超过我最好。比如说有新剧目能在老师的提携下独立完成,慢慢到自己完全掌握。

我最大的欣慰是我干了43年到现在60岁退休,这个木偶戏非遗项目没有在我手上消亡掉,这是我最高兴的一件事!

获奖情况:

1994年,担任木偶童话剧《小兔系列剧》人物造型设计、舞美设计及制作。该剧获中国木偶皮影学会"金猴奖"优秀剧目奖、最佳木偶造型奖等六个大奖。

2003年,担任大型木偶剧神话剧《诺德仲与豹子精》人物造型设计、舞美设计及制作。该剧获文化部全国第二届"金狮奖"铜奖。

2004年,代表中国参加在日本三口大学举办的东亚木偶传承研讨学术交流。

2006年,担任大型卡通人偶剧《白雪公主和七个小矮人》人物造型设计、舞美设计及制作。该剧获贵州省高端文艺作品平台奖。

2009年,担任大型卡通人偶剧《青蛙王子》人物造型设计、舞美设计及制作。该剧获贵州省"五个一工程"奖。

2010年,担任大型卡通人偶剧《魔笛》、大型原创木偶神话剧《黄果树瀑布传奇》人物造型、舞美设计及制作。该剧获中国木偶皮影艺术学会第三届"金狮奖"银奖,并获个人木偶制作奖。

2012年,担任大型原创木偶剧《水寨龙珠》人物造型设计、舞美设计及制作。该剧获21届国际木偶节优秀剧目奖。

2013年,担任大型经典童话剧《小红帽》人物造型设计、舞美设计及制作。该剧获贵州省高端文艺作品平台奖，其中，本人制作的两个木偶，已被成都中国木偶博物馆收藏。

2015年，担任大型木偶剧《侗寨寻歌》人物造型设计、舞美设计及制作。该剧获全国第四届金狮奖展演"优秀剧目奖"，获个人木偶造型奖。

2016年，担任新版大型卡通人偶剧《白雪公主和七个小矮人》人物造型设计、舞美设计及制作。

2017年，获第二届中国南充国际木偶艺术节展演"优秀剧目奖"，获个人舞美灯光设计奖、获贵阳市"筑城工匠"称号。

2018年，担任大型木偶剧《长征路上小红军》人物造型设计、舞美设计及制作。

2018年，《长征路上小红军》获第五届中国扬州木偶皮影展演"最佳剧目""偶像设计制作奖"。

2019年，8月《长征路上小红军》获第五届中国扬州木偶皮影展演"最佳剧目""偶像设计制作奖"。

2019年11月22日至26日参加中华人民共和国文化和旅游部、福建省人民政府主办的第四届海上丝绸之路国际艺术节系列活动"第六届中国泉州国际木偶展演"论坛。发表论文《古老形式·创新表达之思考》。

2019年木偶戏《长征路上小红军》荣获贵州优秀文艺作品奖。

2020年1月荣获2019年中共贵阳市旅游文化产业投资集团有限公司"优秀员工"荣誉称号。

2020年6月荣获贵州省管专家。

2022年8月制作的木偶节目《游园惊梦》中杜丽娘、春香角色参加第八届中青年木偶皮影艺术传承展演被评为"优秀设计（制作）"。

图77 刘柏勋部分荣誉证书 本人提供

传承谱系

第一代：传承人已无法考证。

第二代：传承人李有生。弟子：黄先敏。

第三代：黄先敏（师傅李有生），男，四川资中人，生于1940年，中型杖头木偶制作工艺第三代传承人。师从二代传承人李有生。擅长"反面人物"丑角塑型。所塑造的人物头型，形象生动细腻，惟妙惟肖，栩栩如生，作品具有"灵、神、精、美"等艺术效果。

第四代：黄裕昆（师傅黄先敏），男，汉族，云南蒙自人。中共党员。国家一级舞美设计师。贵阳市木偶演出队创始人，曾任木偶演出队队长。贵阳市戏剧家协会理事、会员，中国木偶学会理事、会员。弟子：黄小琴、刘柏勋。

第五代：刘柏勋（师傅黄裕昆），男，贵州贵阳人，现任贵阳星光艺术教育培训有限公司副经理，贵阳木偶剧团团长，主任舞台技师，中国木偶皮影艺术学会理事，国际木偶联会中国中心会员，中国舞台美术学会会员，贵州省戏剧家协会会员。弟子：郭梅。